立信会计系列精品教材
国家级特色专业教材
普通高等院校"十三五"规划教材

高级财务会计学

GAOJI CAIWU KUAIJIXUE

（第四版）

主　编　邓小洋
副主编　张奇峰

图书在版编目(CIP)数据

高级财务会计学 / 邓小洋主编. —4 版. —上海：立信会计出版社，2021.9(2023.7重印)

立信会计系列精品教材

ISBN 978-7-5429-6936-1

Ⅰ.①高… Ⅱ.①邓… Ⅲ.①财务会计—高等学校—教材 Ⅳ.①F234.4

中国版本图书馆 CIP 数据核字(2021)第 185554 号

责任编辑　张巧玲
封面设计　南房间

高级财务会计学（第四版）

GAOJI CAIWU KUAIJIXUE

出版发行	立信会计出版社			
地　　址	上海市中山西路 2230 号	邮政编码	200235	
电　　话	(021)64411389	传　　真	(021)64411325	
网　　址	www.lixinaph.com	电子邮箱	lixinaph2019@126.com	
网上书店	http://lixin.jd.com	http://lxkjcbs.tmall.com		
经　　销	各地新华书店			
印　　刷	上海万卷印刷股份有限公司			
开　　本	787 毫米×1092 毫米　1/16			
印　　张	21.25	插　　页	1	
字　　数	557 千字			
版　　次	2021 年 9 月第 4 版			
印　　次	2023 年 7 月第 2 次			
书　　号	ISBN 978-7-5429-6936-1/F			
定　　价	49.00 元			

如有印订差错，请与本社联系调换

序

  立信会计这一品牌是由我国现代会计之父、会计学家及会计教育家潘序伦博士创立的。上海立信会计学院是我国唯一一所以会计命名的,以培养财会、经济管理类各级专门人才为目标的全日制普通高等院校,在近80年的办学历史中,根据潘序伦老校长确定的"立信为本,实践为衡,求是务实,报效社会"的办学理念,为社会培养了20余万财经管理人才,在会计界享有盛誉。2005年,上海立信会计学院会计学专业群被上海市确定为重点建设的教育高地,"立信会计系列精品教材"是会计学教育高地的建设项目之一。

  立信会计因其会计教育、会计师事务所与会计出版社三位一体的办学模式而使其教材在国内独树一帜。在我国会计国际趋同及其企业会计准则体系已经形成、资本市场的发展对会计信息不断提出新的要求、会计诚信受到普遍关注的背景下,高等院校会计学专业无论从教学的理念,还是教学的内容与手段都在发生变化。为适应这些变化,我们组织编写了这套"立信会计系列精品教材"。这套系列教材主要以高等院校会计学本科专业的学生为使用对象,由《会计学原理》《中级财务会计学》《高级财务会计学》《成本会计学》《管理会计学》《财务管理学》《审计学》与《电算化会计》8本教材构成,涵盖了高等院校本科会计学专业的8门核心课程,其中的一些教材也适用于财务管理、审计学以及工商管理等财经类专业的教学。

  之所以将这套系列教材列为精品教材,是因为这套教材的编写努力传承了潘老校长开创的立信会计教材编写的良好传统,吸收了潘老校长以及各位立信会计贤达编写的教材精华,以及国内外同类教材的精华、当前会计理论与会计教育研究成果的精华,采用教授领衔、任课老师参与的原则,将教材编写与精品课程建设、课堂教学紧密地结合起来,在内容上将会计理论与会计实务有机地结合起来。

  尽管我们将这套会计系列教材定位于精品教材,也为编写好这套教材作出了努力,但限于水平仍会有种种不足。同时,会计学科是与社会经济环境密切相关的,新的会计业务与新的会计问题在不断地出现,也需要对教材进行及时更新。为此,我们真诚地期待着各位专家、学者及广大的读者对这套教材的任何方面提出意见和建议,以便再版时改进,使其成为名副其实的精品教材。

第四版前言

本书第一版《高级财务会计学》于2009年2出版，由于当时急于供教学使用，成稿比较仓促，存在不足与错漏。第二版于2012年8出版，除了纠正原版存在的错漏外，还就部分内容进行了替换，如将原第三章"总分店会计"更改为"分支机构会计"。第三版于2018年2月出版，该版根据我们的教学实践，做了较大修改，如将第四章企业合并拆成了两章，即第四章企业合并和第七章合并理论；将企业合并的基础性会计问题放在第四章；将理论性较强的合并理论放在新增的第七章，之所以考虑保留这部分理论性较强的内容，是因为会计准则的制定总存在一定的背后逻辑，可为学有余力的同学及研究生参考。该章同时增加企业合并中的特殊会计问题。考虑到政府与非营利组织会计已独立成为一门课程，该版还删除了政府与非营利组织会计一章。鉴于近几年财政部又对租赁和债务重组会计准则进行了修订，为了教学的方便，我们启动了第四版修订工作，本版重点修改第八章租赁会计和第十五章中的债务重组。

高级财务会计学的内容界定，目前理论界尚无定论。基于我们的理解，高级财务会计既包括财务会计的几大难点问题，如企业合并、外币报表折算、物价变动会计和衍生金融工具会计等，又包括一些特殊组织和特殊业务的会计问题，如独资企业会计、合伙企业会计、租赁会计、企业重组与破产清算会计等。

本书由邓小洋（博士、教授）对全书的框架、结构和内容进行了总体设计。全书分工如下：第一、第二章由章立军（博士、副教授）编写、修订；第三章由董卉娜（博士、副教授）编写、修订；第四、第七和第八章由邓小洋编写、修订；第五、第六章由张奇峰（博士、教授）编写、修订；第十一章原由龚明晓编写，胥佚萱（博士、讲师）负责修订；第九、第十章由叶飞腾（博士、讲师）重新编写；第十二章由王志伟（博士、副教授）编写、修订；第十五章由杨鲁（博士、讲师）重新编写；第十三章由李江萍（硕士、副教授）编写、修订；第十四章由柳青（博士、副教授）编写，邓小洋负责修订。

为了便于学生理解和应用，本书还配有《〈高级财务会计学〉学习指导书》。该书结构上主要包括概要解析、背景资料和复习思考题、练习题等。特别是，练习题精选了大量有代表性的单项选择题、多项选择题、判断题和业务题,并附有参考答案供学生自测参考。此外,为方便教学,本书还附有教学用课件(PPT)。

由于《高级财务会计学》这门课程涉及的内容特别多,加之我们水平有限,书中的疏漏在所难免,敬请读者批评指正!

编　者

2021年8月

前　言

　　本书系上海市会计学教育高地重点建设项目、上海立信会计学院编写的立信会计系列精品教材之一，与《中级财务会计学》相衔接。它是我们为高等院校会计学本科专业高年级学生编写的教材，可按一学年每周4~6学时组织教学。同时，本书也可供从事经济管理工作的人员，特别是从事财经类工作的财务经理、会计专业人士、会计教学和自学者参考。

　　20世纪90年代以来，随着科学技术的迅猛发展，国际分工和生产社会化程度的空前提高，各国经济的相互依赖程度日益加强，出现了全球经济一体化的大趋势。我国不失时机地选择加入了WTO（世界贸易组织）。会计作为经济管理的重要组成部分，将不可避免地受到"入世"的影响和冲击。加入WTO后，中国经济出现了迅速与世界经济融合的新趋势。为了适应全球经济一体化的发展需要，财政部于2006年2月15日发布了修订后的《企业会计准则》，其中包括1项基本准则和38项具体准则。

　　该准则体系自2007年1月1日起正式在上市公司施行。这是我国在新形势下经济发展、企业国际化战略上作出的决策，标志着我国与国际惯例趋同的企业会计准则体系即将建立。为了帮助学生了解我国最新会计准则，我们编写了本书。

　　应该特别指出的是，尽管我国此次会计制度实行了重大变革，在很大程度上与国际会计准则出现了趋同，但我国毕竟处于由计划经济向市场经济过渡的过渡期。会计毕竟是特定环境的产物，虽然它本身可以对环境产生一定的反作用，但最终仍不可避免地受到环境的制约。可以预见，新的会计准则在实施中将面临严峻挑战，会计准则不断进行变革和修订也必将是我国未来几年会计演进过程中的主旋律。因此，我们一致认为从教学的角度出发，将目前比较成熟的内容编入教材比较切实可行。至于国内尚不成熟的业务，读者可参阅国外相关教材。

　　全书内容简洁，共分十五章，有四个方面的内容。第一至第三章分别论述独资、合伙和总分店经营的会计。第四至第六章涉及企业合并和合并报表的编制，对企业合并的基本会计方法、购并日和购并日后合并报表的编制进行了较为详细的论述。第十至第十一章讨论特殊的财务报告,即中期报告、分部报告以及物价变动情况下的财务报告问题。其余章节则引领读者进入特殊的会计专题,包括租赁、外币交易、外币报表折算、所得税、金融工具以及债务重组、改组与破产清算和政府与非营利组织会计等。

邓小洋教授担任本书主编,张奇峰副教授担任副主编。邓小洋主持全书大纲的编写工作,除参加编写、组织领导外,负责对全部初稿进行修改、补充和总纂。各章初稿的执笔人各自负责草拟本章的复习思考题。各章初稿执笔人依次为:第一、第二章章立军副教授;第三章郑永生副教授;第四章邓小洋教授;第五、第六章张奇峰副教授;第七、第十章龚明晓副教授;第八、第九章张海霞副教授;第十一、第十四章王志伟讲师;第十二章李江萍副教授;第十三章柳青副教授;第十五章杨家亲副教授。

由于《高级财务会计学》这门课程涉及的内容特别多,加之参加编书的人员比较多,因急于供教学之用,仓促成稿付梓,我们对有些问题没有进行仔细推敲,有些内容没有涉及,书中缺点乃至谬误难以避免,恳请读者批评指正。

编　者
2009 年 1 月

目　录

第一章　个人独资企业会计 ································· 1
本章提要 ··· 1
第一节　个人独资企业概述 ··· 1
一、个人独资企业的概念 ··· 1
二、个人独资企业的特点 ··· 1
第二节　个人独资企业会计核算的特点 ···························· 2
第三节　个人独资企业的会计核算 ································· 4
第四节　个人独资企业财务会计报告 ······························ 7
一、个人独资企业财务会计报告的种类 ··························· 7
二、个人独资企业财务会计报告的编制方法 ······················ 7
参考文献 ··· 8
复习思考题 ·· 9
业务题 ··· 9
案例题 ··· 10

第二章　合伙企业会计 ·· 11
本章提要 ··· 11
第一节　合伙企业概述 ··· 11
一、合伙企业的概念 ··· 11
二、合伙企业的特点 ··· 12
三、合伙协议的内容 ··· 13
第二节　合伙企业会计的特点 ······································ 14
一、合伙企业会计核算的特点 ······································ 14
二、合伙企业账户设置 ·· 14
三、合伙企业财务报告 ·· 16
第三节　合伙企业的设立与经营 ···································· 16
一、合伙企业的设立 ··· 16
二、合伙人往来 ·· 18
三、合伙企业经营成果的分配 ······································ 18
第四节　合伙权益变动 ··· 22
一、新合伙人入伙 ·· 22
二、合伙人退伙 ·· 23
第五节　合伙企业清算 ··· 26

一、合伙企业清算概述 ………………………………………………………… 26
　　二、合伙企业的清算方式及会计处理 ………………………………………… 28
　参考文献 ……………………………………………………………………………… 39
　复习思考题 …………………………………………………………………………… 39
　单项选择题 …………………………………………………………………………… 40
　业务题 ………………………………………………………………………………… 40
　案例题 ………………………………………………………………………………… 41

第三章　分支机构会计 …………………………………………………………… 43
　本章提要 ……………………………………………………………………………… 43
　第一节　分支机构会计概述 ………………………………………………………… 43
　　一、分支机构的含义 …………………………………………………………… 43
　　二、分支机构的特点 …………………………………………………………… 44
　　三、分支机构与销售代理处的区别 …………………………………………… 44
　　四、分支机构会计核算制度 …………………………………………………… 44
　　五、分支机构会计的主要特点 ………………………………………………… 45
　第二节　总部与分支机构往来事项的会计核算 …………………………………… 45
　　一、分支机构的设立 …………………………………………………………… 46
　　二、总部与分支机构之间资金的划拨和汇交 ………………………………… 46
　　三、总部与分支机构之间商品的调拨 ………………………………………… 46
　　四、分支机构固定资产的核算 ………………………………………………… 48
　　五、总部与分支机构之间费用的分摊 ………………………………………… 49
　　六、分支机构之间往来事项的核算 …………………………………………… 50
　第三节　总部与分支机构期末会计核算 …………………………………………… 51
　　一、总部与分支机构利润的结转 ……………………………………………… 51
　　二、相对账户的调节 …………………………………………………………… 51
　　三、联合财务报表的编制 ……………………………………………………… 52
　参考文献 ……………………………………………………………………………… 57
　复习思考题 …………………………………………………………………………… 58

第四章　企业合并 …………………………………………………………………… 59
　本章提要 ……………………………………………………………………………… 59
　第一节　企业合并的含义和原因 …………………………………………………… 59
　　一、企业合并的含义 …………………………………………………………… 60
　　二、企业合并的原因 …………………………………………………………… 60
　第二节　企业合并的方式 …………………………………………………………… 61
　　一、按照经济业务范围进行分类 ……………………………………………… 61
　　二、按照法律形式进行分类 …………………………………………………… 61
　　三、按照会计准则规定进行分类 ……………………………………………… 62
　第三节　同一控制下企业合并的会计处理 ………………………………………… 63

一、同一控制下的控股合并 ·· 63
　　二、同一控制下的吸收合并 ·· 67
第四节　非同一控制下企业合并的会计处理 ····································· 69
　　一、购买方认定 ·· 69
　　二、购买日的确定 ·· 70
　　三、合并成本的确定 ·· 70
　　四、合并过程中发生的相关费用的会计处理 ································ 71
　　五、会计处理举例 ·· 72
　　六、反向购买 ·· 74
参考文献 ·· 74
复习思考题 ·· 74
业务题 ·· 75

第五章　购并日的合并财务报表 ·· 77
本章提要 ·· 77
第一节　合并财务报表概述 ·· 77
　　一、合并财务报表的必要性及其局限性 ···································· 78
　　二、合并财务报表的合并范围 ·· 78
　　三、合并财务报表的编制程序 ·· 86
第二节　非同一控制下购并日的合并财务报表 ··································· 87
　　一、母公司持有子公司全部股权时合并报表的编制 ·························· 88
　　二、母公司持有子公司的部分股权时合并报表的编制 ························ 95
第三节　同一控制下股权取得日的合并财务报表 ································· 100
　　一、合并资产负债表 ··· 100
　　二、合并利润表与合并现金流量表 ····································· 102
参考文献 ··· 102
复习思考题 ··· 102
业务题 ··· 102

第六章　购并日后的合并财务报表 ·· 104
本章提要 ··· 104
第一节　长期股权投资的会计处理 ·· 104
　　一、长期股权投资核算中的成本法与权益法 ······························· 104
　　二、合并财务报表下长期股权投资核算举例 ······························· 105
第二节　抵销内部交易：基本原理 ·· 110
　　一、集团内部经济业务事项的分类 ····································· 110
　　二、合并资产负债表与利润表编制的抵销项目 ····························· 110
　　三、合并现金流量表的编制 ··· 131
第三节　合并财务报表编制：综合案例 ······································ 134
　　一、编制合并工作底稿的抵销分录 ····································· 136

二、编制合并工作底稿 139
　第四节　合并财务报表附注 141
　参考文献 142
　复习思考题 142
　业务题 142

第七章　合并理论 145
　本章提要 145
　第一节　企业合并的基本会计方法及适用范围 145
　　一、企业合并的基本方法 145
　　二、各种合并方法的使用范围 147
　第二节　企业合并会计方法的历史回顾及比较 148
　　一、三种会计方法产生的会计结果差异的分析 149
　　二、三种会计处理方法的理论依据差异分析 150
　第三节　企业合并会计方法的信息质量特征分析 152
　　一、三种会计处理方法提供的会计信息的相关性分析 152
　　二、三种会计处理方法提供的会计信息的可靠性分析 153
　　三、三种会计处理方法提供的会计信息的可比性分析 155
　　四、从成本效益角度对三种会计处理方法的分析 155
　　五、一种或多种会计处理方法并存对会计信息质量的影响分析 ... 156
　第四节　合并理论 158
　　一、企业合并的基本理论 158
　　二、多种合并理论产生的原因 159
　　三、合并理论举例 160
　第五节　下推会计 163
　第六节　企业合并的理论结构 166
　参考文献 168
　复习思考题 168
　业务题 168

第八章　租赁会计 170
　本章提要 170
　第一节　租赁概述 170
　　一、租赁的识别 170
　　二、租赁的分拆与合并 173
　　三、租赁期 174
　第二节　承租人的会计处理 176
　　一、初始计量 176
　　二、后续计量 179
　第三节　出租人的会计处理 187

一、出租人的租赁分类 ··· 187
　　二、出租人对融资租赁的会计处理 ··· 188
　　三、出租人对经营租赁的会计处理 ··· 193
　　四、出租人的列报与披露 ·· 195
　第四节　售后租回 ·· 196
　　一、售后租回交易中的资产转让属于销售 ································· 196
　　二、售后租回交易中的资产转让不属于销售 ······························ 198
　参考文献 ·· 199
　复习思考题 ··· 199
　业务题 ··· 199

第九章　外币交易会计 ·· 201
　本章提要 ·· 201
　第一节　外币交易会计概述 ·· 201
　第二节　外币交易的会计处理 ··· 204
　　一、外币交易会计处理的两种观点 ··· 204
　　二、外币交易记账方法 ··· 206
　　三、外币交易的具体会计处理 ··· 207
　第三节　外币交易的信息披露 ··· 211
　参考文献 ·· 212
　复习思考题 ··· 212
　业务题 ··· 212

第十章　外币报表折算 ·· 214
　本章提要 ·· 214
　第一节　外币报表折算概述 ·· 214
　第二节　外币报表折算的四种方法 ·· 215
　第三节　我国会计准则下的外币报表折算 ··································· 216
　第四节　境外经营企业处于恶性通货膨胀下的财务报表折算 ············ 219
　参考文献 ·· 219
　复习思考题 ··· 219
　业务题 ··· 220

第十一章　物价变动会计 ··· 221
　本章提要 ·· 221
　第一节　物价变动会计概述 ·· 221
　　一、物价变动及其类型 ··· 221
　　二、物价变动对传统会计的影响 ·· 222
　　三、物价变动会计的产生 ·· 223
　　四、物价变动会计的定义 ·· 223

五、物价变动会计的基本概念 ………………………………………………… 223
　　六、物价变动会计的目标比较 ………………………………………………… 225
　　七、物价变动会计的主要模式 ………………………………………………… 226
第二节　历史成本/稳定币值会计 …………………………………………………… 228
　　一、历史成本/稳定币值会计及其发展 ……………………………………… 228
　　二、历史成本/稳定币值会计的特点 ………………………………………… 229
　　三、历史成本/稳定币值会计的基本程序和方法 …………………………… 229
　　四、历史成本/稳定币值会计的评价 ………………………………………… 235
第三节　现行成本/名义币值会计 …………………………………………………… 235
　　一、现行成本/名义币值会计及其发展 ……………………………………… 235
　　二、现行成本/名义币值会计的特点 ………………………………………… 236
　　三、现行成本/名义币值会计的基本程序和方法 …………………………… 237
　　四、现行成本/名义币值会计的评价 ………………………………………… 242
第四节　现行成本/稳定币值会计 …………………………………………………… 243
　　一、现行成本/稳定币值会计概述 …………………………………………… 243
　　二、现行成本/稳定币值会计的基本程序与方法 …………………………… 244
　　三、现行成本/稳定币值会计的评价 ………………………………………… 248
第五节　物价变动会计在各国的应用 ……………………………………………… 248
　　一、美国 ………………………………………………………………………… 248
　　二、英国 ………………………………………………………………………… 249
　　三、巴西 ………………………………………………………………………… 250
　　四、国际会计准则委员会 ……………………………………………………… 250
　　五、其他国家 …………………………………………………………………… 251
参考文献 ………………………………………………………………………………… 251
复习思考题 ……………………………………………………………………………… 251

第十二章　分部报告与中期报告 …………………………………………………… 252
本章提要 ………………………………………………………………………………… 252
第一节　分部报告概述 ……………………………………………………………… 252
　　一、分部及分部报告的含义 …………………………………………………… 252
　　二、分部的分类 ………………………………………………………………… 252
第二节　报告分部的确定 …………………………………………………………… 253
　　一、报告分部的确定标准 ……………………………………………………… 253
　　二、分部的合并 ………………………………………………………………… 256
第三节　分部报告的披露 …………………………………………………………… 256
　　一、主要报告形式的披露 ……………………………………………………… 257
　　二、次要报告形式的披露 ……………………………………………………… 257
　　三、其他形式的披露 …………………………………………………………… 257
第四节　中期报告概述 ……………………………………………………………… 258
　　一、中期财务报告定义 ………………………………………………………… 258

二、中期财务报告的构成 258
　　三、中期财务报告的确认与计量 258
　第五节　中期财务报告的披露 259
　　一、中期财务报告编制要求 259
　　二、中期财务报告附注的编制要求 262
　参考文献 263
　复习思考题 263

第十三章　所得税会计 265
　本章提要 265
　第一节　递延所得税 265
　　一、递延所得税的形成 265
　　二、递延所得税的性质 268
　第二节　递延所得税资产和负债的计算 269
　　一、计税基础的确定 269
　　二、暂时性差异 271
　　三、递延所得税资产和负债的计算 272
　　四、所得税费用 275
　第三节　经营亏损的抵前与转后 277
　　一、亏损抵前 277
　　二、亏损转后 277
　　三、我国对经营亏损的会计处理方法 278
　第四节　递延所得税在财务报表中的列示与披露 279
　　一、递延所得税资产和递延所得税负债的流动性划分 279
　　二、递延所得税资产和负债项目金额的列示 279
　　三、递延所得税在我国财务报表中的列示与披露 280
　参考文献 280
　复习思考题 280
　业务题 281

第十四章　衍生金融工具会计 283
　本章提要 283
　第一节　衍生金融工具概述 283
　　一、衍生金融工具的界定及种类 283
　　二、衍生金融工具的功能 284
　　三、衍生金融工具的风险 285
　第二节　几种典型的衍生金融工具 285
　　一、金融远期 285
　　二、金融期货 285
　　三、金融期权 286

四、金融互换 …… 287

第三节 衍生金融工具投机的会计处理 …… 288
 一、金融远期的会计处理 …… 289
 二、金融期货的会计处理 …… 289
 三、金融期权的会计处理 …… 290
 四、金融互换的会计处理 …… 291

第四节 套期保值会计 …… 293
 一、套期保值的定义及分类 …… 293
 二、套期会计方法及其运用条件 …… 294
 三、公允价值套期的确认和计量 …… 295
 四、现金流量套期的确认和计量 …… 298
 五、境外经营净投资的会计处理 …… 300

第五节 衍生金融工具信息披露 …… 300
 一、衍生金融工具信息披露的演进 …… 300
 二、我国会计准则对衍生金融工具信息披露的具体规定 …… 301
 三、国际财务报告准则对衍生金融工具信息披露的最新变化趋势 …… 301

参考文献 …… 301
复习思考题 …… 302
业务题 …… 302

第十五章 债务重组和破产清算 …… 303

本章提要 …… 303

第一节 债务重组 …… 303
 一、债务重组概述 …… 303
 二、债务重组的方式 …… 304
 二、债务重组的会计处理 …… 305

第二节 破产清算 …… 312
 一、破产清算概述 …… 312
 二、破产清算会计的特点 …… 315
 三、破产清算会计的内容与程序 …… 316
 四、破产清算会计举例 …… 318

参考文献 …… 322
复习思考题 …… 322
业务题 …… 322

第一章 个人独资企业会计

本章提要

企业组织形式分为个人独资企业、合伙企业和公司三类。个人独资企业是指由一个自然人投资,财产为投资人个人所有,投资人以其个人财产对企业债务承担无限责任的经营实体。它作为一种独立的企业存在形式,在所有的企业形态中最为古老、最为原始,也最为普遍地存在于商品经济社会。个人独资企业一般规模较小,虽然不是一个法律主体,但它是一个会计主体。从会计方面看,各种组织形式的会计处理,在资产、负债等方面并无什么差异,但在所有者权益方面,则有较大出入。本章首先介绍个人独资企业的概念及其特征;然后介绍个人独资企业的特点及其对会计核算的影响,即个人独资企业的会计核算特征,包括个人独资企业会计账户的设置、个人独资企业主要经济业务的会计处理等内容;最后介绍个人独资企业财务报表的编制,包括资产负债表、利润表及业主权益变动表的编制。

第一节 个人独资企业概述

一、个人独资企业的概念

根据《中华人民共和国个人独资企业法》(以下简称《个人独资企业法》)第二条规定:个人独资企业,是指依照《个人独资企业法》在中国境内设立,由一个自然人投资,财产为投资人个人所有,投资人以其个人财产对企业债务承担无限责任的经营实体。例如,个体工商户、农村承包经营户就是比较典型的个人独资企业。

作为一种企业组织形式,我们也不能仅从字面上对"独资"作望文生义的解释。譬如,外商独资企业和国有独资公司,前者仅仅是指没有中方参与股权的外资企业,至于其组织形式如何,完全应视其母公司的性质,或在中国的注册情况而定;后者是指其出资人为国家一方,不是自然人,故不属于独资组织。

二、个人独资企业的特点

个人独资企业与公司、合伙企业相比,具有如下特点。

(一)出资人是一个自然人个体,且承担无限经营责任

个人独资企业是由一个自然人投资设立的。个人独资企业投资的股东人数是单一的。在经营活动中,个人独资企业以企业的名义在核准登记的范围内开展生产经营业务。投资者个人只限于具有完全民事行为能力的自然人。当然,并非所有的自然人都可以投资设立个人独资企业。按照《个人独资企业法》有关规定,虽然有些人有相应的民事权利能力和完

全的民事行为能力,但法律、法规却作了禁止性规定。例如,政府公务员不得作为投资人申请设立个人独资企业;限制民事行为能力的人不得作为投资人申请设立个人独资企业。

个人独资企业的投资者以其个人财产对企业债务承担无限责任。《中华人民共和国民法通则》(以下简称《民法通则》)第二十九条规定:"个体工商户、农村承包经营户的债务,个人经营的,以个人财产承担;家庭经营的,以家庭财产承担。"对企业债务承担无限责任,使业主个人或家庭的经营风险远较公司组织的股东为甚,一旦经营失利,轻则赔本,重则倾家荡产。但同时对于债权人而言,无限责任的责任形式是对其交易安全的一种保障,使债权人尽可能保障自己债权的实现。鉴于此,《个人独资企业法》没有对个人独资企业规定最低注册资本数额,只是要求根据其拟设立的个人独资企业经营需要来申报出资数额。

(二)企业财产为个人独有,企业规模一般较小

个人独资企业的财产为投资者个人所有,投资者个人对独资企业的财产依法享有所有权。《个人独资企业法》没有强制规定企业所有权与企业经营权分离的机制,投资者可以根据自身情况自主选择经营管理方式。同时,由于个人独资企业的"独资"特点,不存在与他人资本的联合,仅凭投资者个人或家庭的资本开展业务,数量有限的资本抑制了企业发展的规模。因此,我们经常看到的个人独资企业,多数属于中小企业。

(三)个人独资企业不是纳税主体

按照《中华人民共和国私营企业暂行条例》和《中华人民共和国私营企业所得税暂行条例》有关规定,个人独资企业雇工在8人以上者,视同法人企业处理,必须计算缴纳企业所得税。但是按照《个人独资企业法》的规定,从2000年1月1日开始,个人独资企业不再缴纳企业所得税,只对投资者个人取得的生产经营所得,比照个人所得税法的"个体工商户的生产经营所得"应税项目,适用5%～35%的五级超额累进税率,计算征收个人所得税。个人独资企业由纳税主体变成了非纳税主体,取消了对业主个人的重复征税,有利于独资企业积累资本,扩大规模。

(四)个人独资企业不具备法人资格

从法律地位方面而言,个人独资企业不具有法人资格。个人独资企业是自然人从事商业经营的一种组织形式,这种组织不成为完全独立的法律主体。尽管个人独资企业是以企业的名义参与市场经济活动,但是其并非一个独立的责任主体,没有自己的法律人格。由此决定,在财产关系上,个人独资企业所使用的财产由独资企业主一人投资,也由其一人所有,企业本身没有所有权,虽然,个人独资企业一般都设置单独的财产目录和业务账簿用于记载投入企业经营的财产情况和企业业务状况,但其目的只是填写纳税账表和使投资人了解、掌握企业的经营状况;在经营管理上,投资人享有决定企业一切事项、管理企业业务的权利,虽然实践中投资人常常把此种管理权通过委托关系交由代理人或雇员行使,但其权利本源仍在投资人;在利益分配上,企业盈利由投资人独自享有和自由处分;在财产责任上,企业负债等于投资人个人负债,并由其个人承担,如发生资不抵债情况,投资人应以其个人的全部财产而不是仅以其投资于该企业的财产对债务负责,这就是所谓的承担无限责任,其中包括对其雇员在执行业务的过程中产生的损害赔偿责任负责。

第二节 个人独资企业会计核算的特点

个人独资企业经营所需的资本主要来自业主个人的投资,另有少数是从业主以外借得

的款项。个人独资企业向外举债主要凭借的是业主个人的信誉和偿债能力。从会计角度看,独资企业也是一个会计主体,需要为之建立账册,编制报表,反映其财务状况和经营成果,有必要划分资产、负债和所有者权益。

个人独资企业的特点和管理要求,决定了个人独资企业会计核算的特点。与其他企业会计核算相比较,个人独资企业会计核算具有如下特点。

（一）个人独资企业的会计核算以业主权益理论为基础

个人独资企业的所有者权益核算与一般公司制企业会计核算有所不同。根据业主权益理论,资产是业主所拥有的财产,负债是业主所承担的义务或负资产,则资产负债表等式为:资产－负债＝业主权益。利润是业主财富的增量,其中营业收入增加业主权益,营业费用（成本）则减少业主权益。企业的利润即为业主利润,资本是业主的贡献,保全的资本即为业主的资本。企业的主要目标是增加业主财富,会计工作的侧重点在于计量资产和负债,以正确反映业主财富或权益的变动。

（二）企业会计工作组织机构简化

个人独资企业大部分不设立会计机构。这样就出现不少个人独资企业的会计工作由社会中介机构代理或者其他单位人员兼任的现象,也有少部分企业是投资者在进行生产经营的同时兼任会计工作。

（三）损益账户与所有者权益账户设置较为简单

由于业主对企业的债务负有无限清偿责任,法律对业主个人投入资本或撤出资本无需加以约束,对企业利润分配也甚少限制,因而其所有者权益不需要像公司那样进行再分类,不需要分为投入资本和留存收益,全部所有者权益一般只需用一个总数表示。在个人独资企业破产清算时,债权人可以要求业主用个人资产清偿债务,因而也没有要求区分投入资本和留存收益。

但从会计上看,仍然应当区分投资和利润,减资和亏损,否则业主无法了解一个时期的经营成果,也缺乏向税务机构缴纳所得税的依据。个人独资企业与其他企业会计核算相比较,其资产、负债以及收入和费用的会计处理基本相同,不同之处主要在于所有者权益。个人独资企业所有者权益的内容主要包括两个方面:第一,在开办企业时业主的最初投资额以及在以后经营中业主追加的投资额;第二,在经营中,业主与企业之间的往来事项对所有者权益的影响。因此,企业也可以设置三个权益账户,即"业主资本""业主往来"和"损益汇总"账户。

1."业主资本"账户

"业主资本"账户是一个核算个人独资企业业主原始投入资本及其增减变化数额的所有者权益账户。业主原始投资或明确的增资数额记入该账户贷方,业主明确的减资数额记入该账户借方,余额在贷方表示业主投入企业的资本数额,但并不表示法律规定的资本数。

2."业主往来"账户

"业主往来"账户是一个记录业主暂时性资本变化情况的资本账户,其记录内容包括业主暂时性投入或存入款项、应得未提取工资或应得净利润数额、业主个人从企业提款数额等。业主从企业提款、取用物品以及企业为业主个人代付私人债务等记入该账户的借方;业主个人暂存未取应得工资和利润以及企业代业主个人收取的款项等记入该账户的贷方;余额在贷方表示业主个人应取得而尚未支取的暂时存放在企业的款项;反之,余额在借方则表示业主个人暂时从企业支取动用的款项。业主决定增资,可从"业主往来"账户的借方转入"业主资本"账户的贷方。

3. "损益汇总"账户

"损益汇总"账户是一个核算个人独资企业某一会计期间经营损益形成及其分配情况的损益账户。该账户既反映损益的形成，又反映损益的分配，全部收入项目记入该账户贷方，全部费用项目记入该账户借方，收入和费用配比后算得当期利润。利润应归业主所有，从"损益汇总"账户的借方转入"业主往来"账户的贷方；反之，亏损应全部由业主来承担，从"损益汇总"账户的贷方转入"业主往来"账户的借方。税后利润中，一部分可供业主个人消费，另一部分则可留在企业，供扩大再生产之用。如果个人独资企业业主与职工订有协议，税后利润中有一定数额是分给职工的红利，则应将应付红利作为企业的负债处理。损益中属于业主应得的部分应从"损益汇总"账户转入"业主往来"账户，"损益汇总"账户期末应无余额。

第三节 个人独资企业的会计核算

个人独资企业主要经济业务的核算举例如下：

【例1-1】 业主张先生，在20×5年12月1日投资现金60 000元，厂房一幢作价60 000元，注册登记开办一家个人独资企业，专门生产A产品。假设当期生产并全部出售。有关经济业务如下：

（1）企业收到现金及厂房投资时，作会计分录如下：

  借：库存现金   60 000
    固定资产   60 000
    贷：业主资本——张先生   120 000

（2）业主因个人需要，从企业提取现金1 000元，作会计分录如下：

  借：业主往来   1 000
    贷：库存现金   1 000

（3）企业代业主收取款项1 000元，该笔款项是业主个人财产，现由企业代为收取，视业主将款项暂存于企业，应作会计分录如下：

  借：库存现金   1 000
    贷：业主往来   1 000

（4）购入生产用材料一批，由车间领用，用于生产，价税款合计35 100元，用支票支付货款。作会计分录如下：

  借：生产成本——材料费   35 100
    贷：银行存款   35 100

（5）支付雇佣工人工资2 000元，作会计分录如下：

  借：生产成本——工资费用   2 000
    贷：应付职工薪酬   2 000

同时：

  借：应付职工薪酬   2 000
    贷：库存现金   2 000

个人独资企业工资的发放也可以不用通过"应付职工薪酬"账户核算。可以直接支付。

(6) 月末,计提设备折旧费 900 元,作会计分录如下:

  借:生产成本——折旧费   900
    贷:累计折旧   900

(7) 月末,经计算本月生产完工产品 100 件,每件完工产品成本 380 元,总成本 38 000 元。按规定结转完工产品总成本。作会计分录如下:

  借:库存商品——A 产品   38 000
    贷:生产成本   38 000

(8) 本月生产产品 100 件全部出售,每件产品价款 600 元,计 60 000 元存入银行。作会计分录如下:

  借:银行存款   60 000
    贷:主营业务收入   60 000

同时,结转已销产品成本,作会计分录如下:

  借:主营业务成本   38 000
    贷:库存商品——A 产品   38 000

(9) 计算本月损益。销售费用 2 000 元,实际盈利 20 000 元。由于独资企业不是纳税主体,故不考虑所得税。作会计分录如下:

发生并支付销售费用 2 000 元:

  借:销售费用   2 000
    贷:库存现金   2 000

期末,将所有的收入、费用等损益账户结转到"损益汇总"账户:

  借:主营业务收入   60 000
    贷:损益汇总   60 000

  借:损益汇总   40 000
    贷:主营业务成本   38 000
      销售费用   2 000

(10) 本月支付业主工资 1 000 元。

因为 2000 年以后个人独资企业已经不是纳税主体,则业主所得的工资作为利润分配处理。在 2000 年以前,个人独资企业雇工在 8 人以上者,视同法人企业处理,也是纳税主体,那时支付给业主个人的工资,应计入企业的有关费用。故应作会计分录如下:

计算并支付业主工资 1 000 元:

  借:损益汇总   1 000
    贷:业主往来   1 000

同时:

  借:业主往来   1 000
    贷:库存现金   1 000

(11) 业主取得的工资 1 000 元,按照个人所得税法的规定也属于业主个人生产经营所得。个人独资企业的利润 20 000 元,假定该利润即为税务机关认定的业主个人生产经营所得。因此,业主应纳税所得为 21 000 元。经查个人所得税速算表知适用所得税税率为 20%,速算扣除数为 1 250 元。即业主应缴纳的个人所得税为 2 950 元。由个人独资企业代业主支付。

借:业主往来　　　　　　　　　　　　　　　　　　　　　　　　　　2 950
　　贷:库存现金　　　　　　　　　　　　　　　　　　　　　　　　　　2 950

(12) 根据劳资双方协议,税后利润职工可分 20%,其余 80% 归业主所得。

个人独资企业的税后利润为 17 050 元(20 000－2 950),职工分得 3 410 元(17 050×20%),业主分得 13 640 元(17 050×80%)。

借:损益汇总　　　　　　　　　　　　　　　　　　　　　　　　　　17 050
　　贷:应付职工红利　　　　　　　　　　　　　　　　　　　　　　　　3 410
　　　　业主往来　　　　　　　　　　　　　　　　　　　　　　　　　13 640

(13) 结转损益汇总的期末余额。根据本期发生的经济业务的核算,损益汇总的余额为 1 950 元,归属业主所有,应作会计分录如下:

借:损益汇总　　　　　　　　　　　　　　　　　　　　　　　　　　1 950
　　贷:业主往来　　　　　　　　　　　　　　　　　　　　　　　　　　1 950

(14) 业主张先生决定从分得的利润中拿出 10 000 元作为对个人独资企业的追加投资,应作会计分录如下:

借:业主往来　　　　　　　　　　　　　　　　　　　　　　　　　　10 000
　　贷:业主资本　　　　　　　　　　　　　　　　　　　　　　　　　　10 000

现将上述各会计分录分别登记在"业主资本""业主往来""损益汇总"三个账户中,如表 1-1、表 1-2 和表 1-3 所示。

表 1-1　业　主　资　本

单位:元

		开业投资	120 000
		追加投资	10 000
		期末投资	130 000

表 1-2　业　主　往　来

单位:元

业主提款	1 000	企业代业主收款	1 000
计提业主工资	1 000	支付业主工资	1 000
企业代业主交个人所得税	2 950	应付业主利润	13 640
业主所得转为投资	10 000	结转未分配利润	1 950
本期发生额	14 950	本期发生额	17 590
		期末余额	2 640

表 1-3 损 益 汇 总

单位:元

营业成本转入	38 000	营业收入转入	60 000
营业费用转入	2 000		
应付业主工资	1 000		
应付职工红利	3 410		
应付业主利润	13 640		
结转未分配利润	1 950		
本期发生额	60 000	本期发生额	60 000

第四节 个人独资企业财务会计报告

一、个人独资企业财务会计报告的种类

为了系统地、综合地、全面地反映个人独资企业一定时期财务状况和经营成果,为税务部门和个人独资企业业主等单位或者个人提供会计信息,按照有关规定,个人独资企业应按期编制财务会计报告。个人独资企业编制的财务会计报告主要包括资产负债表、利润表和业主权益变动表等会计资料。对于个人独资企业业务较少、规模较小的单位,也可以不编月份财务会计报告,只办理结账业务。对于业务较多、规模较大的个人独资企业应当按月编制,并在年终编制年度财务会计报告。

二、个人独资企业财务会计报告的编制方法

财务会计报告可直接根据各账户的期末余额和本期发生额进行编制。

【例 1-2】 业主张先生独资企业 20×5 年 12 月份财务报表编制如表 1-4、表 1-5、表 1-6 和表 1-7 所示。

表 1-4 业主张先生独资企业资产负债表

20×5 年 12 月 31 日　　　　　　　　　　　　　　　　　单位:元

资　　产		负债和所有者权益	
流动资产		负债	
货币资金	52 050	应付账款	—
银行存款	24 900	应付职工红利	3 410
应收账款	—	应付业主利润	—
库存商品	—	应付职工薪酬	—
流动资产合计	76 950	负债合计	3 410
固定资产		所有者权益	
固定资产原值	60 000	业主往来	2 640
减:累计折旧	900	业主资本	130 000
固定资产净值	59 100	所有者权益合计	132 640
资产总计	136 050	负债和所有者权益总计	136 050

注:本书中的各类财务会计报表仅为满足业务的学习所用,均属简表。全书不再另作说明。

表 1-5　业主张先生独资企业利润表

20×5 年 12 月　　　　　　　　　　　　　　　　　　　单位:元

项　目	本月数	本年累计数	上年累计数
营业收入	60 000	60 000	(略)
减：营业成本	38 000	38 000	
销售费用	2 000	2 000	
营业利润	20 000	20 000	
净利润	20 000	20 000	

表 1-6　业主张先生独资企业利润分配表

20×5 年 12 月　　　　　　　　　　　　　　　　　　　单位:元

项　目	本年实际	上年实际
净利润	20 000	(略)
减：应付职工红利	3 410	
应付业主利润	14 640	
未分配利润	1 950	

注：支付给业主的工资视为利润分配。

表 1-7　业主张先生独资企业业主(或所有者)权益变动表

20×5 年 12 月　　　　　　　　　　　　　　　　　　　单位:元

业主原始投入资本	120 000
年初业主资本余额	120 000
本年增加投入资本	
现金投入资本	
业主经营所得转入资本	10 000
合　计	130 000
本年减少资本	
年末业主资本余额	130 000

参 考 文 献

[1] 汤云为,陈信元,钱嘉福,等.高级财务会计[M].上海:上海三联书店,1995.
[2] 邓小洋,周密.高级财务会计[M].湖南:湖南人民出版社,2007.
[3] 杨有红.高级财务会计[M].北京:经济科学出版社,2008.
[4] 张文贤,高建兵.高级财务会计[M].北京:首都经济贸易大学出版社,2003.
[5] 戴德明.高级会计学[M].北京:高等教育出版社,2011.
[6] 王华.高级财务会计[M].大连:东北财经大学出版社,2001.
[7] 储一昀.高级财务会计[M].上海:复旦大学出版社,2006.
[8] 谢瑞峰,张志凤.高级会计学[M].北京:社会科学文献出版社,2007.
[9] 陈信元,钱逢胜,朱红军.高级财务会计[M].2 版.上海:上海财经大学出版社,2011.

第一章 个人独资企业会计

复习思考题

1. 个人独资企业有何特点？如何进行个人独资企业的业主权益会计处理？
2. 与公司组织相比，个人独资企业的所有者权益会计有何特色？为什么会具有这些特色？
3. 为什么个人独资企业的会计处理也应当采用权责发生制？
4. 个人独资企业的财务会计报告包括哪些内容？个人独资企业是否有必要对外编制现金流量表？为什么？
5. 个人独资企业业主的工资应如何处理？
6. 个人独资企业如果不编制收益表能否得出本年利润或亏损额？

业 务 题

1. 业主 A 经批准开设一家商店，从事小商品买卖，雇工 5 人进行经营。20×5 年度发生的部分经济业务如下：

（1）业主 A 有门面房一间，作价 200 000 元投资用作门市部，投入现金 40 000 元存入银行作为营业资金，现已经注册登记。

（2）业主 A 购入电动三轮车一辆，价款 7 000 元；购入货架及柜台若干，价款 3 000 元。均以银行存款付讫。

（3）业主 A 某月份发生商品经营业务如下：

① 业主 A 为门市部购入商品一批，价款 30 000 元，以银行存款付讫，商品入库。
② 业主 A 家庭取用门市部商品一宗，价款 1 000 元。
③ 月末，门市部盘点后核算得知，本月销售商品 32 000 元，综合毛利率 30%。
④ 本月应付业主工资费用 2 000 元，用现金支付雇工 5 人的工资共计 5 000 元。
⑤ 按照有关规定，计算本月缴纳增值税，并上缴国税分局。
⑥ 月末，计提固定资产折旧费 120 元，并按照一次摊销法摊销低值易耗品 3 000 元。
⑦ 业主提取现金 1 000 元自用。
⑧ 计算本月盈利，按个人所得税有关规定计算应缴纳所得税。
⑨ 结转本月损益。
⑩ 业主 A 将当月的净利润全部转为对商店的投资。

要求：
（1）根据上述业务，编制会计分录。
（2）开设并登记"业主往来""业主资本""损益汇总"账户，结出期末余额。

2. 根据下列资料（见表1-8）为甲公司编制 20×5 年 12 月 31 日的资产负债表。

表1-8 相 关 资 料

单位：元

项 目	金 额	项 目	金 额
应收账款	3 000	现金	1 500
业主投资（期初）	30 000	土地	15 000
房屋	22 000	设备	11 000
累计折旧——房屋	2 000	累计折旧——设备	1 000
应付账款	4 000		

案 例 题

某个人独资企业20×5年年初全部负债为25 000元,20×5年年末全部负债变为20 000元。20×5年的净资产为30 000元,20×5年年末资产总额比20×5年年初资产总额多10 000元。如果20×5年度资本投入额超过资本提出数额4 000元。

要求:

(1) 计算20×5年度独资企业的经营净收益。

(2) 在会计上,通过结账程序可以得出某个年度的经营净收益(账结法),同样地,通过两期资产负债表的对比可以得出某个年度的经营净收益(表结法)。然而,现行会计实务中,为什么同时存在并应用账结法与表结法呢?这能否说明现行会计系统运行的低效率呢?

第二章 合伙企业会计

本章提要

企业组织形式有个人独资企业、合伙企业和公司三种形式。合伙企业与个人独资企业相比,个人独资企业的缺点在于业主的资本和精力有限,企业的规模难以扩大,而合伙企业则由多个合伙人共同出资设立,在资本数额和经营规模上都有可能超过个人独资企业。在现代社会中,一些特殊的专职行业,如律师事务所、会计师事务所和医师诊所等,大多数采用合伙形式。许多小企业,尤其是家族式经营的企业,通常也会采取合伙企业这一组织形式。合伙企业与个人独资企业一样不是法律主体,不具备法人资格,合伙人必须以投资者自身的法律名义从事经营活动。合伙企业虽不是一个法律主体,但它是一个会计主体,对于日常经营中的一般性交易和事项,应参照《企业会计准则》相关规定进行会计处理,它与公司会计处理的差异主要在企业的设立、损益分配、所有者变动以及解散与清算等四个方面。首先,本章主要介绍合伙企业的特点、合伙协议及合伙企业账户的设置等内容,着重突出合伙企业特征对合伙企业会计政策和会计准则的影响。其次,介绍合伙企业的设立、经营、分配等重大会计事项的确认和计量,主要包括合伙企业的出资方式、合伙企业与合伙人之间的往来、合伙企业经营成果的分配的经济业务及相应的会计处理。再次,介绍合伙企业的权益变动的确认和计量,包括新合伙人的入伙、合伙人的退伙的会计处理。最后,介绍合伙企业清算中所涉及的特殊问题及会计处理方法,包括清算的原则、清算的步骤、清算的方式及会计处理方法等内容。

第一节 合伙企业概述

一、合伙企业的概念

企业是国民经济的细胞,也是市场经济活动的主体。以企业的组织形式和法律地位为标准,企业分为公司、合伙企业、个人独资企业等三种表现形式。

合伙企业是一种由两人或者两人以上订立合伙协议,共同出资、合伙经营、共享收益、共担风险的企业。根据我国 2006 年 8 月 27 日第十届全国人民代表大会常务委员会第二十三次会议修订,并从 2007 年 6 月 1 日开始实施的《中华人民共和国合伙企业法》(以下简称《合伙企业法》)规定,在我国,合伙企业是指自然人、法人和其他组织依法在中国境内设立的普通合伙企业和有限合伙企业。

普通合伙企业由普通合伙人组成,普通合伙人对合伙企业债务承担无限连带责任。有限合伙企业由普通合伙人和有限合伙人组成,普通合伙人对合伙企业债务承担无限连带责任,有限合伙人以其认缴的出资额为限对合伙企业债务承担有限责任。根据《合伙企业法》的规定,在我国,合伙人既可能是自然人也可能是法人,自然人可以成为普通合伙人也可以成为有限合伙人,而国有独资企业、国有企业、上市公司及公益性的事业单位、社会团体不得成为普通合伙人,只能成为有限合伙人。《合伙企业法》还规定,以专业知识和专门技能为客户提供有偿服务的专业服务机构,可以设立为特殊的普通合伙企业。对于特殊普通合伙企业,一个合伙人或多个合伙人在执业中因故意或重大过失造成合伙企业债务的,应承担无限责任或无限连带责任,其他合伙人以其在合伙企业中的财产份额承担责任;而合伙人在执业活动中非因故意或重大过失造成的合伙企业债务及合伙企业的其他债务,由全体合伙人承担无限连带责任。在特殊普通合伙企业中,合伙人执业活动中因故意或重大过失造成合伙企业债务,以合伙企业财产对外承担责任后,该合伙人应当按照合伙协议的约定对给合伙企业造成的损失承担赔偿责任。

合伙企业与个人独资企业一样不是法律主体,不具备法人资格,合伙人必须以投资者自身的法律名义从事经营活动。从会计的观点看,每一个合伙人都是独立于合伙人个人活动以外的单个会计主体。合伙企业不缴纳企业所得税。

在西方国家,合伙企业与公司是最常见的两种企业组织形式。公司的规模一般较大,在社会经济活动中发挥着重要的作用。但是,公司在企业的总数中所占的比例却很小,大多数企业是独资或合伙企业。独资和合伙企业一般规模小,易于组建,所需开办费用也较小。但是,由于合伙企业由多位合伙人共同出资设立,在资本数额、经营规模和承担风险上都可能强于独资企业,因而合伙企业得以广泛产生,多设立于服务业、零售业、批发业和制造业等,尤其是专门中介服务机构,如律师事务所、会计师事务所和医师诊所等大多数采用合伙形式。

二、合伙企业的特点

根据《中华人民共和国民法通则》(以下简称《民法通则》)以及2006年修订后的《合伙企业法》规定,合伙企业具有如下特点。

(一)经营期限有限

合伙企业的设立由两人或两人以上合伙人以契约约定,较为容易。一旦签订合伙协议,合伙企业就宣告成立。同样,新合伙人加入、旧合伙人退伙或死亡,合伙人协议解散,或因破产等原因均可造成原合伙企业解散以及新合伙企业的成立。

(二)无限经营责任和有限经营责任并存

在合伙企业存续期间,合伙人的出资和所有以合伙企业名义取得的收益均为合伙企业的财产,合伙人可以通过盈余分配的形式最大限度地分配合伙企业在经营中积累的企业财产。同时,按照修订后的《合伙企业法》规定,普通合伙人对合伙企业债务承担无限连带责任,以使普通合伙人能够谨慎、勤勉地履行合伙企业的事务,保障和实现合伙企业债权人的合法权益。而有限合伙人以其认缴的出资额为限对合伙企业债务承担有限责任。

(三)合伙人以合伙协议为基础,设立合伙企业,管理企业内部事务,互为代理企业外部事务

在企业内部,所有有关合伙人之间的关系、合伙企业的内部管理等事项均需要通过合伙协议来约定。如果没有合伙协议,合伙企业就不能成立,同时也就无法运作。合伙企业的经营活动,由合伙人共同决定,合伙人有执行和监督的权力。在合伙企业外部,合伙企业的每一个合伙人均被认为是所有合法业务代理人,其代理行为对所有合伙人均有法律约束力。

（四）合伙人共同出资、合伙经营、共享收益、共担风险

合伙企业的资本由全体合伙人共同出资构成。合伙人投入的财产，由合伙人统一管理和使用。不经其他合伙人的同意，任何一位合伙人不得将合伙财产占为私用。共同出资的特点决定了合伙人在原则上均享有平等地参与执行合伙企业事务的权利，各合伙人互为代理人。对于合伙经营的收入和风险，由合伙人共享、共担。亦即，合伙企业在经营活动中所取得、积累的财产及盈余，归合伙人共同拥有，并按合伙协议规定的方法和比例进行分配。若协议没有具体规定分配比例的，可以按合伙人数平均分配。如果发生经营亏损，也应由全体合伙人共同承担。

（五）合伙企业不是纳税主体

修订后的《合伙企业法》规定，合伙企业的生产经营所得和其他所得，按照国家有关税收规定，由合伙人分别缴纳个人所得税，可见，合伙企业不是纳税主体。不过，合伙企业还是应当填报所得税申报资料，其中，应列明合伙企业的收入、成本费用、损失、净利润及其在合伙人之间的分配情况。例如，2000年，财政部和国家税务总局颁布的《关于印发〈关于个人独资企业和合伙企业投资者征收个人所得税的规定〉的通知》第二十条就规定："投资者应向企业实际经营管理所在地主管税务机关申报缴纳个人所得税。投资者从合伙企业取得的生产经营所得，由合伙企业向企业实际经营所在地主管税务机关申报缴纳投资者应纳的个人所得税，并将个人所得税申报表抄送投资者。"合伙人应将其个人在合伙企业正常净利润中所占份额以及股利等列入其个人所得税申报表，以申报缴纳个人所得税。

三、合伙协议的内容

合伙协议是合伙人建立合伙关系，确定合伙人各自的权利和义务，使合伙企业得以设立的前提，也是合伙企业的法律基础。为了避免合伙人之间产生纠纷，在合伙企业成立时，应首先签订合伙协议。订立合伙协议，应当遵循自愿、平等、公平、诚实信用原则。修订后的《合伙企业法》明确规定合伙协议必须采用书面形式。合伙协议应当载明下列事项：

(1) 合伙企业的名称和主要经营场所和地点。
(2) 合伙的目的和经营范围。
(3) 合伙人的姓名或名称及其住所。
(4) 合伙人出资的方式、数额和缴付出资的期限。
(5) 利润分配和亏损分担办法。
(6) 合伙企业事务的执行。
(7) 入伙与退伙。
(8) 合伙企业的解散与清算。
(9) 违约责任。
(10) 争议解决办法。
(11) 其他需经全体合伙人同意的事项。

合伙协议经全体合伙人签名、盖章后生效。经全体合伙人一致同意，可以修订合伙协议。对合伙企业的会计处理直接受到合伙协议的内容和有关合伙法规的影响。

我国《合伙企业法》第六十三条还规定有限合伙企业的合伙协议中应包括：

(1) 执行事务合伙人应具备的条件和选择程序。
(2) 执行事务合伙人权限与违约处理方法。
(3) 执行事务合伙人的除名条件与更换程序。

(4) 有限合伙人入伙、退伙的条件,程序及相关责任。
(5) 有限合伙人和普通合伙人相互转换程序等。

第二节 合伙企业会计的特点

一、合伙企业会计核算的特点

合伙企业虽不是一个法律主体,但它是一个会计主体,对于日常经营中的一般性交易和事项应参照《企业会计准则》的相关规定进行会计处理。其与公司制企业的会计处理差异主要在企业的设立、损益分配、所有者变动以及解散与清算等四个方面。

(一) 合伙企业设立时的会计核算

一般而言,对于非现金资产的投资应以经过独立评估机构评估所确定的公允价值作为入账的价值。而合伙企业设立时,非现金资产的公允价值由所有的合伙人协商确定,所涉及的金额在合伙协议中载明。因而合伙协议是合伙企业会计核算的基础,在此基础上,明确各合伙人资本的核算方法。

(二) 合伙企业损益分配时的会计核算

以公司为组织形式的经济实体在损益分配上一般是按照投资者的资本比例进行分配,而合伙企业的损益分配是按照合伙协议的约定进行分配,如果损益分配的方法没有在合伙协议中约定,则平均分配。因而对于合伙企业来说,损益的分配除了要考虑每一个合伙人的资本投入因素外,还需要考虑管理才能和时间投入等因素。所以合伙企业的损益分配要比公司组织的损益分配复杂得多,需要按不同情况进行不同的处理。

(三) 合伙企业所有者变动时的会计核算

在以公司为组织形式的经济实体中,所有者的变动对企业的会计核算无任何影响,但在合伙企业中,合伙人的变动却会影响合伙企业利益分配格局。为维护合伙人的权益,在合伙人变动时要明确合伙人入伙或退伙的方式,同时要对合伙企业的商誉进行估价,对合伙企业的资产进行评估,这给合伙企业的会计核算带来了重大影响。

(四) 合伙企业解散与清算时的会计核算

合伙企业从实体上解散,合伙人之间的权益也要进行最后的清算,合伙人之间以及合伙企业与外部企业之间的债权债务也需要做最后的清理。但由于每一个合伙人都要对合伙企业的债务负无限的个人责任,因此其清算的程序及其会计处理与负有限责任的公司的程序及会计处理不同,需要根据合伙企业是否破产以及合伙人个人是否破产进行区别处理。

二、合伙企业账户设置

合伙企业作为一个会计主体,其会计核算也应遵循《企业会计准则》的基本准则和各项具体会计准则,并采用基本相同的程序和方法。合伙企业日常发生的经济业务以及对这些业务的会计处理与公司制企业基本类似,所不同的是所有者权益的会计核算。由于合伙人对合伙企业债务承担无限连带责任,修订后的《合伙企业法》对合伙人个人投入资本或撤出资本除规定要经过全体合伙人同意外,未加其他约束,合伙企业的特点决定了合伙企业在所有者权益账户的设置、分类、分配以及解散清算等方面不同于公司制企业,合伙企业会计核算有如下特点。

(一) 合伙人资本

设置"合伙人资本(或投资)"账户,反映合伙人相对不变的永久性资本及其增减数。合伙人的初始投资、明确的增资记入该账户的贷方,合伙人明确的减资记入该账户的借方,该账户贷方余额表示合伙人投入企业的资本额。为反映各个合伙人对企业的投资情况,"合伙人资本(或投资)"账户应根据合伙人姓名设置明细账户,进行明细核算。合伙企业一般不设置"资本公积"账户,由投入资本引起的各种增值可直接记入"合伙人资本(或投资)"账户。合伙企业也不需要设置"盈余公积"账户,合伙企业实现的利润应全部分给合伙人,若合伙企业要扩大投资规模,可由合伙人将分得的利润用于追加投资。

（二）合伙人往来

设置"合伙人往来"账户,反映日常经营过程中合伙人权益的增减变动。该账户属于所有者权益类账户。合伙人从合伙企业的提款数、取用商品数、合伙企业为合伙人代付款项、合伙人向合伙企业借款数、合伙人应分摊的亏损、转增资本等记入该账户的借方;合伙人本期应分得的利润、合伙企业代合伙人收取的款项等记入该账户的贷方。"合伙人往来"账户的余额若在贷方,表示企业应付合伙人的款项;若在借方,表示企业应向合伙人收取的款项。"合伙人往来"账户也应按合伙人姓名设置明细账户。

（三）合伙人借款和贷款

设置"合伙人借款和贷款"账户,核算合伙人从合伙企业提取的金额巨大且有意偿还的款项以及合伙人以贷款方式向合伙企业临时提供的资金,前者为合伙企业的资产,后者则为合伙企业的负债。虽然合伙人对企业的债务负无限责任,合伙人的债权也没有优先求偿权,但从会计角度讲,应当区分合伙人对企业的债权债务与外界对企业的债权债务,区分合伙人对企业的贷款与合伙人的投资。

（四）合伙人投资的评估

由合伙人投入合伙企业的资产除货币资金外,还有其他资产。非货币性资产的投资,采用当前公允价值评估是非常必要的,并应以公允价值或协商价格作为会计记录的依据。在企业存续期间或清算时,对这些资产处置的净收入或净损失,都按照契约或损益分配计划来分摊。为公平起见,需要确定对投入企业的非货币性资产进行公平估价的基准。

（五）损益汇总

设置"损益汇总"账户,反映合伙企业损益的形成、利润的分配或亏损的弥补。该账户贷方登记从有关收入账户转入的数额,以及亏损的弥补;借方登记从有关成本、费用、税金等账户转入的数额,以及利润的分配。该账户期末结转"合伙人往来"账户后,一般应无余额。

（六）其他

无需设置"所得税费用"账户。根据财政部及国家税务总局的有关规定,自2000年1月1日起,我国合伙企业为非纳税主体,不需要缴纳企业所得税,因此合伙企业无需进行计算、缴纳企业所得税的核算。

合伙企业的合伙人共享收益、共担风险。合伙人从合伙企业获得的利息、工资、奖金等都属于利润分配的内容,都不应记入有关费用账户,而应通过"损益汇总"账户核算。合伙企业向合伙人分配利息、工资、奖金、利润等,应借记"损益汇总"账户,贷记"合伙人往来"账户。合伙企业的亏损也由合伙人共同承担,其会计处理为借记"合伙人往来"账户,贷记"损益汇总"账户。

合伙人取用合伙企业的产品或商品自用,不能算作企业的销售,而应算作企业存货的减少。合伙企业的财产归全体合伙人所有,合伙人从合伙企业取用产品只是减少了企业的财产,增加了合伙企业与合伙人个人之间的往来,商品所有权上的主要风险和报酬并未转移。根据收入准则,不能作为收入处理;根据配比原则,也不能结转成本。根据《中华人民共和国增值税暂行条例实施细则》第四条第四款的规定,单位或个体经营者将自产或委托加工的货物用于非应税项目视同销售货物,因此合伙人从企业取用的产品或商品应缴纳增值税。合伙人从合伙企业取用产品或商品的会计处理,应借记"合伙人往来"账户,贷记"库存商品或产成品"账户,以及"应交税费——应交增值税(按售价核算)"账户。

三、合伙企业财务报告

合伙企业的财务报告主要用于满足合伙人、合伙企业债权人和税务机关这三类使用者的需要。为了了解合伙企业的经营状况和财务状况,以决定是否追加投资或退伙,合伙人需要综合性的会计信息,而合伙企业财务报告就是综合性会计信息的载体。银行或其他金融机构在审核合伙企业借款申请表时,也需要合伙企业提供财务报告。

尽管合伙企业是非纳税主体,但合伙人在申报个人所得税时,需要提供合伙企业中的收入、成本、合伙人之间的分配等相关会计信息;而这些信息的载体就是合伙企业的财务报告。

普通合伙企业的财务报告主要有资产负债表、利润表、现金流量表和合伙人权益变动表。资产负债表中,合伙人权益相对比较简单,只有资本一项报表项目,企业净利润分配后直接转入各合伙人的资本账户;利润表中,无所得税项目,合伙人工资与投资薪酬都不是费用项目;现金流量表主要满足内部需要,编制上采取间接法;合伙人权益变动表是以每个合伙人为基础来编制的。

第三节 合伙企业的设立与经营

一、合伙企业的设立

设立合伙企业,应当具备法定的条件,并向企业登记机关提交登记申请书、合伙协议书、合伙人身份证明等文件。法律、行政法规规定需报经有关部门审批的,应当在申请设立时提交批准文件。合伙企业的营业执照签发日期为合伙企业成立日期。合伙企业领取营业执照前,合伙人不得以合伙企业名义从事经营活动。

(一)出资方式

合伙企业成立时,根据合伙协议规定,合伙人应当向企业提供现金、实物资产,也可用土地使用权、知识产权或其他权利作为初始投资组建合伙企业。但用货币以外的资产出资时,若涉及作价问题,可由全体合伙人协商确定,或由全体合伙人委托法定评估机构进行评估。因为合伙人的资产一经投入合伙企业,就为全体合伙人共有,在日后的经营中或清算时,使用或处置该项资产产生的损益,将按损益分配率分配给各合伙人。所以,低估资产价值将损害该投资者的权益,而高估资产价值则会损害其他合伙人的权益。因此,为公平起见,非货币性资产应按合伙人同意的投入日的公允价值入账。

值得一提的是,修订后的《合伙企业法》规定普通合伙人可以用劳务出资,但是有限合伙人不得以劳务出资。但《合伙企业法》并未明确劳务出资的确切含义和估价办法,通常采用以下三种方式确认投资额:第一种,对企业建立贡献突出的合伙企业发起人,在合伙企业筹建期间所提供的各种劳务,经全体合伙人同意后,可计入"开办费",作为该合伙人的投资。第二种,对具有特殊知识、技能或声誉,能使合伙企业获得更大利益的合伙人,可与其他合伙人协商,采用红利的方式,给该合伙人部分资本,作为劳务的价值,或用商誉的方式确认该合伙人的劳务投资。第三种,对会计师事务所、律师事务所和医师诊所等,采用人力资源会计理论,确认每个合伙人的人力资本,个人能力突出的合伙人有较高的人力资本数额。既投入货币等物力资本,又参与合伙企业经营的合伙人,其资本总额为物力资本与人力资本(或劳务资本)之和。人力资本与物力资本在参与收益分配中享有同等的权利。

(二) 会计处理

一般情况下,对合伙人的出资额按其实际投入数(包括公允价值或协商价格)计价入账,但合伙人的出资额与其所享有的权益份额不一定相等,也可采用红利法或商誉法来处理。

【例 2-1】 假设甲和乙合伙开店,各自投入的资产及其公允价值如表 2-1 所示。

表 2-1 甲、乙各自投入资产及其公允价值

单位:元

项 目	甲	乙	合 计
库存现金	30 000	20 000	50 000
存货	20 000	10 000	30 000
长期股权投资	20 000	40 000	60 000
固定资产	10 000	30 000	40 000
合 计	80 000	100 000	180 000

1. 按实际投入入账

若甲和乙协议各自的权益份额与其出资额一致,合伙人投入资本应按实际投入额入账。会计分录如下:

  借:库存现金   50 000
    存货   30 000
    长期股权投资   60 000
    固定资产   40 000
    贷:合伙人资本——甲   80 000
        ——乙   100 000

若甲和乙协议两人在合伙企业中享有相等的权益份额,或合伙协议未明确规定,一般也认为各合伙人所享有的权益份额是相等的,这时,可以采用红利法或商誉法作会计处理。

2. 红利法

甲和乙的出资额虽不同,但若其合伙协议中约定两人享有相等的权益份额,折价的实际出资额低于其所享有的权益额的差额部分由乙来补贴,即乙让渡给甲 10 000 元的红利,这样使双方的权益份额达到合伙协议中的约定数,甲对合伙企业资产所享有的权益大于其实际投入数。会计分录如下:

  借:库存现金   50 000
    存货   30 000
    长期股权投资   60 000
    固定资产   40 000
    贷:合伙人资本——甲   90 000
        ——乙   90 000

若采用红利法,可能会遇到来自让渡红利方的阻力。

3. 商誉法

若甲的入伙可以为合伙企业带来专业技术、稳定的客户、良好的声誉等,乙可能会同意甲对合伙企业的投入除了有形资产外还有无形资产,将甲在合伙企业中所享有的权益额与实际投入的有形资产价值的差额作商誉估列入账。这样,不但调整了甲的资本额,也调整了企业的资产总额,而不会减少乙的资本额。会计分录如下:

借:库存现金		50 000
存货		30 000
长期股权投资		60 000
固定资产		40 000
商誉		20 000
贷:合伙人资本——甲		100 000
——乙		100 000

二、合伙人往来

在合伙企业的日常经营过程中,可能会发生一些合伙人与合伙企业的经济往来,如合伙人取用企业商品、合伙人预提工资等,都会引起合伙人权益的暂时性变动。

与公司制企业不同,合伙人按周或月从预计可分得的合伙利润中提取适当的金额,视为工资,这便是合伙企业的工资费用。合伙人提款时,记入"合伙人往来"账户,待期末转至"合伙人资本"账户。这样处理便于了解各合伙人在一定期间的提款情况,便于与合伙协议中的提款限额相比较,以及时进行会计控制。

【例 2-2】 假设甲和乙每月各从合伙企业提款 600 元,取用商品 200 元,其会计分录如下:

借:合伙人往来——甲		800
——乙		800
贷:库存现金		1 200
存货		400

年末,将"合伙人往来"账户余额结转到"合伙人资本"账户中,其会计分录如下:

借:合伙人资本——甲		800
——乙		800
贷:合伙人往来——甲		800
——乙		800

三、合伙企业经营成果的分配

合伙企业以合伙人共同盈利为目的的,在创业经营后,其业务成果无论是盈利还是亏损,均应由合伙人共同享受或分摊。合伙协议中通常要明确规定损益分配的方法和比例,与公司制企业不同的是,损益分配的比例不要求与各合伙人的出资比例保持一致。例如,王某的出资额占合伙人资本的 60%,而李某占 40%,但若两人同意,可以各占 50% 的收益拥有权。这种灵活的分配方式是由合伙企业"人合"的性质和出资方式所决定的。《合伙企业法》规定,有限合伙企业不得将全部利润分配给部分合伙人;但是合伙协议另有规定的除外。

合伙企业的净收益或净损失,由于合伙人的人数不止一个人,通常都在合伙协议中明确分配的比例,以资共同遵守,这项比例称为"损益分配率"。倘使合伙协议中没有明文规定损益分配率,一般都按法律上的假定,由各合伙人平均分配。由于合伙企业中的收益不仅与合伙人的资本相关,还包括其他许多因素,因而在分配时,首先,要考虑风险因素和发展因素。按照公司中盈余公积的提取方式,在合伙企业中,按(税后)净收益的一定比例分别提取风险基金和发展基金。风险基金为承担债务人无限责任的风险做准备,发展基金用于合伙企业扩大生产。其次,收益的剩余部分在合伙人之间的分配应考虑劳务价值、资本价值和业主风险报酬,最简便的分配方法是按固定比例分配损益,但是,在每个合伙人向企业提供劳务量和资本量悬殊的情况下,就显得不很合理。因此,合伙企业损益的分配有以下几种方式:直接按固定比例分配;先分配工资报酬,再按固定比例分配剩余收益;先分配资本报酬,再按固定比例分配剩余收益;先分配工资报酬和资本报酬,再按固定比例分配剩余收益。

(一)固定比例分配法

固定比例分配法是指各合伙人的损益分配比例按一个约定的固定比例在合伙协议中加以明确规定的一种损益分配方法。此法比较适用于提供高级专业性服务的合伙企业,如医师诊所、律师事务所和会计师事务所等,因为影响此类企业经营成果的主要因素并非资本额的多少,而是合伙人的个人专业技术水平、声望和承担风险的能力等。

【例 2-3】 假设某企业由合伙人甲、乙、丙三人组成。根据合伙协议的约定,企业净收益按固定比例分配,甲 30%,乙 30%,丙 40%。当年收益为 90 000 元。分配如下:

$$甲:90\ 000 \times 30\% = 27\ 000(元)$$
$$乙:90\ 000 \times 30\% = 27\ 000(元)$$
$$丙:90\ 000 \times 40\% = 36\ 000(元)$$

据此作损益分配的会计分录:

借:损益汇总	90 000
贷:合伙人资本——甲	27 000
——乙	27 000
——丙	36 000

(二)平均分配法

平均分配法是将合伙企业每年实现的净损益平均分配给各合伙人的一种损益分配方法。《合伙企业法》中规定,合伙企业的利润和亏损,由合伙人依照合伙协议约定的比例分配和负担;合伙协议未约定利润分配和亏损分担比例的,由各合伙人平均分配和负担。

这种方法计算最为简便,但没有考虑各合伙人贡献大小,所以分配结果往往有失公正合理。

接[例 2-3]的情况,可计算如下:

$$甲:90\ 000 \times 1/3 = 30\ 000(元)$$
$$乙:90\ 000 \times 1/3 = 30\ 000(元)$$
$$丙:90\ 000 \times 1/3 = 30\ 000(元)$$

据此作损益分配的会计分录:

借：损益汇总　　　　　　　　　　　　　　　　　　　　　　　　　　90 000
　　贷：合伙人资本——甲　　　　　　　　　　　　　　　　　　　　30 000
　　　　　　　　——乙　　　　　　　　　　　　　　　　　　　　30 000
　　　　　　　　——丙　　　　　　　　　　　　　　　　　　　　30 000

（以下几种不同的损益分配方法只影响分配的金额，但会计处理是相同的，故略分录）

（三）资本比例分配法

资本比例分配法是指以合伙人的投资大小为依据来计算损益分配比例的一种损益分配方法。由于合伙人资本账户的余额可能会有增减变动，因此，资本比例分配法又可分为按期初资本比例分配、按期末资本比例分配和按平均资本比例分配三种。一般为避免发生争议，合伙协议中应事先明确对投资和提取的限制。在计算分配比例前，应先将"合伙人往来"账户的余额结转计入资本。

这种方法较适用于资本对经营成果起主要作用，而合伙人承担的经营管理任务和风险大致相当的企业。

【例 2-4】 假设某企业各合伙人甲、乙、丙的"合伙人资本"账户的期初余额分别为 50 000 元、60 000 元和 70 000 元，合计为 180 000 元。其中，3 月 1 日甲追加投入 24 000 元，7 月 1 日丙撤回资本 12 000 元，8 月 1 日乙追加投入现金 36 000 元，全年净利润 90 000 元。

1）按期初资本比例分配

[例 2-4]按此法分配损益，各合伙人的所得如下：

$$甲：90\ 000 \times 5/18 = 25\ 000(元)$$
$$乙：90\ 000 \times 6/18 = 30\ 000(元)$$
$$丙：90\ 000 \times 7/18 = 35\ 000(元)$$

这种方法不考虑各合伙人在当期实际投资额的增减，所以一般适用于投资变化不大或对合伙人投入和抽回资本额有严格限制的企业。

2）按期末资本余额比例分配

[例 2-4]期末各合伙人的资本余额如下：

$$甲：50\ 000 + 24\ 000 = 74\ 000(元)$$
$$乙：60\ 000 + 36\ 000 = 96\ 000(元)$$
$$丙：70\ 000 - 12\ 000 = 58\ 000(元)$$

期末合伙企业资本总额如下：

$$74\ 000 + 96\ 000 + 58\ 000 = 228\ 000(元)$$

按此法分配损益，期末各合伙人的所得如下：

$$甲：90\ 000 \times 74/228 = 29\ 210.53(元)$$
$$乙：90\ 000 \times 96/228 = 37\ 894.74(元)$$
$$丙：90\ 000 \times 58/228 = 22\ 894.73(元)$$

这种方法没有考虑期初资本余额比例，考虑了"合伙人资本"账户与"合伙人往来"账户在年度内的增减变动情况；但没有考虑资本增减的期限对企业实际使用资本产生的影响，只以资本变动结果作为分配依据，会影响分配结果的合理性。

3) 按平均资本比例分配

若年度内资本变动比较均衡,可以采用简单的期初与期末资本余额的平均数作为损益分配的依据;若年度内各合伙人资本变动不均衡,则应以时间(月或日)为权数,经过加权平均后计算各合伙人的平均资本额,然后按平均资本比例分配损益。

对[例2-4]按加权平均资本额来计算相关数据如下:

$$甲:50\,000 + 24\,000 \times 10/12 = 70\,000(元)$$
$$乙:60\,000 + 36\,000 \times 5/12 = 75\,000(元)$$
$$丙:70\,000 - 12\,000 \times 6/12 = 64\,000(元)$$

平均资本合计:

$$70\,000 + 75\,000 + 64\,000 = 209\,000(元)$$

按此法分配损益,各合伙人的所得如下:

$$甲:90\,000 \times 70\,000/209\,000 = 30\,143.54(元)$$
$$乙:90\,000 \times 75\,000/209\,000 = 32\,296.65(元)$$
$$丙:90\,000 \times 64\,000/209\,000 = 27\,559.81(元)$$

这种方法克服了前述两种方法的缺陷,比较适用于各合伙人投资额常有变动的企业,只是投资变动频率的计算较繁琐。

(四) 工资或利息补贴后余额比例分配法

采用这种分配方法,综合考虑了合伙人的劳动报酬、投资报酬和风险报酬,根据各合伙人对企业贡献大小核定一个工资额,根据各合伙人投入资本的数额参照市场利率计算个人应得资本利息,将净收益扣除前两者之后的余额按合伙协议约定的比例进行分配。相对而言,这种方法综合考虑了各种主要影响损益的因素,分配结果比较合理,但计算较繁琐。在现实中,这种方法可部分使用,如只计算工资补贴,剩余部分按约定比例分配;或只计算利息补贴,剩余部分按约定比例分配。

接[例2-4],假设合伙协议约定,期末净收益先分配给甲、乙、丙三个合伙人工资补贴,分别为10 000元,10 000元和12 000元,然后根据期初资本余额按10%的年利率分配利息补贴,剩余部分按照2∶3∶5的比例分配。

各合伙人的利息补贴分别如下:

$$甲:50\,000 \times 10\% = 5\,000(元)$$
$$乙:60\,000 \times 10\% = 6\,000(元)$$
$$丙:70\,000 \times 10\% = 7\,000(元)$$

$$\text{扣除工资和利息补贴后剩余损益部分} = 90\,000 - (10\,000 + 10\,000 + 12\,000) - (5\,000 + 6\,000 + 7\,000)$$
$$= 40\,000(元)$$

各合伙人分配剩余部分所得如下:

$$甲:40\,000 \times 2/10 = 8\,000(元)$$
$$乙:40\,000 \times 3/10 = 12\,000(元)$$
$$丙:40\,000 \times 5/10 = 20\,000(元)$$

各合伙人损益分配所得合计如下:

甲：10 000＋5 000＋8 000＝23 000（元）
乙：10 000＋6 000＋12 000＝28 000（元）
丙：12 000＋7 000＋20 000＝39 000（元）

第四节　合伙权益变动

一、新合伙人入伙

合伙企业成立后，未经合伙人全体同意，不得允许他人加入为合伙人。《合伙企业法》中规定，在普通合伙企业中，新入伙的合伙人对入伙前合伙企业的债务承担连带责任，而在有限合伙企业中，新入伙的有限合伙人对入伙前有限合伙企业的债务，以其认缴的出资额为限承担责任。具体的入伙方法有：向原合伙人购买合伙权，或是向合伙企业投入新的资本。

1. 购买合伙权

在征得原合伙人的一致同意后，新合伙人可以直接向现有合伙企业的合伙人付款购买合伙权。新合伙人可以向一位原合伙人购买，也可以向一位以上原合伙人购买。《合伙企业法》规定，有限合伙人可以按照合伙协议的约定向合伙人以外的人转让其在有限合伙企业中的财产份额，但应当提前30日通知其他合伙人，其他合伙人有优先购买权。不管是哪种方式，合伙企业的会计处理都是将新合伙人购入的合伙权份额相应的金额从原合伙人的资本账户转入新合伙人的资本账户。在合伙权转让过程中，实际交易的价款可能与新合伙人所享有的合伙权份额不一致，但这是新合伙人与原合伙人之间的私人交易，不是与合伙企业的交易，这种交易不会引起合伙企业资产与负债的增减，也不会导致合伙人权益总额发生变化，仅仅是合伙人资本的明细账户记录发生变动而已。另外，虽然新合伙人购买合伙权后得到一定比例的合伙权，但其损益分配权未必与其一致。

【例2-5】　接[例2-4]，假如新合伙人丁以现金80 000元分别购买了甲20 000元和乙30 000元的合伙权，相应的会计分录如下：

借：合伙人资本——甲　　　　　　　　　　　　　　　　　　　　　20 000
　　　　　　　　——乙　　　　　　　　　　　　　　　　　　　　　30 000
　　贷：合伙人资本——丁　　　　　　　　　　　　　　　　　　　　50 000

至于丁多付的30 000元在甲和乙之间如何分配，那就不是合伙企业的问题，而是甲和乙私人之间的事情了。

如果合伙权转让发生在原合伙人之间，则会计处理与以上新合伙人购买合伙权是一致的，即仅调整合伙人资本账户中的明细记录即可。

2. 投入新资本

新合伙人用投入资本的方式入伙。投入时，对原合伙的各项非现金资产，应予重新公平估价，然后在账上进行修正。各项资产增值或减值时，以估价损益调节，然后再将估价损益分配转入各合伙人资本账户。在会计上又有几种不同的处理情况：

（1）原合伙人资本无需重估时，新合伙人向合伙企业投资入伙。如果企业资产在当时并无高估或低估的情况，新合伙人可以根据其投资金额，取得合伙权份额。

（2）原合伙人资本应予重估时，如果合伙企业已经经营多年，获利能力比一般企业高，原合伙人可能要求新合伙人付出较高的投资而取得低于其投资金额的合伙权，其差额可以视为新合伙人入伙时给原合伙人的额外补贴。此时,就必须对原合伙企业的资产进行重估,以确定新合伙人的投资额。

(3) 原合伙人有商誉的处理。当原合伙人有商誉时,其处理方法分为"商誉入账"与"商誉不入账"两种。

(4) 新合伙人有商誉的处理。有时,合伙企业由于急需增加资金,或是因为新合伙人具有独立技术和管理才能,因此原合伙人同意新合伙人可以较少的资金,取得多于其投资金额的股权,差额属原合伙人给新合伙人的额外补贴。其会计处理方法也分为"商誉入账"与"商誉不入账"两种。

二、合伙人退伙

(一) 退伙与相关法律规定

退伙是指合伙人与其他合伙人脱离合伙关系,丧失合伙人资格。

退伙的方式一般是合伙人将其合伙权转让给新合伙人或现有剩下的合伙人(按法律规定,其他合伙人有优先购买权)以及从合伙企业撤出资本。关于合伙权转让,前面已经讨论,因此,这里的退伙仅限于撤出资本的情况,但前提条件是合伙人按合伙协议的约定有权退伙,只能收回其权益的账面价值,无权分享商誉;如果是因违反合伙协议而给其他合伙人造成损失的,则应承担赔偿责任。

《合伙企业法》中按发生的原因对退伙作了不同的规定,区分为"可以退伙""当然退伙"和"除名退伙"。

1. 可以退伙

合伙协议约定合伙企业的经营期限的,有下列情形之一时,合伙人可以退伙:

(1) 合伙协议约定的退伙事由出现。
(2) 经全体合伙人一致同意。
(3) 发生合伙人难以继续参加合伙的事由。
(4) 其他合伙人严重违反合伙协议约定的义务。

2. 当然退伙

合伙人有下列情形之一的,当然退伙:

(1) 作为合伙人的自然人死亡或被依法宣告死亡。
(2) 个人丧失偿债能力。
(3) 作为合伙人的法人或其他组织依法被吊销营业执照、责令关闭、撤销,或被宣告破产。
(4) 法律规定或者合伙协议约定合伙人必须具有相关资格而丧失该资格。
(5) 合伙人在合伙企业中的全部财产份额被人民法院强制执行。

3. 除名退伙

合伙人有下列情形之一的,经其他合伙人一致同意,可以决议将其除名:

(1) 未履行出资义务。
(2) 因故意或者重大过失给合伙企业造成损失。
(3) 执行合伙事务时有不正当行为。
(4) 合伙协议约定的其他事由。

(二) 退伙的会计处理

合伙人退伙的,其他合伙人应当与退伙人按照退伙时的合伙企业的财产状况进行结算,退还退伙人的财产份额,退伙时有未了结的合伙企业事务的,待了结后进行结算。合伙人在合伙企业中财产份额的退还办法,由合伙协议约定或者由全体合伙人决定,可以退还货币,也可以退还实物,但除法律另有规定外,一般以合伙企业的现金抵还,不得请求返还生产资料或其他固定资产。退伙人的损益分配,应以当时合伙财产扣减合伙债务之后的剩余为限,如果合伙财产不足清偿合伙债务时,退伙人也应分担其损失。《合伙企业法》规定,退伙人对其退伙前已发生的合伙企业债务,与其他合伙人承担连带责任。如果合伙人死亡,则其继承人继承其合伙权益,或由其他合伙人受让其合伙权,或进行清算。

合伙人退伙时,会计上应将其资本账户结清。退还给退伙人的资本通常可能出现如下三种不同的情况:按账面数退还资本、退还资本高于账面数以及退还资本低于账面数。

1. 按账面数退还资本

如果企业的获利能力属于正常水平,资产的重置成本也没有明显变化,一般可按账面数退还资本。

【例 2-6】 假设某企业在改组前已将损益分配完毕,合伙人甲、乙、丙三人的资本余额分别为 50 000 元、60 000 元和 70 000 元,其损益分配比例为 3：3：4。若丙提出退伙,其他合伙人同意其以账面数撤出资本,会计分录如下:

```
借：合伙人资本——丙                           70 000
    贷：库存现金                                    70 000
```

2. 退还资本高于账面数

如果企业的获利能力高于一般水平,或是资产的账面计价偏低,退伙人就会要求得到适当的补偿,因此往往会按高于账面的数额退还资本,超出部分应由其他合伙人分担或调整企业资产价值。因此,其会计处理也可采用红利法和商誉法。

1) 红利法

[例 2-6]中,若丙退出时企业给付 72 000 元,高于其资本账面数 70 000 元,超出部分为 2 000元,其中甲分担 1 000 元(2 000×3/6),乙分担 1 000 元(2 000×3/6)。会计分录如下:

```
借：合伙人资本——甲                            1 000
        ——乙                                    1 000
        ——丙                                   70 000
    贷：库存现金                                    72 000
```

2) 商誉法

在退伙时,商誉法还可采用确认退伙人全部商誉和部分商誉两种方法。

第一,确认全部商誉是根据支付给退伙人的数额超出其账面数额的部分以及其损益分配比例倒算出合伙企业全部商誉,并按损益分配比例增加合伙人的资本。

按[例 2-6],商誉如下:

$$2\,000 \div 4/10 = 5\,000(元)$$

各合伙人的资本增加如下:

$$甲：5\,000 \times 3/10 = 1\,500(元)$$
$$乙：5\,000 \times 3/10 = 1\,500(元)$$
$$丙：5\,000 \times 4/10 = 2\,000(元)$$

会计分录如下:

借:商誉 5 000
  贷:合伙人资本——甲 1 500
       ——乙 1 500
       ——丙 2 000

借:合伙人资本——丙 72 000
  贷:库存现金 72 000

第二,确认退伙人部分商誉是直接将超出资本账面数额的部分确认为商誉,即只调增退伙人的资本。

按[例2-6],会计分录如下:

借:商誉 2 000
  贷:合伙人资本——丙 2 000

借:合伙人资本——丙 72 000
  贷:库存现金 72 000

有观点认为,上述两种方法中确认部分商誉的做法较为合理。在合伙企业,商誉的存在与否往往与合伙人个人有着密切的关系,而仅仅从某一合伙人退伙这一事项中推断出整个合伙企业的商誉未必合理。也有观点认为,确认为部分商誉只重估合伙资产中退伙人所享有的部分,而不重估其余合伙人的资本权益,也未必合理。

3. 退还资本低于账面数

如果合伙企业的获利能力低于一般水平,或是资产的账面计价偏高,或因个人原因急需资金,退伙人一般会同意收回较少的现款而与企业脱离关系,从而企业可以按低于账面的数额退还其资本,而这一差额应由其余的合伙人按损益分配比例分享,这种情况下一般采用红利法进行会计处理。

若[例2-6]中以66 000元现金退给丙作为退还资本,则其资本余额70 000元与66 000元的差额4 000元由甲和乙按其损益分配比例3:3分享,转入其资本账户。其中甲分得2 000元(4 000×1/2),乙分得2 000元(4 000×1/2)。会计分录如下:

借:合伙人资本——丙 70 000
  贷:库存现金 66 000
     合伙人资本——甲 2 000
            ——丙 2 000

【例2-7】 假如合伙企业原合伙人同意新合伙人丁以60 000元的现金投资取得改组后合伙权的40%,并享有40%的损失分配比例。对此也可以采用红利法和商誉法进行会计处理。

1) 红利法

如果原合伙企业在经营状况不佳或经营状况恶化的情况下,希望新合伙人丁入伙,希望以其才能、经济实力和社会关系来改善企业的不良现状,帮助企业摆脱困境。在这种情况下采用红利法比较恰当,可以将新合伙人多得的权益视为原合伙人对新合伙人的补贴。

按此法计算有关数据如下:根据[例2-6]的数据,原合伙人资本总额180 000元,新合伙人丁现金投资 80 000 元，则改组后企业资本总额 260 000 元，新合伙人丁应有资本 104 000 元(260 000×40%)，对新合伙人丁补贴为 24 000 元(104 000－80 000)。

其中，由原合伙人各自承担部分如下：

$$甲：24\ 000×3/10＝7\ 200(元)$$
$$乙：24\ 000×3/10＝7\ 200(元)$$
$$丙：24\ 000×4/10＝9\ 600(元)$$

据此，作会计分录如下：

借：库存现金		80 000
合伙人资本——甲		7 200
——乙		7 200
——丙		9 600
贷：合伙人资本——丁		104 000

2) 商誉法

【例 2-8】 假如[例 2-7]中企业的原合伙人考虑到新合伙人丁是一位知名企业家，社会关系广泛，他的加入非常有利于企业发展，并有可能使获利能力提高到超过一般水平的程度，因而同意其入伙条件。在这种情况下采用商誉法是比较恰当的，确认新合伙人丁带入的商誉。

计算有关数据如下：改组后的资本总额 300 000 元(180 000÷60%)，新合伙人丁应投资本 120 000 元(300 000×40%)，其中，新合伙人丁投入现金 80 000 元，新合伙人丁带入商誉 40 000 元(120 000－80 000)。

据此作会计分录如下：

借：库存现金	80 000
商誉	40 000
贷：合伙人资本——丁	120 000

第五节　合伙企业清算

一、合伙企业清算概述

（一）清算的定义和总的原则

1. 清算的定义

合伙企业的清算指合伙企业终止其经营活动时，将企业的全部资产进行变卖，并将变卖所得在债权人和合伙人之间进行分配的一系列过程。这一过程可以通过一次性变卖完成，也可能延续很长时间，通过多次变卖资产才能完成。

我国《合伙企业法》规定：合伙企业有下列情形之一时，应当解散：

(1) 合伙经营期限届满，合伙人决定不再经营。

(2) 合伙协议约定的解散事由出现。

(3) 全体合伙人决定解散。

(4) 合伙人已不具备法定人数满 30 天。

(5) 合伙协议约定的合伙目的已经实现或者无法实现。

(6)依法被吊销营业执照、责令关闭或者被撤销。

(7)法律、行政法规规定的其他原因。

2.清算的总原则

合伙企业的清算程序通常开始于现金资产的变现。总的清算原则是：先将资产变现损益按损益分配比例(合同中另有规定的除外)在合伙人之间进行分配，并过入各合伙人的资本账户，此时的资本账户余额是清算的基础。不过，在向各合伙人支付任何款项之前，必须首先全额偿还合伙企业的对外债务。如果资产变现所得不足以全额偿付合伙企业的债务，则合伙企业的债权人可向任何有清偿能力的合伙人索赔，而不管该合伙人的资本账户余额是否为贷方余额。

《合伙企业法》规定：合伙企业解散，应当由清算人进行清算。清算人由全体合伙人担任；经全体合伙人过半数同意，可以自合伙企业解散事由出现后15日内指定一个或数个合伙人，或者委托第三人，担任清算人。自合伙企业解散事由出现之日起15日内未确定清算人的，合伙人或者其他利害关系人可以申请人民法院指定清算人。

清算人在清算期间执行下列事务：

(1)清理合伙企业财产，分别编制资产负债表和财产清单。

(2)处理与清算有关的合伙企业未了结事务。

(3)清缴所欠税款。

(4)清理债权、债务。

(5)处理合伙企业清偿债务后的剩余财产。

(6)代表合伙企业参与诉讼或者仲裁活动。

(二)清算的一些基本原则

为了进行有序和合法的清算，还必须掌握如下一些最基本的清算原则。

1.合伙企业的债务清偿顺序

合伙企业财产在支付清算费用和职工工资、社会保险费用、法定补偿金以及缴纳所欠税款、清偿债务后的剩余财产，依照《合伙企业法》关于利润分配和亏损分担的规定进行分配。

合伙企业财产清偿主要包括以下三个方面的内容：

(1)合伙企业的财产首先用于支付合伙企业的清算费用。清算费用包括：①管理合伙企业财产的费用，如仓储费、保管费、保险费等；②处分合伙企业财产的费用，如聘任工作人员的费用等；③清算过程中的其他费用，如通告债权人的费用、调查债权的费用、咨询费等。

(2)合伙企业的财产支付合伙企业的清算费用以后的清偿顺序如下：合伙企业职工的工资、社会保险费用和法定补偿金；缴纳所欠税款；清偿债务。

(3)分配财产。合伙企业财产依法清偿后仍有剩余时，对剩余财产依照《合伙企业法》的规定进行分配，即按照合伙协议的约定办理；合伙协议未约定或约定不明确的，由合伙人协商决定；协商不成的，由合伙人按照实缴出资比例分配；无法确定出资比例的，由合伙人平均分配。

清算结束后，应当编制清算报告，经全体合伙人签名、盖章后，在15日内向企业登记机关报送清算报告，办理合伙企业注销登记。

需要说明的是，尽管在法律上合伙人债权比合伙人资本账户余额有优先权，但是，在实际运用中，由于存在"抵销权利"这一法律条文，这种优先权并不存在。这个法律条文的作用就在于将合伙人贷款账户的贷方余额和其资本账户余额相合并,在进行资产余额分配时,同时处理。如果不存在这一法律条文,就有可能出现这样一种情形,即合伙企业向合伙人偿还所欠贷款的同时,该合伙人的资本账户余额为借方余额,而借方资本余额必须由该合伙人以其个人资产进行抵补。这样就会导致合伙企业一方面向合伙人分配资产(偿还贷款),一方面又试图从合伙人处收回资产(抵补借方资本余额),而这一点往往是很难做到的。"抵销权利"这一条款通过将合伙人债权和合伙人资本余额进行合并,消除了这一隐患。所以,在本章此后的说明中,合伙人的债权不单独在资产清算表中列示。但是,在会计分录的处理上,则仍应单独说明,比如,一个合伙企业向合伙人A偿还贷款,则应借记"合伙人资本"账户,贷记"库存现金"账户。

2. 合伙人资本余额为借方余额时的账务处理

美国的《统一合伙法》规定,如合伙人资本余额为借方,则该合伙人必须向合伙企业交付资产(以借方余额为限)。不过,如果合伙人因各种原因无钱支付,则此借方余额将被视为合伙企业的变现损失,由其他合伙人按照损益分配比例进行分担。比如,假设合伙人A、B、C的损益分配比例为2∶2∶1。如果合伙人C的资本余额为借方余额,但C无法进行抵补,则该借方余额由A和B以2∶2的比例分摊。当然,合伙A和B此后有权利向C索要分摊的损失。

3. 合伙企业和合伙人资不抵债时的"资产分配原则"

当合伙企业和一个或更多合伙人资不抵债时,"资产分配原则"规定:

(1) 合伙企业的资产应优先用于偿还合伙企业的债务,此后如有余额,才可用于偿还合伙人的私人债务,当然只限于合伙人在合伙企业里的权益部分。

(2) 合伙人的个人资产应优先用于偿还个人债务;如此后有余额,才能用于合伙企业的债权人;如此后仍有余额,则可用于抵补合伙人的资本借方余额。

(三) 清算步骤

合伙企业的清算就是出售所有资产,收回全部债权,偿还全部债务,将剩余现金在合伙人之间分配的过程,具体可分为以下几个步骤:

(1) 出售非现金资产。
(2) 收回债权、清偿债务。
(3) 计算并分配清算损益。
(4) 分配剩余现金。

在合伙企业清算的实际过程中,还应注意以下几点:

第一,合伙企业在清偿债务时,应首先偿付合伙企业的外部债务,然后再偿付内部债务。

第二,合伙企业的资产不足以抵偿企业债务时,应由合伙人用个人资产抵偿,如果某个合伙人的个人资产不足抵偿债务,应按损益分配比例由其他合伙人抵偿。

第三,合伙企业的清算损益应按损益分配比例在各合伙人之间进行分配。

二、合伙企业的清算方式及会计处理

合伙企业的清算,一般根据清算所需时间的长短可分为一次分配清算法和分次分配清算法两种,其会计处理也各不相同,但都要设置"清算损益"账户来反映清算过程中发生的清算费用和资产变现及债权债务清理损益,其余额应按损益分配比例转入"合伙人资本"账户。

(一) 一次分配清算法

一次分配清算,也称一次总付清算,是指合伙企业将全部非现金资产出售变现,并收回债权、清偿全部债务后,将剩余资产(现金)一次分配给合伙人的清算办法。此法要求合伙企业的资产能在较短时间内变现,在将所有非现金资产变现之前或将发生的全部损失和清算费用全部计入清理损益之前,不得分配资产给合伙人。

1. 合伙企业有偿债能力

1) 合伙人资本账户为贷方余额

【例 2-9】 甲和乙成立一合伙企业,假定 20×4 年 12 月 31 日的合伙资产负债表,如表 2-2 所示。

表 2-2 甲、乙合伙企业资产负债表

单位:元

资产		负债和所有者权益	
库存现金	15 000	应付账款	55 000
应收账款(净)	25 000	应付合伙人贷款——甲	10 000
存货	35 000	合伙人资本——甲	25 000
固定资产(净)	50 000	合伙人资本——乙	35 000
合 计	125 000	合 计	125 000

甲和乙的损益分配比例为 60% 和 40%,他们商议于 20×5 年 1 月 1 日以后尽快解散合伙。存货卖得 30 000 元,固定资产卖得 45 000 元,应收账款共收现 20 000 元。合伙清算的最后阶段,共有 95 000 元的现金,加上期初有 15 000 元,共计 110 000 元可供分配给债权人和合伙人。清偿顺序如下:

清偿债务	55 000
清偿甲的贷款	10 000
按资本账户余额分配给甲	16 000
按资本账户余额分配给乙	29 000
分配总额	110 000

确认清算损益后,分配给合伙人的金额等于各合伙人资本账户余额。清算损失以 60% 和 40% 的损益分配比例直接借记资本账户。除非合伙协议中约定清算时采用不同的损益分配比例,否则一般均按原先的损益分配比例分配清算损益。若协议中规定支付工资补贴和利息补贴,则应先分配工资津贴和利息津贴,余额再按约定比例分配。这是因为清算期间的损益为税前利润的调整,而税前利润按损益分配比例分配。清算期间所作分录如下所示。

(1) 记录存货出售,并将 5 000 元损失按损益分配比例分配到各合伙人资本账户:

借:库存现金   30 000
　　合伙人资本——甲   3 000
　　　　　　　——乙   2 000
　贷:存货   35 000

(2) 记录固定资产出售,并将5 000元损失按损益分配比例分配到各合伙人资本账户:

借:库存现金	45 000
合伙人资本——甲	3 000
——乙	2 000
贷:固定资产(净)	50 000

(3) 记录应收账款收现20 000元,并将5 000元坏账冲销作为损失,按损益分配比例分配到各合伙人资本账户:

借:库存现金	20 000
合伙人资本——甲	3 000
——乙	2 000
贷:应收账款(净)	25 000

(4) 清偿非合伙人的债务:

借:应付账款	55 000
贷:库存现金	55 000

(5) 清偿合伙人甲的贷款:

借:应付合伙人贷款——甲	10 000
贷:库存现金	10 000

(6) 将现金分配给合伙人,结束合伙清算:

借:合伙人资本——甲	16 000
——乙	29 000
贷:库存现金	45 000

合伙清算应汇总清算期间的交易和余额,编制合伙清算表,如表2-3所示。清算期间的清算表便于参考,但并不能取代正式分录和过账。在表2-3中,应注意损益一旦确认后,就分配到各合伙人资本账户。随着合伙人资本账户的调整,最后分配给各合伙人的现金将等于各合伙人资本账户之余额。

表2-3　甲、乙合伙企业合伙清算表
20×5年1月1日至20×5年1月31日　　　　　　　　　　单位:元

项目	库存现金	非现金资产	优先债务	甲贷款	甲资本(60%)	乙资本(40%)
20×5年1月1日余额	15 000	110 000	55 000	10 000	25 000	35 000
出售存货	30 000	(35 000)			(3 000)	(2 000)
余额	45 000	75 000	55 000	10 000	22 000	33 000
出售固定资产	45 000	(50 000)			(3 000)	(2 000)
余额	90 000	25 000	55 000	10 000	19 000	31 000
应收账款收现	20 000	(25 000)			(3 000)	(2 000)
余额	110 000	0	55 000	10 000	16 000	29 000

(续表)

项目	库存现金	非现金资产	优先债务	甲贷款	甲资本(60%)	乙资本(40%)
清偿债务	(55 000)		(55 000)			
余额	55 000	0	0	10 000	16 000	29 000
清偿甲的贷款	(10 000)			(10 000)		
余额	45 000	0	0	0	16 000	29 000
最后分配给各合伙人	(45 000)				(16 000)	(29 000)
余额	0	0	0	0	0	0

2) 合伙人资本账户为借方余额

有偿债能力的合伙企业清算时,将有足够的现金偿还债务和分配给各合伙人。但清算过程中所产生的损失会使一些合伙人的资本账户成为借方余额。当这种情况发生时,资本账户为借方余额的合伙人,对资本账户为贷方余额的合伙人欠有一笔负债,所以他们将被要求拿出个人财产偿还其合伙负债。但若前者并无个人资产,其余合伙人必须承担等于这一借方余额数的损失。这项损失将按相对损益分配比例分配给资本账户为贷方余额的各合伙人。

假设甲、乙、丙合伙企业正在清算,当所有资产均已变现而且已清偿债务后,其账户余额如表2-4所示。

表2-4 甲、乙、丙合伙企业账户余额

单位:元

账 户	借 方	贷 方
库存现金	24 000	
合伙人资本——甲(40%)	4 000	
合伙人资本——乙(30%)		16 000
合伙人资本——丙(30%)		12 000
合 计	28 000	28 000

若合伙人甲有偿债能力,则其应付4 000元给合伙企业,以冲销资本账户的借方余额。其所付的4 000元将使合伙的现金达28 000元,以便在最后清算时,分配给合伙人乙和合伙人丙。

但若合伙人甲无偿债能力,这4 000元的损失将由合伙人乙和合伙人丙的相对损益分配比例分担,合伙人乙承担2 000元(4 000×30%÷60%)损失,丙合伙人承担2 000元(4 000×30%÷60%)损失。此时只需将现金24 000元分配给合伙人乙14 000元、合伙人丙10 000元,合伙便告结束。

当"合伙人资本"账户为借方余额的合伙人对合伙有一笔贷款时,该贷款应与资本账户的借方余额相抵销,直到该资本账户的借方余额为零。例如,假设甲、乙、丙合伙企业账户余额如表2-5所示。

表 2-5 甲、乙、丙合伙企业账户余额

单位:元

账　　　户	借　方	贷　方
库存现金	25 000	
应付合伙人贷款——甲		4 000
合伙人资本——甲(40%)	7 000	
合伙人资本——乙(40%)		16 000
合伙人资本——丙(20%)		12 000
合　计	32 000	32 000

这时,即使应付给合伙人甲的贷款比合伙人乙和合伙人丙的资本有较优先的清偿顺序,也不能清偿。这笔贷款将与"合伙人资本——甲"账户的借方余额相抵销,使得合伙人甲仅欠合伙人乙和合伙人丙 3 000 元。假如合伙人甲有偿债能力,应用抵销规则将不会产生问题。合伙人甲偿付 3 000 元之后,合伙人乙和合伙人丙可收到相当于资本账户余额的金额,这和先偿付贷款 4 000 元,再从合伙人甲个人资产中收取 7 000 元,所得到的结果相同。

如合伙人甲个人无偿债能力,情况就完全不同。这时,由于个人的债权人对个人的资产有优先求偿权,甲合伙人的债权人可对任何付给合伙人甲的款项优先求偿。按照抵销规则,合伙人乙可从 25 000 元中得到 14 000 元(16 000－3 000×40%÷60%),合伙人丙得到 11 000 元(12 000－3 000×20%÷60%)。若采用另一种方式,直接清偿合伙人甲的贷款 4 000元,则合伙人甲的个人债权人可对这 4 000 元要求优先求偿,所以能分配给合伙人乙和合伙人丙的现金将少于 25 000 元。由于无充分的证据表明法院将接受抵销规则,因此当合伙人兼债权人本身无偿债能力时,一般建议:未经合伙人的同意,不应采用抵销规则。合伙企业解散时,基于债权人的权利,合伙人可协议采用不同的财产分配方式。

2. 合伙企业无偿债能力

1) 合伙人有偿债能力

当合伙企业的资产不足以清偿对外负债时,表明合伙企业资不抵债,无偿债能力。在这种情况下,清算所用的方法与前面有所不同。如果资本为亏损的合伙人能清偿其所欠数额,则合伙企业自然就能清偿其债务。但是对于债权人来讲,他可以向任何一个合伙人要求清偿。任何合伙人清偿了合伙企业的债务的数额,贷记该"合伙人资本"账户,以便日后向其他合伙人追偿。例如,甲、乙、丙三人为合伙人,损益按 4∶3∶3 比例分配。合伙企业清算开始前的资产负债表如表 2-6 所示。

表 2-6 合伙企业清算前的资产负债表

单位:元

资　　产		负债和所有者权益	
库存现金	100 000	应付账款	480 000
其他资产合计	600 000	合伙人资本——甲	150 000
		合伙人资本——乙	50 000
		合伙人资本——丙	20 000
合　计	700 000	合　计	700 000

账面数额为600 000元的非现金资产售出,获得现金300 000元,发生清算损失300 000元,由甲、乙、丙三人按4:3:3比例分担。全部现金400 000元(100 000+300 000)用于清偿债务后,还有80 000元未予清偿。合伙人甲承担清算损失后账面资本为30 000元(150 000−300 000×4/10),合伙人乙和丙分别为−40 000元(50 000−300 000×3/10)和−70 000元(20 000−300 000×3/10)。如果乙和丙分别把其欠款向合伙企业付清,则合伙企业就有110 000元的现金,正好可以支付要清偿的债务80 000元和退还合伙人甲的资本金30 000元。如果在合伙人乙和丙付清其欠款前,债权人向合伙人甲要求获得债权的全额清偿。则合伙人甲的权益由原来的30 000元,增加到110 000元,合伙人甲具有了对乙和丙的追偿权。等收到乙和丙交来的款项后,合伙企业将此笔款项交还给甲。同样,当债权人不是向甲要求清偿债权,而是向乙或丙要求清偿债权,会计处理时方式与此类似。

2) 合伙人无偿债能力

例如,甲、乙、丙三人为合伙人,损益按4:2:4比例分配。合伙企业清算开始前的资产负债表如表2-7所示。

表2-7 合伙企业清算前的资产负债表

单位:元

资产		负债和所有者权益	
库存现金	100 000	应付账款	400 000
其他资产合计	600 000	合伙人资本——甲	160 000
		合伙人资本——乙	40 000
		合伙人资本——丙	100 000
合计	700 000	合计	700 000

账面数额为600 000元的非现金资产售出,获得现金280 000元,发生清算损失320 000元,由甲、乙、丙三人按4:2:4比例分担。全部现金380 000元(100 000+280 000)用于清偿债务后,还有20 000元未予清偿。合伙人甲承担清算损失后账面资本为32 000元(160 000−320 000×4/10),合伙人乙和丙分别为−24 000元(40 000−320 000×2/10)和−28 000元(100 000−320 000×4/10)。

同时,各合伙人不包括合伙企业的所有者权益在内的资产和负债如表2-8所示。

表2-8 各合伙人的资产负债

单位:元

合伙人	个人资产	个人负债
甲	150 000	210 000
乙	100 000	100 000
丙	300 000	230 000

由于合伙人甲的个人财产不足以清偿其个人负债,合伙人乙的个人财产仅够清偿其个人负债,所以企业的债权只能从合伙人丙那得到清偿,合伙人丙偿还了20 000元的合伙企

业的债务。由于合伙人乙已经没有资产偿还其在合伙企业中的资本亏损数 24 000 元,该亏损数应由合伙人甲和合伙人丙来分担。分担的比例按资产负债表上合伙人资本余额数计算,即合伙人甲应分担 14 769 元[24 000×160 000÷(160 000+100 000)],则合伙人甲的账面资本为-17 231 元(32 000-14 769),丙分担 9 231 元[24 000×100 000÷(160 000+100 000)],则合伙人丙的账面资本为-17 231 元(20 000-28 000-9 231),合伙人丙还须向合伙企业交现金 17 231 元。从而,合伙人甲的个人债权人还可以从合伙企业中得到 17 231元的补偿。

(二) 分次分配清算法

有时候合伙企业的整个清算程序会延续好几个月甚至更长时间,要等所有的资产变现后再向债务人和合伙人分配资产就会显得不太现实。因此,就有必要分次分批进行资产变现和债务清偿,并在所有债务清偿完毕后,分次向合伙人分配剩余现金。

合伙企业的各合伙人的资本余额比通常与损益分配比不一致,因此分次清算法必须考虑一个安全清偿问题,就是分配给合伙人的现金不会因为以后出现借方资本余额而被要求退还给合伙企业,如果出现这种情况而合伙人拒绝退还,则会令其他合伙人承担不必要的损失。为此,应在每次分配余额前编制"安全清偿表"或在所有分配前预先制订"现金分配计划",其总的原则都是:在偿还全部负债之后至整个清算过程结束之前的时期内,按承担损失能力的强弱,顺次地对合伙人分配现金,也就是对承担损失能力较强的合伙人较早分配现金,而对承担损失能力较差的合伙人较晚分配甚至不分配现金。

1. 安全清偿表

出于稳健原则考虑,在各合伙人的资本余额比与损益分配比不相同时,为避免超额分配,应在每次向合伙人分配现金前编制"安全清偿表",直到各合伙人的资本余额比与损益分配比相同,就可直接按损益分配比例进行分配。安全清偿表的编制基础是:

(1) 将所有可能的费用估计在内,并将这些费用对合伙企业资本的影响在合伙人之间按损益分配比例进行分摊。

(2) 假设所有非现金资产的未来变现价值为零,并将此视为实际损失在合伙人之间分摊。

(3) 上述这些费用和损失在合伙人之间的分摊可能会引起有些合伙人的资本账户出现借方余额,假设这些资本账户借方余额都无法由相应的合伙人进行抵补,即所有合伙人本身都资不抵债。

因此,这些推定的资本账户借方余额就得按损益分配比例在那些资本余额为贷方余额的合伙人间进行分摊。当所有估计的费用、变现损失和资本余额都已分摊完毕后,就可以此时的资本贷方余额为准,在合伙人之间安全地进行资产分配。

每次向合伙人分配现金前都得编制安全清偿表,这些安全清偿表和分次清算表相对应。该分次清算表总括了清算过程中实际的账户处理过程。

现举例说明分次清算表和安全清偿表的编制。

【例 2-10】

(1) 假定有一合伙企业准备进行清算,其清算前的资产负债情况如表 2-10 所示。

(2) 合伙人 A、B 和 C 的损益分配比为 2∶2∶1。

(3) 资产变现情况如表 2-9 所示。

表 2-9 资产变现情况表

单位:元

变现日期	账面价值	销售价格	损益
11月5日	40 000	30 000	−10 000
11月15日	30 000	29 500	−500

(4) 清算费用估计为 5 000 元,经合伙人同意,预留 5 000 元。

(5) 偿还债务后,向合伙人分配现金日期为 11 月 10 日、11 月 20 日和 11 月 30 日。

(6) 总的清算费用为 4 000 元,于 11 月 18 日支付。

据此,该合伙企业的分次清算表和安全清偿表分别如表 2-10 和表 2-11 所示。

表 2-10 分次清算表

单位:元

项 目	库存现金	非现金资产	负债	资本余额		
				合伙人 A	合伙人 B	合伙人 C
清算前余额	5 000	70 000	25 000	15 000	27 500	7 500
11月5日的资产变现	30 000	−40 000		−4 000	−4 000	−2 000
余额	35 000	30 000	25 000	11 000	23 500	5 500
清偿债务	−25 000		−25 000			
余额	10 000	30 000	0	11 000	23 500	5 500
11月10日付现(见清偿表)	−5 000				−5 000	
余额	5 000	30 000	0	11 000	18 500	5 500
11月15日的资产变现	29 500	−30 000		−200	−200	−100
11月18日支付清理费用	−4 000			−1 600	−1 600	−800
余额	30 500	0	0	9 200	16 700	4 600
11月20日付现(见清偿表)	−10 500			−1 200	−8 700	−600
余额	20 000	0	0	8 000	8 000	4 000
11月30日付现(不需清偿表)	−20 000			−8 000	−8 000	−4 000
余额	0	0	0	0	0	0

表 2-11 安全清偿表

单位:元

项 目	合伙人 A	合伙人 B	合伙人 C
损益分配比例	2	2	1
11月10日付现			
付现前的资本余额	11 000	23 500	5 500
预留的清算费用(5 000 元)	−2 000	−2 000	−1 000

(续表)

项　　目	合伙人 A	合伙人 B	合伙人 C
余额	9 000	21 500	4 500
非现金资产的变现损失(30 000元)	−12 000	−12 000	−6 000
余额	−3 000	9 500	−1 500
借方资本余额的分摊(由 B 承担)	3 000	−4 500	1 500
安全付现	0	5 000	0
11月20日付现			
付现前的资本余额	9 200	16 700	4 600
非现金资产的变现损失(0元)	0	0	0
余额	9 200	16 700	4 600
安全付现	9 200	16 700	4 600

表 2-10 中，在 11 月 30 日向各合伙人分配现金时，由于合伙人的资本余额比等于损益分配比例，所以不再需要编制安全清偿表，而是直接按损益分配比例进行分配。据表 2-10 的分次清算表作分录如下：

(1) 11 月 5 日变现资产 40 000 元，收款 30 000 元，变现损失为 10 000 元。

按我国的会计惯例，在处理合伙企业清算业务时，要使用"清算损益"账户，上述会计事项分两步作分录如下：

第一步：资产变现。

  借：库存现金   30 000
    清算损益   10 000
    贷：非现金资产   40 000

第二步：分配清算损益。

  借：合伙人资本——A   4 000
        ——B   4 000
        ——C   2 000
    贷：清算损益   10 000

(2) 合伙企业偿付债务 25 000 元。

  借：合伙企业债务   25 000
    贷：库存现金   25 000

(3) 11 月 10 日合伙企业优先向合伙人 B 支付 5 000 元。

  借：合伙人资本——B   5 000
    贷：库存现金   5 000

(4) 11 月 15 日变现资产，净值 30 000 元，实得 295 00 元，变现损失为 500 元。

借：库存现金	29 500
合伙人资本——A	200
——B	200
——C	100
贷：非现金资产	30 000

(5) 支付清算费用 4 000 元。

据此事项，我国一般的会计处理如下：

借：清算损益	4 000
贷：库存现金	4 000
借：合伙人资本——A	1 600
——B	1 600
——C	800
贷：清算损益	4 000

(6) 11 月 20 日付现，可分配给合伙人 A 1 200 元，合伙人 B 8 700 元，合伙人 C 600 元。

借：合伙人资本——A	1 200
——B	8 700
——C	600
贷：库存现金	10 500

(7) 11 月 30 日将所有现金分配给合伙人。

借：合伙人资本——A	8 000
——B	8 000
——C	4 000
贷：库存现金	20 000

2. 现金分配计划

由于每次向合伙人分配现金前均需编制安全清偿表，这显然非常繁琐和效率低下，而且该方法也不能预计各合伙人将在何时可以分得现金，这样，可以通过在清算程序开始前编制"现金分配计划"来弥补安全清偿表的不足。和安全清偿表一样，现金分配计划将所有的费用、变现损失估计在内，并且让最有能力承担损失的合伙人优先取得安全付款。

编制现金分配计划的基本程序是：

(1) 按损益分配比例将所有预计会发生的债务和清算费用分配给各合伙人的资本账户。

(2) 以此时的资本余额为准计算各合伙人在其各自的资本余额出现借方余额前可承担的最大变现损失。

如安全清偿表一样，在假定所有非现金资产全部被视为合伙企业的变现损失并在合伙人之间分摊后，资本余额仍为贷方余额的合伙人应被视为最有能力承担损失的人。因此，该合伙人应首先取得余额分配。

合伙人在其各自的资本余额出现借方余额前可承担的最大变现损失可按如下公式计算：

承担损失的能力 ＝ 合伙人的资本余额 ÷ 合伙人的损益分配百分比

现金分配计划是用"承担损失的能力"为标准来决定余额分配的先后顺序，但并不代表向合伙人分配资产的数额。下面举例说明现金分配计划的编制过程。

【例 2-11】 假定有一个合伙企业,由合伙人 A、B、C 投资组建。在非现金资产变现前,合伙人 A、B、C 的资本余额分别为 70 000 元、60 000 元、40 000 元,而损益分配比分别为 2∶2∶1。则合伙人 A、B、C 承担损失的能力计算如表 2-12 所示。

表 2-12 合伙人承担损失能力计算表

合伙人	资本余额(1)(元)	损益分配比例(2)	承担损失的能力(1)/(2)(元)	承担损失能力的大小排序
A	70 000	40%	175 000	2
B	60 000	40%	150 000	3
C	40 000	20%	200 000	1

由表 2-12 可知,合伙人 B 承担损失的能力最弱,在清算损失超过 150 000 元时,就丧失承担损失的能力,资本余额将出现借方余额;合伙人 A 次之,合伙人 C 承担损失的能力最强。

如果所有的合伙人有相等的"承担损失的能力",则合伙人的资本余额比与损益分配比相同(这结果可由"承担损失的能力"的计算公司推算得出),此时即可根据损益分配比例分配资产。所以,可通过计算如何使所有合伙人具有相同的承担最大损失的能力来确定应向某一合伙人优先分配资产的数额。在本例中,合伙人 C "承担损失的能力"最强,应首先接受分配,直到其承担最大损失的能力与合伙人 A(排序第 2)相同,即 175 000 元(见表 2-13)。为此,合伙人 C 的资本余额应减至 35 000 元(175 000 乘以合伙人 C 损益分配百分比 20%),即实际变现过程中,如有余额可供分配时,应首先向合伙人 C 分配资产 5 000 元(40 000－35 000)。如表 2-13 所示。

表 2-13 现金分配计划一

合伙人	资本余额(1)(元)	损益分配比例(2)	承担损失的能力(1)/(2)(元)	承担损失能力的大小排序
A	70 000	40%	175 000	1
B	60 000	40%	150 000	2
C	35 000	20%	175 000	1

接下来,合伙人 A 和 C 应接受资产分配,直到其承担损失的能力与合伙人 B 相等,即等于 150 000 元要达到此目标,则合伙人 A 的资本余额须减至 60 000 元(150 000×40%),而合伙人 C 的资本余额须减至 30 000 元(150 000×20%),这就应在有余额可供分配时,首先向合伙人 A 和 C 共分配 15 000 元,其中向合伙人 A 分配 10 000 元(70 000－60 000),向合伙人 C 分配 5 000 元(35 000－30 000)。此时,所有合伙人具有相同的承担损失的能力,此后取得的可供分配的资产则按损益分配比例进行分配即可。

编制现金分配计划的程序概括如下:
(1) 计算各合伙人的"承担损失的能力"。
(2) 按各合伙人的"承担损失的能力"的大小进行排列。
(3) 计算为了使排序第一的合伙人与排序第二的合伙人有相同的"承担损失的能力",应向排序第一的合伙人分配的数额。该数额即为可同排序第一的合伙人优先分配的安全数额。
(4) 计算应给上述通过分配已具备相同的"承担损失的能力"的几个合伙人分配资产的

数额,以便其"承担损失的能力"与排序在其后的合伙人相等。

(5) 继续步骤(4),直到所有合伙人都具有相同的"承担损失的能力"。

(6) 当所有合伙人都具有相同的"承担损失的能力"时,则可按合伙人的损益分配比例进行资产分配。

参 考 文 献

[1] 陈信元,钱逢胜,朱红军.高级财务会计[M].2版.上海:上海财经大学出版社,2011.

[2] 石本仁.高级财务会计[M].2版.北京:中国人民大学出版社,2011.

[3] 储一昀.高级财务会计[M].上海:复旦大学出版社,2006.

[4] 张文贤,高建兵.高级财务会计[M].北京:首都经济贸易大学出版社,2003.

[5] 梁莱歆.高级会计学[M].3版.北京:清华大学出版社,2011.

[6] 李现宗.高级财务会计[M].北京:清华大学出版社,2013.

[7] 罗金明,张兴亮,黄苏华.高级财务会计[M].北京:科学出版社,2011.

[8] 谢瑞峰,张志凤.高级会计学[M].北京:社会科学文献出版社,2007.

[9] 财政部注册会计师考试委员会办公室.会计[M].北京:中国财政经济出版社,2015.

[10] 财政部、国家税务总局关于印发《关于个人独资企业和合伙企业投资者征收个人所得税的规定》的通知(财税〔2000〕91号).

[11] 财政部注册会计师考试委员会办公室.经济法[M].北京:中国财政经济出版社,2015.

[12] 《中华人民共和国合伙企业法》起草组.中华人民共和国合伙企业法[M].北京:中国法制出版社,2006.

复习思考题

1. 合伙企业有什么特点?怎样理解合伙企业通常不具有独立的法人资格?

2. 合伙企业如何设置权益账户?

3. 在合伙协议中确定损益分配比例时应考虑哪些因素?

4. 如何进行合伙企业的权益变动会计处理?如何评价合伙权益变更中所采用的红利法和商誉法?

5. 列举合伙企业清算中应遵循的基本原则。

6. 当一位或多位合伙人的资本账户出现借方余额时,应遵循什么样的清算程序?

7. 说明一次分配清算法的优缺点。一次分配清算法与分次分配清算法有何不同?

8. 说明安全清偿表和现金分配计划的共同点。

9. 解释分次清算中应遵循的基本原则。

10. 在什么情况下,分次清算中可以不必编制安全清偿表,而直接按约定比例进行分配?

11. 某合伙企业的两位合伙人A、B分别有3 000元和5 000元资本账户。合伙人A贷给合伙企业2 000元。如果合伙人A和B决定现在清算企业,则考虑到贷款分类账户,合伙人A在清算中有哪些优先权或优势?会计分录应该如何处理?

12. 某合伙企业资不抵债,在变卖所有资产和将所有现金偿付债权人以后,仍有外债500元。三个合伙人中只有合伙人 A 有偿债能力,合伙企业的所有债权人要求由合伙人 A 偿付500元,合伙人 A 不愿意。你怎么看这件事?

单项选择题

1. 以下各项中,不属于合伙企业的特征是(　　)。
   A. 相互代理　　B. 有限经营期　　C. 非纳税主体　　D. 有限责任
2. 合伙人提用合伙企业的商品存货时,通常按(　　)借记"合伙人往来"账户。
   A. 成本价　　B. 售价　　C. 市场价　　D. 成本价与售价较低者
3. 合伙人投资时,合伙企业以(　　)价格记录投入的资产。
   A. 投入资产的市场价值　　　　B. 投入资产原账面上的价值
   C. 该合伙人设定的价值　　　　D. 以上的任何一种,取决于合伙协议
4. 如果老合伙人转让了一部分权益给新合伙人,正确的会计处理是(　　)。
   A. 对老合伙人或新合伙人确定商誉
   B. 对老合伙人或新合伙人确定红利
   C. 从老合伙人资本账户转一部分金额进入新合伙人资本账户
   D. 做一笔备查分录
5. 下列说法正确的是(　　)。
   A. 合伙企业的清算总在合伙企业的解散之后
   B. 合伙企业解散之后必然紧接着合伙企业的清算
   C. 合伙企业的清算也可能不伴随着合伙企业的解散
   D. 对合伙企业而言,清算与解散是同一含义。

业 务 题

1. A、B 两人成立一合伙企业,两合伙人资本账户的期初、期末余额无变动,分别为 50 000元和 20 000 元。本年度合伙企业可分配净利润为 200 000 元,"合伙人往来"账户本年度记录的内容如表 2-14 和表 2-15 所示。

表 2-14　合伙人往来——A

2月1日业主提款	5 000	7月1日应得工资	8 000
4月1日取用商品	1 600		
本期发生额	6 600	本期发生额	8 000
		期末余额	1 400

表 2-15　合伙人往来——B

3月7日业主提款	10 000	1月1日期初	6 000
9月25日取用商品	2 000	7月8日应得工资	3 000
本期发生额	12 000	本期发生额	9 000
期末余额	3 000		

要求:

(1) 按期初资本比例分配法计算两合伙人本年度利润分配数。

(2) 按平均资本比例分配法计算两合伙人本年度利润分配数。

(3) 如果两合伙人 7 月 1 日分别追加资本投入 30 000 元和 50 000 元,按平均资本比例分配法应如何分配本年度利润?

2. 智勇合伙企业是普通合伙企业,在合伙协议中规定,净利润和净损失按如下方式分配:

(1) 红利前净利润的 20% 作为给合伙人 A 的红利。

(2) 每个合伙人按照各自资本平均余额的 10% 获得利息。

(3) 余下的利润或损失在各合伙人之间平均分摊。

20×4 年该合伙企业的净利润为 55 000 元,该年度的资本账户平均余额分别为合伙人 A 40 000 元、合伙人 B 80 000 元、合伙人 C 120 000 元。

要求:编制工作底稿计算各合伙人在 20×4 年应得的净利润份额。

3. A、B、C 三人组建了一合伙企业,20×8 年年初的资本余额分别为 50 000 元、50 000 元和 80 000 元,协议规定的损益分配比例为 3∶3∶4。20×8 年 7 月 1 日合伙人 D 经各合伙人同意,以 180 000 元现金加入合伙企业并取得 40% 的合伙权,同时占有 40% 的损益分配比例。20×9 年年初,合伙人 B 的资本余额为 68 000 元,其退出合伙企业,合伙企业支付给他 75 000 元。

要求:

(1) 分别用商誉法和红利法编制分录反映合伙人 D 的入伙业务。

(2) 分别用商誉法和红利法编制分录反映合伙人 B 的退伙业务。

4. 智勇合伙企业合伙人 A 和 B 按 6∶4 的比例分配净利润和净损失,他们决定清算该普通合伙企业。已变卖部分非现金资产,尚有账面价值 210 000 元的资产没有变卖。债务均已偿付,有现金 100 000 元可供合伙人分配。合伙人 A 和 B 的资本账户余额分别为 200 000 元和 10 000 元。

要求:编制合伙清算工作底稿。

案 例 题

1. 某合伙企业在 20×7 年 12 月 31 日以后即进行清算,并且除了保留 20 000 元用以或有事项外,所有现金在每个月月末进行分配,直到清算过程结束。合伙企业的损益分配比为 5∶3∶2。合伙企业 20×7 年 12 月 31 日的资产负债表如表 2-16 所示。

表 2-16　某合伙企业资产负债表

20×7 年 12 月 31 日　　　　　　　　　　　　　　　　　单位:元

资　产		负债和所有者权益	
库存现金	240 000	应付账款	300 000
应收账款(净)	280 000	应付票据	200 000
给合伙人 C 的贷款	40 000	从合伙人 B 处取得的贷款	20 000
存货	400 000	合伙人资本——A	340 000
土地	100 000	合伙人资本——B	340 000

(续表)

资产		负债和所有者权益	
固定资产(净)	300 000	合伙人资本——C	200 000
商誉	40 000		
合计	1 400 000	合计	1 400 000

具体的清算事项如下：

(1) 20×8年1月，贷给合伙人C的贷款与其资本余额相抵销，商誉也被冲掉；应收账款收回200 000元，出售账面价值为160 000元的存货，收款为200 000元，所得现金全部分配。

(2) 20×8年2月，出售账面价值为80 000元的存货，收款为60 000元，余下的存货出售后收款为180 000元。支付清算费用4 000元，支付可分配现金。

(3) 20×8年3月，出售土地收款为150 000元，支付清算费用5 000元，支付可分配现金。

(4) 20×8年4月，余下的设备出售后收款为150 000元，余下的应收账款全部冲销，支付可分配现金。清算结束。

要求：

(1) 根据以上清算过程编制记账分录。

(2) 在每一次分配现金前编制安全清偿表和分次清算表。

2. 某合伙企业，由于经营不善决定在20×7年12月31日进行解散清算。合伙人A、B、C的损益分配比为5∶3∶2。合伙企业在清算日的资产负债表如表2-17所示。

表2-17 某合伙企业资产负债表

20×7年12月31日　　　　　　　　　　　　　　　　　　　　单位：元

资产		负债和所有者权益	
库存现金	10 000	负债	60 000
其他资产	100 000	合伙人资本——A	5 000
		合伙人资本——B	15 000
		合伙人资本——C	30 000
合计	110 000	合计	110 000

同时，假定在20×7年12月31日，合伙人除在合伙企业中拥有权益外，还有下列资产和负债，如表2-18所示。

表2-18 各合伙人的资产负债

单位：元

合伙人	个人资产	个人负债
A	100 000	60 000
B	50 000	50 000
C	5 000	60 000

变卖企业的其他资产损失60 000元。

要求：根据以上资料编制该合伙企业的一次变现清算表。

第三章 分支机构会计

本章提要

　　当一家企业发展到一定规模后,为了继续扩展其业务,扩大其产品销售范围,常常在不同的城市或同一城市的不同地区开设分支机构。分支机构并不是一个独立的法律主体,而是企业法人的延伸,属于企业整体的一个组成部分。按照总公司在资金和商品购销上对分支机构的控制程度不同,分支机构会计核算制度划分为分散核算制度和集中核算制度两种形式。

　　总部与分支结构往来事项是指发生在总部与分支机构之间或者分支机构与分支机构之间的往来事项。总部与分支机构之间的往来事项主要有:总部投资设立分支机构、总部与分支机构之间资金的划拨和汇交、总部与分支机构之间商品的调拨、分支机构固定资产的核算、总部与分支机构之间费用的分摊等事项。总部与分支机构之间往来事项通过"总部往来"和"分支机构往来"这两个账户进行会计处理。

　　与基本的企业会计核算程序一致,在会计期末,总部和分支机构应编制调整和结账分录,及时结清本期的净收益。从理论上说,总部账上的"分支机构往来"和分支机构账上的"总部往来"这对相对账户的余额应当总是相等的。但实际上,有时是不相等的,其原因除了总部或分支机构记账差错外,主要是因为总部或分支机构可能存在未达账项。由于总部和分支机构都是相对独立的会计主体,所以从核算到编制会计报表都要形成各自完整的体系,但是总部及分支机构编制的独立的财务报表仅能满足企业内部管理需要,不能提供企业整体的财务状况和经营成果的信息。因此,年度终了,总部要根据各个独立的财务报表编制反映总部及分支机构作为一个整体的财务状况、经营成果及现金流量的联合财务报表。

第一节 分支机构会计概述

一、分支机构的含义

　　当一家企业发展到一定规模后,为了继续扩展其业务,扩大其产品销售范围,常常在不同的城市或同一城市的不同地区开设分支机构。分支机构与总部在地理位置上通常相隔一定的距离。较大的分支机构也可能是企业合并的结果,被合并的企业解散,成为合并企业的分支机构而继续经营。

　　分支机构并不是一个独立的法律主体,而是企业法人的延伸,属于企业整体的一个组成部分。分支机构在不同的企业或行业有不同的名称,如在有些企业称为分公司,有些企业称为分厂,商业系统称为分支机构,银行系统称为分行等。作为整个企业的一个组成部分,分支机构必须严格遵守总部统一的经营方针和管理方针。在此前提下,分支机构通常也具有相对独立的经营自主权。它们可以拥有齐全的库存商品,除向总部进货之外,也可以自行向其他厂商购进商品。顾客订货时,分支机构可以自行决定顾客订货条件,并直接向顾客交货。赊购赊销引起的应付应收款,由分支机构自行负债结算。分支机构可以自己的名义在银行开户,存取现金,委托银行办理结算业务。

二、分支机构的特点

(一) 分支机构是会计主体,而不是法律主体

从法律角度来看,分支机构只是企业的一个组成部分,而不是独立的法律主体,不具有对外筹集资金和投资的功能,其经营所需资金全部由总部拨付,其业务经营受总部控制。

(二) 分支机构受制于总公司

分支机构作为会计主体,其独立性和完备性取决于企业总部对分支机构的控制程度,不同的企业对分支机构的控制程度可能不同,同一企业对不同的分支机构的控制程度也可能不同。不管是不同的企业还是同一企业,从总体来看,分支机构经营所需资金都要靠总公司拨付,并在总公司统一经营政策和管理模式的要求下进行经营,因此,分支机构在某种程度上受制于总公司。

(三) 分支机构可以是独立核算的经营单位

分支机构虽然不具备法人资格,且在某种程度上受制于总公司,遵循企业总部统一的经营管理方针,但是它通常拥有一定的业务经营自主权。例如,总公司一旦建立了一个分公司,就会授权分公司的管理部门负责日常经营,因此,分支机构可以是独立核算的经营单位,也可以是独立核算的会计主体。

三、分支机构与销售代理处的区别

销售代理处不同于分支机构。企业设置销售代理处的目的主要是为了展销商品和接受客户订单,分支机构与销售代理处的区别主要体现在购销权利、客户订单、资金管理等方面。

(一) 购销权利方面

销售代理处通常只陈列样品供客户,其本身并不专门存储商品用于直接供应给客户,也不经营商品购销业务。而分支机构通常拥有完备的商品存货,除了向公司总部进货之外,也可以自行向其他厂商购进商品。

(二) 客户订单方面

客户来代理处看样订货后,代理处即将购货订单转交公司总部,由公司总部决定客户能否享受赊销及其赊销额度,并由公司总部直接向客户交货,货款也由公司总部登记入账并负责催收。而分支机构在客户订货后,可以自行决定客户能否享受赊销及其赊销额度并由分支机构直接向客户交货,赊销商品引起的货款也由分支机构登记入账并负责催收。

(三) 资金管理方面

销售代理处内需设置定额备用金,由公司总部拨款以应付日常开支,在即将用完时向公司总部报销补足,除此之外,代理处不经办其他现金收支业务。而分支机构可以自己的名义在银行开户,收到的销货款存入银行,发生的销售费用由分支机构开具支票直接支付。

四、分支机构会计核算制度

按照总部在资金和商品购销上对分支机构的控制程度不同,分支机构会计核算制度划

分为分散核算制度和集中核算制度两种形式。

（一）分散核算制度

在分散核算制度下，分支机构是个相对独立的会计主体。在总部的统一经营管理下，分支机构拥有相对独立的自主权，如分支机构可以自己的名义开设银行往来账户；取得销售收入可以作为分支机构资金存入银行；各项经营开支自行支付；分支机构拥有完备的商品库存，也可以从公司以外的其他单位购进；分支机构有权支配营运资金，自行制定信用政策，并由分支机构直接向客户交货取款；分支机构单独换算盈亏等。在此情形下，分支机构拥有较完整的账簿核算体系，核算从总部收到的营运资金和商品、对外销售、应收应付款项以及费用等，并独立地核算其经营损益，编制财务报表报送总部。但分支机构的账户设置、会计核算方法和规范通常与总部一致，并由总部统一制定。分散核算制度一般适用于经营规模较大的分支机构。

（二）集中核算制度

在集中核算制度下，分支机构不是独立的会计主体，故不实行独立的会计核算。在此情形下，分支机构不设置正式账簿，只是根据管理需要设置一些必要的、简单的辅助或备查记录，所有一切会计事项及其凭证都随时报送总部，由总部统一入账核算，如固定资产的管理、调拨、报废等事宜均由总部统一管理，分支机构无权设置；分支机构日常销售款存入总部指定的银行账户，分支机构的资金使用通过备用金的方式予以解决。集中核算制度一般适用于经营规模较小的分支机构。

五、分支机构会计的主要特点

由于企业的分支机构不是独立的法律主体，在经营业务、经营方针等各方面要受到总部不同程度的控制。这决定了分支机构独立核算具有自身的特殊性，即作为总部会计的重要组成部分，分支机构会计在某些方面与独立企业的会计核算相同，但在许多方面与独立企业的会计核算又呈现明显的差异。原因是分支机构与总部之间、分支机构与分支机构之间的业务往来并非真正意义上的独立企业之间的业务往来。独立企业之间的资产转移，如投资与接受投资、商品购销、资金借贷等业务，通常会涉及资产所有权的转让。但总部与分支机构、分支机构与分支机构之间的资产转移一般不涉及资产所有权的转让，多半是资产空间位置的移动，属于企业内部会计事项。这要求总部及分支机构在会计账户设置、会计确认、计量及报告方面既要遵循会计的基本规律，又要充分反映分支机构经营的特点，便于总部对分支机构的管理及总部与分支机构间的协调，便于每期期末总部汇编财务报表。总部与外界经济主体的交易由总部记录；分支机构与总部以外的主体进行交易，由分支机构按既定会计程序记录。分支机构会计的主要特点在于总部和分支机构之间往来交易的处理方法和总部与分支机构间财务报表的联合。

第二节　总部与分支机构往来事项的会计核算

总部与分支结构往来事项是指发生在总部与分支机构之间或者分支机构与分支机构之间的往来事项。公司总部与公司外界的业务往来通常由公司总部会计部门记录，分支机构与总部和其他分支机构以外的主体进行的交易，有分支机构自行记录。

总部与分支机构之间的往来事项主要有：总部投资设立分支机构、总部与分支机构之间资金的划拨和汇交、总部与分支机构之间商品的调拨、分支机构固定资产的核算、总部与分支机构之间费用的分摊等事项。总部与分支机构之间往来事项是通过"总部往来"和"分支机构往来"这两个账户进行会计处理。

一、分支机构的设立

设立分支机构时,总部和分支机构都应进行账务处理,在各自的账簿记录上分别确认计量。公司总部在"分支机构往来"账户的借方反映投资于分支机构的净资产总额,在"银行存款""固定资产"等账户的贷方反映投资于分支机构的具体资产项目。分支机构在"银行存款""固定资产"等账户的借方反映接受到总部投资的具体资产项目,在"总部往来"账户的贷方反映总部对分支机构净资产的权益。

【例3-1】 长江公司上海总公司于20×4年6月在宁波设置分公司,总公司交付分公司1 000 000元现金及价值2 000 000元的机器设备。总公司与分公司的会计分录如下:

```
总公司:借:分支机构往来——宁波分公司          3 000 000
          贷:银行存款                             1 000 000
              固定资产                             2 000 000

分公司:借:银行存款                             1 000 000
          固定资产                             2 000 000
          贷:总部往来                             3 000 000
```

二、总部与分支机构之间资金的划拨和汇交

这是总部与分支机构之间发生的基本和简单的往来事项。分支机构从事经营活动需要一定的营运资金,需要总部拨付给分支机构进行支付费用,进行采购等使用。当总部拨付资金时,对于总部,相当于对分支机构的债权或投资,会计处理应借记"分支机构往来"账户,贷记"银行存款"账户等;对于分支机构,收到的资金相当于是总部的权益,会计处理应借记"银行存款"账户,贷记"总部往来"账户。当分支机构向总部汇交资金时,对于总部,相当于债权或投资的收回,借记"银行存款"账户,贷记"分支机构往来"账户;对于分支机构,相当于权益的减少,借记"总部往来"账户,贷记"银行存款"账户。

【例3-2】 长江公司上海总公司于20×4年9月22日向宁波分公司拨付营运资金200 000元。总公司与分公司分别编制会计分录如下:

```
总公司:借:分支机构往来——宁波分公司            200 000
          贷:银行存款                               200 000

分公司:借:银行存款                               200 000
          贷:总部往来                               200 000
```

【例3-3】 长江公司宁波分公司向上海总公司汇交资金50 000元。总公司与分公司分别编制会计分录如下:

```
总公司:借:银行存款                                50 000
          贷:分支机构往来——宁波分公司              50 000

分公司:借:总部往来                                50 000
          贷:银行存款                                50 000
```

三、总部与分支机构之间商品的调拨

分支机构虽然在业务经营、会计核算方面具有相对独立自主权,可以独立从外面进行

采购和销售外,也有一部分商品由总部统一采购后,再调拨给分支机构,形成总部和分支机构之间的往来事项。根据总部和分支机构商品调拨的计价方法,总部和分支机构之间调拨商品可以按照成本计价,也可以按照高于成本的价格计价。由于计价基础不同,总部和分之机构的会计处理也不同。

1. 商品调拨按照成本计价

总部和分支机构之间商品调拨按照成本计价,通过"总部往来"和"分支机构往来"这两个相对账户进行会计处理。

【例3-4】 长江公司上海总公司拨给宁波分公司商品一批,商品按总公司成本价150 000元计量。总公司和分公司分别编制会计分录如下:

    总公司:借:分支机构往来——宁波分公司   150 000
              贷:库存商品——发送分支机构   150 000

    分公司:借:库存商品——总部发送   150 000
              贷:总部往来   150 000

【例3-5】 承[例3-4]宁波分公司将该批商品出售,售价为180 000元,款已收到。总公司不作会计处理,宁波分公司编制会计分录如下:(假设不考虑增值税影响)

    分公司:借:银行存款   180 000
              贷:主营业务收入   180 000

            借:主营业务成本   150 000
              贷:库存商品——总部发送   150 000

2. 商品调拨高于成本计价

当总部按高于成本的转移价格拨付商品给分支机构时,并未改变"总部往来"和"分支机构往来"的关系,改变的是总部和分支机构分别核算的"库存商品"之间的关系。分支机构收到的库存商品按照转移价格计价,而总部发出的库存商品按成本计价。总部核算时,应当调整会计分录,以便反映转移商品的真正成本。通常设置"存货加价"账户来确认库存商品成本价与转移价格的差额部分。期末,总部要对存货加价部分对分支机构利润的影响进行调整,期末调整时借记"存货加价"账户,贷记"分支机构利润"账户。

【例3-6】 假设在[例3-4]中,上海总公司拨给宁波商品价格按170 000元核算,成本价为150 000元。总公司和分公司分别编制会计分录如下:

    总公司:借:分支机构往来——宁波分公司   170 000
              贷:库存商品——发送分支机构   150 000
                  存货加价   20 000

    分公司:借:库存商品——总部发送   170 000
              贷:总部往来   170 000

如果上述商品,在期末未能对外销售,则期末调整:

    总公司:借:存货加价   20 000
              贷:分支机构利润——宁波分公司   20 000

3. 商品调拨按照零售价计价

商品调拨按照零售价计价,依然未改变"总部往来"和"分支机构往来"的关系,这种方法与商品调拨按照高于成本计价核算方法的主要区别在于,总部在日常发送货物时,直接按照零售价格登记库存商品的减少,而不再区分存货计价部分,存货加价留待期末再予调整。

【例 3-7】 假设在[例 3-4]中,上海总公司拨给宁波分公司的商品按零售价格 180 000 元核算,成本价为 150 000 元。总公司和分公司分别编制会计分录如下:

总公司:借:分支机构往来——宁波分公司　　　　　　　　　　　180 000
　　　　　贷:库存商品——发送分支机构　　　　　　　　　　　　180 000

分公司:借:库存商品——总部发送　　　　　　　　　　　　　　180 000
　　　　　贷:总部往来　　　　　　　　　　　　　　　　　　　　180 000

期末,总部对存货加价和加价对分支机构利润的影响进行调整:

总公司:借:库存商品——发送分支机构　　　　　　　　　　　　30 000
　　　　　贷:存货加价　　　　　　　　　　　　　　　　　　　　30 000

　　　　　借:存货加价　　　　　　　　　　　　　　　　　　　　30 000
　　　　　贷:分支机构利润——宁波分公司　　　　　　　　　　　30 000

四、分支机构固定资产的核算

对分支机构使用的固定资产,有两种处理方法:一是由总部统一核算,分支机构账上不反映;二是分支机构独立核算,在总部和分支机构账上都登记。

1. 总部统一核算

这种做法较为常见。固定资产由总部统一核算,既可以保证整个企业采用统一的折旧政策,又有利于总部对固定资产统一管理。当总部为分支机构购置固定资产时,总部借记"固定资产"账户,贷记"银行存款"等账户;当分支机构经批准自行购入固定资产时,分支机构所作的会计分录是借记"总部往来"账户,贷记"银行存款"账户,并向总部报账。因分支机构对经营中所需固定资产不进行核算,所以其折旧费用的计提和核算也由总部统一进行。

【例 3-8】 长江公司采取总部统一核算固定资产方式,20×4 年 12 月 10 日,上海总公司为宁波分公司购入固定资产 80 000 元,调拨给宁波公司使用。分公司不进行账务处理,总公司编制会计分录如下:

总公司:借:固定资产　　　　　　　　　　　　　　　　　　　　80 000
　　　　　贷:银行存款　　　　　　　　　　　　　　　　　　　　80 000

【例 3-9】 长江公司采取总部统一核算固定资产方式,20×4 年 12 月 10 日,上海总公司批准宁波分公司自行购入固定资产 80 000 元,则:

分公司:借:总部往来　　　　　　　　　　　　　　　　　　　　80 000
　　　　　贷:银行存款　　　　　　　　　　　　　　　　　　　　80 000

分公司处理完,向总公司报账,总公司作分录如下:

总公司:借:固定资产　　　　　　　　　　　　　　　　　　　　80 000
　　　　　贷:分支机构往来——宁波分公司　　　　　　　　　　　80 000

2. 分支机构独立核算

分支机构独立核算固定资产的方式,对总部不会产生影响,只是会使分支机构的资产结构发生变化。当分支机构经批准自行购入固定资产时,不通过"总部往来"和"分支机构往来"账户核算,而是直接借记"固定资产"账户,贷记"银行存款"等账户,由于这笔业务仅仅是分支机构资产结构变化,并不影响总部对分支机构的投资数额和总部权益,所以总部不记账。当总部为分支机构购置固定资产时,总部先作购入固定资产的记录,然后再作拨交分支机构固定资产的记录,即借记"分支机构往来"账户,贷记"固定资产"账户,分支机构则借记"固定资产"账户,贷记"总部往来"账户。

【例 3-10】 长江公司采取分支机构独立核算固定资产方式,20×4 年 12 月 10 日,长江公司上海总公司购入一项固定资产 150 000 元,并拨付给宁波分公司。总公司和分公司分别编制会计分录如下:

```
总公司:借:固定资产                                    150 000
         贷:银行存款                                    150 000

      借:分支机构往来——宁波分公司                      150 000
         贷:固定资产                                    150 000

分公司:借:固定资产                                    150 000
         贷:总部往来                                    150 000
```

【例 3-11】 长江公司采取分支机构独立核算固定资产方式,20×4 年 12 月 10 日,长江公司上海总公司批准宁波分公司自行购入一项固定资产 150 000 元。总公司不作会计分录,分公司作如下处理:

```
借:固定资产                                          150 000
   贷:银行存款                                        150 000
```

五、总部与分支机构之间费用的分摊

为了真实反映各个分支机构的经营业绩,总部和分支机构之间需要就一些共同的费用进行分摊,如商品调拨时的运输费、固定资产折旧费用、工资与津贴、保险费、房产税、广告费等。这些费用分摊核算的方法一般有两种情况。

1. 总部先统一归集,再分摊到各分支机构

这种方法下,分支机构发生费用时,总部直接或分摊计入分支机构账上。总部在将费用分配给各受益分支机构时,通常以开具借项通知单的方式告知有关分支机构,并在总部账上借记"分支机构往来"账户,贷记"库存现金""银行存款""销售费用""管理费用"等账户;分支机构在接到此项通知单时,则借记"库存商品""销售费用""管理费用"等相应账户,贷记"总部往来"账户。

【例 3-12】 承[例 3-5],假设在[例 3-5]中,上海总公司向宁波分公司发送商品中产生500 元运输费,由总公司支付,则总公司和分公司分别编制会计分录如下:

```
总公司:借:分支机构往来——宁波分公司                    500
         贷:现金                                          500

分公司:借:库存商品——运费                               500
         贷:总部往来                                      500
```

【例 3-13】 假设在[例 3-9]中,经上海总公司确认,该项固定资产 20×4 年计提折旧10 000 元,则总公司和分公司分别编制会计分录如下:

总公司：借：分支机构往来——宁波分公司　　　　　　　　　　　10 000
　　　　　贷：累计折旧　　　　　　　　　　　　　　　　　　　　10 000

分公司：借：销售费用　　　　　　　　　　　　　　　　　　　　10 000
　　　　　贷：总部往来　　　　　　　　　　　　　　　　　　　　10 000

【例3-14】 长江公司上海总公司支付广告费200 000元，分摊宁波分公司广告费80 000元。总公司和分公司分别编制会计分录如下：

总公司：借：销售费用　　　　　　　　　　　　　　　　　　　200 000
　　　　　贷：银行存款　　　　　　　　　　　　　　　　　　　200 000
　　　　　借：分支机构往来——宁波分公司　　　　　　　　　　 80 000
　　　　　贷：销售费用　　　　　　　　　　　　　　　　　　　 80 000

分公司：借：销售费用　　　　　　　　　　　　　　　　　　　 80 000
　　　　　贷：总部往来　　　　　　　　　　　　　　　　　　　 80 000

2. 总部统一归集，不再分摊到各分支机构

在此方法下，总部账上的分支机构费用发生时，统一记在总部账上，不需要将费用分摊并通知各分支机构，即费用不记在分支机构账上，而是在期末计算分支机构利润时，再借记"本年利润——××分支机构"账户，贷记"销售费用"等账户，以反映真实的分公司利润数。这种方法较为简单，不再举例说明。

六、分支机构之间往来事项的核算

除了总部与分支机构之间的往来事项外，分支机构之间也常常会有商品调拨等业务，分支机构之间这些事项的会计处理，与总部采用集中核算制度还是分散核算制度有关。

1. 总部集中核算制

各分支机构之间的往来业务，都通过总部核算，分支机构之间不进行核算。分支机构之间的商品调拨，可以理解为某一分支机构将存货先调拨给总部，再由总部调拨给另一分支机构。

【例3-15】 长江公司下设5家分公司，20×4年5月17日，长江公司上海总公司要求宁波分公司调拨一批商品给苏州分公司，商品成本为500 000元，长江公司对内部商品调拨采用成本计价原则。总公司和分公司分别编制会计分录如下：

上海总公司：借：分支机构往来——宁波分公司　　　　　　　　500 000
　　　　　　　贷：分支机构往来——苏州分公司　　　　　　　　500 000

宁波分公司：借：总部往来　　　　　　　　　　　　　　　　　500 000
　　　　　　　贷：库存商品——发送总部　　　　　　　　　　　500 000

苏州分公司：借：库存商品——总部发送　　　　　　　　　　　500 000
　　　　　　　贷：总部往来　　　　　　　　　　　　　　　　　500 000

2. 分支机构分散核算制度

在此制度下，分支机构之间的往来事项专门设置"分支机构往来"账户进行核算，各个分支机构的往来事项直接记入以对方分支机构命名的"分支机构往来"账户，而不通过"总部往来"账户。

【例3-16】 根据[例3-15]的资料，采用分支机构分散核算时，上海总公司就此项业务

不作账务处理,宁波分公司和苏州分公司分别编制会计分录如下:

宁波分公司:	借:分支机构往来——苏州分公司	500 000
	贷:库存商品——发送分支机构	500 000
苏州分公司:	借:库存商品——分支机构发送	500 000
	贷:分支机构往来——宁波分公司	500 000

第三节 总部与分支机构期末会计核算

一、总部与分支机构利润的结转

与基本的企业会计核算程序一致,在会计期末,总部和分支机构应编制调整和结账分录,及时结清本期的净收益。结转时,各分支机构首先将本期发生的"主营业务收入""主营业务成本""销售费用""管理费用"等损益类账户转入"本年利润"账户,然后将当期实现的利润结转到总部,即将"本年利润"转入"总部往来"。总部在"本年利润"账户下按照分支机构名称设置明细账进行核算。当总部收到分支机构转来的利润时,一般会借记"分支机构往来——××分公司"账户,贷记"分支机构利润——××分公司"账户。当分支机构亏损时,作与上述相反的会计分录。

【例3-17】 长江公司宁波分公司20×4年6月发生主营业务收入600 000元,主营业务成本400 000元,销售费用120 000元。上海总公司和宁波分公司会计期末编制的结账分录如下:

分公司:	借:主营业务收入	600 000
	贷:本年利润	600 000
	借:本年利润	520 000
	贷:主营业务成本	400 000
	销售费用	120 000
	借:本年利润	80 000
	贷:总部往来	80 000
总公司:	借:分支机构往来——宁波分公司	80 000
	贷:分支机构利润——宁波分公司(600 000-400 000-120 000)	80 000

二、相对账户的调节

由于总部与分支机构之间的往来事项主要通过"总部往来"和"分支机构往来"两个账户进行核算,因此"总部往来"和"分支机构往来"是一组对应账户。从理论上说,总部账上的"分支机构往来"和分支机构账上的"总部往来"这对相对账户的余额应当总是相等的。但实际上,有时是不相等的,其原因除了总部或分支机构记账差错外,主要是因为总部或分支机构可能存在未达账项。即因为总部和分支机构不在同一地点,往来账项的到达和双方记账时间不一定同时进行,会出现记账日时一方入账而另一方没有入账的往来事项。这种情况,同企业银行存款账户余额与开户银行对账单余额往往不相等类似。这些未达账项在以后期间到达时,总部和分支机构账户自动得到调整。但在会计期末编制联合财务报表工作底稿之前,需予以调节,使两者余额相等,然后,根据调节后的余额,在联合财务报表的工作底稿中进行抵销。总部与分支机构之间往来事项的调节,可以在期末通过先编制调节分录,然后编制"总部与分支机构相对账户调节表"进行处理。

【例 3-18】 长江公司上海总公司 20×4 年 12 月 31 日"分支机构往来"账户的余额为 420 000 元,其下属的宁波分公司"总部往来"账户余额是 410 000 元,经逐笔核对后,发现有以下未达账项:

(1) 12 月 25 日,总公司代分公司收回应收账款 50 000 元,总公司未通知分公司,分公司尚未入账。

(2) 12 月 26 日,分公司向总公司汇款 5 000 元,总公司因未收到现金而未入账。

(3) 12 月 29 日,总公司向分公司按照成本计价发送商品 25 000 元,商品尚在途中,分公司尚未收到,尚未入账。

(4) 12 月 30 日,分公司代总公司收回应收账款 20 000 元,分公司已收到,未通知总公司。

总公司和分公司分别编制调节分录如下:

总公司:(1) 借:分支机构往来——宁波分公司　　　　　　　　　　20 000
　　　　　　　贷:应收账款　　　　　　　　　　　　　　　　　　　20 000
　　　　(2) 借:银行存款　　　　　　　　　　　　　　　　　　　　 5 000
　　　　　　　贷:分支机构往来——宁波分公司　　　　　　　　　　 5 000

分公司:(3) 借:库存商品　　　　　　　　　　　　　　　　　　　　25 000
　　　　　　　贷:总部往来　　　　　　　　　　　　　　　　　　　25 000
　　　　(4) 借:总部往来　　　　　　　　　　　　　　　　　　　　50 000
　　　　　　　贷:应收账款　　　　　　　　　　　　　　　　　　　50 000

根据以上未达账项编制的"总部与分支机构相对账户调节表"如表 3-1 所示。

表 3-1　总部与分支机构相对账户调节表

20×4 年 12 月 31 日　　　　　　　　　　　　　　　　单位:元

总公司账上的 "分支机构往来"账户	金　额	分公司账上的 "总部往来"账户	金　额
调节前余额	420 000	调节前余额	410 000
加:分公司已收,总公司未收	20 000	加:总公司已收,分公司未收	50 000
减:分公司已付,总公司未付	5 000	减:总公司已付,分公司未付	25 000
调节后余额	435 000	调节后余额	435 000

三、联合财务报表的编制

由于总部和分支机构都是相对独立的会计主体,所以从核算到编制财务报表都要形成各自完整的体系,但是总部及分支机构编制的独立的财务报表仅能满足企业内部管理需要,不能提供企业整体的财务状况和经营成果的信息。因此,年度终了,总部要根据各个独立的财务报表编制反映总部及分支机构作为一个整体的财务状况、经营成果及现金流量的联合财务报表。

编制联合财务报表通常采用应以总部和分支机构的个别财务报表为基础的联合财务

报表工作底稿法,其主要编制步骤如下:①将总部和分支机构各自的资产、负债、收入和费用等项目列示到工作底稿中;②编制抵销分录,将总部和分支机构之间的内部业务往来事项及其结果予以抵销,具体抵销的项目有"分支机构往来"账户的借方余额与"总部往来"账户的贷方余额,以及来自内部资产转移的未实现利润、总部及分支机构彼此之间损益项目或资产转作费用时高于成本的金额;③计算出各项目抵销后的金额与总部及分支机构各项目加总后的金额,并填入工作底稿"联合财务报表金额"栏内;④将工作底稿中"联合财务报表金额"一栏的数字填列到联合财务报表中,即编制出联合财务报表。以下举例说明联合财务报表的编制。

【例3-19】 长江公司20×4年12月31日总公司及分公司的资产负债表如表3-2所示。

表3-2 长江公司总公司及分公司资产负债表

20×4年12月31日　　　　　　　　　　　　　单位:元

项　　　目	总　公　司	分　公　司
货币资金	90 000	40 000
应收账款(净额)	110 000	60 000
存货	60 000	20 000
固定资产(净额)	260 000	—
分支机构往来	80 000	
资产合计	600 000	120 000
应付账款	188 000	28 000
其他负债	110 000	12 000
存货加价	2 000	
总部往来	—	80 000
股本	200 000	
未分配利润	100 000	
负债和所有者权益合计	600 000	120 000

总、分公司的固定资产的记录均由总公司负责,20×4年12月31日,分公司存货中有10 000元是从外界购进,其余部分则是从总公司运来,总公司对分公司发送的存货均按成本加价10%计价。20×5年总公司及分公司的营业情况汇总如下:

(1)总公司销售收入655 000元,其中包括对分公司的销货55 000元,对分公司的销货依然按照成本加价10%计价,分公司销售收入为200 000,所有销货均为赊销。

(2)总公司和分公司分别从外界购货400 000元和100 000元,所有购货均为赊购。

(3)总公司收到应收账款540 000元,分公司收到应收账款140 000元。

(4)分公司向总公司支付现金80 000元。

(5)总公司支付应付账款480 000元,分公司支付应付账款60 000元。

(6)总公司支付销售费用45 000元,分公司支付销售费用5 000元,总公司支付的销售费用中分公司应分摊15 000元。

(7) 本年度固定资产折旧合计为 35 000 元,其中 13 000 元由分公司分摊。

第一步,编制 20×5 年度会计分录。上述经济业务的会计分录如表 3-3 所示(不考虑增值税的影响)。

表 3-3　长江公司总公司及分公司 20×5 年度会计分录

单位:元

	总　公　司	分　公　司
1	记录赊销: 借:应收账款　　　　　　　600 000 　贷:主营业务收入　　　　　　600 000 按成本加价 10%发货给分公司: 借:分支机构往来　　　　　　55 000 　贷:库存商品——发送分支机构　50 000 　　存货加价　　　　　　　　　5 000	记录赊销: 借:应收账款　　　　　　　200 000 　贷:主营业务收入　　　　　　200 000 收到总公司发送商品: 借:库存商品——总部发送　　55 000 　贷:总部往来　　　　　　　　55 000
2	记录赊购: 借:库存商品　　　　　　　400 000 　贷:应付账款　　　　　　　　400 000	记录赊购: 借:库存商品　　　　　　　100 000 　贷:应付账款　　　　　　　　100 000
3	记录收款: 借:银行存款　　　　　　　540 000 　贷:应收账款　　　　　　　　540 000	记录收款: 借:银行存款　　　　　　　140 000 　贷:应收账款　　　　　　　　140 000
4	记录收到分公司现金: 借:银行存款　　　　　　　80 000 　贷:分支机构往来　　　　　　80 000	记录向总公司支付现金: 借:总部往来　　　　　　　80 000 　贷:银行存款　　　　　　　　80 000
5	记录付款: 借:应付账款　　　　　　　480 000 　贷:银行存款　　　　　　　　480 000	记录付款: 借:应付账款　　　　　　　60 000 　贷:银行存款　　　　　　　　60 000
6	记录支付的销售费用: 借:销售费用　　　　　　　45 000 　贷:银行存款　　　　　　　　45 000 记录分摊给分公司的销售费用: 借:分支机构往来　　　　　　15 000 　贷:销售费用　　　　　　　　15 000	记录支付的销售费用: 借:销售费用　　　　　　　5 000 　贷:银行存款　　　　　　　　5 000 记录总公司分摊来的销售费用: 借:销售费用　　　　　　　15 000 　贷:总部往来　　　　　　　　15 000
7	记录计提的折旧费用: 借:销售费用　　　　　　　35 000 　贷:累计折旧　　　　　　　　35 000 记录分摊给分公司的折旧费用: 借:分支机构往来　　　　　　13 000 　贷:销售费用　　　　　　　　13 000	记录总公司分摊来的折旧费用: 借:销售费用　　　　　　　13 000 　贷:总部往来　　　　　　　　13 000

20×5 年 12 月 31 日,总公司存货为 90 000 元,分公司存货为 24 000 元,分公司存货中有 11 000 元是从总公司购入的,其余为从外界购入的。长江公司总公司及分公司主营业务成本计算如表 3-4 所示。

表 3-4 长江公司总公司及分公司主营业务成本计算表

单位:元

项　　目	总　公　司	分　公　司
期初存货(20×5年1月1日)	60 000	20 000
本期购入存货	400 000	100 000
发送分支机构商品	(50 000)	
总部发送商品		55 000
可供销售商品	410 000	175 000
期末存货(20×5年12月31日)	(90 000)	(24 000)
主营业务成本	320 000	151 000

第二步,编制联合财务报表抵销分录。总公司与分公司联合财务报表的抵销分录如下:

(1) 抵销包含在主营业务成本中的期初存货加价:

　　借:存货加价　　　　　　　　　　　　　　　　　　　　　　　　2 000
　　　　贷:主营业务成本　　　　　　　　　　　　　　　　　　　　　　2 000

(2) 抵销本年度发送分公司商品中包含的存货加价:

　　借:存货加价(55 000−55 000/110%)　　　　　　　　　　　　　　5 000
　　　　贷:主营业务成本　　　　　　　　　　　　　　　　　　　　　　5 000

(3) 抵销包含在分公司期末存货的加价:

　　借:主营业务成本　　　　　　　　　　　　　　　　　　　　　　　1 000
　　　　贷:存货(11 000−11 000/110%)　　　　　　　　　　　　　　　1 000

(4) 抵销"总部往来"与"分支机构往来"两个相对账户:

　　借:总部往来　　　　　　　　　　　　　　　　　　　　　　　　83 000
　　　　贷:分支机构往来　　　　　　　　　　　　　　　　　　　　　83 000

第三步,编制联合财务报表工作底稿。总公司及分公司联合财务报表工作底稿如表 3-5 所示。

表 3-5 长江公司总公司及分公司联合财务报表工作底稿

单位:元

| 项　目 | 总公司 | 分公司 | 调整分录 | | 利润表 | 资产负债表 |
			借方	贷方		
借方:						
货币资金	185 000	35 000				220 000
应收账款(净额)	170 000	120 000				290 000
存货	90 000	24 000		(3) 1 000		113 000

(续表)

项目	总公司	分公司	调整分录 借方	调整分录 贷方	利润表	资产负债表
固定资产(净额)	225 000	—				225 000
分支机构往来	83 000	—		(4) 83 000		0
主营业务成本	320 000	151 000	(3) 1 000	(1) 2 000 (2) 5 000	(465 000)	
销售费用	52 000	33 000			(85 000)	
借方合计	1 125 000	363 000				848 000
贷方:						
应付账款	108 000	68 000				176 000
其他负债	110 000	12 000				122 000
存货加价	7 000	—		(1) 2 000 (2) 5 000		0
总部往来	—	83 000	(4) 83 000			0
股本	200 000	—				200 000
未分配利润(期初)	100 000	—				100 000
主营业务收入	600 000	200 000			800 000	
贷方合计	1 125 000	363 000				
净利润					250 000	250 000
贷方合计						848 000

第四步,编制调整分录和结账分录。

(1) 分公司结账分录:

  借:主营业务收入   200 000
    贷:本年利润   200 000

  借:本年利润   184 000
    贷:主营业务成本   151 000
      销售费用   33 000

  借:本年利润   16 000
    贷:总部往来   16 000

(2) 总公司调整及结账分录:

调整分录:

  借:分支机构往来   16 000
    贷:分支机构利润   16 000

  借:存货加价   6 000
    贷:分支机构利润   6 000

结账分录：

借：主营业务收入　　　　　　　　　　　　　　　600 000
　　分支机构利润　　　　　　　　　　　　　　　 22 000
　贷：主营业务成本　　　　　　　　　　　　　　320 000
　　　销售费用　　　　　　　　　　　　　　　　 52 000
　　　未分配利润　　　　　　　　　　　　　　　250 000

第五步，编制总公司及分公司单独财务报表、联合财务报表，如表3-6所示。

表3-6　长江公司总公司及分公司单独财务报表、联合财务报表

单位：元

项　目	总　公　司	分　公　司	联合财务报表
资产负债表			
资产			
货币资金	185 000	35 000	220 000
应收账款（净额）	170 000	120 000	290 000
存货	90 000	24 000	113 000
固定资产（净额）	225 000	—	225 000
分支机构往来	99 000	—	—
资产合计	769 000	179 000	848 000
负债及所有者权益			
应付账款	108 000	68 000	176 000
其他负债	110 000	12 000	122 000
存货加价	1 000	—	—
总部往来	—	99 000	—
股本	200 000	—	200 000
未分配利润	350 000	—	350 000
负债和所有者权益合计	769 000	179 000	848 000
利润表			
主营业务收入	600 000	200 000	800 000
分支机构利润	22 000		
主营业务成本	320 000	151 000	465 000
销售费用	52 000	33 000	85 000
净利润	250 000	16 000	250 000

参　考　文　献

[1] 石本仁.高级财务会计[M].北京：中国人民大学出版社，2007.

[2] 储一昀.高级财务会计[M].上海:复旦大学出版社,2006.
[3] 陈信元.高级财务会计[M].上海:上海财经大学出版社,2009.

复习思考题

1. 什么是分散核算制度、集中核算制度？两者在核算方面有何区别？
2. 总部与分支机构之间的商品调拨可采用哪几种计价方法？各有什么优缺点？
3. 期末总部和分支机构的相对账户余额不符,其产生的原因是什么？
4. 在编制联合财务报表时,需要编制的抵销分录有哪些？

第四章 企业合并

本章提要

　　一家企业在其成长过程当中主要有两种方式,即"内部扩张"和"外部扩张"。一家公司是选择内部扩张还是外部扩张的方式会权衡多个因素。企业选择合并的原因是多维的。依据企业合并的分类标志不同,企业合并的具体方式可以区分不同的形式。从会计准则规定的角度进行分类,企业合并可以分为同一控制下企业合并和非同一控制下企业合并。同一控制下企业合并是指参与合并的企业在合并前后均受到相同的一方或多方控制且控制是非暂时性的。非同一控制下企业合并则是指同一控制下企业合并以外的合并。同一控制下企业合并的最大特点是视合并方合并被合并方的交易为企业为权益的整合,而不能看作是购买行为,因而,合并对价,被合并方的资产、负债都只能按账面价值计价。非同一控制下企业合并视购买方合并被购买方的交易为购买行为,因而,合并对价,被购买方的资产、负债都需要按公允价值计价。

第一节 企业合并的含义和原因

　　一家企业在其成长过程当中主要有"内部扩张"(internal expansion)和"外部扩张"(external expansion)两种成长方式。内部扩张方式主要是指企业通过在现有生产厂房基础上扩大生产能力或通过建造新厂房来扩大生产能力的方式。外部扩张方式则主要是指企业通过兼并或购置已建立的企业来扩大生产经营规模的方式。一家公司无论是选择内部扩张还是外部扩张的方式,每一种方式都还存在一系列可替代的路径。

　　就企业内部扩张方式而言,主要有三种路径:一是企业在现有市场内通过更新产品或产品式样或改进产品的技术特点即所谓的产品"差异化"(differentiation)来发展壮大企业。二是企业可以通过"纵向一体化"(vertical integration)来发展壮大。这种纵向一体化是指企业虽然占领同一产品市场,但是却生产处于不同生产阶段的产品。例如,一家汽车制造商可以选择生产自己的生产部件即"向后纵向一体化"(backward vertical integration),或选择自己生产的汽车产品即"向前纵向一体化"(forward vertical integration)。三是企业选择超越现有产品生产限制,进入新的产品生产市场来发展壮大。这就是所谓的"多角化"(diversification)经营概念。

　　就企业的外部扩张方式而言,也主要有类似的三种路径(但企业本身并没有创造生产设备):一是横向合并,即处于同行业且处于相同生产阶段的两家企业的合并。二是纵向合并,即处于同行业但处于不同生产阶段的企业之间的合并。这种合并也可以进一步分为"向前横向合并"和"向后横向合并"。三是综合合并,即处于完全不相关行业的企业之间的合并。本章内容主要涉及企业选择"外部扩张"方式,即企业合并方式。

一、企业合并的含义

在西方国家,常用诸如 merger, amalgamation, absorption, takeover and acquisition 等一系列词汇来描述两家或两家以上的企业结合到一起。我国也常用"资产重组""资本营运""企业合并"以及"并购"或"购并"等一系列词汇来进行描述。从中、西用词之多、之混乱状况也可窥见企业合并的复杂程度。一般来说,这些词汇都没有特定的法律含义,在绝大多数情况下可以混用。从会计学的角度来看,我们倾向于采用"企业合并"(business combination)这一词汇。

根据美国 APB Opinion No.16 对"企业合并"(business combination)的定义,企业合并系指"当一家公司与另一家或多家公司原为独立企业,结合在一起形成一个会计主体,继续执行从前各独立企业的经营活动"。我国《企业会计准则第 20 号——企业合并》则将企业合并定义为:"企业合并,是指将两个或者两个以上单独的企业合并形成一个报告主体的交易或事项。"

二、企业合并的原因

企业选择合并的原因是多维的。

(一)成长动因

如果一家公司决策者制定的公司目标是公司成长最大化,则公司很显然会选择并购的手段,因为选择并购方式比内部扩张方式的速度要快得多。并购不但使公司迅速获得新的生产能力,而且还会创造新的消费需求。而通过内部积累的方式获得相同的需求水平可能需要相当长的时间。

(二)经济规模动因

一旦一家公司成功地并购了另外一家公司,接下来的工作便是双方有效协作以便降低生产成本。这实际上是一个公司"再构过程"(rationalisation):重构公司以便剔除任何可能的重复活动和消除浪费。例如,两家公司合并后只需设立一家总部,原有的营销网络和零售网络也应进行有效的整合。

(三)垄断动因

一家公司出于垄断原因兼并另一家公司,很显然是为了减少竞争从而获得更大的市场权利和更多的利润。减少竞争可以使企业面临较小的需求弹性,从而能够制定远高于边际成本的价格。此外,公司获得的垄断权利将使得公司能够有效设置进入壁垒,从而进一步巩固垄断地位。

(四)增加市场价值动因

在企业并购过程当中,如果并购使被并公司的股票价值上涨,则对兼并公司和被兼并公司的股东来说都是有利的。如果兼并方和被并方双方的股东都认为可以获得资本利得,则他们倾向于鼓励合并。有趣的是,实证研究表明并购几乎不会产生资本利得。究其原因,可能是由于并购并没有像预期的那样减少成本所致。

(五)减少不确定性动因

一家公司在经营过程当中免不了会面临各种不确定性。这种不确定性可以分为两个层次。第一个层次来自公司自身的产品市场。由于竞争对手的行为具有高度不可预测性,通过并购这种形式可以减少竞争对手的数量,从而相应减少不确定性。与此同时,还可以减少竞争成本(即减少所需广告费用)。第二个层次来自外部宏观经济环境。国内和国际经济活动的波动会引起公司的销售收入上下波动,进而使公司利润上下波动。并购有助于保护公司防止来自外部环境如政府经济活动所引起的大范围波动。

(六) 随机性动因

学术界有一种理论认为,并购活动只不过是企业的一种随机性的活动行为。而这种机遇又不能预测。因此,企业间的并购活动在很大程度上是没有计划的,因而在本质上是不可预测的。一个动态的企业组织将会始终捕捉可能出现的稍纵即逝的并购新企业的机遇。

(七) 其他动因

由于企业并购活动本身的复杂性,对于企业并购的深层次动因也可以说是众说纷纭。除上列所述的动因外,理论界还列举了一些其他动因:①企业之所以并购其他企业是为了防止本身被其他企业并购;②企业之所以并购其他企业是为了防御遭到没有预期到的"企业掠夺者"的攻击(即所谓的"白色骑士"战术);③资产剥离,当一家企业发现另一家企业的价值被低估时,这家企业可能会兼并另一家企业,然后再将其进行分解,将可获利的部分出售,其余部分可能关闭;④帝国的建立,这是指部分所有者或经理之所以并购,其目的在于拥有或控制一些公司(特别是知名公司)可以获得某种权利或特权;⑤地区拓展,这种并购的动机是指企业为了拓展在世界各个不同地区布局的需要。

第二节 企业合并的方式

企业合并的方式可以依据不同的分类标志进行分类。通常可以按照经济业务范围、法律形式和会计准则规定等分类标志进行分类。

一、按照经济业务范围进行分类

依据企业合并所涉及的业务范围,企业合并可以分为横向合并、纵向合并和混合合并。

(1) 横向合并(也称水平合并,horizontal integration)。参与合并的双方或多方原来属于同一个行业,生产同类产品。

(2) 纵向合并(也称垂直合并,vertical integration)。参与合并的双方或多方之间有原料生产、供应和加工及销售的关系,分处于生产和流通过程的不同阶段。垂直合并是大企业全面控制原料、生产、销售的各个环节,建立垂直结合控制体系的基本手段。

(3) 混合合并(conglomeration)。同时发生水平合并和垂直合并,或者合并双方或多方是属于没有关联产业的企业。这种合并,常常发生在某个行业的企业试图进入利润率较高的另一个行业时,常与企业的多角化战略相联系。

二、按照法律形式进行分类

依据企业合并的法律形式,企业合并可以分为控股合并、吸收合并和新设合并。

(一) 控股合并

合并方(或购买方)在企业合并中取得对被合并方(或被购买方)的控制权,被合并方(或被购买方)在合并后仍然保持其独立的法人资格并持续经营,合并方(或购买方)确认企业合并形成的对被合并方(或被购买方)的投资。

(二) 吸收合并

合并方(或购买方)通过企业合并取得被合并方(或被购买方)的全部净资产,合并后注销被合并方(或被购买方)的法人资格,被合并方(或被购买方)原持有的资产、负债,在合并后成为合并方(或购买方)的资产、负债。

(三) 新设合并

参与合并的各方在合并后均注销法人资格,重新注册成立一家新的公司。

在吸收合并方式下,由于被合并的公司已不再存在,合并后实质上只存在一个单一的法律主体和会计主体,因而不涉及合并财务报表的编制问题。在新设合并方式下,由于合并后原来的企业都不复存在,新成立的企业实质上仍然是一个单一的法律主体和会计主体,因而也不涉及合并报表的编制问题。

只有在控股合并方式下,投资企业和被投资企业仍然保持原有的法人资格,各自从事生产经营活动,分别编制自身的财务报表。但由于他们存在特殊的控股关系,从经济意义上看,它们实质上已构成了一个报告主体,为了向财务报表使用者提供其决策所需的会计信息,依据实质重于形式原则,这时就有必要提供这个报告主体的财务状况和财务成果。也就是说,需要编制合并财务报表。

这三种不同形式的企业合并方式定义及区别如表 4-1 所示。

表 4-1　企业合并方式、定义及区别

企业合并方式	形　式	定义、区别
控股合并	A+B=A+B	被合并方在企业合并后仍维持其独立法人资格继续经营的,为控股合并
吸收合并	A+B=A	注销被合并方的法律资格,由合并方持有合并中取得的被合并方的资产、负债,在新的基础上继续经营,为吸收合并
新设合并	A+B=C	参与合并的各方在企业合并后法人资格均被注销,重新注册成立一家新的企业,持有参与合并各企业的资产、负债在新的基础上经营,为新设合并

注：A、B 和 C 代表企业。

三、按照会计准则规定进行分类

依据我国会计准则的规定,企业合并可以分为同一控制下的企业合并和非同一控制下的企业合并。企业合并的类型不同,相应的会计处理也存在差异。

(一) 同一控制下的企业合并

同一控制下的企业合并,是指参与合并的企业在合并前后均受同一方或相同的多方最终控制且该控制并非暂时性的。

判断某一企业合并是否属于同一控制下的企业合并,应当把握以下要点：①能够对参与合并各方在合并前后均实施最终控制的一方通常指企业集团的母公司。②能够对参与合并的企业在合并前后均实施最终控制的相同多方,是指根据合同或协议的约定,拥有最终决定参与合并企业的财务和经营政策,并从中获取利益的投资者群体。③实施控制的时间性要求,是指参与合并各方在合并前后较长时间内为最终控制方所控制。具体是指在企业合并之前(即合并日之前),参与合并各方在最终控制方的控制时间一般在 1 年以上(含 1 年),企业合并后所形成的报告主体在最终控制方的控制时间也应达到 1 年以上(含 1 年)。④企业之间的合并是否属于同一控制下的企业合并,应综合构成企业合并交易的各方面情况,按照实质重于形式的原则进行判断。通常情况下,同一控制下的企业合并是指发生在同一企业集团内部企业之间的合并。同受国家控制的企业之间发生的合并,不应仅仅因为参与合并各方在合并前后均受国家控制而将其作为同一控制下的企业合并。

（二）非同一控制下的企业合并

非同一控制下的企业合并,是指参与合并各方在合并前后不受同一方或相同的多方最终控制的合并交易,即同一控制下企业合并以外的其他企业合并。

企业合并还可以按照其他分类标志进行分类。

按照企业合并对价的支付方式进行划分,企业合并可分为现金收购和非现金收购。

按照企业合并资金来源进行划分,企业合并可分为杠杆收购和非杠杆收购。

第三节 同一控制下企业合并的会计处理

同一控制下企业合并的会计处理,是从合并方出发,确定合并方在合并日对于企业合并事项应进行的会计处理。同一控制下的企业合并,应视企业合并的法律形式不同,即区分控股合并、吸收合并和新设合并形式,进行会计处理。本教材主要就控股合并和吸收合并两种情况下的会计处理进行讨论。

一、同一控制下的控股合并

对于合并方来说,同一控制下企业控股合并主要面临四个方面的问题:一是合并方与合并日的确定;二是对于因该项合并形成的长期股权投资的确认与计量;三是企业合并过程中发生的相关费用的会计处理;四是合并日合并财务报表的编制(将在第五章详细讲解)。

(一) 合并方与合并日的确定

同一控制下企业合并,在合并日取得对其他参与合并企业控制权的一方为合并方,参与合并的其他企业为被合并方。合并日是指合并方实际取得对被合并方控制权的日期,即被合并方净资产或生产经营决策的控制权转移给合并方的日期。同时满足以下条件的,可认定为实现了控制权的转移:

（1）企业合并协议已获股东大会通过。

（2）企业合并事项需要经过国家有关部门实质性审批的,已取得有关主管部门的批准。

（3）参与合并各方已办理了必要的财产交接手续。

（4）合并方或购买方已支付了合并价款的大部分(一般应超过50％),并且有能力支付剩余款项。

（5）合并方或购买方实际上已经控制了被合并方或被购买方的财务和经营政策,并享有相应的利益及承担风险。

（二）长期股权投资的确认与计量

根据《企业会计准则第2号——长期股权投资》的规定,同一控制下的企业合并,合并方以支付现金、转让非现金资产或承担债务方式作为合并对价的,应当在合并日按照被合并方所有者权益在最终控制方合并财务报表中的账面价值的份额作为长期股权投资的初始投资成本。长期股权投资初始投资成本与支付的现金、转让的非现金资产以及所承担债务账面价值之间的差额,应当调整资本公积;资本公积不足冲减的,调整留存收益。

合并方以发行权益性证券作为合并对价的,应当在合并日按照被合并方所有者权益在最终控制方合并财务报表中的账面价值的份额作为长期股权投资的初始投资成本。按照发行股份的面值总额作为股本,长期股权投资初始投资成本与所发行股份面值总额之间的差额,应当调整资本公积;资本公积不足冲减的,调整留存收益。

(三) 企业合并过程中发生的相关费用的会计处理

根据《企业会计准则第 2 号——长期股权投资》的规定，合并方为企业合并发生的审计、法律服务、评估咨询等中介费用以及其他相关管理费用，应当于发生时计入当期损益。

根据《企业会计准则第 22 号——金融工具确认与计量》的有关规定，企业合并对价包含发行债券时，为企业合并发行的债券支付的手续费、佣金等，应当计入所发行债券及其他债务的初始计量金额。其中，债券如为折价发行的，该部分费用应该增加折价的金额；债券如为溢价发行的，该部分费用应减少溢价的金额。

根据《企业会计准则第 37 号——金融工具列报》的有关规定，企业合并对价包含发行权益性证券时，与发行权益性证券直接相关的费用，企业合并中发行权益性证券发生的手续费、佣金等费用，应当抵减权益性证券溢价收入，溢价收入不足冲减的，冲减留存收益。

(四) 会计处理特点

对于同一控制下的企业合并，可将其看作是两个或多个参与合并企业权益的重新整合，原因在于从最终控制方的角度来看，该类企业合并一定程度上并不会造成构成企业集团整体的经济利益流入和流出，最终控制方在合并前后实际控制的经济资源并没有发生变化。有关交易事项不能作为出售或购买来处理。

根据我国会计准则对同一控制下企业合并的定义以及会计实践，同一控制下企业合并的会计处理具有如下特点：

(1) 不产生新的资产和负债。从最终控制方角度来看，其在企业合并发生前后能够控制的净资产价值量并没有发生变化，因此参与合并各方将企业作为各合并企业股东权益的一种联合，而不视作购买行为。即便是在合并过程中，取得的净资产入账价值与支付的合并对价账面价值之间存在差额，同一控制下的企业合并中一般也不产生新的商誉因素，即不确认新的资产，不能按公允价值进行调整，因此，合并中既不产生新的资产和负债，也不形成商誉。但被合并方在企业合并前账面上原已确认的商誉应作为合并中取得的资产确认。

(2) 被合并方的资产、负债按原账面价值计价。同一控制下企业合并过程中合并方取得的资产和负债不改变其在被合并方原有的计价基础，因为最终控制方不会因合并交易或事项改变其所控制的资产、负债，因此，从最终控制方的角度来看，这种企业合并交易或事项原则上不会引起其控制的资产、负债的计价基础的变化。应注意的是，被合并方采用的会计政策与合并方不一致的，合并方在合并日应当按照本企业会计政策对被合并方资产、负债的账面价值进行调整，并以调整后的账面价值作为相关资产、负债的入账价值。

(3) 不确认合并过程中产生的损益。合并方取得的被合并方的资产、负债按原账面价值进行计量。合并方在合并中取得的净资产的入账价值相对于为进行企业合并支付的对价账面价值之间的差额，不作为资产的处置损益，不影响企业合并当期的利润表，有关差额应调整所有者权益相关项目。按合并差额调整合并方的所有者权益时，应先调整资本公积(资本溢价或股本溢价)，资本公积(资本溢价或股本溢价)的余额不足冲减的，应冲减留存收益。

(4) 被合并方合并前的留存收益列入合并财务报表。同一控制下企业合并过程中，合并方编制合并财务报表时，应当把合并后形成的报告主体看作自最终控制方开始控制时一直是一体化存续下来的，参与合并各方在合并以前期间实现的留存收益应体现为合并财务报表中的留存收益。在合并财务报表中，应以合并方的资本公积(或经合并时调整后的资本公积中的资本溢价部分)为限,在所有者权益内部进行调整,将被合并方在合并日以前实现的留存收益按照持股比例计算归属于合并方的部分自资本公积转入留存收益。

(五)会计处理举例

【例 4-1】 P 公司与 S 公司系同一集团 A 控制下企业,在合并前 P 公司、S 公司的资产和负债的账面价值及 S 公司资产和负债的公允价值如表 4-2 所示。20×9 年 12 月 31 日,P 公司向 S 公司的股东定向增发 140 000 万股普通股(每股面值 1 元,市价为 10 元)购买 S 公司 90% 股权。合并后,S 公司仍然维持其独立法人资格继续经营。P 公司用银行存款支付股票发行佣金 1 000 万元,支付审计、法律和评估中介费 2 000 万元。假定 P 公司、S 公司的会计政策相同。

表 4-2 P 公司、S 公司资产负债表(简表)

20×9 年 12 月 31 日   单位:万元

项　目	P 公司	S 公司	
	账面价值	账面价值	公允价值
银行存款	100 000	60 000	60 000
应收账款	200 000	140 000	130 000
存货	300 000	180 000	230 000
固定资产	1 000 000	550 000	850 000
无形资产——土地使用权	600 000	50 000	100 000
——专利技术	0	0	50 000
资产总计	2 200 000	980 000	1 420 000
应付账款	100 000	130 000	115 000
应付票据	100 000	40 000	45 000
短期借款	0	60 000	60 000
负债合计	200 000	230 000	220 000
股本	500 000	100 000	100 0000
资本公积	1 000 000	400 000	850 000 (400 000+450 000)
盈余公积	300 000	100 000	100 000
未分配利润	200 000	150 000	150 000
所有者权益合计	2 000 000	750 000	1 200 000
负债和所有者权益总计	2 200 000	980 000	1 420 000

由于 P 公司、S 公司合并前属于同一集团,因此,属于同一控制下企业合并。又由于合并方在合并后取得被合并方的控制权,且合并后被合并方仍持续经营,因此,该合并从法律形式上看属于控股合并。合并方为 P 公司,被合并方为 S 公司,合并日应为 20×9 年 12 月 31 日。

本例 P 公司作为合并方,长期股权投资的初始成本应以合并日被合并方所有者权益 750 000 万元的 90% 即 675 000 万元入账。同时,合并对价中的普通股股票按面值即 140 000 万元(140 000×1)作为股本入账,长期股权投资的初始成本与股本面值的差额计入资本公积 535 000 万元(675 000-140 000)。

20×9 年 12 月 31 日,P 公司记录这一合并分录为:(单位:万元)

借：长期股权投资	675 000	
贷：股本		140 000
资本公积		535 000

本例 P 公司作为合并方，为企业合并支付审计、法律和评估中介费 100 000 万元，应计入当期损益。

20×9 年 12 月 31 日，P 公司记录支付审计、法律和评估中介费分录为：(单位：万元)

借：管理费用	2 000	
贷：银行存款		2 000

本例 P 公司作为合并方，为进行合并发行了权益行证券即普通股股票，支付股票发行佣金 100 000 万元，应从股票发行溢价收入中冲减。

20×9 年 12 月 31 日，P 公司记录支付股票发行佣金分录为：(单位：万元)

借：资本公积	1 000	
贷：银行存款		1 000

【例 4-2】 沿用[例 4-1]的资料，假定：20×9 年 12 月 31 日，P 公司向 S 公司的股东定向增发 700 000 万股普通股(每股面值 1 元，市价为 10 元)购买 S 公司 90％股权。合并后，S 公司仍然维持其独立法人资格继续经营。其他条件不变。这种情况下的会计处理如下：

本例 P 公司作为合并方，长期股权投资的初始成本应以合并日被合并方所有者权益 750 000 万元的 90％即 675 000 万元入账。同时，合并对价中的普通股股票按面值即 700 000 万元(700 000×1)作为股本入账，股本面值与长期股权投资的初始成本的差额冲减资本公积 25 000 万元(700 000－675 000)。

20×9 年 12 月 31 日，P 公司记录这一合并分录为：(单位：万元)

借：长期股权投资	675 000	
资本公积	25 000	
贷：股本		700 000

本例 P 公司作为合并方，为企业合并支付审计、法律和评估中介费 100 000 万元，应计入当期损益。

20×9 年 12 月 31 日，P 公司记录支付审计、法律和评估中介费分录为：(单位：万元)

借：管理费用	2 000	
贷：银行存款		2 000

本例 P 公司作为合并方，为进行合并发行了权益行证券即普通股股票，支付股票发行佣金 100 000 万元，应从股票发行溢价收入中冲减。

20×9 年 12 月 31 日，P 公司记录支付股票发行佣金分录为：(单位：万元)

借：资本公积	1 000	
贷：银行存款		1 000

两种情况下的会计处理比较如表 4-3 所示。

表 4-3 两种情况下会计处理的比较

单位:万元

P 公司发行股票 140 000 万股	P 公司发行股票 700 000 万股
(1) 记录 P 公司合并 S 公司的交易: 借:长期股权投资　　　　　675 000 　贷:股本　　　　　　　　　140 000 　　　资本公积　　　　　　　535 000 长期股权投资的初始成本与股本面值的差额计入资本公积。	(1) 记录 P 公司合并 S 公司的交易: 借:长期股权投资　　　　　675 000 　　资本公积　　　　　　　　25 000 　贷:股本　　　　　　　　　700 000 股本面值与长期股权投资的初始成本的差额冲减资本公积。
(2) 记录支付合并相关费用: 借:管理费用　　　　　　　 2 000 　贷:银行存款　　　　　　　 2 000	(2) 记录支付合并相关费用: 借:管理费用　　　　　　　 2 000 　贷:银行存款　　　　　　　 2 000
(3) 支付发行股票的佣金: 借:资本公积　　　　　　　 1 000 　贷:银行存款　　　　　　　 1 000	(3) 支付发行股票的佣金: 借:资本公积　　　　　　　 1 000 　贷:银行存款　　　　　　　 1 000

二、同一控制下的吸收合并

同一控制下的吸收合并中,合并方主要涉及合并日取得被合并方资产、负债入账价值的确定,以及合并过程中取得的有关净资产的入账价值与支付的合并对价账面价值之间的差额的会计处理。

（一）合并日取得资产、负债入账价值的确定

合并方对同一控制下吸收合并中取得的资产、负债应当按照相关资产、负债在被合并方的原账面价值入账。其中,对于合并方与被合并方在企业合并前采用的会计政策不同的,在将被合并方的相关资产和负债并入合并方的账簿和报表进行核算之前,应基于重要性原则,统一被合并方的会计政策,即应当按照合并方的会计政策对被合并方的有关资产、负债的账面价值进行调整后,以调整后的账面价值确认。

（二）合并差额的处理

合并方在确认了合并中取得的被合并方的资产和负债的入账价值后,以发行权益性证券方式进行的该类合并,所确认的净资产入账价值与发行股份面值总额的差额,应记入"资本公积(资本溢价或股本溢价)"账户,资本公积(资本溢价或股本溢价)的余额不足冲减的,相应冲减盈余公积和未分配利润;以支付现金、非现金资产方式进行的该类合并,所确认的净资产入账价值与支付的现金、非现金资产账面价值的差额,相应调整资本公积(资本溢价或股本溢价),资本公积(资本溢价或股本溢价)的余额不足冲减的,应冲减盈余公积和未分配利润。

（三）合并方为进行企业合并发生的有关费用的处理

(1) 合并方为进行企业合并发生的各项直接相关费用,包括为进行企业合并而支付的审计费用、资产评估费用、法律咨询费用等,应当于发生时计入当期损益。

(2) 为企业合并发行的债券或承担其他债务支付的手续费、佣金等,应当计入所发行债券及其他债务的初始计量金额。企业合并中发行权益性证券发生的手续费、佣金等费用,应当抵减权益性证券溢价收入,溢价收入不足冲减的,冲减留存收益。

同一控制下吸收合并中,吸收方的个别财务报表不能调整前期比较数据,被吸收方

的财务状况和经营成果自合并完成日起纳入被吸收方个别财务报表。如果吸收方需编制合并报表的(包括因被吸收方原有的子公司在吸收合并后变为吸收方的子公司,因而会有需编制合并报表的情形),则在合并财务报表层面需按同一控制下合并的处理原则追溯调整前期比较数据。

(四) 会计处理举例

【例 4-3】 沿用[例 4-1]的资料,假定:P公司以吸收合并方式收购S公司;合并后,S公司注销(失去法人资格)。其他条件不变。这种情况下的会计处理如下:

20×9年12月31日,P公司记录这一合并分录为:(单位:万元)

借:银行存款	60 000
应收账款(净)	140 000
存货	180 000
固定资产(净)	550 000
无形资产——土地使用权	50 000
贷:应付账款	130 000
应付票据	40 000
短期借款	60 000
股本	140 000
资本公积	610 000

因合并对价为140 000万元(合并对价中的普通股股票按面值即140 000万元入账),S公司净资产的账面价值为750 000万元,两者的差额610 000万元调整资本公积。

20×9年12月31日,P公司记录支付审计、法律和评估中介费分录为:(单位:万元)

借:管理费用	2 000
贷:银行存款	2 000

本例P公司作为合并方,为进行合并发行了权益行证券即普通股股票,支付股票发行佣金100 000万元,应从股票发行溢价收入中冲减。

20×9年12月31日,P公司记录支付股票发行佣金分录为:(单位:万元)

借:资本公积	1 000
贷:银行存款	1 000

对于同一控制下的企业合并,在合并中不涉及自少数股东手中购买股权的情况下,合并方应遵循以下原则进行相关的处理:

(1) 合并方在合并中确认取得的被合并方的资产和负债仅限于被合并方账面上原已确认的资产和负债,合并中不产生新的资产和负债。

同一控制下的企业合并,从最终控制方的角度来看,其在企业合并发生前后能够控制的净资产价值量并没有发生变化,因此,即便是在合并过程中,取得的净资产入账价值与支付的合并对价账面价值之间存在差额,同一控制下的企业合并中一般也不产生新的商誉因素,即不确认新的资产,但被合并方在企业合并前账面上原已确认的商誉应作为合并中取得的资产确认。

(2) 合并方在合并中取得的被合并方各项资产和负债应维持其在被合并方的原账面价值不变。

被合并方在企业合并前采用的会计政策与合并方不一致的,应基于重要性原则,首先统一会计政策,即合并方应当按照本企业会计政策对被合并方资产和负债的账面价值进行调整,并以调整后的账面价值作为有关资产和负债的入账价值。进行上述调整的一个基本原因是将该项合并中涉及的合并方及被合并方作为一个整体对待,对于一个完整的会计主体,其对相关交易和事项应当采用相对统一的会计政策,在此基础上反映其财务状况和经营成果。

(3) 合并方在合并中取得的净资产的入账价值相对于为进行企业合并支付的对价账面价值之间的差额,不作为资产的处置损益,不影响企业合并当期的利润表,有关差额应调整所有者权益相关项目。

同一控制下的企业合并,本质上不作为购买,而是两个或多个会计主体权益的整合。合并方在企业合并中取得的价值量相对于所放弃价值量之间存在差额的,应当调整所有者权益。在根据合并差额调整合并方的所有者权益时,应首先调整资本公积(资本溢价或股本溢价),资本公积(资本溢价或股本溢价)的余额不足冲减的,应冲减留存收益。

(4) 对于同一控制下的控股合并,应视同合并后形成的报告主体自最终控制方开始实施控制时一直是一体化存续下来的,体现在其合并财务报表上,即由合并后形成的母子公司构成的报告主体,无论是其资产规模还是其经营成果都应持续计算。

编制合并财务报表时,无论该项合并发生在报告期的哪一时点,合并利润表、合并现金流量表均反映的是由母公司构成的报告主体自合并当期期初至合并日实现的损益及现金流量情况,相对应地,合并资产负债表的留存收益项目,应当反映母公司如果一直作为一个整体运行至合并日应实现的盈余公积和未分配利润的情况。

对于同一控制下的控股合并,在合并当期编制合并财务报表时,应当对合并资产负债表的期初数进行调整,同时应当对比较报表的相关项目进行调整,视同合并后的报告主体在以前期间一直存在。

第四节 非同一控制下企业合并的会计处理

我国会计准则规定,非同一控制下的企业合并,是指参与合并各方在合并前后不受同一方或相同的多方最终控制的合并交易,即同一控制下企业合并以外的其他企业合并。非同一控制下的企业合并的会计处理方法,与购买法相似(第七章将详细介绍购买法)。

非同一控制下企业合并主要面临四个方面的问题:购买方与被购买方的认定和购买的确定;合并成本的确定;企业合并过程中发生的相关费用的会计处理;合并日合并财务报表的编制(将在第五章详细讲解)。

一、购买方认定

购买方是取得对另一方或多方控制权的一方。通常以所有权方式实现控制,即一方拥有另一方超过半数以上表决权资本。表决权资本是指具有投票权的资本。

当一方拥有另一方表决权资本的比例不超过半数以上时,通过所拥有的表决权资本和其他方式达到控制。这是根据"实质重于形式"的原则确定的,主要有以下几种情况:

(1) 通过与被投资单位其他投资者之间的协议,拥有被投资单位半数以上的表决权。

(2) 根据公司章程或协议,有权决定被投资单位的财务和经营政策。

(3) 有权任免被投资单位的董事会或类似机构的多数成员。
(4) 在被投资单位的董事会或类似机构占多数表决权。

二、购买日的确定

购买日是指购买方实际取得对被购买方控制权的日期。购买日的确定，应同时满足以下条件：

(1) 企业合并协议已获股东大会通过。
(2) 企业合并事项需要经过国家有关部门实质性审批的，已取得有关主管部门的批准。
(3) 参与合并各方已办理了必要的财产交接手续。
(4) 合并方或购买方已支付了合并价款的大部分（一般应超过50%），并且有能力支付剩余款项。
(5) 合并方或购买方实际上已经控制了被合并方或被购买方的财务和经营政策，并享有相应的利益及承担风险。

三、合并成本的确定

（一）企业应区分合并完成情况确定合并成本

1. 一次交换交易完成的企业合并

这种情况下企业合并成本为购买方在购买日为取得购买方的控制权而付出的资产、发生或承担的负债以及发行的权益性证券的公允价值。

2. 多次交换交易分步实现的企业合并

通过多次交换交易，分步取得股权最终形成企业合并的，企业合并成本为每一单项交换交易的成本之和。其中，达到企业合并前对持有的长期股权投资采用成本法核算的，长期股权投资在购买日的成本应为原账面余额加上购买日为取得进一步的股份新支付对价的公允价值之和；达到企业合并前对长期股权投资采用权益法等方法核算的，购买日应对权益法下长期股权投资的账面余额进行调整，将有关长期股权投资的账面余额调整至最初取得成本，在此基础上加上购买日新支付对价的公允价值作为购买日长期股权投资的成本。

（二）企业应区分合并对价支付方式的影响

购买方在购买日对作为企业合并对价付出的资产、发生或承担的负债应当按照公允价值计量，公允价值与其账面价值的差额，计入当期损益。

（三）企业应将合并成本在取得的可辨认资产和负债之间进行分配

企业应将合并成本在取得的可辨认资产和负债之间进行分配，然后视企业合并法律形式不同而区别对待：如果是控股合并，购买方应在其个别财务报表确认对被购买方的长期股权投资，该长期股权投资所代表的是购买方在企业合并过程中所取得的被购买方各项资产、负债享有的份额，具体体现在合并财务报表中应列示的有关资产、负债；如果是吸收合并，购买方在企业合并过程中取得的被购买方各项可辨认资产、负债等直接记录在购买方的账簿里，并体现为购买方个别财务报表的资产、负债项目。

(1) 购买方在企业合并中取得的被购买方各项可辨认资产和负债的确认：如果是控股合并，要作为合并财务报表中的资产、负债确认；如果是吸收合并，要作为本企业的资产、负债进行确认。在购买日，应当满足资产、负债的确认条件。有关的确认条件包括：

第一，合并中取得的被购买方的各项资产（无形资产除外），其所带来的未来经济利益预期能够流入企业且公允价值能够可靠计量的，应单独作为资产确认。

第二,合并中取得的被购买方的各项负债(或有负债除外),履行有关的义务预期会导致经济利益流出企业且公允价值能够可靠计量的,应单独作为负债确认。

(2)购买方在企业合并中取得的无形资产的确认:购买方在对企业合并过程中取得的被购买方资产进行初始确认时,应当对被购买方拥有的但在其财务报表中未确认的无形资产进行充分辨认和合理判断,满足下列条件之一的,应确认为无形资产:

第一,源于合同性权利或其他法定权利。

第二,能够从被购买方中分离或者划分出来,并能单独或与相关合同、资产和负债一起,用于出售、转移、授予许可、租赁等。

(3)购买方在企业合并时可能需要代被购买方承担的或有负债,在其公允价值能够可靠计量的情况下,应作为合并中取得的负债单独确认。

(4)企业合并中取得的资产、负债在满足确认条件后,应以其公允价值计量。

(四)企业应处理合并成本与取得的被购买方可辨认净资产公允价值份额差额

购买方对于合并成本与确认的可辨认净资产公允价值份额的差额,应视情况分别处理:

(1)企业合并成本大于合并中取得的被购买方可辨认净资产公允价值份额的差额应确认为商誉。视企业合并方式的不同,控股合并的情况下,该差额是指在合并财务报表中应予列示的商誉,即长期股权投资的成本与购买日按照持股比例计算确定应享有被购买方可辨认净资产公允价值份额之间的差额;吸收合并的情况下,该差额是购买方在其账簿及个别财务报表中应确认的商誉。

商誉代表的是合并中取得的由于不符合确认条件未予确认的资产,以及被购买方有关资产产生的协同效应或合并盈利能力。

商誉在确认以后,持有期间不要求摊销,企业应当按照《企业会计准则第8号——资产减值》的规定对其价值进行测试,按照账面价值与可收回金额孰低的原则计量,对于可收回金额低于账面价值的部分,计提减值准备,有关减值准备在提取以后,不能够转回。

(2)企业合并成本小于合并中取得的被购买方可辨认净资产公允价值份额的部分,视合并方式的不同,控股合并的情况下,该差额应体现在合并当期的合并利润表中,不影响购买方的个别利润表。该种情况下,购买方首先要对合并中取得的资产、负债的公允价值,作为合并对价的非现金资产或发行的权益性证券等的公允价值进行复核,如果复核结果表明所确定的各项资产和负债的公允价值确定是恰当的,应将企业合并成本低于取得的被购买方可辨认净资产公允价值份额之间的差额,计入合并当期的营业外收入,并在会计报表附注中予以说明。

在吸收合并的情况下,与商誉的确认相同,上述企业合并成本小于合并中取得的被购买方可辨认净资产公允价值份额的差额,应计入购买方的合并当期的个别利润表。

四、合并过程中发生的相关费用的会计处理

根据《企业会计准则第2号——长期股权投资》的规定,购买方为企业合并发生的审计、法律服务、评估咨询等中介费用以及其他相关管理费用,应当于发生时计入当期损益。根据《企业会计准则第37号——金融工具列报》的有关规定,企业合并对价包含发行权益性证券时,与发行权益性证券直接相关的费用,企业合并中发行权益性证券发生的手续费、佣金等费用,应当抵减权益性证券溢价收入,溢价收入不足冲减的,冲减留存收益。企业合并对价包含发行债券或承担其他债务时,为企业合并发行的债券或承担其他债务支付的手续费、佣金等,应当计入所发行债券及其他债务的初始计量金额。

无论是同一控制下企业合并还是非同一控制下企业合并,企业合并过程中发生的与企业合并直接相关的费用,包括为进行合并而发生的审计费用、法律服务费用、资产评估及咨询费用等,都直接计入当期损益。应特别注意的是,企业合并过程中发生的各项直接相关费用,不包括与为进行企业合并发行的权益性证券或发行的债务相关的手续费、佣金等,该部分费用应抵减权益性证券的溢价发行收入或是计入发行债券的初始计量金额。

五、会计处理举例

(一) 非同一控制下控股合并

【例 4-4】 沿用[例 4-1]的资料,假定:P 公司、S 公司不属于同一集团控制,且并购前无关联关系。其他条件不变。这种情况下的会计处理如下:

由于 P 公司、S 公司并购前不属于同一集团控制且无关联关系,因此,属于非同一控制下企业合并。又由于购买方在合并后取得被购买方的控制权,且被购买方仍持续经营,因此,该合并从法律形式上看属于控股合并。购买方为 P 公司,被购买方为 S 公司,购买日应为 20×9 年 12 月 31 日。

本例 P 公司作为购买方,长期股权投资的初始成本应以购买日合并对价的公允价值即普通股股数乘以每股市价,等于 1 400 000 万元(140 000×10)入账,股本按面值入账 140 000 万元(140 000×1),长期股权投资的初始成本与股本面值的差额计入资本公积 1 260 000 万元(1 400 000-140 000)。

20×9 年 12 月 31 日,P 公司记录这一合并分录为:(单位:万元)

借:长期股权投资　　　　　　　　　　　　　　　　　　　　1 400 000
　贷:股本　　　　　　　　　　　　　　　　　　　　　　　　　140 000
　　　资本公积　　　　　　　　　　　　　　　　　　　　　　1 260 000

本例 P 公司作为购买方,为企业合并支付审计、法律和评估中介费 100 000 万元,应计入当期损益。

20×9 年 12 月 31 日,P 公司记录支付审计、法律和评估中介费分录为:(单位:万元)

借:管理费用　　　　　　　　　　　　　　　　　　　　　　　　2 000
　贷:银行存款　　　　　　　　　　　　　　　　　　　　　　　　2 000

本例 P 公司作为购买方,为进行合并发行了权益行证券即普通股股票,支付股票发行佣金 100 000 万元,应从股票发行溢价收入中冲减。

20×9 年 12 月 31 日,P 公司记录支付股票发行佣金分录为:(单位:万元)

借:资本公积　　　　　　　　　　　　　　　　　　　　　　　　1 000
　贷:银行存款　　　　　　　　　　　　　　　　　　　　　　　　1 000

(二) 非同一控制下吸收合并

【例 4-5】 沿用[例 4-1]的资料,假定:P 公司、S 公司不属于同一集团控制,且并购前无关联关系。其他条件不变。这种情况下的会计处理如下:

20×9 年 12 月 31 日,P 公司记录这一合并分录为:(单位:万元)

借：银行存款	60 000
应收账款（净）	130 000
存货	230 000
固定资产（净）	850 000
无形资产——土地使用权	100 000
无形资产——专利权	50 000
商誉	200 000
贷：应付账款	115 000
应付票据	45 000
短期借款	60 000
股本	140 000
资本公积	1 260 000

因合并对价为 1 400 000 万元，S 公司净资产的账面价值为 750 000 万元，但公允价值为 1 200 000 万元，合并对价与 S 公司净资产的公允价值两者的差额 200 000 万元作为商誉确认。因合并对价中的普通股股票按面值即 140 000 万元入账，贷方差额调整资本公积。

20×9 年 12 月 31 日，P 公司记录支付审计、法律和评估中介费分录为：(单位：万元)

借：管理费用	2 000
贷：银行存款	2 000

本例 P 公司作为购买方，为进行合并发行了权益行证券即普通股股票，支付股票发行佣金 1 000 万元，应从股票发行溢价收入中冲减。

20×9 年 12 月 31 日，P 公司记录支付股票发行佣金分录为：(单位：万元)

借：资本公积	1 000
贷：银行存款	1 000

【例 4-6】 沿用[例 4-1]的资料，假定：P 公司、S 公司不属于同一集团控制，且并购前无关联关系；20×9 年 12 月 31 日，P 公司向 S 公司的股东定向增发 110 000 万股普通股（每股面值 1 元，市价为 10 元）购买 S 公司 100%股权；P 公司以吸收合并方式收购 S 公司，且合并后 S 公司注销（失去法人资格）。其他条件不变。这种情况下的会计处理如下：

20×9 年 12 月 31 日，P 公司记录这一合并分录为：(单位：万元)

借：银行存款	60 000
应收账款（净）	130 000
存货	230 000
固定资产（净）	850 000
无形资产——土地使用权	100 000
无形资产——专利权	50 000
贷：应付账款	115 000
应付票据	45 000
短期借款	60 000
股本	110 000
资本公积	990 000
营业外收入	100 000

因合并对价为 1 100 000 万元，S 公司净资产的账面价值为 750 000 万元，但公允价值为 1 200 000 万元，S 公司净资产的公允价值与合并对价两者的差额 100 000 万元作为营业外收入确认。因合并对价中的普通股股票按面值即 110 000 万元入账，贷方差额调整资本公积。

20×9 年 12 月 31 日，P 公司记录支付审计、法律和评估中介费分录为：（单位：万元）

  借：管理费用   2 000
   贷：银行存款   2 000

本例 P 公司作为购买方，为进行合并发行了权益行证券即普通股股票，支付股票发行佣金 1 000 万元，应从股票发行溢价收入中冲减。

20×9 年 12 月 31 日，P 公司记录支付股票发行佣金分录为：（单位：万元）

  借：资本公积   1 000
   贷：银行存款   1 000

应特别指出的是，对于购买方（P 公司）来说，非同一控制下控股合并，合并成本是以付出合并对价的公允价值作为长期股权的初始成本入账，而合并成本与被购买方（S 公司）净资产的公允价值份额的差额，会出现三种情况：合并成本大于、等于和小于取得的被购买方可辨认净资产公允价值的份额。

非同一控制下控股合并，由于会计准则规定购买方采用成本法核算长期股权投资，因此，无论合并成本大于、等于还是小于取得的被购买方可辨认净资产公允价值的份额，都不需要调整长期股权投资的初始成本。但购买方采用合并工作底稿在编制合并财务报表时需要考虑上述三种不同情况进行会计处理（相应会计处理将在第五章中详细讲解）。

非同一控制下吸收合并，需要在购买日就考虑上述三种情况：合并成本大于取得的被购买方可辨认净资产公允价值时，购买方应将差额确认为商誉；合并成本小于取得的被购买方可辨认净资产公允价值时，购买方应将差额计入当期损益即确认为营业外收入。

六、反向购买

非同一控制下的企业合并，以发行权益性证券交换股权的方式进行的，通常发行权益性证券的一方为收购方。

但某些企业合并中，发行权益性证券的一方因其生产经营决策在合并后被参与合并的另一方所控制的，发行权益性证券的一方虽然为法律上的母公司，但其为会计上的被收购方，该类企业合并通常称为反向购买。

参 考 文 献

  [1] 企业会计准则编审委员会.企业会计准则[M].上海：立信会计出版社，2015.
  [2] FLOYD A BEAMS，JOSEPH H ANTHONY，BRUCE BETTINGHAUS，et al. Advanced Accounting[M]. 11th ed. New Jersey，United State：Pearson Prentice Hall. 2012.
  [3] 中国注册会计师协会.会计[M].北京：中国财政经济出版社，2016.
  [4] 耿建新，戴德明.高级会计学[M].6 版.北京：中国人民大学出版社，2014.

复 习 思 考 题

1. 简述企业合并的原因。

2. 简述同一控制下企业合并与非同一控制企业合并会计处理的异同。

业 务 题

1. 20×7年6月30日，P公司为合并支付了银行存款400 000元，并发行面值为1元、市价为20元的普通股50 000股作为对价。P公司为发行股票支付佣金等相关费用50 000元。此外，P公司为合并支付审计、法律和评估中介等相关费用100 000元。P公司与S公司资料如表4-4所示。

表4-4 P公司、S公司资产负债表（简表）

20×7年6月30日　　　　　　　　　　　　　　　　　　单位：元

项　目	P公司	S公司	
	账面价值	账面价值	公允价值
银行存款	100 000	60 000	60 000
应收账款	200 000	140 000	130 000
存货	300 000	180 000	230 000
固定资产	1 000 000	550 000	850 000
无形资产	600 000	50 000	150 000
资产合计	2 200 000	980 000	1 420 000
应付账款	100 000	60 000	60 000
应付票据	100 000	170 000	160 000
负债合计	200 000	230 000	220 000
股本	500 000	100 000	
资本公积	1 000 000	400 000	
盈余公积	300 000	100 000	
未分配利润	200 000	150 000	
所有者权益合计	2 000 000	750 000	1 200 000
负债和所有者权益合计	2 200 000	980 000	1 420 000

要求：

(1) 假定P公司与S公司在合并前属同一集团，请编写P公司购买S公司80%股权的会计分录。

(2) 假定P公司与S公司在合并前属同一集团，请编写P公司吸收合并S公司的会计分录。

(3) 假定P公司与S公司在并购前无关联关系，请编写P公司购买S公司80%股权的会计分录。

(4) 假定P公司与S公司在并购前无关联关系，请编写P公司吸收合并S公司的会计分录。

2. G与H分别持有A公司股权的65%与35%。S公司（上市公司）与A公司的股东G与H签订协议，条款如下：

(1) S公司向G与H发行股份取得A公司全部股份。

(2) A公司原股东G获得S公司新发行股份,成为S公司的第1大股东,占总股份40%;H占S公司总股权的30%。

(3) A公司的总经理与财务总监担任S公司相应的职位。

(4) S公司净资产的公允价值为1亿元,A公司净资产公允价值为3亿元。

要求:请指出该交易的购买方,并说明判断依据。

第五章 购并日的合并财务报表

本 章 提 要

合并财务报表包括合并资产负债表、合并利润表、合并现金流量表与合并所有者权益变动表以及附注五个部分。与个别财务报表相比,合并财务报表反映的对象通常是由若干个法人组成的会计主体,是经济意义上的主体,而不是法律意义上的主体。

合并财务报表反映的是企业集团的财务状况、经营成果与现金流量,这有助于避免一些母公司利用控制关系,人为地粉饰财务报表的情况发生。但是合并财务报表并没有分配税后利润的功能,不能反映债权人对企业的债权清偿权,也不能成为企业纳税的依据。

合并财务报表的合并范围应当以控制为基础加以确定。在判断两个公司之间是否存在控制关系时,不仅要考虑其持股情况,更应该考虑投资单位拥有被投资单位的表决权情况。

与个别报表的编制不同,合并财务报表一般基于母子公司的个别报表,通过在合并工作底稿中汇总母子公司报表,然后抵销或调整母子公司之间内部交易事项的影响编制而成。对于子公司所采用的会计政策与母公司不一致的和子公司的会计期间与母公司不一致的,也应当在合并底稿中通过编制调整分录予以调整。在编制合并财务报表时,对子公司的长期股权投资调整为权益法,也需要在合并工作底稿中通过编制调整分录予以调整,而不改变母公司"长期股权投资"账簿记录。

根据对合并财务报表的编制目的以及少数股东权益、商誉的性质与计量的认识的不同,合并理论主要可分为母公司理论与经济实体理论两类。我国合并财务报表编制主要采用经济实体理论,但是也掺杂了母公司理论中的一些做法。

在非同一控制下购并日中,仅需要编制合并资产负债表,不需要编制合并利润表与合并现金流量表。而在同一控制下购并日中,我们把企业集团视同在期初一直存在,因此不仅需要编制合并资产负债表,而且需要编制合并利润表与合并现金流量表。

第一节 合并财务报表概述

合并财务报表是指反映母公司和其全部子公司形成的企业集团整体财务状况、经营成果和现金流量的财务报表。它包括合并资产负债表、合并利润表、合并现金流量表与合并所有者权益变动表以及附注五个部分。

与个别财务报表相比,合并财务报表反映的对象通常是由若干个法人组成的会计主体,是经济意义上的主体,而不是法律意义上的主体。合并报表的编制者或编制主体是母公司。合并财务报表以纳入合并范围的企业个别财务报表为基础,根据其他相关资料,按照权益法调整对子公司的长期股权投资后,抵销母公司与子公司、子公司相互之间发生的内部交易对合并报表的影响编制,并不需要在现行会计核算方法体系之外,单独设置一套账簿体系。

一、合并财务报表的必要性及其局限性

当一家公司能够决定另一家公司的经营政策与财务政策时,控股公司的管理层不仅控制其自身的经济资源,而且还控制子公司的经济资源,就需要编制合并财务报表。其中合并资产负债表就是要反映控股公司管理层所控制的经济资源,即资产和负债;同时通过编制合并利润表,可以反映所控制的经济资源实现的经营成果,即收入和费用。

当存在母子公司关系时,法律上彼此独立的两个或两个以上企业在经济上已成为一体,母公司的股东及其利益相关者需要了解以母公司为主的整个企业集团的经营情况,来对母公司管理层进行有效评价,以便他们作出更好的投资、融资等经济决策。编制合并财务报表的目的就是向这些利益相关者反映企业集团的财务状况、经营成果与现金流量。通常认为,编制合并财务报表,主要服务于母公司的股东和债权人。

合并财务报表的会计主体是能被母公司管理部门所控制的全部经营单位,这一主体称为合并主体,它强调的是经济实体而不是法律实体。在这里,两个或两个以上的有控股和被控股关系的企业被视为一个主体。合并财务报表所反映的信息必须抵销企业集团内部的业务影响,即只反映合并主体对外界交易的经营成果、财务状况和现金流量情况。这样合并财务报表有助于避免一些母公司利用控制关系,人为地粉饰财务报表的情况发生。

与个别报表不同的是,合并财务报表的会计主体是企业集团,而企业集团不是独立的法人,因而合并财务报表仅仅具有提供企业集团整体财务状况、经营成果和现金流量的功能,没有利润分配的功能,至少没有分配税后利润的功能。母公司和子公司的债权人对企业的债权清偿权通常是针对独立的法律主体,而不是针对经济实体。例如,母公司的债权人的债权要求只能以母公司的资产为限得以清偿,不能直接向子公司去索取,由于母公司对子公司债务的有限责任,子公司的债权人的债权要求也仅仅局限于子公司的资产,而不能追溯到合并财务报表中列示的总资产。合并财务报表中的数据实际上是母公司和各子公司的混合数,并不能反映每个法律实体的长、短期偿债能力,因而不能满足各公司债权人的信息要求。此外,合并财务报表并不能为股东预测和评价母公司和所有子公司将来的股利分派提供依据。股利分派取决于每个企业的留存收益、各个企业的资产构成、对股利分派的法律限制,以及企业将来的财务状况。所以,合并资产负债表中存在大量的合并留存利润以及较强的现金流转能力,并不保证纳入合并财务报表中的每个公司能够分派股利。同样,母、子公司在法律上是独立的,子公司所实现的净利润在股利分派之前,并不能在实际上为母公司所用。

二、合并财务报表的合并范围

合并财务报表的合并范围应当以控制为基础加以确定。

(一)控制的概念

控制,是指投资方拥有对被投资方的权力,通过参与被投资方的相关活动而享有可变回报,并且有能力运用对被投资方的权力影响其回报金额。

上述控制的定义包含三项基本要素:一是投资方拥有对被投资方的权力;二是因参与

被投资方的相关活动而享有可变回报;三是有能力运用对被投资方的权力影响其回报金额。在判断投资方是否能够控制被投资方时,当且仅当投资方具备上述三要素时,才能表明投资方能够控制被投资方。

1. 投资方拥有对被投资方的权力

投资方拥有对被投资方的权力是判断控制的第一要素,这要求投资方需要识别被投资方并评估其设立目的和设计、识别被投资方的相关活动及其对相关活动进行决策的机制、确定被投资方的相关活动及其对相关活动进行决策的机制、确定投资方及涉入被投资方的其他方拥有的与被投资方相关的权力等,以确定投资方当前是否有能力主导被投资方的相关活动。

1) 评估被投资方的设立目的和设计

在判断投资方对被投资方是否拥有权力时,首先要考虑被投资方的设立目的和设计,这也有助于识别被投资方的哪些活动是相关活动、相关活动的决策机制、被投资方相关活动的主导方,以及涉入被投资方的哪一方能从相关活动中取得可变回报。

一般而言,投资方对被投资方的控制是通过持有其一定比例表决权或是潜在表决权来实现的。但是当表决权仅与被投资方的日常行政管理活动有关,不能作为判断被控制方的决定性因素,被投资方的相关活动可能由其他合同安排规定时,投资方应结合被投资方设计产生的风险和收益、被投资方转移给其他投资方的风险与收益,以及投资方面临的风险和收益等一并判断是否控制被投资方。

根据被投资方的设立目的,投资可分为财务性投资与战略性投资。前者主要通过获得被投资方的股利分配或股份转让来获取投资收益,不直接参与被投资方的经营活动与战略决策;而后者通过直接参与或主导被投资方的经营活动与战略决策,形成战略、经营、财务与管理等方面的协同效应,最终实现企业的价值最大化。因此,财务性投资者通常不具有控制权。

2) 识别被投资方的相关活动及其决策机制

被投资方为经营目的而从事众多活动,但这些活动并非都是相关活动,相关活动是会对被投资方的回报产生重大影响的活动。

识别被投资方相关活动的目的是确定投资方对被投资方是否拥有权力。不同企业的相关活动可能是不同的,应当根据企业的行业特征、业务特点、发展阶段、市场环境等具体情况来进行判断,这些活动通常包括商品或劳务的销售和购买、金融资产的管理、资产的购买和处置、研究与开发活动以及融资活动等。

投资方是否拥有权力,不仅取决于被投资方的相关活动,还取决于对相关活动进行决策的方式,例如,对被投资方的经营、融资、预算等活动作出决策的方式,任命被投资方的关键管理人员、给付薪酬及终止劳动合同关系的决策方式等。相关活动一般由企业章程、协议中约定的权力机构(如股东会、董事会)来决策。

两个或两个以上投资方分别享有能够单方面主导被投资方不同相关活动的现时权利的,能够主导对被投资方回报产生最重大影响的活动的一方拥有对被投资方的权力,此时通常需考虑的因素包括:①被投资方的设计目的和设计;②影响被投资方利润率、收入和企业价值的决定因素;③每一投资方有关上述因素决策职权范围及其对被投资方回报的影响程度;④投资方承担可变回报风险的大小。

3) 确定投资方拥有的与被投资方相关的权力

投资方享有现时权利使其目前有能力主导被投资方的相关活动,而不论其是否实际行使该权利,视为投资方拥有对被投资方的权力。

确定投资方拥有的与被投资方相关的权利性质,应考虑其是实质性权利,还是保护性权利。

实质性权利,是指持有人在对相关活动进行决策时有实际能力行使的可执行权利。判断一项权利是否为实质性权利,应当综合考虑所有相关因素,包括权利持有人行使该项权利是否存在财务、价格、条款、机制、信息、运营、法律法规等方面的障碍;当权利由多方持有或者行权需要多方同意时,是否存在实际可行的机制使得这些权利持有人在其愿意的情况下能够一致行权;权利持有人能否从行权中获利等。

与实质性权利相对的是保护性权利。保护性权利,是指仅为了保护权利持有人利益却没有赋予持有人对相关活动决策权的一项权利。保护性权利通常只能在被投资方发生根本性改变或某些例外情况发生时才能够行使,它既没有赋予其持有人对被投资方拥有权力,也不能阻止其他方对被投资方拥有权力,如贷款方限制借款方从事损害贷款方权利的活动的权利,以及贷款方在借款方发生违约行为时扣押其资产的权利。

投资方在判断是否拥有对被投资方的权力时,应当仅考虑与被投资方相关的实质性权利,包括自身所享有的实质性权利以及其他方所享有的实质性权利。仅享有保护性权利的投资方不拥有对被投资方的权力。

2. 因参与被投资方的相关活动而享有可变回报

投资方自被投资方取得的回报可能会随着被投资方业绩而变动的,视为享有可变回报。投资方应当基于合同安排的实质而非回报的法律形式对回报的可变性进行评价。如投资方管理被投资方资产获得的固定管理费也属于可变回报,因为管理者是否能获得此回报依赖于被投资方是否能够产生足够的收益支付该固定管理费。

可变回报的例子包括股利、被投资方经济利益的其他分配、被投资方的投资价值的变动、实现规模经济、节约成本等。

3. 有能力运用对被投资方的权力影响其回报金额

只有当投资方不仅拥有对被投资方的权力、通过参与被投资方的相关活动而享有可变回报,并且有能力运用被投资方的权力来影响其回报的金额时,投资方才控制被投资方。

投资方在判断是否控制被投资方时,应当确定其自身是以主要责任人还是代理人的身份行使决策权,在其他方拥有决策权的情况下,还需要确定其他方是否以其代理人的身份代为行使决策权。

代理人是相对于主要责任人而言的,代表主要责任人行动服务于该主要责任人的利益。代理人仅代表主要责任人行使决策权,不控制被投资方。投资方将被投资方相关活动的决策权委托给代理人的,应当将该决策权视为自身直接持有。

决策者在确定其是否为代理人时,应综合考虑决策者与被投资方以及其他方之间的关系,尤其需要考虑以下四项:

(1) 决策者对被投资方的决策范围。如果决策者参与被投资方设计的程度较深(包括确定决策权范围),则可能表明决策者有机会,也有动机获得使其有能力主导相关活动的权利。允许决策者(如资产管理人)主导被投资方相关活动的决策权范围越广,越能表明决策者拥有权力,但并不意味着该决策者一定是主要责任人。

(2) 其他方享有的实质性权利。存在单独一方拥有实质性罢免权并能够无理由罢免决策者的事实,足以表明决策者是代理人。当拥有此权利者超过一方,且不存在未经其他方同意即可罢免决策者的一方时,这些权利本身不足以表明决策者为其他方的代理人。在罢免决策者时需要联合起来行使罢免权的各方的数量越多,决策者的其他经济利益(薪酬和其他利益)的比重和可变性越强,则其他方持有的权利在判断决策者是否代理人时的权重就越轻。在考虑其他方持有的权利时,应评估被投资方董事会(或其他权力机构)可行使的权利及其对决策权的影响。

(3)决策者的薪酬水平。相对于被投资方活动的预期回报,决策者薪酬的比重(量级)和可变动性越大,决策者越有可能不是代理人。当同时满足下列两项时,决策者有可能是代理人:一是决策者的薪酬与其所提供的服务相称;二是薪酬协议仅包括在公平交易基础上有关类似服务和技能水平商定的安排中常见的条款、条件或金额。决策者不能同时满足上述两个条件的,不可能是代理人。

(4)决策者因持有被投资方的其他利益而承担可变回报的风险。持有被投资方其他利益表明该决策者可能是主要责任人。对于在被投资方持有其他利益(如对被投资方进行投资或提供被投资方业绩担保)的决策者,在判断其是否为代理人时,应评估决策者因该利益所面临的可变回报的风险。

总而言之,投资方应当在综合考虑所有相关事实和情况的基础上对是否控制被投资方进行判断。一旦相关事实和情况的变化导致对控制定义所涉及的相关要素发生变化的,投资方应当进行重新评估。相关事实和情况主要包括:①被投资方的设立目的。②被投资方的相关活动以及如何对相关活动作出决策。③投资方享有的权利是否使其目前有能力主导被投资方的相关活动。④投资方是否通过参与被投资方的相关活动而享有可变回报。⑤投资方是否有能力运用对被投资方的权力影响其回报金额。⑥投资方与其他方的关系。

(二)母公司与子公司的定义

企业集团由母公司和其全部子公司构成。

如图5-1所示,假定P公司能够控制S公司,P公司和S公司构成了企业集团。如图5-2所示,假定P公司能够控制S1公司,S1公司能够控制S2公司,P公司则能够间接控制S2公司,那么P公司和S1公司、S2公司构成了企业集团。母公司和子公司是相互依存的,有母公司必然存在子公司,同样,有子公司必然存在母公司。

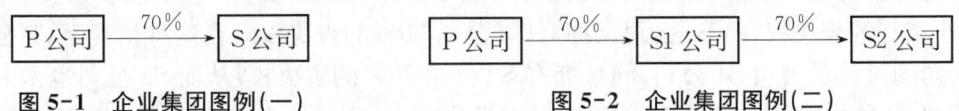

图5-1 企业集团图例(一)　　　　图5-2 企业集团图例(二)

1. 母公司的定义

母公司是指控制一个或一个以上主体(含企业、被投资单位中可分割的部分,以及企业所控制的结构化主体)的主体。从母公司的定义可以看出,母公司要求同时具备两个条件:一是必须有一个或一个以上的子公司,必须满足控制的要求,能够主导另一个主体的相关活动,并有据以从中获取可变回报的权力。母公司可以只控制一个子公司,也可以同时控制多个子公司。二是母公司可以是企业,如《公司法》所规范的股份有限公司、有限责任公司,也可以是主体,如非企业形式的、但形成会计主体的其他组织,基金等。

2. 子公司的定义

子公司是指被母公司控制的主体。从子公司的定义可以看出,子公司也要求同时具备两个条件:一是作为子公司必须被母公司控制,并且只能由一个母公司控制,不可能也不允许被两个或多个母公司同时控制。被两个或多个公司共同控制的被投资单位是合营企业，而不是子公司。如图5-1所示，假定P公司能够控制S公司，S公司是P公司的子公司。如图5-2所示，假定P公司能够控制S1公司，而S1能控制S2公司，那么S1公司与S2公司均为P公司的子公司。二是子公司可以是企业，如《公司法》所规范的股份有限公司、有限责任公司，也可以是主体，如非企业形式的、但形成会计主体的其他组织，包括基金以及信托项目等结构化主体等。

（三）控制标准的具体应用

1. 母公司拥有其半数以上的表决权的被投资单位应当纳入合并财务报表的合并范围

母公司直接或通过子公司间接拥有被投资单位半数以上的表决权，表明母公司能够控制被投资单位，应当将该被投资单位认定为子公司，纳入合并财务报表的合并范围。但是，有证据表明母公司不能控制被投资单位的除外。表决权是指对被投资单位经营计划、投资方案、年度财务预算方案和决算方案、利润分配方案和弥补亏损方案、内部管理机构的设置、聘任或解聘公司经理、确定公司经理的报酬以及确定公司的基本管理制度等事项持有的表决权，不包括对修改公司章程、增加或减少注册资本、发行公司债券、公司合并、分立、解散或变更公司形式等事项持有的表决权。表决权比例通常与其出资比例或持股比例是一致的，但是对于有限责任公司，公司章程另有规定的除外。当母公司拥有被投资单位半数以上表决权时，母公司就拥有对该被投资单位的控制权，能够主导该被投资单位的股东大会（或股东会，下同），特别是董事会，并能够主导被投资单位的相关活动。在这种情况下，子公司处在母公司的直接控制和管理下进行日常生产经营活动，子公司的生产经营活动成为事实上的母公司生产经营活动的一个组成部分，母公司与子公司生产经营活动已一体化。拥有被投资单位半数以上表决权，是母公司对其拥有控制权的最明显的标志，应将其纳入合并范围。

母公司拥有被投资单位半数以上表决权，通常包括如下三种情况：

（1）母公司直接拥有被投资单位半数以上表决权。如图5-1所示，P公司直接拥有S公司表决权的70%，这种情况下，S公司就成为P公司的子公司，P公司编制合并财务报表时，必须将S公司纳入其合并范围。

（2）母公司间接拥有被投资单位半数以上表决权。间接拥有半数以上表决权，是指母公司通过子公司而对子公司的子公司拥有半数以上表决权。如图5-2所示，P公司拥有S1公司70%的表决权，而S1公司又拥有S2公司70%的表决权。在这种情况下，P公司作为母公司通过其子公司S1公司，间接拥有S2公司70%的表决权，从而S2公司也是P公司的子公司，P公司编制合并财务报表时，也应当将S2公司纳入其合并范围。这里必须注意的是，P公司间接拥有S2公司的表决权是以S1公司为P公司的子公司为前提的。

（3）母公司直接和间接方式合计拥有被投资单位半数以上表决权。直接和间接方式合计拥有半数以上表决权，是指母公司以直接方式拥有某一被投资单位半数以下的表决权，同时又通过其他方式如通过子公司拥有该被投资单位一部分的表决权，两者合计拥有该被投资单位半数以上的表决权。

拥有被投资单位半数以上表决权是母公司对其拥有控制权的最明显的标志，但是如果有证据表明母公司不能控制被投资单位的除外。比如，如图5-1所示，尽管P公司拥有S公司70%的表决权，但是如果S公司被政府或有关部门接管，在这种情况下，对S公司的控制权已经转移至政府或有关部门，P公司已经对S公司没有了控制权，S公司就不是P公司的子公司，P公司也不是S公司的母公司，P公司不应当将S公司纳入合并财务报表的合并范围。

2. 母公司拥有其半数以下的表决权的被投资单位纳入合并财务报表的合并范围的情况

在母公司通过直接和间接方式没有拥有被投资单位半数以上表决权的情况下，如果母公司通过其他方式能够主导被投资单位相关活动时，这些被投资单位也应作为子公司纳入其合并范围。

(1) 通过与被投资单位其他投资者之间的协议，拥有被投资单位半数以上表决权。这种情况是指母公司与其他投资者共同投资某企业，母公司与其中的某些投资者签订书面协议，受托管理和控制该被投资单位，从而在被投资单位的股东大会和董事会上拥有该被投资单位半数以上表决权。在这种情况下，母公司对这一被投资单位的财务和经营政策拥有控制权，使该被投资单位成为事实上的子公司，为此必须将其纳入合并财务报表的合并范围。

(2) 根据公司章程或协议，有权主导被投资单位的相关活动。这种情况是指在被投资单位的公司章程等文件中明确母公司对其相关活动能够进行主导。企业的相关活动对企业的日常生产经营活动具有重大影响，决定着企业的未来发展。能够主导企业的相关活动也就是等于能控制整个企业日常生产经营活动。这样，也就使得该被投资单位成为事实上的子公司，从而应当纳入母公司的合并财务报表的合并范围。

(3) 有权任免被投资单位的董事会或类似机构大多数成员。这种情况是指母公司能够通过任免被投资单位董事会的多数成员主导该被投资单位的日常生产经营活动，被投资单位成为事实上的子公司，从而应当纳入母公司的合并财务报表的合并范围。这里的"多数"是指超过半数以上（不包括半数）。同时，需要注意的是，在这种情况下，董事会或类似机构必须能够控制被投资单位，否则，该条件不适用。

(4) 在被投资单位董事会或类似机构占多数表决权。这种情况是指母公司能够控制董事会或类似机构的会议，从而主导公司董事会的相关活动，使该公司的生产经营活动在母公司的控制下进行，使被投资单位成为事实上的子公司。因此，也应当将其纳入母公司的合并财务报表的合并范围。这里的"多数"是指超过半数以上（不包括半数）。同样，需要注意的是，在这种情况下，董事会或类似机构必须能够控制被投资单位，否则，该条件不适用。

在母公司拥有被投资单位半数或以下的表决权，满足上述四个条件之一，视为母公司能够控制被投资单位，应当将该被投资单位认定为子公司，纳入合并财务报表的合并范围。但是，如果有证据表明母公司不能控制被投资单位的除外。比如，尽管P公司有权任免S公司由11人董事组成的董事会的6名董事，但是，如果公司章程规定，S公司所有日常生产经营活动的董事会表决，必须经全体董事的过半数通过，与此同时，还必须经第二大股东派出的至少1名董事同意，在这种情况下，S公司董事会决议的形成要得到第二大股东派出的至少1名董事的同意，实质上P公司无法单方面主导S公司的董事会，也就无法单方面控制S公司的财务和经营政策，P公司不符合控制标准，P公司不能控制S公司，S公司不是P公司的子公司，P公司也不是S公司的母公司，P公司不应当将S公司纳入其合并财务报表的合并范围。

(5) 投资方持有被投资方半数或以下的表决权，但综合考虑下列事实和情况后，判断投资方持有的表决权足以使其目前有能力主导被投资方相关活动的，视为投资方对被投资方拥有权力，应将被投资方纳入合并报表：①投资方持有的表决权相对于其他投资方持有的表决权份额的大小，以及其他投资方持有表决权的分散程度。②投资方和其他投资方持有的被投资方的潜在表决权，如可转换公司债券、可执行认股权证等。③其他合同安排产生的权利。④被投资方以往的表决权行使情况等其他相关事实和情况。

(6) 某些情况下,投资方可能难以判断其享有的权利是否足以使其拥有对被投资方的权力,是否应把被投资方纳入合并报表。在这种情况下,投资方应当考虑其具有实际能力以单方面主导被投资方相关活动的证据,从而判断其是否拥有对被投资方的权力。投资方应考虑的因素包括但不限于下列事项:①投资方能否任命或批准被投资方的关键管理人员。②投资方能否出于其自身利益决定或否决被投资方的重大交易。③投资方与被投资方的关键管理人员或董事会等类似权力机构中的多数成员是否存在关联方关系。

投资方与被投资方之间存在某种特殊关系的,在评价投资方是否拥有对被投资方的权力时,应当适当考虑这种特殊关系的影响。特殊关系通常包括:被投资方的关键管理人员是投资方的现任或前任职工、被投资方的经营依赖于投资方、被投资方活动的重大部分有投资方参与其中或者是以投资方的名义进行、投资方自被投资方承担可变回报的风险或享有可变回报。

3. 对结构化主体的考虑

结构化主体是指在确定其控制方时没有将表决权或类似权利作为决定因素而设计的主体。主导该主体相关活动的依据通常是合同安排或其他安排形式。母公司控制的结构化主体也应该纳入企业合并报表的合并范围。判断母公司能否控制结构化主体应当考虑以下主要因素:

(1) 在设立被投资方时的决策及投资方的参与度。在评估被投资方的设立目的和设计时,投资者应考虑设立被投资方时的决策及投资方的参与度,以判断相关交易条款与参与特点是否为投资方提供了足以获得权力的权利。

(2) 相关合同安排。投资方需考虑结构化主体设立之初的合同安排赋予投资方主导结构化主体相关活动的权利。例如,看涨期权、看跌期权、清算权等可能为投资方提供权力的合同安排。在评估对结构化主体是否拥有权力时,应当考虑投资方在这些合同安排中享有的决策权。

(3) 仅在特定情况或事项发生时开展的相关活动。结构化主体的活动及其回报在其设计时就已经明确,除非特定情况或事项发生。当特定情况或事项发生时,只有对结构化主体回报产生重大影响的活动才属于相关活动。相应地,对这些相关活动具有决策权的投资方才享有权力。

(4) 投资方对被投资方作出的承诺。为确保结构化主体持续按照原定设计和计划开展活动,投资方可能会作出一些承诺(包括明确的承诺和暗示性承诺),因而可能会扩大投资方承担的可变回报风险,由此促使投资方更有动机获取足够多的权利,使其能够主导结构化主体的相关活动。

另外,结构化主体在设立后的运营中,由其法律上的权力机构表决的事项通常仅与行政事务相关,表决权对投资方的回报往往不具有重大的直接联系。因此,投资方在评估结构化主体设立目的和设计时,应考虑其被专门设计用于承担回报可变性的类型、投资方通过参与其相关活动是否承担了部分或全部的回报可变性等。

(四) 不应纳入母公司的合并财务报表的合并范围的情形

下列被投资单位不是母公司的子公司,不应当纳入母公司的合并财务报表的合并范围。

1. 已宣告被清理整顿的原子公司

已宣告被清理整顿的原子公司,是指在当期宣告被清理整顿的被投资单位,该被投资单位在上期是本公司的子公司。在这种情况下，根据《中华人民共和国公司法》(以下简称《公司法》)的相关规定，被投资单位实际上在当期已经由股东、董事或股东大会指定的人员组成的清算组或人民法院指定的有关人员组成的清算组对该被投资单位进行日常管理，在清算期间，被投资单位不得开展与清算无关的经营活动，因此，本公司不能再控制该被投资单位，不能将该被投资单位继续认定为本公司的子公司。

2. 已宣告破产的原子公司

已宣告破产的原子公司，是指在当期宣告破产的被投资单位，该被投资单位在上期是本公司的子公司。在这种情况下，根据《中华人民共和国企业破产法》(以下简称《企业破产法》)的规定，被投资单位的日常管理已转交到由人民法院指定的管理人，本公司不能控制该被投资单位，不能将该被投资单位认定为本公司的子公司。

3. 母公司不能控制的其他被投资单位

母公司不能控制的其他被投资单位，是指母公司不能控制的除上述情形以外的其他被投资单位，如联营企业等。

（五）部分控制

投资方通常应对是否控制被投资方整体进行判断。但在少数情况下，如果有确凿证据表明同时满足下列条件并且符合相关法律法规规定的，投资方应对将被投资方的一部分视为被投资方可分割部分，进而判断是否控制该部分：

(1) 该部分的资产是偿付该部分负债或该部分其他权益的唯一来源，不能用于偿还该部分以外的被投资方的其他负债。

(2) 除与该部分相关的各方外，其他方不享有与该部分资产相关的权利，也不享有与该部分资产剩余现金流量相关的权利。

因此，实质上该部分的所有资产、负债及相关权益均与被投资方的其他部分相隔离，即该部分的资产产生的回报不能由该部分之外的被投资方其他部分使用，该部分的负债也不能用该部分以外的被投资方资产偿还。

如果被投资方的一部分资产和负债及相关权益满足上述条件，构成可分割部分，则投资方应当基于控制的判断标准确定其是否能够控制该可分割部分，包括考虑该可分割部分的相关活动及其决策机制，投资方是否有能力主导可分割部分的相关活动并据以从中取得可变回报等。如果投资方控制该可分割部分，则应将其进行合并。此时其他方在考虑是否控制与合并被投资方时，应仅对被投资方的剩余部分进行评估，不包括该可分割部分。

（六）合并财务报表的豁免——投资性主体

母公司应当将全部子公司纳入合并范围。如果母公司是投资性主体，则只应将那些为投资性主体的投资活动提供相关服务的子公司纳入合并范围，其他子公司不应予以合并，应按照公允价值计量且其变动计入当期损益。

一个投资性主体的母公司如果其本身不是投资性主体，则应当将其控制的全部主体，包括投资性主体以及通过投资性主体间接控制的主体，纳入合并财务报表范围。

1. 投资性主体的定义

投资性主体包含三个需要同时满足的条件：一是该公司以向投资方提供投资管理服务为目的，从一个或多个投资者获取资金；二是该公司的唯一经营目的，是通过资本增值、投资收益或两者兼有而让投资者获得回报；三是该公司按照公允价值对几乎所有投资的业绩进行计量和评价。

(1) 以向投资方提供投资管理服务为目的。投资性主体的主要活动是向投资者募集资金,且其目的是为这些投资者提供投资管理服务,这是一个投资性主体与其他主体的显著区别。

(2) 唯一经营目的是通过资本增值、投资收益或两者兼有而获得回报。投资性主体的经营目的一般可通过其设立目的、投资管理方式、投资期限、投资退出战略等体现出来,例如,一个投资基金在募集说明书中可能说明其投资的目的是为了实现资本增值、一般情况下的投资期限较长、制定了比较清晰的投资退出战略等,这些描述与投资性主体的经营目的是一致的;反之,一个基金的目的如果是与被投资方合作开发、生产或者销售某种产品,则说明其不是一个投资性主体。

(3) 按照公允价值对投资业绩进行计量和评价。因为相对于合并子公司财务报表或者按照权益法核算联营企业或合营企业的投资而言,公允价值计量所提供的信息更具有相关性。公允价值计量体现在:在会计准则允许的情况下,向投资方报告其财务状况和经营成果时应当以公允价值计量其投资;向其关键管理人员提供公允价值信息,以供他们据此评估投资业绩或作出投资决策。但投资性主体没有必要以公允价值计量其固定资产等非投资性资产或其负债。

2. 投资性主体的特征

投资性主体通常应当具备下列特征:一是拥有一个以上投资;二是拥有一个以上投资者;三是投资者不是该主体的关联方;四是该主体的所有者权益以股权或类似权益存在。当主体不完全具备上述四个特征时,需要审慎评估,判断是否有确凿证据证明虽然缺少其中一个或几个特征,但该主体仍然符合投资性主体的特征。

3. 投资性主体的转换

投资性主体的判断需要持续进行,当有事实和情况表明构成投资性主体定义的三项要素发生变化,或者任何典型特征发生变化时,应当重新评估其是否符合投资性主体。

当母公司由非投资性主体转变为投资性主体时,除仅将为其投资活动提供相关服务的子公司纳入合并报表范围编制合并报表外,企业自转变日起对其他子公司不应予以合并,其会计处理参照部分处置子公司股权但不丧失控制权的原则处理。

当母公司由投资性主体转变为非投资性主体时,应将原未纳入合并报表范围的子公司于转变日纳入合并报表范围,将转变日视为购买日,原未纳入合并报表范围的子公司将转变日的公允价值视为购买的交易对价,按照非同一控制下企业合并的会计处理方法进行会计处理。

三、合并财务报表的编制程序

合并财务报表编制有其特殊的程序,主要包括如下几个方面。

(一) 编制合并工作底稿

合并工作底稿的作用是为合并财务报表的编制提供基础。在合并工作底稿中,对母公司和子公司的个别财务报表各项目的金额进行汇总和抵销处理,最终计算得出合并财务报表各项目的合并金额。将母公司、子公司个别资产负债表、利润表、现金流量表、所有者权益变动表各项目的数据过入合并工作底稿,并在合并工作底稿中对母公司和子公司个别财务报表各项目的数据进行加总,计算得出个别资产负债表、利润表、现金流量表、所有者权益变动表各项目合计金额。

(二) 编制调整分录和抵销分录

在合并工作底稿中编制调整分录和抵销分录,将内部交易对合并财务报表有关项目的影响进行抵销处理。编制抵销分录,进行抵销处理是合并财务报表编制的关键和主要内容,其目的在于将个别财务报表各项目的加总金额中重复的因素予以抵销。但是,对属于非同一控制下企业合并中取得的子公司的个别财务报表进行合并时,还应当根据母公司为该子公司设置的备查簿的记录,以记录的非同一控制下企业合并中取得的子公司各项可辨认资产、负债及或有负债等在购买日的公允价值为基础,通过编制调整分录,对该子公司提供的个别财务报表进行调整,以使子公司的个别财务报表反映为在购买日公允价值基础上确定的可辨认资产、负债及或有负债在本期资产负债表日的金额。对于子公司所采用的会计政策与母公司不一致的,以及子公司的会计期间与母公司不一致的,如果母公司自行对子公司的个别财务报表进行调整,也应当在合并底稿中通过编制调整分录予以调整。在编制合并财务报表时,对子公司的长期股权投资调整为权益法,也需要在合并工作底稿中通过编制调整分录予以调整,而不改变母公司"长期股权投资"账簿记录。在合并工作底稿中编制的调整分录和抵销分录,借记或贷记的均为财务报表项目,而不是具体的会计账户。例如,在涉及调整或抵销固定资产折旧、固定资产减值准备等均通过资产负债表中的"固定资产"项目,而不是"累计折旧""固定资产减值准备"等账户来进行调整和抵销。

(三) 计算合并财务报表各项目的合并金额

在母公司和子公司个别财务报表各项目加总金额的基础上,分别计算出合并财务报表中各资产项目、负债项目、所有者权益项目、收入项目和费用项目等的合并金额。其计算方法如下:

(1) 资产类各项目,其合并金额根据该项目加总金额,加上该项目抵销分录有关的借方发生额,减去该项目抵销分录有关的贷方发生额计算确定。

(2) 负债类各项目和所有者权益类项目,其合并金额根据该项目加总金额,减去该项目抵销分录有关的借方发生额,加上该项目抵销分录有关的贷方发生额计算确定。

(3) 有关收入类各项目和有关所有者权益变动各项目,其合并金额根据该项目加总金额,减去该项目抵销分录的借方发生额,加上该项目抵销分录的贷方发生额计算确定。

(4) 有关费用类项目,其合并金额根据该项目加总金额,加上该项目抵销分录的借方发生额,减去该项目抵销分录的贷方发生额计算确定。

(四) 填列合并金额生成正式的合并财务报表

根据合并工作底稿中计算出的资产、负债、所有者权益、收入、费用类以及现金流量表中各项目的合并金额,填列生成正式的合并财务报表。

第二节 非同一控制下购并日的合并财务报表

非同一控制下的企业合并中形成母子公司关系的,购买方一般应于购买日编制合并资产负债表,反映购买方或母公司于购买日开始能够控制的经济资源情况。由于在购买日之前,企业集团还不存在,当然也不存在企业集团的经营成果与现金流量,因此在购买日,购买方(或母公司)无需编制合并利润表与合并现金流量表。

购并日的合并财务报表的编制程序可根据上节所述:首先,编制合并工作底稿;其次,编制调整分录和抵销分录;最后,计算合并金额。其中,主要的会计问题在于集团内部投资业务的抵销。

在非同一控制的企业合并中,在母公司的个别报表中,母公司对子公司的长期股权投资反映在"长期股权投资"账户中,按照合并成本,即母公司付出的资产、发生或承担的负债以及发行的权益性证券的公允价值计量。从企业集团来看,这部分交易发生在集团内部,属于集团内部的资金配置,并没有形成对外投资,因此在合并报表中应予以抵销。

在合并资产负债表中,合并中取得的被购买方各项可辨认资产、负债应以其在购买日的公允价值计量,长期股权投资的成本大于合并中取得的被购买方可辨认净资产公允价值份额的差额,体现为合并财务报表中的商誉;长期股权投资的成本小于合并中取得的被购买方可辨认净资产公允价值份额的差额,应计入合并利润表中作为合并当期损益。

鉴于母公司取得对子公司的控制权,既可以是持有子公司的全部股份,也可以是持有子公司超过半数以上的部分股份,以下就这两种情况加以讨论。

一、母公司持有子公司全部股权时合并报表的编制

母公司持有子公司全部股权,可通过投资创立新的子公司,也可通过购买子公司的全部股份。

(一) 投资创立新的全资子公司时合并报表的编制

【例5-1】 A公司在20×2年1月1日,投资5 000 000元,创立新的B公司,并于当日收到B公司发行的全部股票。当日,A公司和B公司在账面上分别就这项投资业务记录如下:

```
A公司:借:长期股权投资——B公司                    5 000 000
           贷:银行存款                                    5 000 000

B公司:借:银行存款                                   5 000 000
           贷:股本                                        5 000 000
```

在A公司对B公司投资以后,两个公司的资产负债表如表5-1所示。

表5-1 A、B公司资产负债表

20×2年1月1日   单位:元

项目	A 公司	B 公司
银行存款	1 200 000	5 000 000
应收账款	1 500 000	
存货	2 300 000	
长期股权投资	5 000 000	
固定资产(净额)	9 000 000	
资产总计	19 000 000	5 000 000
负债	6 000 000	
股本	8 000 000	5 000 000
资本公积	2 400 000	
盈余公积	1 000 000	
未分配利润	1 600 000	
负债和股东权益总计	19 000 000	5 000 000

在20×2年1月1日，A公司已取得对B公司的全部控制权，在取得控制权的当日，A公司应编制合并资产负债表。为了方便合并报表的编制，都需要编制合并工作底稿。首先将母、子公司的资产负债表过入工作底稿，其次编制抵销分录。母公司的"长期股权投资"账户的余额与子公司的全部股东权益应进行抵销。

抵销分录如下：

借：股本　　　　　　　　　　　　　　　　　　　　　　　　　　　5 000 000
　　贷：长期股权投资　　　　　　　　　　　　　　　　　　　　　　　　5 000 000

表5-2　A公司合并工作底稿

20×2年1月1日　　　　　　　　　　　　　　　　　　　　　　　单位：元

项目	A公司	B公司	抵销分录		合并后余额
			借方	贷方	
银行存款	1 200 000	5 000 000			6 200 000
应收账款	1 500 000				1 500 000
存货	2 300 000				2 300 000
长期股权投资	5 000 000			5 000 000	0
固定资产(净额)	9 000 000				9 000 000
资产总计	19 000 000	5 000 000		5 000 000	19 000 000
负债	6 000 000				6 000 000
股本	8 000 000	5 000 000	5 000 000		8 000 000
资本公积	2 400 000				2 400 000
盈余公积	1 000 000				1 000 000
未分配利润	1 600 000				1 600 000
负债和股东权益总计	19 000 000	5 000 000	5 000 000		19 000 000

必须明确的是，关于调整和抵销分录，只是在编制合并财务报表时出现在母公司合并工作底稿上的内容，它影响合并财务报表的有关数据，反映编制合并财务报表的合并理论和目的，但不过入任何一个公司的账簿上，由于调整和抵销分录没有记账，所以合并财务报表每年都必须根据个别财务报表重新编制。

（二）购买子公司的全部股权时合并报表的编制

与投资创立一家新的全资子公司不同，母公司购买一家正在持续经营的子公司的全部股权，其购买成本可能等于子公司净资产的公允价值，也可能高于或低于其公允价值。以下为不同情况下合并财务报表的编制。

1. 以公允价值购买子公司的全部股权

当购买方以子公司净资产的公允价值购买其全部股权时，不会产生合并商誉。有关购买日合并时的抵销分录类似投资创建的全资子公司，所不同的是，子公司的股东权益包括股本、资本公积、盈余公积等项目。

【例5-2】　20×2年1月1日，M公司以N公司净资产的公允价值购入N公司发行在外的全部股份，共支付购买成本8 000 000元，假设N公司资产、负债的账面价值与其公允价值一致。M公司和N公司的资产负债表在购买日前的有关数据如表 5-3 所示。

表 5-3　购买日前 M、N 公司资产负债表

单位：元

项　　目	M　公　司	N　公　司
银行存款	9 200 000	1 000 000
交易性金融资产	800 000	500 000
应收账款	1 000 000	1 000 000
存货	4 000 000	3 500 000
固定资产(净额)	9 000 000	7 000 000
资产总计	24 000 000	13 000 000
应付账款	1 600 000	1 400 000
短期借款	1 400 000	600 000
应付债券	3 000 000	2 100 000
长期借款	1 000 000	900 000
负债合计	7 000 000	5 000 000
股本	9 000 000	5 000 000
资本公积	2 600 000	1 200 000
盈余公积	3 800 000	1 150 000
未分配利润	1 600 000	650 000
股东权益合计	17 000 000	8 000 000
负债和股东权益总计	24 000 000	13 000 000

在购买日，M公司购买N公司的全部股权，编制分录如下：

　借：长期股权投资　　　　　　　　　　　　　　　　　　　　　　　8 000 000
　　　贷：银行存款　　　　　　　　　　　　　　　　　　　　　　　　　　8 000 000

M公司在合并工作底稿中，应编制抵销分录如下：

　借：股本　　　　　　　　　　　　　　　　　　　　　　　　　　　5 000 000
　　　资本公积　　　　　　　　　　　　　　　　　　　　　　　　　1 200 000
　　　盈余公积　　　　　　　　　　　　　　　　　　　　　　　　　1 150 000
　　　未分配利润　　　　　　　　　　　　　　　　　　　　　　　　　650 000
　　　贷：长期股权投资　　　　　　　　　　　　　　　　　　　　　　　8 000 000

编制抵销分录后，M公司应编制合并工作底稿，如表 5-4 所示。

表 5-4 母公司合并工作底稿

单位：元

项目	M公司	N公司	抵销分录 借方	抵销分录 贷方	合并后余额
银行存款	1 200 000	1 000 000			2 200 000
交易性金融资产	800 000	500 000			1 300 000
应收账款	1 000 000	1 000 000			2 000 000
存货	4 000 000	3 500 000			7 500 000
长期股权投资	8 000 000			8 000 000	0
固定资产(净额)	9 000 000	7 000 000			16 000 000
资产总计	24 000 000	13 000 000		8 000 000	29 000 000
应付账款	1 600 000	1 400 000			3 000 000
短期借款	1 400 000	600 000			2 000 000
应付债券	3 000 000	2 100 000			5 100 000
长期借款	1 000 000	900 000			1 900 000
负债合计	7 000 000	5 000 000			12 000 000
股本	9 000 000	5 000 000	5 000 000		9 000 000
资本公积	2 600 000	1 200 000	1 200 000		2 600 000
盈余公积	3 800 000	1 150 000	1 150 000		3 800 000
未分配利润	1 600 000	650 000	650 000		1 600 000
股东权益合计	17 000 000	8 000 000	8 000 000		17 000 000
负债和股东权益总计	24 000 000	13 000 000	8 000 000		29 000 000

2. 以高于账面价值或公允价值购买子公司的全部股权

在实际中,子公司净资产的账面价值不一定等于其公允价值。对属于非同一控制下企业合并中取得的子公司的个别财务报表进行合并时,应当根据母公司为该子公司设置的备查簿的记录,以记录的非同一控制下企业合并中取得的子公司各项可辨认资产、负债及或有负债等在购买日的公允价值为基础,通过编制调整分录,对该子公司提供的个别财务报表进行调整,以使子公司的个别财务报表反映为在购买日公允价值基础上确定的可辨认资产、负债及或有负债在本期资产负债表日的金额。

【例 5-3】 在[例 5-2]的基础上,假定 20×2 年 1 月 1 日 M 公司以 8 400 000 元购买了 N 公司发行在外的全部股份。M 公司为 N 公司设置记录资产和负债的公允价值与账面价值的备查簿如表 5-5 所示。其他资料不变。

在购买日,M 公司个别财务报表：购买 N 公司的全部股权,其会计分录如下：

借：长期股权投资　　　　　　　　　　　　　　　　　　　　　　　8 400 000
　　贷：银行存款　　　　　　　　　　　　　　　　　　　　　　　　　　8 400 000

表5-5 M公司的备查簿——N公司资产负债表

20×2年1月1日 单位：元

项　　目	N公司账面价值	N公司公允价值	差　　额
银行存款	1 000 000	1 000 000	
交易性金融资产	500 000	500 000	
应收账款	1 000 000	1 000 000	
存货	3 500 000	3 560 000	60 000
固定资产（净额）	7 000 000	7 200 000	200 000
资产总计	13 000 000	13 260 000	260 000
应付账款	1 400 000	1 400 000	
短期借款	600 000	600 000	
应付债券	2 100 000	2 100 000	
长期借款	900 000	900 000	
负债合计	5 000 000	5 000 000	0
股本	5 000 000	5 000 000	
资本公积	1 200 000	1 460 000	260 000
盈余公积	1 150 000	1 150 000	
未分配利润	650 000	650 000	
股东权益合计	8 000 000	8 260 000	260 000
负债和股东权益总计	13 000 000	13 260 000	260 000

M公司在编制购买日的合并资产负债表时，应该首先把N公司的资产、负债的账面价值调整为公允价值，然后把对子公司的长期股权投资从"成本法"转换为"权益法"，在此基础上编制相应抵销分录。

（1）把N公司资产、负债的账面价值调整为公允价值，会计分录如下：

借：存货　　　　　　　　　　　　　　　　　　　　　　　　60 000
　　固定资产　　　　　　　　　　　　　　　　　　　　　　200 000
　　贷：资本公积　　　　　　　　　　　　　　　　　　　　　　　260 000

（2）M公司把长期股权投资的"成本法"转换为"权益法"，无会计分录。

（3）M公司对N公司的长期股权投资与子公司所有者权益之间的抵销分录如下：

借：股本　　　　　　　　　　　　　　　　　　　　　　　5 000 000
　　资本公积　　　　　　　　　　　　　　　　　　　　　1 460 000
　　盈余公积　　　　　　　　　　　　　　　　　　　　　1 150 000
　　未分配利润　　　　　　　　　　　　　　　　　　　　　650 000
　　商誉　　　　　　　　　　　　　　　　　　　　　　　　140 000
　　贷：长期股权投资　　　　　　　　　　　　　　　　　　　8 400 000

在编制合并财务报表时,将 N 公司有关资产、负债与所有者权益项目的账面价值调整为公允价值,对于 M 公司长期股权投资的投资成本(合并成本)8 400 000 元超过 N 公司可辨认净资产的公允价值 8 260 000 元的金额 140 000 元,计入"商誉"。在母公司持有子公司的全部股权时,合并财务报表的股东权益应等于母公司个别报表中采用完全权益法下的股东权益。根据上述调整与抵销分录,M 公司应编制的合并工作底稿如表 5-6 所示。

表 5-6 母公司合并工作底稿

20×2 年 1 月 1 日　　　　　　　　　　　　　　　　　　　单位:元

项 目	M 公司	N 公司	抵销分录 借方	抵销分录 贷方	合并后余额
银行存款	800 000	1 000 000			1 800 000
交易性金融资产	800 000	500 000			1 300 000
应收账款	1 000 000	1 000 000			2 000 000
存货	4 000 000	3 500 000	(1) 60 000		7 560 000
长期股权投资	8 400 000			(3) 8 400 000	0
固定资产(净额)	9 000 000	7 000 000	(1) 200 000		16 200 000
商誉			(3) 140 000		140 000
资产总计	24 000 000	13 000 000	400 000	8 400 000	29 000 000
应付账款	1 600 000	1 400 000			3 000 000
短期借款	1 400 000	600 000			2 000 000
应付债券	3 000 000	2 100 000			5 100 000
长期借款	1 000 000	900 000			1 900 000
负债合计	7 000 000	5 000 000			12 000 000
股本	9 000 000	5 000 000	(3) 5 000 000		9 000 000
资本公积	2 600 000	1 200 000	(3) 1 460 000	(1) 260 000	2 600 000
盈余公积	3 800 000	1 150 000	(3) 1 150 000		3 800 000
未分配利润	1 600 000	650 000	(3) 650 000		1 600 000
股东权益合计	17 000 000	8 000 000	8 260 000	260 000	17 000 000
负债和股东权益总计	24 000 000	13 000 000	8 260 000	260 000	29 000 000

3. 以低于账面价值或公允价值购买子公司的全部股权

【例 5-4】 在[例 5-3]的基础上,假定 20×2 年 1 月 1 日 M 公司以 7 500 000 元购买了 N 公司发行在外的全部股份。M 公司为 N 公司设置记录资产和负债的公允价值与账面价值的备查簿如表 5-5 所示。其他资料不变。

购买日:M 公司个别财务报表:购买 N 公司股权,采用成本法核算,会计分录如下:

借:长期股权投资　　　　　　　　　　　　　　　　　　　7 500 000
　　贷:银行存款　　　　　　　　　　　　　　　　　　　　7 500 000

编制合并报表:

(1) 把N公司资产、负债的账面价值调整为公允价值,会计分录如下:

借:存货　　　　　　　　　　　　　　　　　　　　　　　60 000
　　固定资产　　　　　　　　　　　　　　　　　　　　 200 000
　　贷:资本公积　　　　　　　　　　　　　　　　　　　　 260 000

(2) M公司把长期股权投资的"成本法"转换为"权益法",会计分录如下:

借:长期股权投资　　　　　　　　　　　　　　　　　　　 760 000
　　贷:营业外收入　　　　　　　　　　　　　　　　　　　 760 000

(3) M公司对N公司的长期股权投资与子公司所有者权益之间的抵销分录如下:

借:股本　　　　　　　　　　　　　　　　　　　　　 5 000 000
　　资本公积　　　　　　　　　　　　　　　　　　　 1 460 000
　　盈余公积　　　　　　　　　　　　　　　　　　　 1 150 000
　　未分配利润　　　　　　　　　　　　　　　　　　　 650 000
　　贷:长期股权投资　　　　　　　　　　　　　　　　 8 260 000

编制抵销分录后,M公司应编制M、N公司的合并工作底稿,如表5-7所示。

表5-7　母公司合并工作底稿

20×2年1月1日　　　　　　　　　　　　　　　　　　单位:元

项目	M公司	N公司	抵销分录 借方	抵销分录 贷方	合并后余额
银行存款	1 700 000	1 000 000			2 700 000
交易性金融资产	800 000	500 000			1 300 000
应收账款	1 000 000	1 000 000			2 000 000
存货	4 000 000	3 500 000	(1) 60 000		7 560 000
长期股权投资	7 500 000		(2) 760 000	(3) 8 260 000	0
固定资产(净额)	9 000 000	7 000 000	(1) 200 000		16 200 000
商誉					
资产总计	24 000 000	13 000 000	1 020 000	8 260 000	29 760 000
应付账款	1 600 000	1 400 000			3 000 000
短期借款	1 400 000	600 000			2 000 000
应付债券	3 000 000	2 100 000			5 100 000
长期借款	1 000 000	900 000			1 900 000
负债合计	7 000 000	5 000 000			12 000 000
股本	9 000 000	5 000 000	(3) 5 000 000		9 000 000

第五章 购并日的合并财务报表

(续表)

项 目	M公司	N公司	抵销分录 借方	抵销分录 贷方	合并后余额
资本公积	2 600 000	1 200 000	(3) 1 460 000	(1) 260 000	2 600 000
盈余公积	3 800 000	1 150 000	(3) 1 150 000		3 800 000
未分配利润	1 600 000	650 000	(3) 650 000	(2) 760 000 *	2 360 000
股东权益合计	17 000 000	8 000 000	8 260 000	1 020 000	17 760 000
负债和股东权益总计	24 000 000	13 000 000	8 260 000	1 020 000	29 760 000

* 760 000 来自分录(2)成本法转为权益法时营业外收入的结转。

值得注意的是,编制合并报表中,当M公司长期股权投资的成本 7 500 000 元小于合并中取得的被购买方可辨认净资产公允价值份额 8 260 000 元的差额 760 000 元,应计入合并利润表中作为合并当期损益。在母公司持有子公司的全部股权时,合并财务报表的股东权益应等于母公司个别报表中采用完全权益法下的股东权益。

二、母公司持有子公司的部分股权时合并报表的编制

一般情况下,母公司要获得子公司的控制权,不必非要购入子公司的全部股权,只要购入子公司51%以上的股权或以其他方式获得子公司的控制权,即可实现对子公司的控制。在母公司只购买子公司部分股权的情况下,子公司就有一部分股权被其他股东所持有。子公司所有者权益中不属于母公司的份额,应当作为少数股东权益,在合并资产负债表中所有者权益项目下以"少数股东权益"项目列示。

母公司购买子公司部分股权也可大致分为三种情况,即按子公司的公允价值购买,以高于公允价值购买或以低于公允价值购买。在不同的情况下,合并财务报表的编制也有所不同。以下分别以母公司高于与低于子公司的公允价值购买为例来说明其基本原理。

1. 高于公允价值购买子公司的部分股权

【例 5-5】 在[例 5-3]的基础上,20×2 年 1 月 1 日,M 公司以 7 000 000 元购买了 N 公司发行在外的 80%的股份。M 公司为 N 公司设置记录资产和负债的公允价值与账面价值的备查簿如表 5-5 所示。其他资料不变。

对于这项并购业务,M 公司个别财务报表:在购买日应编制分录如下:

借:长期股权投资　　　　　　　　　　　　　　　　　　　　　　7 000 000
　　贷:银行存款　　　　　　　　　　　　　　　　　　　　　　　7 000 000

M 公司在编制购买日合并财务报表时,应编制调整与抵销分录如下:
由于采用经济实体与母公司合并理论将导致不同的实务处理方法,以下分别介绍。
1) 合并方法一:流行的实务
(1) 把 N 公司全部资产、负债的账面价值调整为公允价值,会计分录如下:

借:存货　　　　　　　　　　　　　　　　　　　　　　　　　　60 000
　　固定资产　　　　　　　　　　　　　　　　　　　　　　　　200 000
　　贷:资本公积　　　　　　　　　　　　　　　　　　　　　　　260 000

(2) M 公司把长期股权投资的"成本法"转换为"权益法",无会计分录。

(3) M公司对N公司的长期股权投资与子公司所有者权益之间的抵销分录如下:

借:股本　　　　　　　　　　　　　　　　　　　　　　　　5 000 000
　　资本公积　　　　　　　　　　　　　　　　　　　　　　1 460 000
　　盈余公积　　　　　　　　　　　　　　　　　　　　　　1 150 000
　　未分配利润　　　　　　　　　　　　　　　　　　　　　　650 000
　　商誉(7 000 000－8 260 000×80%)　　　　　　　　　　　　392 000
　　贷:长期股权投资　　　　　　　　　　　　　　　　　　7 000 000
　　　　少数股东权益(8 260 000×20%)　　　　　　　　　　1 652 000

其中:M公司的长期股权投资的投资成本7 000 000元超过子公司可辨认净资产公允价值的份额6 608 000元(8 260 000×80%)的金额392 000元,计入合并报表的"商誉";N公司中可辨认的净资产的公允价值的20%归属于少数股东,计入"少数股东权益"。

编制抵销分录后,M公司应编制M、N公司的合并工作底稿,如表5-8所示。

表5-8　母公司合并工作底稿

20×2年1月1日　　　　　　　　　　　　　　　　　　　　　　单位:元

项目	M公司	N公司	抵销分录		合并后余额
			借方	贷方	
银行存款	2 200 000	1 000 000			3 200 000
交易性金融资产	800 000	500 000			1 300 000
应收账款	1 000 000	1 000 000			2 000 000
存货	4 000 000	3 500 000	(1) 60 000		7 560 000
长期股权投资	7 000 000			(3) 7 000 000	0
固定资产(净额)	9 000 000	7 000 000	(1) 200 000		16 200 000
商誉			(3) 392 000		392 000
资产总计	24 000 000	13 000 000	652 000	7 000 000	30 652 000
应付账款	1 600 000	1 400 000			3 000 000
短期借款	1 400 000	600 000			2 000 000
应付债券	3 000 000	2 100 000			5 100 000
长期借款	1 000 000	900 000			1 900 000
负债合计	7 000 000	5 000 000			12 000 000
股本	9 000 000	5 000 000	(3) 5 000 000		9 000 000
资本公积	2 600 000	1 200 000	(3) 1 460 000	(1) 260 000	2 600 000
盈余公积	3 800 000	1 150 000	(3) 1 150 000		3 800 000
未分配利润	1 600 000	650 000	(3) 650 000		1 600 000
归属于母公司的股东权益合计					17 000 000

(续表)

项 目	M公司	N公司	抵销分录 借方	抵销分录 贷方	合并后余额
少数股东权益				(3) 1 652 000	1 652 000
股东权益合计	17 000 000	8 000 000	8 260 000	1 912 000	18 652 000
负债和股东权益总计	24 000 000	13 000 000	8 260 000	1 912 000	30 652 000

该方法为目前流行的实务方法,我国财政部会计司编写的《企业会计准则讲解》以及注册会计师考试的《会计》教材中主要介绍了这一方法。这种方法比较接近经济实体理论,它使子公司的净资产保持了统一的计价基础,即公允价值。但是其中的商誉缺乏意义,因为它既不是母公司投资成本超过所取得的子公司净资产份额公允价值的差异,也不是母公司投资成本所隐含的整个子公司的商誉。此外,该方法也没有完全避免子公司全部资产、负债的复合计价基础,因为子公司的可辨认净资产虽然全部按公允价值计价,但商誉却不是子公司所拥有的全部商誉。

2) 合并方法二:母公司理论

母公司理论认为,合并财务报表的主要使用者在于母公司的控股股东,合并财务报表的信息对子公司的少数股东不具有重大影响。因此商誉归属于母公司的控股股东,金额上等于母公司的长期股权投资成本超过归属于母公司的可辨认净资产的公允价值的份额;而少数股东权益直接根据子公司可辨认净资产的账面价值计算。

在母公司理论下,[例 5-5]的会计处理如下:

(1) 把母公司持有的 N 公司资产、负债部分的账面价值调整为公允价值,会计分录如下:

借:存货(60 000×80%)　　　　　　　　　　　　　　　48 000
　　固定资产(200 000×80%)　　　　　　　　　　　　160 000
　　贷:资本公积(260 000×80%)　　　　　　　　　　　208 000

(2) M公司把长期股权投资的"成本法"转换为"权益法",无会计分录。

(3) M公司对 N 公司的长期股权投资与子公司所有者权益之间的抵销分录如下:

借:股本　　　　　　　　　　　　　　　　　　　　　5 000 000
　　资本公积(1 200 000+208 000)　　　　　　　　　1 408 000
　　盈余公积　　　　　　　　　　　　　　　　　　　1 150 000
　　未分配利润　　　　　　　　　　　　　　　　　　　650 000
　　商誉(7 000 000-8 000 000×80%-208 000)　　　392 000
　　贷:长期股权投资　　　　　　　　　　　　　　　　7 000 000
　　　　少数股东权益(8 000 000×20%)　　　　　　　1 600 000

其中:M公司的长期股权投资的投资成本 7 000 000 元超过子公司可辨认净资产公允价值的份额 6 608 000 元(8 260 000×80%)的金额 392 000 元,计入合并报表的"商誉";在母公司理论下,少数股东权益的金额等于子公司的净资产的账面价值乘以持股份额,即 1 600 000元(8 000 000×20%)。

在母公司理论的合并方法下,子公司可辨认净资产总额实际上是归属于母公司的可辨认净资产的公允价值与归属于少数股东的可辨认净资产的账面价值的混合产物,其不一致的计量基础往往为人们所诟病。

3) 合并方法三:经济实体理论

经济实体理论认为,商誉来自子公司的超额盈利能力,归属于包括非控股股东在内的子公司的所有股东。由于母公司持有子公司80%的股权的公允价值为7 000 000元,那么子公司的全部净资产公允价值的总额应为8 750 000元(7 000 000÷80%);子公司少数股东权益为1 750 000元(8 750 000×20%);子公司的商誉为全部净资产公允价值减去可辨认净资产公允价值的差额490 000元(8 750 000－8 260 000)。

从理论上来看,这一方法对少数股东权益、商誉的计量具有很强的逻辑一致性。但是由于合并过程并没有改变报表编制主体,非控制股权股东也不会影响母公司的经营政策,因此合并财务报表中少数股东权益与商誉采用公允价值计量对非控股股东并没有实际意义。同时在实务中子公司的可辨认净资产公允价值往往并非完全理论意义上的公允价值概念,而是非完全竞争与信息非对称市场条件下评估机构主观评估的结果,在此基础上推断的商誉往往具有一定的主观性,在价值上也容易形成较大的波动性,因此该方法在实务中较少被使用。

4) 三种合并方法之比较

为了更好地了解三种合并方法的差异,兹把三种合并方法下少数股东权益、商誉以及可辨认净资产的数额列示如表5-9所示。

表5-9 三种合并方法下少数股东权益、商誉的比较

单位:元

合并方法	少数股东权益	商誉	子公司的可辨认净资产总额
合并方法一	1 652 000	392 000	8 260 000
合并方法二	1 600 000	392 000	8 208 000
合并方法三	1 750 000	490 000	8 260 000

2. 低于公允价值购入子公司的部分股权

【例5-6】 在[例5-4]的基础上,假定M公司以6 000 000元购买了N公司发行在外的80%的股份。M公司为N公司设置记录资产和负债的公允价值与账面价值的备查簿如表5-5所示。其他资料不变。

购买日:M公司个别财务报表:购买N公司股权,采用成本法核算,会计分录如下:

借:长期股权投资　　　　　　　　　　　　　　　　　　　　　　6 000 000
　　贷:银行存款　　　　　　　　　　　　　　　　　　　　　　　6 000 000

编制合并报表:

(1) 把N公司资产、负债的账面价值调整为公允价值,会计分录如下:

借:存货　　　　　　　　　　　　　　　　　　　　　　　　　　60 000
　　固定资产　　　　　　　　　　　　　　　　　　　　　　　　200 000
　　贷:资本公积　　　　　　　　　　　　　　　　　　　　　　　260 000

(2) M公司把长期股权投资的"成本法"转换为"权益法",会计分录如下:

借:长期股权投资(8 260 000×80%-6 000 000) 608 000
  贷:营业外收入 608 000

(3) M公司对N公司的长期股权投资与子公司所有者权益之间的抵销分录如下:

借:股本 5 000 000
  资本公积 1 460 000
  盈余公积 1 150 000
  未分配利润 650 000
  贷:长期股权投资 6 608 000
    少数股东权益 1 652 000

编制抵销分录后,M公司应编制M、N公司的合并工作底稿,如表5-10所示。

表5-10 母公司合并工作底稿

20×2年1月1日　　　　　　　　　　　　　　　　　　　　　单位:元

项 目	M公司	N公司	抵销分录 借方	抵销分录 贷方	合并后余额
银行存款	3 200 000	1 000 000			4 200 000
交易性金融资产	800 000	500 000			1 300 000
应收账款	1 000 000	1 000 000			2 000 000
存货	4 000 000	3 500 000	(1) 60 000		7 560 000
长期股权投资	6 000 000		(2) 608 000	(3) 6 608 000	0
固定资产(净额)	9 000 000	7 000 000	(1) 200 000		16 200 000
商誉					0
资产总计	24 000 000	13 000 000	868 000	6 608 000	31 260 000
应付账款	1 600 000	1 400 000			3 000 000
短期借款	1 400 000	600 000			2 000 000
应付债券	3 000 000	2 100 000			5 100 000
长期借款	1 000 000	900 000			1 900 000
负债合计	7 000 000	5 000 000			12 000 000
股本	9 000 000	5 000 000	(3) 5 000 000		9 000 000
资本公积	2 600 000	1 200 000	(3) 1 460 000	(1) 260 000	2 600 000
盈余公积	3 800 000	1 150 000	(3) 1 150 000		3 800 000
未分配利润	1 600 000	650 000	(3) 650 000	(2) 608 000	2 208 000
归属于母公司的股东权益合计					17 608 000
少数股东权益				(3) 1 652 000	1 652 000
股东权益合计	17 000 000	8 000 000	8 260 000	2 520 000	19 260 000
负债和股东权益总计	24 000 000	13 000 000	8 260 000	2 520 000	31 260 000

第三节　同一控制下股权取得日的合并财务报表

同一控制下的企业合并形成母子关系的,合并方一般应在购买日编制合并财务报表,反映合并日形成的报告主体的财务状况以及视同该主体一直存在产生的经营成果、现金流量等。由于同一控制下企业合并的主体在合并前就在一个企业集团中,从经济实质上看,该并购仅是企业集团内组织结构的调整,其资产、负债与利润并没有因此而增加。与非同一控制下企业合并不同,在编制合并财务报表时,我们通常假设该企业集团在并购之前一直存在,在会计期初至并购日之间母子公司的资产、负债、股东权益、利润与现金流量都包括在企业集团的购并日的合并财务报表之中。因此编制合并日的合并财务报表时,一般包括合并资产负债表、合并利润表及合并现金流量表。

一、合并资产负债表

被合并方的有关资产、负债应以其账面价值并入合并财务报表。当合并方与被合并方采用的会计政策不同时,应按照合并方的会计政策,对被合并方有关资产、负债的账面价值进行调整。合并方与被合并方在合并日及以前期间发生的交易,应作为内部交易进行抵销。同一控制下企业合并的基本处理原则是视同合并后形成的报告主体在合并日及以前期间一直存在,在合并资产负债表中,对于被合并方在企业合并前实现的留存收益(盈余公积和未分配利润之和)中归属于合并方的部分,应按以下规定,自合并方的资本公积转入留存收益。

(1) 确认企业合并形成的长期股权投资后,合并方账面资本公积(资本溢价或股本溢价)贷方余额大于被合并方在合并前实现的留存收益中归属于合并方的部分,在合并资产负债表中,应将被合并方在合并前实现的留存收益中归属于合并方的部分自"资本公积"项目转入"盈余公积"和"未分配利润"项目。在合并工作底稿中,借记"资本公积"项目,贷记"盈余公积"和"未分配利润"项目。

(2) 确认企业合并形成的长期股权投资后,合并方账面资本公积(资本溢价或股本溢价)贷方余额小于被合并方在合并前实现的留存收益中归属于合并方的部分,在合并资产负债表中,应以合并方资本公积(资本溢价或股本溢价)的贷方余额为限,将被合并方在企业合并前实现的留存收益中归属于合并方的部分自"资本公积"项目转入"盈余公积"和"未分配利润"项目。在合并工作底稿中,借记"资本公积"项目,贷记"盈余公积"和"未分配利润"项目。因合并方的资本公积(资本溢价或股本溢价)余额不足,被合并方在合并方实现的留存收益在合并资产负债表中未予全额恢复的,合并方应当在财务报表附注中对这一情况进行说明。

【例 5-7】　M、N 公司同为 P 公司控制下的两个子公司。20×2 年 6 月 30 日,M 公司以 6 000 000 元购买了 N 公司发行在外的 70% 的股份。M 公司和 N 公司的资产负债表在购买日前的有关数据仍如表 5-3 所示。

(1) 对 M 公司个别报表来说,会计处理如下:

借:长期股权投资　　　　　　　　　　　　　　　　　　5 600 000
　　资本公积　　　　　　　　　　　　　　　　　　　　　400 000
　贷:银行存款　　　　　　　　　　　　　　　　　　　　6 000 000

(2) 对 M 公司合并报表来说,应编制抵销分录如下:

借：股本　　　　　　　　　　　　　　　　　　　　　　　　5 000 000
　　资本公积　　　　　　　　　　　　　　　　　　　　　　1 200 000
　　盈余公积　　　　　　　　　　　　　　　　　　　　　　1 150 000
　　未分配利润　　　　　　　　　　　　　　　　　　　　　　650 000
　　贷：长期股权投资　　　　　　　　　　　　　　　　　　5 600 000
　　　　少数股东权益　　　　　　　　　　　　　　　　　　2 400 000

（3）企业集团的留存收益予以恢复，编制分录如下：

借：资本公积　　　　　　　　　　　　　　　　　　　　　　1 260 000
　　贷：盈余公积　　　　　　　　　　　　　　　　　　　　　805 000
　　　　未分配利润　　　　　　　　　　　　　　　　　　　　455 000

编制抵销分录后，M公司应编制合并工作底稿，如表 5-11 所示。

表 5-11　母公司合并工作底稿

单位：元

项　目	M公司	N公司	抵　销　分　录		合并后余额
			借　方	贷　方	
银行存款	3 200 000	1 000 000			4 200 000
交易性金融资产	800 000	500 000			1 300 000
应收账款	1 000 000	1 000 000			2 000 000
存货	4 000 000	3 500 000			7 500 000
长期股权投资	5 600 000			(2) 5 600 000	0
固定资产（净额）	9 000 000	7 000 000			16 000 000
资产总计	23 600 000	13 000 000		5 600 000	31 000 000
应付账款	1 600 000	1 400 000			3 000 000
短期借款	1 400 000	600 000			2 000 000
应付债券	3 000 000	2 100 000			5 100 000
长期借款	1 000 000	900 000			1 900 000
负债合计	7 000 000	5 000 000			12 000 000
股本	9 000 000	5 000 000	(2) 5 000 000		9 000 000
资本公积	2 200 000	1 200 000	(2) 1 200 000 (3) 1 260 000		940 000
盈余公积	3 800 000	1 150 000	(2) 1 150 000	(3) 805 000	4 605 000
未分配利润	1 600 000	650 000	(2) 650 000	(3) 455 000	2 055 000
归属于母公司的股东权益合计					16 600 000
少数股东权益				(2) 2 400 000	2 400 000
股东权益合计	16 600 000	8 000 000	9 260 000	3 660 000	19 000 000
负债和股东权益总计	23 600 000	13 000 000	9 260 000	3 660 000	31 000 000

二、合并利润表与合并现金流量表

合并方在编制购买日的合并利润表时,应包含合并方及被合并方自合并当期期初至合并日实现的净利润,双方在当期所发生的交易,应当按照合并财务报表的有关原则进行抵销。例如,同一控制下的企业合并发生于20×2年6月30日,合并方当日编制合并利润表时,应包括合并方及被合并方自20×2年1月1日至20×2年6月30日实现的净利润。为了帮助企业的会计信息使用者了解合并利润表中净利润的构成,发生同一控制下企业合并的当期,合并方在合并利润表中的"净利润"项下应单列"其中:被合并方在合并前实现的净利润"项目,反映因同一控制下企业合并规定的编表原则,导致由于该项企业合并自被合并方在合并当期带入的损益情况。

合并日合并现金流量表的编制与合并利润表的编制原则相同。

参 考 文 献

[1] 中国注册会计师教育教材编审委员会.高级财务会计[M].2版.北京:经济科学出版社,2002.

[2] 财政部.企业会计准则(2006)[M].北京:中国财政经济出版社,2006.

[3] 财政部.企业会计准则——应用指南(2006)[M].北京:中国财政经济出版社,2006.

[4] 财政部会计司.企业会计准则讲解2010[M].北京:人民出版社,2010.

[5] PAHLER,ARNOLD J.高级财务会计[M].8版.杨有红,等,译.北京:中国人民大学出版社,2006.

[6] 财政部注册会计师考试委员会办公室.会计[M].北京:中国财政经济出版社,2016.

复 习 思 考 题

1. 简述合并财务报表的必要性及其局限性。
2. 简述合并财务报表的合并范围。
3. 简述合并财务报表的编制程序。
4. 简述合并财务报表的合并理论。
5. 简述同一控制下合并财务报表与非同一控制下合并财务报表的相同与不同之处。

业 务 题

资料:20×2年6月30日,P公司与S公司资料如表5-12所示。

表5-12 P公司与S公司资料

单位:元

项　　目	P公司账面价值	S公司账面价值	S公司公允价值
银行存款	1 000 000	60 000	60 000
应收账款	200 000	140 000	130 000
存货	300 000	180 000	230 000

(续表)

项　　目	P公司账面价值	S公司账面价值	S公司公允价值
土地	400 000	50 000	100 000
固定资产	1 000 000	550 000	850 000
无形资产	200 000		50 000
资产合计	3 100 000	980 000	1 420 000
应付账款	100 000	60 000	60 000
应付票据	100 000	170 000	160 000
长期借款	900 000		
负债合计	1 100 000	230 000	220 000
股本	500 000	100 000	
资本公积	1 000 000	400 000	
盈余公积	300 000	100 000	
未分配利润	200 000	150 000	
所有者权益合计	2 000 000	750 000	1 200 000

P公司为合并支付了银行存款400 000元并发行面值为1元、市价为20元的普通股50 000股作为对价，为发行股票支付相关费用50 000元。此外，为合并支付相关费用100 000元。

要求：分别讨论P公司与S公司属于非同一控制下与同一控制下的情形，以及属于控股合并与吸收合并的情形：

(1) 请编制有关合并的分录。说明不同情形下合并对企业的财务影响。
(2) 请编制合并日合并报表的抵销或调整分录。
(3) 编制合并日合并资产负债表。

第六章 购并日后的合并财务报表

本章提要

购并日后的合并财务报表包括合并资产负债表、合并利润表、合并现金流量表与合并股东权益变动表及其附注。合并财务报表编制的主要流程如下：首先，将母公司对子公司的长期股权投资的核算方法由"成本法"调整为"权益法"核算；其次，在合并工作底稿中，对母公司和子公司的个别财务报表各项目的金额进行汇总；再次，编制母子公司内部交易的抵销分录；最后，计算母子公司各项目的合并数。简而言之，这主要涉及两个会计问题：一是母公司对子公司的长期股权投资的核算方法由"成本法"调整为"权益法"；二是母子公司内部交易事项的抵销。

在合并报表编制过程中，需要抵销的内部交易事项主要包括以下三类：①集团内部投资交易；②集团内部购销交易；③集团内部借贷交易。

编制合并资产负债表需要进行抵销处理的项目主要包括以下方面：①母公司对于子公司权益性投资项目与子公司相应的所有者权益项目；②母公司对于子公司债权性投资项目与子公司相应的负债项目；③母公司与子公司、子公司相互之间发生的内部债权债务项目；④集团内部购进存货中包括未实现内部销售利润的存货项目；⑤集团内部购进固定资产价值中包含的未实现内部销售利润的固定资产项目；⑥集团内部购进无形资产价值中包含的未实现内部销售利润的无形资产项目。

编制合并利润表和合并股东权益变动表需要进行抵销处理的项目主要包括以下方面：①营业收入和营业成本项目中的内部销售收入和内部销售成本的抵销；②资产减值损失项目中的内部应收账款计提的坏账准备；③财务费用项目中的内部利息费用；④投资收益项目中的内部权益性资本投资收益和内部债券投资收益等；⑤纳入合并范围的子公司利润分配项目。

编制合并现金流量表需要进行抵销处理的项目主要包括以下方面：①经营活动产生的现金流量项目；②投资和筹资活动产生的现金流量项目。

第一节 长期股权投资的会计处理

一、长期股权投资核算中的成本法与权益法

根据我国会计准则，当投资企业与被投资企业存在控制关系时，投资企业在个别财务报表中对长期股权投资应采用成本法进行核算。在成本法下，投资企业的"长期股权投资"账户按照取得成本记账，始终保持原投资金额，不随被投资企业的股东权益变动而发生增

减变动。在成本法下，无论被投资企业是实现净利润还是发生净亏损，投资企业均不予确认投资收益；投资企业只有在被投资企业宣告和分派股利时，才确认投资收益。

通常认为，成本法适当地反映了投资企业与被投资企业关系的法律形式。投资企业和被投资企业是独立的法人实体，对被投资企业形成经营成果的处理体现两者之间的独立性，所以只有当被投资企业向投资企业宣告股利时，而不是实现净利润时，才能确认投资收益。同时，采用成本法核算在一定程度上可以避免投资企业进行超额利润分配，减少投资企业利用控制关系进行利润操纵。

但是在成本法下，"长期股权投资"账户的账面价值停留在初始投资或追加投资的投资成本上，不能如实反映投资企业在被投资单位的权益；在投资企业对被投资单位具有重大影响时，账面上的投资收益无法真实地反映实际的经济利益；而当被投资单位亏损时，又不能及时反映投资企业的损失。

在合并财务报表中，合并财务报表的核算对象是包括投资企业（母公司）与被投资企业（子公司）在内的企业集团，而并非母公司独立的法人实体，因此母公司对子公司的长期股权投资应采用权益法核算，采用成本法是不合适的。

通常认为，权益法符合应计制会计的要求，因为此法是在被投资企业实现净利润或发生净亏损时，而不是在被投资企业支付股利时，确认投资企业对被投资企业投资账面价值的增加或减少，所以权益法强调了投资企业与被投资企业关系的经济实质，也就是从会计角度将两个独立的法人企业视为单一经济实体。

二、合并财务报表下长期股权投资核算举例

【例 6-1】 假定 M 公司于 20×2 年 1 月 1 日购入 Z 公司 80% 的股份，共支付了银行存款 6 000 000 元。M 公司对此应作如下分录反映 Z 公司的 80% 的股权：

借：长期股权投资　　　　　　　　　　　　　　　　　　　　6 000 000
　　贷：银行存款　　　　　　　　　　　　　　　　　　　　　　　　6 000 000

购入 Z 公司股份时，Z 公司各项资产和负债的资料如表 6-1 所示。

表 6-1　Z 公司资产负债表

20×1 年 12 月 31 日　　　　　　　　　　　　　　　　单位：元

项　目	Z 公司账面价值	Z 公司公允价值	差　额
银行存款	300 000	300 000	0
应收账款	1 200 000	1 200 000	0
存货	1 500 000	2 000 000	500 000
其他流动资产	1 300 000	1 100 000	−200 000
固定资产(净额)	2 500 000	4 000 000	1 500 000
资产总计	6 800 000	8 600 000	1 800 000
应付账款	600 000	600 000	
长期应付款	1 000 000	900 000	−100 000
负债合计	1 600 000	1 500 000	−100 000

（续表）

项 目	Z公司账面价值	Z公司公允价值	差 额
股本	4 000 000		
资本公积	400 000		
盈余公积	800 000		
未分配利润	0		
股东权益合计	5 200 000	7 100 000	1 900 000
负债和股东权益总计	6 800 000	8 600 000	1 800 000

M公司当时购入Z公司净资产的账面价值为4 160 000元（5 200 000×80%），投资成本和账面价值的差异为1 840 000元，这一差异必须分摊到Z公司的各项可辨认净资产和商誉。这一分摊过程如表6-2所示。

表6-2 商誉计算表

单位：元

投资成本			6 000 000
减：所取得Z公司股权账面价值			4 160 000
投资成本超过所取得账面价值的数额			1 840 000
投资成本超过所取得账面价值的数额的分摊			
	公允价值与账面价值的差异	份额	
存货	500 000	80%	400 000
其他流动资产	−200 000	80%	−160 000
固定资产（净额）	1 500 000	80%	1 200 000
长期应付款	100 000	80%	80 000
分摊到可辨认净资产的数额			1 520 000
商誉			320 000

上述公允价值的信息并不在Z公司的账上反映，相反投资成本超过所取得的Z公司股权账面价值的差额1 840 000元反映在M公司的"长期股权投资"账户上。在权益法下，这一差异要通过分期借记"投资收益"账户，贷记"长期股权投资"账户加以抵销。根据我国企业会计准则，因企业合并所形成的商誉，无论是否存在减值迹象，每年都应当进行减值测试。在对包含商誉的相关资产组或者资产组组合进行减值测试时，如与商誉相关的资产组或者资产组组合存在减值迹象的，应当先对不包含商誉的资产组或者资产组组合进行减值测试，计算可收回金额，并与相关账面价值相比较，确认相应的减值损失。再对包含商誉的资产组或者资产组组合进行减值测试，比较这些相关资产组或者资产组组合的账面价值（包括所分摊的商誉的账面价值部分）与其可收回金额，如相关资产组或者资产组组合的可收回金额低于其账面价值的，应当确认商誉的减值损失。

现进一步假定Z公司于20×2年7月1日支付股利500 000元，当年净利润为

1 500 000元,投资成本超过所取得账面价值的差额摊销如下:存货于20×2年出售;其他流动资产于20×2年出售;固定资产分20年摊销;长期应付款5年后到期。

在完全权益法下,M公司在20×2年记录收到的股利和投资收益的分录如下:

(1) 20×2年7月1日,收到股利400 000元。

  借:银行存款   400 000
    贷:长期股权投资   400 000

(2) 20×2年12月31日,按投资比例确认投资收益1 200 000元。

  借:长期股权投资   1 200 000
    贷:投资收益   1 200 000

(3) 20×2年12月31日,反映所出售存货的差价400 000元。

  借:投资收益   400 000
    贷:长期股权投资   400 000

(4) 20×2年12月31日,反映所处置其他流动资产的差价160 000元。

  借:长期股权投资   160 000
    贷:投资收益   160 000

(5) 20×2年12月31日,反映摊销固定资产的差价60 000元(1 200 000÷20)。

  借:投资收益   60 000
    贷:长期股权投资   60 000

(6) 20×2年12月31日,反映摊销长期应付款的差价16 000元(80 000÷5)。

  借:投资收益   16 000
    贷:长期股权投资   16 000

上述(3)～(6)笔分录的作用在于调整"投资收益"和"长期股权投资"两个账户。可见,完全权益法在于更加正确地反映投资企业各期的"投资收益"和"长期股权投资"账户。

由于上述12月31日(2)～(6)笔分录均涉及"投资收益"和"长期股权投资"两个账户,M公司20×2年12月31日也可简化为一笔分录:

  借:长期股权投资   884 000
    贷:投资收益   884 000

分录中的投资收益数据可计算如下:

按投资比例分享的投资收益	1 200 000
投资成本超过账面价值的摊销:	
20×2年出售的存货	−400 000
20×2年处置的其他流动资产	160 000
固定资产摊销	−60 000
长期应付款摊销	−16 000
投资收益合计	884 000

按照权益法,M公司20×2年12月31日资产负债表上"长期股权投资"项目的数额应

为6 484 000元(6 000 000+884 000−400 000),利润表中的投资收益884 000元,Z公司的净资产(所有者权益)在2007年由5 200 000元增加到6 200 000元,M公司在Z公司的股份份额为80%,即4 960 000元,"长期股权投资"账户余额和相应账面价值的差额1 524 000元,表示投资成本和所取得账面价值的未摊销价差。此差额1 524 000元也可由原来的未摊销价差1 840 000元减去2012年的摊销316 000元而得。这一结果可验证如表6-3所示。当全部1 840 000元的投资成本与所取得账面价值的差价摊销完毕时,"长期股权投资"账户余额应等于Z公司股东权益的账面价值的80%。

表6-3 未摊销计算表

单位:元

项 目	Z公司股东权益(1)	80%Z公司股东权益(2)	对Z公司投资余额(3)	未摊销价差(4)=(3)−(2)
20×2年1月1日	5 200 000	4 160 000	6 000 000	1 840 000
20×2年7月股利	−500 000	−400 000	−400 000	
20×2年利润	1 500 000	1 200 000	1 200 000	
20×2年摊销			−316 000	−316 000
20×2年年底	6 200 000	4 960 000	6 484 000	1 524 000

【例6-2】 M公司发生以下经济业务,此前M公司与甲公司无关联关系。甲公司每年按净利润的10%计提盈余公积。

(1) M公司于20×1年1月1日以10 850万元购入甲公司60%的股权,取得投资日甲公司的净资产公允价值为18 000万元,账面价值为15 200万元,除表6-4中项目外,甲公司投资当日其他资产负债公允价值等于账面价值。

表6-4 甲公司资产的账面价值与公允价值的差异

金额单位:万元

项 目	账面价值	公允价值	尚可使用年限(年)	差 额
存 货	1 000	1 500		500
固定资产	4 200	5 800	20	1 600
无形资产	2 000	2 700	10	700
小 计	7 200	10 000		2 800

(2) 20×1年4月10日,甲公司宣告分配20×0年现金股利1 000万元。

(3) 甲公司20×1年实现净利润2 000万元,甲公司投资时的存货在20×1年销售了70%。

(4) 20×2年3月20日,甲公司宣告分派20×1年现金股利1 200万元。

(5) 甲公司20×2年实现净利润2 100万元,20×2年将甲公司投资时存货剩余30%对外销售。

(6) 甲公司20×2年因持有可供出售金融资产公允价值上升计入其他综合收益400万元。

要求:分别以成本法与权益法计算该M公司长期股权投资20×1年年末与20×2年年

末的账面价值以及相关损益。并编制 M 公司上述业务会计分录。

解答：相关计算及分录如表 6-5 所示。

表 6-5　成本法与完全权益法账务处理比较

成本法：个别报表	完全权益法：合并报表
20×1 年年末长期股权投资 　＝10 850(万元) 20×1 年投资收益＝1 000×60% 　＝600(万元) 20×2 年年末长期股权投资 　＝10 850(万元) 投资收益＝720(万元)	20×1 年年末长期股权投资 　＝10 850＋[－1 000＋(2 000－500×70%－1 600÷20－700 　　÷10)]×60%＝11 150(万元) 20×1 年投资收益 　＝(2 000－500×70%－1 600÷20－ 　　700÷10)×60% 　＝900(万元) 20×2 年年末长期股权投资 　＝11 150＋[－1 200＋(2 100－500×30%－1 600÷20－700 　　÷10)＋400]×60% 　＝10 430＋(1 800＋400)×60% 　＝11 750(万元) 20×2 年投资收益 　＝[(2 100－500×30%－1 600÷20－ 　　700÷10)]×60% 　＝1 080(万元) 其他综合收益＝400×60%＝240(万元)
(1) 借：长期股权投资　108 500 000 　　　贷：银行存款　　108 500 000	(1) 借：长期股权投资(成本)　　　　　108 500 000 　　　贷：银行存款　　　　　　　　　　108 500 000
(2) 20×1 年 4 月股利宣告 借：应收股利　　　6 000 000 　贷：投资收益　　6 000 000	(2) 20×1 年 4 月股利宣告 借：应收股利　　　　　　　　　　　6 000 000 　贷：长期股权投资(成本)　　　　　6 000 000
(3) 不处理	(3) 按照净资产公允价值调整后的利润 　＝2 000－500×70%－1 600÷20－700÷10 　＝1 500(万元) 借：长期股权投资(损益调整)　　　　9 000 000 　贷：投资收益　　　　　　　　　　　9 000 000
(4) 20×2 年 3 月宣告股利 借：应收股利　　　7 200 000 　贷：投资收益　　7 200 000	(4) 20×2 年 3 月宣告股利时 借：应收股利　　　　　　　　　　　7 200 000 　贷：长期股权投资(损益调整)　　　7 200 000
(5) 不处理	(5) 按照净资产公允价值调整后的利润 　＝2 100－500×30%－1 600÷20－700÷10 　＝1 800(万元) 借：长期股权投资(损益调整)　　　10 800 000 　贷：投资收益　　　　　　　　　　10 800 000
(6) 不处理	(6) 借：长期股权投资(其他权益变动)　2 400 000 　　　贷：其他综合收益　　　　　　　2 400 000

在合并报表中，20×1 年年末母公司的长期股权投资由成本法调整为权益法，则需要作以下分录：

　　借：长期股权投资　　　　　　　　　　　　　　　　　　　　3 000 000
　　　贷：投资收益　　　　　　　　　　　　　　　　　　　　　3 000 000

在20×2年年末母公司的长期股权投资由成本法调整为权益法,则需要作以下分录:

(1) 将上年"长期股权投资"的调整分录结转本年,由于甲公司每年按净利润的10%计提盈余公积。

  借:长期股权投资   3 000 000
    贷:未分配利润——年初   2 700 000
      盈余公积——年初   300 000

(2) 确认投资收益的差异调整。

  借:长期股权投资   3 600 000
    贷:投资收益   3 600 000

(3) 确认除净利润外的所有者权益的其他变动中所享有的份额240万元。

  借:长期股权投资   2 400 000
    贷:其他综合收益   2 400 000

第二节 抵销内部交易:基本原理

一、集团内部经济业务事项的分类

集团内部母公司与子公司、子公司与子公司之间发生的经济业务事项,我们称为集团内部经济业务事项。它包括集团内部投资事项、集团内部购销事项、集团内部借贷事项等。由于合并财务报表所反映的对象是整个集团,因此集团内部发生的经济业务事项所产生的利润及其相应的资产与负债的变动必须抵销。

(一) 集团内部投资事项

集团内部投资事项是指企业集团内部之间相互进行的投资业务事项,包括进行权益性投资和债权性投资,以及由此带来的投资收益的结算和支付等业务事项。例如,母公司向子公司进行的权益性投资,子公司之间相互进行的权益性投资,母公司购买子公司发行的债券,子公司购买母公司或其他子公司发行的债券。集团内部投资事项往往涉及集团内部各企业的净资产(长期股权投资或交易性金融资产等)、负债(应付债券、应付利润等)、所有者权益(实收资本或股本、资本公积、盈余公积、未分配利润等)、收入(投资收益)、费用(财务费用)和利润等的变动。

(二) 集团内部购销事项

集团内部购销事项主要包括企业集团内部各企业之间进行的存货(商品、产成品、半成品、材料等)购销交易、固定资产购销交易、无形资产购销交易等。集团内部交易事项往往涉及集团内部各企业的资产(存货、应收账款、应收票据、预收账款等)、商品销售收入、成本、费用、税金等的变动。

(三) 集团内部借贷事项

集团内部借贷事项是指集团内部各企业之间发生相互借贷资金的业务。集团内部发生的借贷业务往往涉及集团内部各企业之间的各种应收、应付款项和利息收入支出等的变动。

二、合并资产负债表与利润表编制的抵销项目

企业集团内部经济业务事项的发生,虽然会造成集团内部各企业资产、负债、所有者权

益、收入、费用和利润的增减变动,但是从整个企业集团的角度看,这种集团内部经济业务事项的发生,只是造成财产、物资和资金在集团内部的转移,并不会导致整个企业集团总的资产、负债、所有者权益、收入、费用和利润的增减变动。因而母公司与子公司、子公司与子公司之间内部交易对报表项目产生的影响需要进行抵销。

编制合并资产负债表需要进行抵销处理的项目主要包括以下方面:①母公司对于子公司权益性投资项目与子公司相应的所有者权益项目;②母公司对于子公司债权性投资项目与子公司相应的负债项目;③母公司与子公司、子公司相互之间发生的内部债权债务项目;④集团内部购进存货中包括未实现内部销售利润的存货项目;⑤集团内部购进固定资产价值中包含的未实现内部销售利润的固定资产项目;⑥集团内部购进无形资产价值中包含的未实现内部销售利润的无形资产项目。

编制合并利润表和合并股东权益变动表需要进行抵销处理的项目主要包括以下方面:①营业收入和营业成本项目中的内部销售收入和内部销售成本的抵销;②"管理费用"项目中的内部应收账款计提的坏账准备;③"财务费用"项目中的内部利息费用;④"投资收益"项目中的内部权益性资本投资收益和内部债券利息收入等;⑤纳入合并范围的子公司利润分配项目,等等。

编制合并现金流量表需要进行抵销处理的项目主要包括以下方面:①经营活动产生的现金流量项目,包括:集团内部企业间销售商品、提供劳务收付的现金项目;集团内部企业间经营租赁收付的租金项目。②投资和筹资活动产生的现金流量项目,具体包括:集团内部企业间权益性投资、支付股利或利润及收回投资收付的现金项目;集团内部企业间债权性投资、本金及利息偿付的现金项目;集团内部企业间借款、本金及利息偿付的现金项目;集团内部企业间融资租赁收付的现金项目;集团内部企业之间转让固定资产、无形资产和其他长期资产收付的现金项目。

以下我们按照集团内部的交易业务分类,逐一展开。值得注意的是,有时一个内部交易的抵销分录会涉及合并资产负债表、合并利润表与合并所有者权益变动表多个报表。

(一) 集团内部投资事项的抵销

集团内部投资包括权益性投资和债权性投资,在编制购并日后合并财务报表时,要将它们予以抵销。

1. 集团内部权益性投资的抵销

集团内部权益性投资包括母公司对于子公司的投资、子公司相互之间的投资等。

母公司对子公司的权益性投资,从母公司的角度看是对外投资增加,从子公司的角度看是所有者权益的增加,但是从企业集团整体来看只是资金的内部转移,既不能作为整个企业集团对外投资的增加,也不能作为整个集团所有者权益的增加,因此,在编制控制权取得日后合并资产负债表时,和编制控制权取得日合并资产负债表一样,应当将母公司对子公司的投资和子公司相应的所有者权益直接加以抵销。

1) 长期股权投资与子公司所有者权益的抵销处理

母公司对子公司进行的长期股权投资,一方面反映为长期股权投资以外的其他资产的减少,另一方面反映为长期股权投资的增加,在母公司个别资产负债表中作为资产类项目中的长期股权投资列示。子公司接受这一投资时,一方面增加资产,另一方面作为实收资本(或股本,下同)处理。在其个别资产负债表中,一方面反映为实收资本的增加,另一方面反映为相对应的资产的增加。从企业集团整体来看,母公司对子公司进行的长期股权投资实际上相当于母公司将资本拨付下属核算单位,并不引起整个企业集团的资产、负债和所有者权益的增减变动。因此,编制合并财务报表时,应当在母公司与子公司财务报表数据简单相加的基础上,将母公司对子公司长期股权投资项目与子公司所有者权益项目予以抵销。

子公司所有者权益中不属于母公司的份额,即子公司所有者权益中抵销母公司所享有的份额后的余额,在合并财务报表中作为"少数股东权益"处理,"少数股东权益"项目应当在"所有者权益"项目下单独列示。

【例6-3】 20×2年1月1日,P公司以银行存款3 000万元购得S公司80%的股份。P公司备查簿中记录S公司在20×2年1月1日,除固定资产公允价值比账面价值高100万元外,该固定资产的尚可使用年限为20年,其余可辨认资产、负债的公允价值与账面价值一致(资料如表6-6所示)。S公司在20×2年1月1日股东权益的账面价值为3 500万元,其中股本2 000万元,资本公积1 500万元。

20×2年S公司实现净利润1 000万元,提取公积金100万元,分配当年度现金股利600万元,其中P公司得到480万元,未分配利润300万元。S公司因持有可供出售金融资产的公允价值变动计入当期其他综合收益的金额为100万元。

要求:请分别根据成本法与权益法计算20×2年年底各报表项目的变动;并编制权益法下的调整分录;编制合并工作底稿中调整事项的会计处理;编制合并工作底稿中长期股权投资与子公司所有者权益的抵销分录。

表6-6 P公司备查簿——子公司S公司的公允价值情况

单位:万元

项 目	账面价值	公允价值	差 额	合并报表调整	余 额	备 注
流动资产	3 800	3 800				
非流动资产	1 900	2 000				
其中:固定资产(净额)	600	700	100	5	695	固定资产的剩余折旧年限为20年,采用平均年限法计提折旧
资产总计	5 700	5 800				
流动负债	1 300	1 300				
非流动负债	900	900				
负债合计	2 200	2 200				
股本	2 000	2 000				
资本公积	1 500	1 600	100			
盈余公积	0	0				
未分配利润	0	0				
股东权益合计	3 500	3 600				
负债和股东权益总计	5 700	5 800				

P 公司个别财务报表中应采用成本法。在成本法下,P 公司会计分录如下:
20×2 年 P 公司收到股利,确认收益:

  借:应收股利   4 800 000
    贷:投资收益   4 800 000

P 公司编制合并财务报表中应采用收益法。在权益法下,P 公司会计分录如下:

(1) S 公司实现净利润 1 000 万元,其中资产公允价值高于账面价值的摊销额为 5 万元 (100/20),则归属于 P 公司的利润为 796 万元 [(1 000－5)×80%]。

  借:长期股权投资   7 960 000
    贷:投资收益   7 960 000

(2) S 公司因持有可供出售金融资产的公允价值变动计入当期其他综合收益 100 万元。

  借:长期股权投资   800 000
    贷:其他综合收益   800 000

(3) S 公司分配当年度现金股利 600 万元,其中 P 公司得到 480 万元。

  借:应收股利   4 800 000
    贷:长期股权投资   4 800 000

有关报表项目成本法与权益法的比较如表 6-7 所示。

表 6-7 成本法与权益法的比较

单位:万元

报表项目	成本法	权益法	差 额
应收股利	480	480	0
投资收益	480	796	316
长期股权投资	3 000	3 396	396
其他综合收益	0	80	80

合并工作底稿中调整事项的会计处理如下:

(1) 调整合并日资产公允价值与账面价值差异。

  借:固定资产   1 000 000
    贷:资本公积   1 000 000

(2) 基于资产公允价值调整当期利润。

  借:管理费用   50 000
    贷:固定资产(累计折旧)   50 000

(3) 调整长期股权投资:成本法转换为权益法。

  借:长期股权投资   800 000
    贷:其他综合收益   800 000

```
借：长期股权投资(7 960 000－4 800 000)              3 160 000
    贷：投资收益(7 960 000－4 800 000)                       3 160 000
```

(4) 合并工作底稿中长期股权投资与子公司所有者权益的抵销分录。

S公司20×2年年末：股东权益合计4 095万元。

其中：股本2 000万元；资本公积(年初)＝1 500＋100＝1 600(万元)；其他综合收益(本年)＝100(万元)；盈余公积(本年)＝100(万元)；未分配利润(年末)＝1 000－100－600－5＝295(万元)。商誉＝3 396－4 095×80%＝120(万元)。P公司的少数股东权益＝4 095×20%＝819(万元)。

则抵销分录如下：

```
借：股本                                    20 000 000
    资本公积                                 16 000 000
    其他综合收益                              1 000 000
    盈余公积                                  1 000 000
    未分配利润                                2 950 000
    商誉                                    1 200 000
    贷：长期股权投资                                    33 960 000
        少数股东权益                                      8 190 000
```

2) 母公司与子公司、子公司相互之间持有对方长期股权投资的投资收益的抵销处理

内部投资收益是指母公司对子公司或子公司对母公司、子公司相互之间的长期股权投资的收益，即母公司对子公司的长期股权投资在合并工作底稿中按权益法调整的投资收益，实际上就是子公司当期营业收入减去营业成本和期间费用、所得税费用等后的余额与其持股比例相乘的结果。在子公司为全资子公司的情况下，母公司对某一子公司在合并工作底稿中按权益法调整的投资收益，实际上就是该子公司当期实现的净利润。编制合并利润表时，实际上是将子公司的营业收入、营业成本和期间费用视为母公司本身的营业收入、营业成本和期间费用同等看待，与母公司相应的项目进行合并，这样将子公司的净利润还原为营业收入、营业成本和期间费用，也就是将投资收益还原为合并利润表中的营业收入、营业成本和期间费用处理。因此，编制合并利润表时，必须将对子公司长期股权投资收益予以抵销。

由于合并所有者权益变动表中的本年利润分配项目是站在整个企业集团角度，反映对母公司股东和子公司的少数股东的利润分配情况，因此，子公司的个别所有者权益变动表中本年利润分配各项目的金额，包括提取盈余公积、对所有者(或股东)的分配和期末未分配利润的金额都必须予以抵销。

在子公司是全资子公司的情况下，子公司本期净利润就是母公司本期对子公司长期股权投资按权益法调整的投资收益。假定子公司期初未分配利润为零，子公司本期净利润就是子公司本期可供分配的利润，是本期子公司利润分配的来源，而子公司本期利润分配的金额与期末未分配利润的金额则是本期利润分配的结果。母公司对子公司长期股权投资按权益法调整的投资收益正好与子公司的本年利润分配项目抵销。

在子公司为非全资子公司的情况下，母公司本期对子公司长期股权投资按权益法调整的投资收益与本期少数股东损益之和就是子公司本期净利润，同样假定子公司期初未分配利润为零，母公司本期对子公司长期股权投资按权益法调整的投资收益与本期少数股东损

益之和,正好与子公司本期利润分配项目相抵销。

至于子公司个别所有者权益变动表中本年利润分配项目中"未分配利润——年初"项目,作为子公司以前会计期间净利润的一部分,在全资子公司的情况下已全额包括在母公司以前会计期间按权益法调整的投资收益之中,从而包括在母公司按权益法调整的本期期初未分配利润之中。为此,也应将其予以抵销。从子公司个别所有者权益变动表来看,其期初未分配利润和期末未分配利润则是利润分配的结果。母公司本期对子公司长期股权投资按权益法调整的投资收益和子公司期初未分配利润正好与子公司本年利润分配项目相抵销。在子公司为非全资子公司的情况下,母公司本期对子公司长期股权投资按权益法调整的投资收益、本期少数股东损益和期初未分配利润与子公司本年利润分配项目也正好相抵销。

根据[例6-3]的资料,投资收益与子公司利润分配的抵销分录如下:

借:投资收益[(10 000 000－50 000)×80%]　　　　　　　　　　7 960 000
　　少数股东收益[(10 000 000－50 000)×20%]　　　　　　　　1 990 000
　　未分配利润——年初　　　　　　　　　　　　　　　　　　　　　　0
贷:提取盈余公积　　　　　　　　　　　　　　　　　　　　　　　1 000 000
　　对股东的分配(应付利润)　　　　　　　　　　　　　　　　　6 000 000
　　未分配利润——年末(3 000 000－50 000)　　　　　　　　　2 950 000

【例6-4】 M公司和Z公司为企业集团的母公司和子公司,M公司拥有Z公司80%的股份。20×2年12月31日,M公司、Z公司资产负债表资料,如表6-8所示,其中Z公司的资产、负债的账面价值与公允价值一致。Z公司的股东权益变动表如表6-9所示。

表6-8　M公司、Z公司个别资产负债表

单位:元

项　　目	M 公 司	Z 公 司
资产		
银行存款	1 020 000	100 000
应收账款	1 740 000	500 000
预付账款	700 000	120 000
存货	1 560 000	600 000
长期股权投资	3 200 000	
固定资产(净值)	8 640 000	2 500 000
无形资产——专利权	1 000 000	
资产总计	17 860 000	3 820 000
负债和股东权益		
短期借款	1 400 000	120 000
应付账款	1 500 000	240 000
长期借款	3 000 000	

(续表)

项目	M公司	Z公司
应付债券		600 000
负债合计	5 900 000	960 000
股本	8 000 000	2 000 000
资本公积	2 000 000	400 000
盈余公积	1 960 000	360 000
未分配利润		100 000
股东权益合计	11 960 000	2 860 000
负债和股东权益总计	17 860 000	3 820 000

表6-9 Z公司20×2年度股东权益变动表

单位：元

项目	金额
净利润	640 000
加：年初未分配利润	180 000
可供分配利润	820 000
减：提取盈余公积	120 000
减：应付现金股利或利润	600 000
年末未分配利润	100 000

编制合并财务报表对企业集团内部投资抵销时，首先应当将母公司对于子公司的投资和子公司相应的所有者权益予以抵销。

借：股本　　　　　　　　　　　　　　　　　　　　　　　2 000 000
　　资本公积　　　　　　　　　　　　　　　　　　　　　　400 000
　　盈余公积　　　　　　　　　　　　　　　　　　　　　　360 000
　　未分配利润——年末　　　　　　　　　　　　　　　　　100 000
　　商誉　　　　　　　　　　　　　　　　　　　　　　　　912 000
　　贷：长期股权投资　　　　　　　　　　　　　　　　　3 200 000
　　　　少数股东权益　　　　　　　　　　　　　　　　　　572 000

商誉 = 3 200 000 − (2 000 000 + 400 000 + 360 000 + 100 000) × 80% = 912 000(元)
少数股东权益 = (2 000 000 + 500 000 + 360 000) × 20% = 572 000(元)

从企业整个的角度来看，M公司根据Z公司收益确认的投资收益，属于重复计算。因此，再编制合并财务报表时应当予以抵销。则在编制合并工作底稿时，应当编制抵销分录如下：

借：投资收益（640 000×80%）	512 000
少数股东收益（640 000×20%）	128 000
未分配利润——年初	180 000
贷：提取盈余公积	120 000
应付现金股利或利润	600 000
未分配利润——年末	100 000

2. 集团内部债权性投资的抵销

集团内部债权性投资主要是指母公司购买子公司发行的债券，也可以是子公司购买母公司发行的债券，或子公司购买其他子公司发行的债券。

母公司购买子公司发行的债券，从母公司的角度来看是对外投资（债权性投资）增加，从子公司的角度看是负债（应付债券）的增加，但是从企业集团整体来看，这只是资金的内部转移，既不能作为整个企业集团对外投资的增加，也不能作为整个集团负债的增加。因此，在编制购并日后合并财务报表时，应当将母公司对子公司的债权性投资与子公司相应的负债直接加以抵销。

和内部权益性投资一样，内部债权性投资同样也涉及投资收益的问题。母公司在会计期末根据债券面值和债券利率计算出应收的利息收入，确认相应的投资收益，计入当期损益。发行债券的子公司同样根据债券面值和债券利率计算出应付的利息，确认为当期费用（财务费用）或资产成本如在建工程，这样，子公司的成本、费用成为母公司利润的组成部分。从整个企业集团的角度来看，总的利润和成本、费用并没有增加。因此，在编制合并财务报表时应当将母公司的债券投资收益与子公司相应的利息费用加以抵销。

【例 6-5】 母公司年末资产负债表中，持有至到期投资中有 36 000 元为子公司发行的长期债券。其中：本金 30 000 元，应计利息 6 000 元；相应地在子公司的年末资产负债表中有 36 000 元应付债券，其中：有本金 30 000 元，应付利息 6 000 元。编制工作底稿时，编制抵销分录如下：

借：应付债券	36 000
贷：持有至到期投资	36 000

同时，在母公司的年末利润表中有 3 000 元债券投资收益；子公司有关资料表明。该 3 000 元利息中有 2 500 元计入当年的在建工程，另有 500 元计入财务费用，则在编制合并工作底稿时，编制抵销分录如下：

借：投资收益	3 000
贷：在建工程	2 500
财务费用	500

【例 6-6】 母公司于 20×2 年 1 月 1 日以 109 000 元的价格直接从其子公司购入发行在外的债券，债券面值为 100 000 元，年利息 10%，期限 3 年，每年年末支付利息一次，到期还本。两个公司均采用直线法摊销债券溢价。

20×2 年 1 月 1 日，母公司个别财务报表中：

借：持有至到期投资	109 000
贷：银行存款	109 000

子公司个别财务报表中：

```
借：银行存款                                    109 000
    贷：应付债券——面值                          100 000
            ——债券溢价                            9 000
```

20×2年12月31日，母公司个别财务报表中：

```
借：银行存款                                     10 000
    贷：投资收益                                   7 000
        持有至到期投资——债券投资（摊销）            3 000
```

子公司个别财务报表中：

```
借：财务费用                                      7 000
    应付债券——债券溢价                            3 000
    贷：银行存款                                  10 000
```

在母公司20×2年年末的资产负债表上，有对其子公司长期债券投资余额106 000元，其中6 000元为未摊销的溢价；在其年度利润表上有来自子公司的利息收入（计入投资收益）7 000元。与此相对应，在子公司20×2年资产负债表上有应付债券面值100 000元以及相关的未摊销溢价6 000元；同样，其利润表上有与母公司相关的利息费用7 000元。因此，在20×2年的合并财务报表工作底稿中应编制抵销分录如下：

抵销债券的购售价格及溢价摊销：

```
借：应付债券——面值                              100 000
          ——债券溢价                              6 000
    贷：持有至到期投资                            106 000
```

抵销债券的利息收入和利息支出：

```
借：投资收益                                      7 000
    贷：财务费用                                   7 000
```

如果债券利息一方因其属于资本化利息而记入"固定资产"等账户，另一方记入"投资收益"账户，则这部分未实现的内部利润在以后年度合并财务报表时，还应予以调整，即：借记"年初未分配利润"项目，贷记"固定资产原价"项目。

（二）集团内部购销事项的抵销

1. 集团内部购销事项的类别及其抵销方法

由于合并报表的编制是以母公司对子公司在经营和财务决策方面具有控制权为前提，因此，集团内部的母公司与子公司之间就会存在非常密切的关系，很可能发生许多内部购销事项。包括母公司与子公司之间以及子公司相互之间的货物买卖、固定资产和无形资产的买卖等。由这类交易引起的损益，在编制资产负债表时必须将这些未实现损益予以冲销。因为这类交易只是企业内部资产之间的转移。例如，母公司将产品销售给子公司，对于母公司要确认产品的销售收入、结转产品的销售成本并计算产品销售利润。母子公司之间发生的购销业务，对于整个企业集团来说并没有发生损益。

1) 集团内部购销业务的分类

按是否涉及公司间损益，可以将集团内部购销业务分为以下两类：不涉及公司间损益的业务和涉及公司间损益的业务。例如，企业集团内部按成本价进行的现销业务就不涉及公司间损益。

涉及公司间损益的内部购销业务根据购货方是否将货物销售出集团外,分为已实现公司间损益的内部购销业务和未实现公司间损益的内部购销业务。

已实现公司间损益的内部购销业务指购货方按照高于或低于成本的价格购货向集团外部销售。如母公司按照高于成本的价格从子公司购进商品一批,当期将该商品全部对外出售,则这部分内部销售业务所包含的内部销售利润,从整个集团来看也已实现。

未实现公司间损益的内部购销业务是指购货方按照高于或低于成本的价格购货之后,所有或部分购货没有于当期向集团外销售的集团内部购销业务。如母公司按照高于或低于成本的价格从子公司购进商品一批,当期该商品全部或有一部分对外销售。在这种情况下,从整个集团来看,就有一些内部利润没有得到实现,因此就产生集团内部未实现损益的会计处理问题。

2) 集团内部未实现损益的抵销方法

集团内部公司间购销商品可以分为三种类型:当母公司出售商品给子公司时,称为向下销售,也称为顺销(downstream sale)。其未实现利润已全部记在母公司账上;当子公司出售商品给母公司时,称为向上销售,也称为逆销(upstream sale)。而子公司之间的货物买卖,则称为横向销售。

如果子公司为全资子公司,则无论是向下还是向上所形成的集团内部未实现损益,都应当予以全部消除。

如果为非全资子公司,则对于向下销售所形成的集团内部未实现损益,应当予以全部抵销,而对于向上销售所形成的集团内部未实现损益,在母公司理论下,只抵销其中属于控股权益的份额,属于少数股东的部分,从母公司的角度来看,相当于对外部的销货,其损益应视为已实现。目前我国 CPA 的《会计》教材以及财政部会计司编写的《企业会计准则讲解 2010》中,为了简便起见,内部存货交易的未实现利润,无论向下、向上销售,均全部抵销。

2. 集团内部存货购销的抵销

当母公司将商品销售给子公司时,根据收入实现原则,在母公司单独账上实现了销售收入,记入"主营业务收入"账户,并结转相关销售成本,记入"主营业务成本"账户。这种内部的主营业务收入与主营业务成本的差额为母公司账上的毛利,这种毛利对母公司而言是已实现的利润,但是,对合并主体而言,在子公司没有对合并主体之外的企业出售之前,这种毛利是合并主体尚未实现的利润,故而称为未实现利润,由于有可能出现损失,所以统称为未实现损益。因为从合并主体角度来看,只有对合并主体之外的销售才为集团已实现的销售收入,才能记入合并财务报表中的"营业收入"项目。集团内部的购销不应确认为销售收入,也不产生合并利润。所以,在合并工作底稿中,应将"主营业务收入"和"主营业务成本"以及未实现损益加以抵销。

不论集团内部的销货方向如何,其相对应的主营业务收入与主营业务成本金额在编制合并财务报表的过程中应加以抵销,同样期末存货中含有的未实现损益也应全部加以抵销。在母公司理论下,未实现损益对母公司单独财务报表与合并财务报表的影响却取决于内部销货的方向及母公司在子公司中的持股比例。由于在顺销的情况下未实现损益是记录在母公司的财务报表上的,所以母公司确认全部的未实现损益,少数股权不受其影响。而在逆销的情况下,未实现损益是记录在子公司的财务报表上,当子公司不是母公司的全资子公司时,子公司的未实现损益便需要在多数股权与少数股权间按比例进行分配。

在合并报表工作底稿中，需要抵销的公司间存货交易包括母公司与子公司相互间的购货、销货和由此产生的应收、应付项目，以及存货上未实现的利润。如果集团内部存在存货交易事项，对于购货公司来说。购进的产品或商品则可能出现三种情况：①在当期全部对集团外销售；②当期全部未售出而形成期末存货；③部分售出部分形成存货。在第②和第③种情况下，内部购货所形成的子公司期末存货又成为下期的期初存货，从而影响下期合并报表的编制。因此，在编制合并报表时，应当分别不同情况，将内部销售收入、内部销售成本及可能存在的未实现内部销售利润予以抵销。

1) 存货顺销的抵销

内部交易期初存货中未实现利润的抵销，取决于销售的方向、少数股权的份额以及母公司处理子公司经营成果所采用的方法。销售的方向指存货是从母公司流向子公司还是子公司流向母公司。

不论是顺销还是逆销，在合并财务报表中，总是要抵销内部交易的销售收入和销售成本。同样，内部交易所产生的期末存货中的未实现利润也应全部抵销，而与销售方向无关。但是，在不同销售方向下，未实现利润对母公司个别财务报表和合并财务报表的影响是有所区别的，除非子公司为母公司的全资公司，没有少数股权。

第一，公司间存货交易当期购销额及未实现利润的抵销。

(1) 购买企业将内部购入的商品全部实现对外销售时的抵销处理。

【例6-7】 A公司控股B公司80%形成母子公司，20×1年，A公司销给B公司产品40 000元，该产品成本为30 000元，B公司已将该产品在本期内全部售出，售价为50 000元。编制抵销分录如下：

借：营业收入　　　　　　　　　　　　　　　　　　　　　　　40 000
　　贷：营业成本　　　　　　　　　　　　　　　　　　　　　　　　40 000

对于整个集团来说，这批商品的销售收入为50 000元，销售成本为30 000元，应当确认销售毛利20 000元，由于在A公司的个别财务报表上确认销售收入40 000元，销售成本30 000元，同时在B公司的个别财务报表上又确认了销售收入50 000元，销售成本40 000元，因而在编制合并财务报表时应将重复确认的销售收入40 000元和销售成本40 000元予以抵销。

(2) 购买企业将内部购入的商品全部未实现对外销售时的抵销处理。

【例6-8】 假设[例6-7]中，A公司销售给B公司的产品在报告期期末仍作为存货全部持有即全部未实现对外销售。编制抵销分录如下：

借：营业收入　　　　　　　　　　　　　　　　　　　　　　　40 000
　　贷：营业成本　　　　　　　　　　　　　　　　　　　　　　　　30 000
　　　　存货　　　　　　　　　　　　　　　　　　　　　　　　　　10 000

A企业的个别财务报表上，仍然会确认销售收入40 000元，销售成本30 000，而B公司在其个别财务报表上则确认了存货40 000元。从总体上看，只相当于存货在两个企业间的转移，没有实现任何利润。因此，在编制合并财务报表时应将A公司确认的销售收入和销售成本予以抵销。同时将B公司存货价值中的未实现利润部分10 000元也予以抵销。

因编制合并财务报表导致的存货账面价值与其计税基础之间出现的暂时性差异，需要确认相关递延所得税资产。[例6-8]中，B公司持有的存货账面价值与计税基础都是40 000元；

从集团公司角度来看,通过上述合并抵销,合并资产负债表中该存货的账面价值为30 000元,但是其计税基础为40 000元,从而产生了暂时性差异10 000元。假设所得税税率为25%,合并财务报表中需确认相关递延所得税资产2 500元(10 000×25%)。其抵销分录如下:

借:递延所得税资产　　　　　　　　　　　　　　　　　　　　　　2 500
　　贷:所得税费用　　　　　　　　　　　　　　　　　　　　　　　　2 500

第二,公司间购销次年,存货尚未实现利润的抵销。

如果公司间存货购销业务导致了期末存货未实现利润的存在,其影响也会进入下一个报告期,成为下一个报告期的期初存货上的未实现利润。因而,企业在连续编制合并财务报表时,还需消除期初存货上的未实现利润。

【例6-9】 假设[例6-8]中,A公司20×1年销售B公司存货40 000元,B公司于当期全部未实现利润。20×2年,A公司又销售给B公司80 000元,期末该存货余额为20 000元(售出100 000元),假设A公司该存货的毛利率为25%。则20×2年年末编制合并财务报表时,编制抵销分录如下:

① 抵销期初存货中未实现利润。

借:年初未分配利润　　　　　　　　　　　　　　　　　　　　　　10 000
　　贷:营业成本　　　　　　　　　　　　　　　　　　　　　　　　　10 000

② 抵销当期存货交易额。

借:营业收入　　　　　　　　　　　　　　　　　　　　　　　　　　80 000
　　贷:营业成本　　　　　　　　　　　　　　　　　　　　　　　　　80 000

③ 抵销本期期末存货尚未实现利润。

未实现利润(收入)=20 000×25%=5 000(元)

借:营业成本　　　　　　　　　　　　　　　　　　　　　　　　　　5 000
　　贷:存货　　　　　　　　　　　　　　　　　　　　　　　　　　　5 000

①③可合并为:

借:年初未分配利润　　　　　　　　　　　　　　　　　　　　　　10 000
　　贷:营业成本　　　　　　　　　　　　　　　　　　　　　　　　　5 000
　　　　存货　　　　　　　　　　　　　　　　　　　　　　　　　　　5 000

④ 考虑所得税影响,假设所得税税率为25%,确认相关递延所得税资产。

借:递延所得税资产　　　　　　　　　　　　　　　　　　　　　　1 250
　　所得税费用　　　　　　　　　　　　　　　　　　　　　　　　　1 250
　　贷:年初未分配利润　　　　　　　　　　　　　　　　　　　　　2 500

抵销方法:①应将上期编制合并报表时抵销的内部购进存货价值中包含的未实现内部利润对期初未分配利润的影响抵销,调整本期期初未分配利润。抵销时,其抵销分录为"借:期初未分配利润,贷:营业成本",其数额为上期内部购进存货价值中包含的未实现内部销售利润的数额。②本期如发生内部购销活动,其有关内部销售收入、内部销售成本及内部购进存货中未实现内部销售利润的抵销,仍采用上期相同的处理方法进行处理。本期期末内部购进的存货(包括上期结转形成的本期期末存货),则视同本期内部购进的存货,抵销其价值中包含的未实现内部销售利润,其抵销分录为"借:营业成本,贷:存货"。③考虑所得税影响,确认借方"递延所得税资产",金额为上述抵销分录"存货"的金额 5 000 乘以税率 25%;借方"所得税费用",金额为上述抵销分录中"营业成本"的金额 5 000 乘以税率 25%;贷方为"年初未分配利润",金额为上述抵销分录中"年初未分配利润"的金额 10 000 乘以税率 25%。

2) 存货逆销的抵销

当子公司向母公司销售存货的时候,我们称为逆销。与顺销不同,内部交易产生的未实现损益全部包含于子公司的净利润中。如果子公司为母公司的全资子公司,那么其会计处理方法类似于存货顺销的情况——母公司递延或确认全部的未实现损益。在母公司理论下,如果子公司不是母公司的全资子公司,其会计处理就会由于少数股权的存在而产生差异。

从理论上讲,较好的做法是将未实现损益按比例在多数股权与少数股权间进行分配。这是因为从合并主体角度来看,多数股权与少数股权应采用一致的方法。也就是说,合并净利润与少数股东损益的计算均以合并主体的已实现净利润为基础。此外,在会计实务中,逆销所产生的未实现损益金额较大的,通常可以在多数股权与少数股权间加以分配。因此,以下介绍采用将逆销产生的未实现损益在合并净利润(多数股权)与少数股东损益(少数股权)间按持股比例分配的做法。

【例 6-10】 A 公司控股 B 公司 80%形成母子公司,20×1 年,B 公司销给 A 公司产品 40 000 元,该产品成本为 30 000 元。A 公司于当期全部未实现利润。20×2 年,B 公司又销售给 A 公司 80 000 元,期末该存货余额为 20 000 元,假设 B 公司该存货的毛利率为 25%。

(1) 采用经济实体理论,则会计处理与[例 6-9]中抵销的会计处理相同,这也是目前我国 CPA《会计》教材与财政部会计司编写的《会计准则讲解 2010》中介绍的做法。

(2) 在母公司理论下,会计处理如下。

第一,20×1 年年末编制合并报表时,编制抵销分录如下:

① 抵销当期购销交易额:

借:营业收入 40 000
 贷:营业成本 40 000

② 抵销期末未实现利润:

借:营业成本 10 000
 贷:存货 10 000

③ 考虑所得税影响,假设所得税税率为 25%,确认递延所得税资产:

借:递延所得税资产 2 500
 贷:所得税费用 2 500

④ 少数股东损益为少数股权在子公司已实现净利润中所享有的份额。在逆销下,子公司已实现利润为子公司当期净利润扣除未实现利润后的余额。在本例中,少数股东损益未实现的部分为:

$$(10\ 000 - 2\ 500) \times 20\% = 1\ 500(元)$$

借:少数股东权益 1 500
 贷:少数股东损益 1 500

第二,20×2 年年末编制合并财务报表时,编制抵销分录如下:

① 抵销期初存货尚未实现利润：

　　借：年初未分配利润　　　　　　　　　　　　　　　　　　　　　10 000
　　　　贷：营业成本　　　　　　　　　　　　　　　　　　　　　　　　　10 000

② 抵销当期存货交易额：

　　借：营业收入　　　　　　　　　　　　　　　　　　　　　　　　　80 000
　　　　贷：营业成本　　　　　　　　　　　　　　　　　　　　　　　　　80 000

③ 消除本期期末存货上未实现利润：

　　　　未实现利润（收入）= 20 000×25% = 5 000（元）

　　借：营业成本　　　　　　　　　　　　　　　　　　　　　　　　　5 000
　　　　贷：存货　　　　　　　　　　　　　　　　　　　　　　　　　　　5 000

④ 考虑所得税影响，所得税税率为25%，确认递延所得税资产：

　　借：递延所得税资产　　　　　　　　　　　　　　　　　　　　　　1 250
　　　　所得税费用　　　　　　　　　　　　　　　　　　　　　　　　　1 250
　　　　贷：年初未分配利润　　　　　　　　　　　　　　　　　　　　　2 500

⑤ 把逆销中未实现的损益在少数股东与控股股东中分配：

　　借：少数股东权益[（5 000-1 250）×20%]　　　　　　　　　　　　750
　　　　贷：少数股东损益　　　　　　　　　　　　　　　　　　　　　　　750

3. 内部固定资产购销的抵销

内部固定资产交易按照其在销售企业列报项目是产品还是固定资产，可以划分为以下类型：①销售方将自身使用的固定资产变卖给企业集团的其他企业作为固定资产使用。②销售方将自身生产的产品销售给企业集团内的其他企业作为固定资产使用。③销售方将自身使用的固定资产变卖给企业集团的其他企业作为存货销售。第①种与第③种一般不经常发生，且发生的数额也不大；第②种情况经常发生，以下详细介绍。

对于购买企业来讲，以支付的价款作为固定资产原价入账，这样购入企业入账的固定资产原价中就包含有销售方因该商品销售而确认的内部利润。但从整个集团来看，这并不是真正的销售，只是固定资产的内部转移，这种转移既不能增值，也不能实现利润。销售方计入其个别利润表中的"销售利润"对于集团来说，只是一种内部利润，并不是真正实现的利润；相应地，购入方资产负债表中的固定资产价值也不应包含销售方作为利润确认的那一部分数额。因此，在编制合并资产负债表时，必须将这部分包含在固定资产原价中的未实现内部利润予以抵销。

1）不计提折旧的内部固定资产交易的会计处理

（1）发生内部固定资产交易当期的抵销处理。

【例6-11】 假设A公司、B公司为母子公司，20×1年，A公司将成本为80 000元的产品销售给子公司作为固定资产使用。A公司销售收入为100 000元，B公司作为固定资产原价入账。

由于该固定资产仍然处于合并主体的控制之下，因而对于合并主体来说。在编制20×1年合并财务报表时，A公司确认的20 000元（100 000-80 000）收益并未真正实现，必须予以抵销。同时应将该固定资产调整至原来的价值。编制抵销分录如下：

```
借：营业收入                                                    100 000
    贷：营业成本                                                  80 000
        固定资产原价                                              20 000
```

考虑所得税影响：因编制合并财务报表导致的固定资产账面价值与其计税基础之间出现了暂时性差异需要确认相关递延所得税资产。[例6-11]中，B公司持有的固定资产账面价值与计税基础都是100 000元；从集团公司角度来看，通过上述合并抵销，合并资产负债表中该固定资产的账面价值为80 000元，但是其计税基础为100 000元，从而产生了暂时性差异20 000元。假设所得税税率为25%，为此，合并财务报表中需确认相关递延所得税资产5 000元(20 000×25%)。其抵销分录如下：

```
借：递延所得税资产                                               5 000
    贷：所得税费用                                                5 000
```

(2) 以后会计期间使用该固定资产的抵销处理。

【例6-12】 接[例6-11]，20×2年，该固定资产继续在B公司使用，则抵销分录如下：

```
借：年初未分配利润                                              20 000
    贷：固定资产原价                                             20 000
```

本期由于该固定资产在B公司仍使用，在B公司的个别资产负债表中仍以该固定资产的取得成本作为其原价列示，其原价中仍包含着未实现利润20 000元。对于A公司来说，由于其在前期财务报表中已确认了该内部固定资产交易的利润，并作为前期净利润和期末未分配利润的一部分结转到以后的会计期间。也就是说，在A公司期初未分配利润中包含有20×1年发生的该项内部固定资产交易所实现的利润。因此，在编制20×2年合并财务报表时，一方面必须将20×2年购买的该固定资产原价中包含的未实现内部销售利润予以抵销；另一方面还应将销售利润的数额予以抵销，以调整合并期初未分配利润的数额。

在以后各期间编制合并报表时，都必须在合并底稿中重复上述抵销分录，将固定资产原价中包含的为实现内部利润和年初未分配利润中相应的数额予以抵销，直至该固定资产报废为止。

考虑所得税影响：假设所得税税率为25%，则抵销分录为：

```
借：递延所得税资产                                               5 000
    贷：年初未分配利润                                            5 000
```

(3) 对该固定资产进行变卖的会计期间编制合并财务报表的抵销处理。

【例6-13】 接[例6-12]，B公司20×2年将该固定资产以30 000元的价格销售给其他单位，并在其个别财务报表上以营业外收入或支出项目列示。编制抵销分录如下：

```
借：年初未分配利润                                              20 000
    贷：营业外收入                                               20 000
```

当固定资产销售出整个企业集团时，就不存在固定资产原价包含的未实现内部销售利润的抵销问题，但是由于销售企业期初未分配利润中包含有这部分未实现内部利润。因此，必须将期初未分配利润中包含的未实现内部销售利润予以抵销。进行抵销处理时，应当按照该内部交易的固定资产原价中包含的未实现内部销售利润的数额抵销。

考虑所得税影响：假设所得税税率为25%，则抵销分录如下：

借：所得税费用	5 000
贷：年初未分配利润	5 000

2) 计提折旧的内部固定资产交易的会计处理

在这种情况下，首先，购买企业必须将该固定资产的原价中包含的未实现内部销售利润予以抵销，其抵销方法如前所述。其次，当购买企业使用该固定资产并计提折旧时，其折旧费用计入当期损益，由于购买企业是以该固定资产取得的成本作为其原价计提折旧，在取得成本中包含有销售该固定资产企业的损益部分（从整个企业集团来看就是未实现内部利润部分），在相同的使用年限下，其各期计提折旧的数额要大于不包含未实现内部销售利润时计提折旧的数额，因此还必须将当期多提的数额从该固定资产当期已计提的折旧费中予以抵销。

【例 6-14】 母公司于 20×1 年 12 月将其生产的一台设备以 600 000 元的价格出售给其子公司作为管理用资产，该台设备的成本 500 000 元。假定该设备的使用年限为 4 年，无残值，子公司采用直线法计提折旧。20×2 年子公司当年计提折旧费 150 000 元，包含已实现的内部利润 25 000 元。

(1) 20×1 年编制合并工作底稿时，应将固定资产交易所产生的内部销售收入、销售成本以及子公司固定资产原价中包含的未实现内部利润予以抵销。编制抵销分录如下：

① 借：营业收入	600 000
贷：营业成本	500 000
固定资产原价	100 000

其合并会计工作底稿（部分）如表 6-10 所示。

表 6-10 合并会计工作底稿（部分）

单位：元

项 目	子公司	母公司	抵 销 分 录		合 并 数
			借 方	贷 方	
营业收入		600 000	① 600 000		0
营业成本		500 000		① 500 000	0
……					
营业利润			600 000	500 000	0
……					
固定资产原价	600 000			① 100 000	500 000

考虑所得税影响：假设所得税税率为 25%，则抵销分录如下：

借：递延所得税资产	25 000
贷：所得税费用	25 000

(2) 20×2 年编制合并财务报表工作底稿时，除了需要将固定资产交易产生的内部未实现 100 000 元利润从母公司年初未分配利润中予以抵销外，还应将子公司当年计入管理费用的折旧额 150 000 元中所包含的已实现内部利润 25 000 元予以抵销。编制抵销分录如下：

① 借：年初未分配利润	100 000
贷：固定资产原价	100 000

② 借：累计折旧　　　　　　　　　　　　　　　　　　　　　　25 000
　　　贷：管理费用　　　　　　　　　　　　　　　　　　　　　　　　25 000

从企业集团来看，企业集团应按 500 000 元计提折旧，每年多提 25 000 元〔(600 000 − 500 000) ÷ 4〕。

其合并财务报表工作底稿(部分)如表 6-11 所示。

表 6-11　合并财务报表工作底稿(部分)

单位：元

项　目	子公司	母公司	抵销分录 借方	抵销分录 贷方	合并数
管理费用	150 000			② 25 000	125 000
……					
年初未分配利润		100 000	① 100 000		0
固定资产原价	600 000			① 100 000	500 000
累计折旧	150 000		② 25 000		125 000

考虑所得税影响：假设所得税税率为 25%，则抵销分录如下：

借：递延所得税资产　　　　　　　　　　　　　　　　　　　　18 750
　　所得税费用　　　　　　　　　　　　　　　　　　　　　　　6 250
　　贷：年初未分配利润　　　　　　　　　　　　　　　　　　　　　25 000

(3) 20×3 年在编制合并财务报表时，仍需要抵销固定资产交易产生的内部未实现利润 100 000 元，需抵销 20×2 年实现但在 20×3 年子公司年初未分配利润中少计的内部利润 25 000 元，抵销子公司当年计入管理费用的折旧额 150 000 元中所包含的已实现内部利润 25 000 元。编制抵销分录如下：

① 借：年初未分配利润　　　　　　　　　　　　　　　　　　　100 000
　　　贷：固定资产原价　　　　　　　　　　　　　　　　　　　　　100 000
② 借：累计折旧　　　　　　　　　　　　　　　　　　　　　　25 000
　　　贷：年初未分配利润　　　　　　　　　　　　　　　　　　　　25 000
　　　　　　　　　　　　　　　　　　　　　　(由于计提折旧使利润减少的部分)
③ 借：累计折旧　　　　　　　　　　　　　　　　　　　　　　25 000
　　　贷：管理费用　　　　　　　　　　　　　　　　　　　　　　　25 000

其合并工作底稿(部分)如表 6-12 所示。

表 6-12　合并工作底稿(部分)

单位：元

项　目	子公司	母公司	抵销分录 借方	抵销分录 贷方	合并数
管理费用	150 000			③ 25 000	125 000
……					

第六章　购并日后的合并财务报表

(续表)

项　　目	子公司	母公司	抵销分录 借方	抵销分录 贷方	合并数
年初未分配利润	−150 000	100 000	① 100 000	② 25 000	−125 000
固定资产原价	600 000			① 100 000	500 000
累计折旧	300 000		② 25 000		
			③ 25 000		250 000

考虑所得税影响：假设所得税税率为25%，则抵销分录如下：

借：递延所得税资产　　　　　　　　　　　　　　　　　　　　　　12 500
　　所得税费用　　　　　　　　　　　　　　　　　　　　　　　　 6 250
　　贷：年初未分配利润　　　　　　　　　　　　　　　　　　　　18 750

(4) 20×4年在编制合并报表底稿时，仍需像20×3年一样将有关的项目予以抵销，但另外还需要抵销20×2年、20×3年已实现但在子公司年初未分配利润中少计的内部利润50 000元。

① 借：年初未分配利润　　　　　　　　　　　　　　　　　　　　100 000
　　贷：固定资产原价　　　　　　　　　　　　　　　　　　　　 100 000

② 借：累计折旧　　　　　　　　　　　　　　　　　　　　　　　 50 000
　　贷：年初未分配利润　　　　　　　　　　　　　　　　　　　　50 000

③ 借：累计折旧　　　　　　　　　　　　　　　　　　　　　　　 25 000
　　贷：管理费用　　　　　　　　　　　　　　　　　　　　　　　25 000

考虑所得税影响：假设所得税税率为25%，则抵销分录如下：

借：递延所得税资产　　　　　　　　　　　　　　　　　　　　　　 6 250
　　所得税费用　　　　　　　　　　　　　　　　　　　　　　　　 6 250
　　贷：年初未分配利润　　　　　　　　　　　　　　　　　　　　12 500

3) 当内部交易固定资产需要清理时的抵销处理

内部交易的固定资产在清理时，对购入公司来说，一般通过"固定资产清理"账户进行核算，并将清理的净损益转入"营业外收入"或"营业外支出"项目。但是对清理时合并财务报表的抵销还需要根据不同的情况进行处理。

(1) 使用期限期满，进行清理时的抵销处理。

在这种情况下，由于原来固定资产资产价值中未实现的内部利润已全部实现，该固定资产已经通过折旧将其价值转移到产品中去从销售收入中收回，且固定资产实体已不复存在，已经不存在未实现内部利润的抵销问题，但在当期由于仍按固定资产原价计提折旧，本期计提的折旧中包含因未实现内部利润而多计提的折旧部分。因此，在期末编制的合并财务报表工作底稿中，可将前述分录中"固定资产""累计折旧"账户以"营业外收入"账户代替即可，实际上的结果相当于只需将本期多计提的折旧额包含在年初未分配利润中的内部利润予以抵销。

【例6-15】 假设[例6-14]中,该固定资产在第四年(20×5年度)使用期满时进行报废清理,并假定无残值。抵销分录如下:

借:年初未分配利润	100 000	
贷:营业外收入		100 000
借:营业外收入	75 000	
贷:年初未分配利润		75 000
借:营业外收入	25 000	
贷:管理费用		25 000

以上三笔分录,可合为以下一笔:

借:年初未分配利润	25 000	
贷:管理费用		25 000

考虑所得税影响:假设所得税税率为25%,则抵销分录如下:

借:所得税费用	6 250	
贷:年初未分配利润		6 250

(2) 超期使用进行清理时的抵销处理。

在内部交易固定资产超期使用,需要将购入公司固定资产价值中含有的未实现内部销售利润予以抵销。另外,还需对累计折旧中多计提的内部销售利润予以抵销,并调整多计提的累计折旧。

【例6-16】 假设[例6-14]中内部交易的固定资产,子公司在使用4年后仍继续使用不清理。应在第四年年末编制合并工作底稿时,作会计分录如下:

借:年初未分配利润	100 000	
贷:固定资产原价		100 000
借:累计折旧	75 000	
贷:年初未分配利润		75 000
借:累计折旧	25 000	
贷:管理费用		25 000

考虑所得税影响:假设所得税税率为25%,则抵销分录如下:

借:所得税费用	6 250	
贷:年初未分配利润		6 250

假设上例中内部交易的固定资产,子公司在使用4年后第五年仍用,不予清理。

在内部交易固定资产超期使用,需要将购入公司固定资产价值中含有的未实现内部销售利润予以抵销。但由于固定资产超期使用不计提折旧,所以不存在抵销多计提折旧问题。应在继续使用期间每年期末编制合并工作底稿时,作会计分录如下:

借:年初未分配利润	100 000	
贷:固定资产原价		100 000
借:累计折旧	100 000	
贷:年初未分配利润		100 000

(3) 使用期限未满,提前进行清理时的抵销处理。

在这种情况下,该内部交易固定资产已不复存在,也就不存在其中包含的未实现内部销售利润抵销问题。但是固定资产提前报废,固定资产原价中包含的未实现内部销售利润随着清理而成为实现的损益,因此必须调整合并期初未分配利润的数额。另外,在清理报废的会计期间,购买企业当期还须计提折旧,为此还应将当期多计提的折旧费用予以抵销。

【例6-17】 20×1年12月,子公司买入母公司产品作为设备,母公司成本为500 000元,售价600 000元,子公司于第三年20×4年12月进行报废清理。发生清理收入180 000元,清理费用10 000元,清理净收入20 000元记入"营业外收入"账户。

在编制合并财务报表时,应作抵销分录如下:

借:年初未分配利润 100 000
　　贷:营业外收入 100 000
　　　　　　　　　　　　　　　(内部利润已实现)

借:营业外收入 50 000
　　贷:年初未分配利润 50 000
　　　　　　　　　　　　　　　(提前两年报废,现已实现对外销售)

借:营业外收入 25 000
　　贷:管理费用 25 000

以上三笔分录,可合为以下一笔分录:

借:年初未分配利润 50 000
　　贷:管理费用 25 000
　　　　营业外收入 25 000

考虑所得税影响:假设所得税税率为25%,则抵销分录如下:

借:所得税费用 12 500
　　贷:年初未分配利润 12 500

4. 内部无形资产交易的抵销

当集团间母子公司发生内部无形资产交易时,在编制合并工作底稿时,其原则和方法都与内部固定资产交易发生时一样,也应把内部无形资产交易额及其未实现内部利润予以抵销。

【例6-18】 某公司20×2年12月将其拥有产权的专利转让给其子公司,转让价格为80 000元,款项已收到,在母公司的资产负债表上该专利所列成本为50 000元,不考虑相关税金费用。

当销售方把无形资产转让给集团内部公司时,就如同无形资产在集团公司两个部门之间的转移,因此也就不能确认损益。其抵销分录如下:

借:营业收入 80 000
　　贷:营业成本 50 000
　　　　无形资产 30 000

考虑所得税影响:假设所得税税率为25%,则抵销分录如下:

借:递延所得税资产 7 500
　　贷:所得税费用 7 500

(三) 集团内部借贷事项的抵销

1. 首次编制购并日后合并报表的抵销

当编制合并资产负债表，集团内部借贷事项的抵销需要抵销的项目主要有：①母子公司间、子公司之间相对应的应收账款与应付账款；②母子公司间、子公司之间相对应的应收票据与应付票据；③母子公司间、子公司之间相对应的预收账款与预付账款；④母子公司间、子公司之间相对应的应收股利与应付股利；⑤母子公司间、子公司之间相对应的其他应收款与其他应付款。以下主要讲解第①类交易事项的抵销，其他类交易事项的抵销会计处理的原理相同，只是会计科目有所不同，不再举例说明。

【例 6-19】 假设 A 公司和其子公司 B 公司 20×2 年的公司间存货购销业务还有 30 000元未结清。A 公司按 5‰的坏账准备计提比例。

合并报表时，应作抵销分录如下：

借：应付账款　　　　　　　　　　　　　　　　　　　　　　　　　30 000
　　贷：应收账款　　　　　　　　　　　　　　　　　　　　　　　　30 000

在应收账款采用备抵法计提坏账准备时，母公司和子公司对其所有的应收账款都必须计提坏账准备，并在其个别财务报表上列示。因此，在编制合并财务报表时，随着内部应收账款的抵销，也必须相应地将内部应收账款计提的坏账准备予以抵销。假设本例中，A 公司与 B 公司之间 30 000 元未结款项，A 公司按 5‰的坏账准备计提比例，则 A 公司对此款项计提了 150 元（30 000×5‰）的坏账准备。随着内部应收账款的抵销，坏账准备的数额也相应抵销。

借：坏账准备　　　　　　　　　　　　　　　　　　　　　　　　　150
　　贷：资产减值损失　　　　　　　　　　　　　　　　　　　　　　150

考虑所得税影响：因编制合并财务报表导致的应收账款账面价值与其计税基础之间出现了暂时性差异，需要确认相关递延所得税资产。[例 6-19]中，从集团公司角度来看，通过上述合并抵销，合并资产负债表中该应收账款的账面价值与其计税基础产生了暂时性差异 150 元。假设所得税税率为 25%，合并财务报表中需确认相关递延所得税资产为 37.5 元（150×25%）。其抵销分录如下：

借：所得税费用　　　　　　　　　　　　　　　　　　　　　　　　37.5
　　贷：递延所得税资产　　　　　　　　　　　　　　　　　　　　　37.5

2. 连续编制购并日后合并报表的抵销

由于内部应收账款计提的坏账准备的抵销与抵销当期的资产减值损失相对应，上期抵销的坏账准备的数额，即是上期资产减值损失抵销的数额，也就是上期合并净利润增加的数额。合并净利润因坏账准备抵销而增加的数额，最终将影响下一会计期间合并利润分配表中的期初未分配利润数额的增加。

因此，当需要连续编制合并财务报表时，首先，应将上期抵销的内部应收账款计提的坏账准备对本期期初未分配利润的影响予以抵销。借记"坏账准备"账户，贷记"期初未分配利润"账户。其数额为上期抵销的内部应收账款计提的坏账准备。其次，对于本期内部应收账款在个别财务报表中补提或冲销的坏账准备的数额（即本期对内部应收账款增减数额余额计提的坏账准备），也予以抵销。当本期期末内部应收账款余额比上一期增加时，其抵销分录为:借记"坏账准备"账户,贷记"资产减值损失"账户;当本期期末内部应收账款比上一期减少时,则作相反分录。

【例 6-20】 A 公司与 B 公司为母子公司,20×1 年,A 公司应收账款全部为对 B 公司的内部应收账款,其数额为 40 000 元,A 公司按 5‰的比例计提坏账准备,20×2 年,A 公司对 B 公司内部应收账款为 60 000 元,则 20×2 年年末应编制的抵销分录如下:

借:应付账款　　　　　　　　　　　　　　　　　　　　　　　　60 000
　　贷:应收账款　　　　　　　　　　　　　　　　　　　　　　　　　60 000

将上期内部应收账款计提的坏账准备予以抵销,调整期初未分配利润的数额。

上期计提的坏账准备 = 40 000 × 5‰ = 200(元)

借:坏账准备　　　　　　　　　　　　　　　　　　　　　　　　　　200
　　贷:年初未分配利润　　　　　　　　　　　　　　　　　　　　　　　200

将本期对 B 公司内部应收账款净增加的 20 000 元计提的坏账准备予以抵销。

B 公司本期应补提的坏账准备 = (60 000 - 40 000) × 5‰ = 100(元)

借:坏账准备　　　　　　　　　　　　　　　　　　　　　　　　　　100
　　贷:资产减值损失　　　　　　　　　　　　　　　　　　　　　　　　100

考虑所得税影响:假设所得税税率为 25%,则抵销分录如下:

借:年初未分配利润　　　　　　　　　　　　　　　　　　　　　　　　50
　　所得税费用　　　　　　　　　　　　　　　　　　　　　　　　　　25
　　贷:递延所得税资产　　　　　　　　　　　　　　　　　　　　　　　75

三、合并现金流量表的编制

合并现金流量表是综合反映母公司及其所有子公司组成的企业集团在一定会计期间现金和现金等价物流入和流出的报表。现金流量表作为一张主要报表已经为世界上一些主要国家的会计实务所采用,合并现金流量表的编制也成为各国会计实务的重要内容。

现金流量表要求按照收付实现制反映企业经济业务所引起的现金流入和流出,其有关经营活动产生的现金流量的编制方法有直接法和间接法两种。《企业会计准则第 31 号——现金流量表》明确规定企业应当采用直接法列示经营活动产生的现金流量。在采用直接法的情况下,以合并利润表有关项目的数据为基础,调整得出本期的现金流入和现金流出;分别经营活动产生的现金流量、投资活动产生的现金流量、筹资活动产生的现金流量三大类,反映企业集团在一定会计期间的现金流量情况。

某些现金流量在进行抵销处理后,需站在企业集团的角度,重新对其进行分类。比如,母公司持有子公司向其购买商品所开具的商业承兑汇票向商业银行申请贴现,母公司所取得现金在其个别现金流量表反映为经营活动的现金流入,在将该内部商品购销活动所产生的债权与债务抵销后,母公司向商业银行借款取得的现金在合并现金流量表中应重新归类为筹资的现金流量列示。

合并现金流量表的编制原理、编制方法和编制程序与合并资产负债表、合并利润表的编制原理、编制方法和编制程序相同。即首先编制合并工作底稿,将母公司和所有子公司的个别现金流量表各项目的数据全部过入同一合并工作底稿;其次根据当期母公司与子公司以及子公司相互之间发生的影响其现金流量增减变动的内部交易，编制相应的抵销分录，通过抵销分录将个别现金流量表中重复出现的现金流入量和现金流出量相互抵销；最后在此基础上计算出合并现金流量表的各项目的合并金额，并填制合并现金流量表。

在合并现金流量表补充资料，既可以以母公司和所有子公司的个别现金流量表为基础，在抵销母公司与子公司、子公司之间发生的内部交易对合并现金流量表的影响后编制，也可以直接根据合并资产负债表和利润表进行编制。

（一）编制合并现金流量表时应进行抵销处理的项目

现金流量表作为以单个企业为会计主体进行核算的结果，分别从母公司本身和子公司本身反映其在一定会计期间现金流入和现金流出。在以其个别现金流量表为基础计算现金流入和现金流出的加总金额中，也必然包括有重复计算的因素，因此编制合并现金流量表时，也需要将这些重复的因素予以剔除。

编制合并现金流量表时需要进行抵销处理的项目，主要有如下项目。

1. 企业集团内部当期以现金投资或收购股权增加的投资所产生的现金流量的抵销处理

母公司直接以现金对子公司进行的长期股权投资或以现金从子公司的其他所有者处收购股权，表现为母公司现金流出，在母公司个别现金流量表作为投资活动现金流出列示。子公司接受这一投资时，表现为现金流入，在其个别现金流量表中反映为筹资活动的现金流入。从企业集团来看，母公司以现金对子公司进行的长期股权投资实际上相当于母公司将资本拨付下属核算单位，并不引起整个企业集团的现金流量的增减变动。因此，编制合并现金流量表时，应当在母公司与子公司现金流量表数据简单相加的基础上，将母公司当期以现金对子公司长期股权投资所产生的现金流量予以抵销。

2. 企业集团内部当期取得投资收益收到的现金与分配股利、利润或偿付利息支付的现金的抵销处理

母公司对子公司进行的长期股权投资和债权投资，在持有期间收到子公司分配的现金股利或债券利息，表现为现金流入，在母公司个别现金流量表中作为取得投资收到的现金列示。子公司向母公司分派现金股利或支付债券利息，表现为现金流出，在其个别现金流量表中反映为分配股利、利润或偿付利息支付的现金。从整个企业集团来看，这种投资收益的现金收支，并不引起整个企业集团的现金流量的增减变动。因此，编制合并现金流量表时，应当在母公司与子公司现金流量表数据简单相加的基础上，将母公司当期取得投资收益收到的现金与子公司分配股利、利润或偿付利息支付的现金予以抵销。

【例 6-21】 假设 Z 子公司 20×2 年向其母公司 M 公司支付债券利息费用总额为 100 000 元。则 M 公司应编制抵销分录如下：

借：分配股利、利润或偿付利息支付的现金　　　　　　　　　　　　100 000
　　贷：取得投资收益收到的现金　　　　　　　　　　　　　　　　　　100 000

3. 企业集团内部以现金结算债权与债务所产生的现金流量的抵销处理

母公司与子公司、子公司之间当期以现金结算应收账款或应付账款等债权与债务，表现为现金流入或现金流出，在母公司个别现金流量表中作为收到其他与经营活动有关的现金或支付其他与经营活动有关的现金列示，在子公司个别现金流量表中作为支付其他与经营活动有关的现金或收到其他与经营活动有关的现金列示。从整个企业集团来看，这种现

金结算债权债务,并不引起整个企业集团的现金流量的增减变动。因此,编制合并现金流量表时,应当在母公司与子公司现金流量表数据简单相加的基础上,将母公司与子公司、子公司之间当期以现金结算债权与债务所产生的现金流量予以抵销。

4. 企业集团内部当期销售商品所产生的现金流量的抵销处理

母公司向子公司当期销售商品所收到的现金,表现为现金流入,在母公司个别现金流量表中作为销售商品、提供劳务收到的现金列示。子公司向母公司支付购货款,表现为现金流出,在其个别现金流量表中反映为购买商品、接受劳务支付的现金。从整个企业集团来看,这种内部商品购销现金收支,并不引起整个企业集团的现金流量的增减变动。因此,在编制合并现金流量表时,应当在母公司与子公司现金流量表数据简单相加的基础上,将母公司与子公司、子公司之间当期销售商品所产生的现金流量予以抵销。

【例 6-22】 假设 M 公司 20×2 年向其子公司 Z 公司销售商品的价款 3 500 000 元中实际收到 Z 公司支付的银行存款 2 600 000 元,同时 Z 公司还向 M 公司开具了票面金额为 400 000 元的商业承兑汇票。Z 公司 20×2 年向 M 公司销售商品 1 000 000 元的价款全部收到。应编制抵销分录如下:

借:购买商品、接受劳务支付的现金   3 600 000
　　贷:销售商品、提供劳务收到的现金   3 600 000

5. 企业集团内部处置固定资产等收回的现金净额与购建固定资产等支出的现金的抵销处理

母公司向子公司处置固定资产等非流动资产,表现为现金流入,在母公司个别现金流量表中作为处置固定资产、无形资产和其他长期资产收回的现金净额列示。子公司表现为现金流出,在其个别现金流量表中反映为购建固定资产、无形资产和其他长期资产支付的现金。从整个企业集团来看,这种固定资产处置与购置的现金收支,并不会引起整个企业集团的现金流量的增减变动。因此,编制合并现金流量表时,应当在母公司与子公司现金流量表数据简单相加的基础上,将母公司与子公司、子公司之间处置固定资产、无形资产和其他长期资产收回的现金净额与购建固定资产、无形资产和其他长期资产支付的现金相互抵销。

【例 6-23】 假设 M 公司向 Z 公司出售固定资产的价款 2 000 000 元全部收到。应编制抵销分录如下:

借:购建固定资产、无形资产和其他长期资产支付的现金   2 000 000
　　贷:处置固定资产、无形资产和其他长期资产收回的现金   2 000 000

(二)母公司报告期内增减子公司在合并现金流量表中的反映

1. 母公司在报告期内增加子公司在合并现金流量表中的反映

母公司因追加投资等原因控制了另一个企业而实现了企业合并。根据《企业会计准则第 20 号——企业合并》的规定,企业合并形成了母子关系的,母公司应当编制合并日的合并现金流量表。在企业合并发生当期的期末和以后会计期间,母公司应当根据合并报表准则的规定编制合并现金流量表。在编制合并现金流量表时,应当区分同一控制下的企业合并增加的子公司和非同一控制下的企业合并增加的子公司两种情况。

(1)母公司在报告期内因同一控制下企业合并增加的子公司,应当将该子公司合并当期期初至报告期末的现金流量纳入合并现金流量表。

(2) 因非同一控制下企业合并增加的子公司,应当将该子公司购买日至报告期末的现金流量纳入合并现金流量表。

2. 母公司在报告期内处置子公司在合并现金流量表中的反映

母公司在报告期内处置子公司,应当将该子公司期初至处置日的现金流量纳入合并现金流量表。

(三) 合并现金流量表中有关少数股东权益项目的反映

合并现金流量表编制与个别现金流量表相比,一个特殊的问题就是在子公司为非全资子公司的情况下,涉及子公司与其少数股东之间的现金流入和现金流出的处理问题。

对于子公司与其少数股东之间的现金流入和现金流出,从整个企业集团来看,也影响到其整体的现金流入和流出数量的增减变动,必须在合并现金流量表中予以反映。子公司与少数股东之间发生的影响现金流入和现金流出的经济业务包括:少数股东对子公司增加权益性投资、少数股东依法从子公司抽回权益性投资、子公司向其少数股东支付现金股利或利润等。为了便于企业集团合并财务报表使用者了解掌握企业集团现金流量的情况,有必要将与子公司少数股东之间的现金流入和现金流出的情况单独予以反映。

对于子公司的少数股东增加在子公司中的权益性投资,在合并现金流量表中应当在"筹资活动产生的现金流量"之下的"吸收投资收到的现金"项目下"其中:子公司吸收少数股东投资收到的现金"项目反映。

对于子公司向少数股东支付现金股利或利润,在合并现金流量表中应当在"筹资活动产生的现金流量"之下的"分配股利、利润或偿付利息支付的现金"项目下"其中:子公司支付给少数股东的股利、利润"项目反映。

对于子公司的少数股东依法抽回在子公司的权益性投资,在合并现金流量表应当在"筹资活动产生的现金流量"之下的"支付其他与筹资活动有关的现金"项目反映。

第三节 合并财务报表编制:综合案例

以下综合举例说明购买日后合并财务报表的编制方法。

【例 6-24】 M 公司持有 Z 公司 80% 的股权,M 公司与 Z 公司为母子公司。20×2 年年末集团公司内部个别资产负债表、利润表及股东权益变动表的综合资料如表 6-13、表 6-14 和表 6-15 所示。

表 6-13 资产负债表

20×2 年 12 月 31 日　　　　　　　　　　　　　　　　　单位:万元

资　　产	母公司	子公司	负债和所有者权益	母公司	子公司
流动资产:			流动负债:		
货币资金	3 000	2 000	短期借款	2 500	1 500
交易性金融资产	1 800	1 200	应付票据	3 000	2 500
应收票据	2 000	1 300	应付账款	5 000	2 000
应收账款	3 000	1 000	预收账款	2 000	500

(续表)

资产	母公司	子公司	负债和所有者权益	母公司	子公司
减：坏账准备	15	5	其他应付款	0	0
应收账款净额	2 985	995	应付职工薪酬	1 185	595
预付账款	1 100	1 000	应交税费	1 000	500
存货	5 200	6 100	其他流动负债	1 000	0
流动资产合计	16 085	12 595	流动负债合计	15 685	7 595
非流动资产：			非流动负债：		
长期股权投资	7 700	0	长期借款	3 000	1 000
持有至到期投资	2 500	0	应付债券	4 000	2 000
			长期应付款	1 000	1 000
			其他非流动负债		
固定资产原价	15 000	5 000	非流动负债合计	8 000	4 000
减：累计折旧	3 000	1 000			
固定资产净值	12 000	4 000	负债合计	23 685	11 595
在建工程	7 000	5 000			
			所有者权益：		
			实收资本	10 000	6 000
			资本公积	5 000	1 200
无形资产	1 250	0	盈余公积	5 100	1 500
长期待摊费用	1 350	0	未分配利润	4 100	1 300
非流动资产合计	31 800	0	所有者权益合计	24 200	10 000
资产总计	47 885	21 595	负债和所有者权益总计	47 885	21 595

表 6-14 利 润 表

20×2 年度 单位：万元

项 目	母 公 司	子 公 司
一、营业收入	26 000	16 500
减：营业成本	17 200	11 800
营业税金及附加	800	400
管理费用	800	400
财务费用	300	200
加：投资收益	1 400	0
二、营业利润	8 300	3 700

(续表)

项　　目	母　公　司	子　公　司
加：营业外收入	400	600
减：营业外支出	500	600
三、利润总额	8 200	3 700
减：所得税费用	2 100	1 200
四、净利润	6 100	2 500

表 6-15　股东权益变动表

20×2 年　　　　　　　　　　　　　　　　　　单位：万元

项　　目	母　公　司	子　公　司
一、上年年末余额	2 500	800
加：会计政策变更		
二、年初未分配利润	2 500	800
三、本年增减变动金额	1 600	500
1. 净利润	6 100	2 500
2. 直接计入所有者权益的利得与损失		
3. 所有者投入与减少资本		
4. 利润分配		
减：提取盈余公积	1 000	500
应付利润	3 500	1 500
四、年末未分配利润	4 100	1 300

一、编制合并工作底稿的抵销分录

根据上述资料，母公司首先应当设计合并工作底稿，将母公司和子公司个别资产负债表的数据过入合并工作底稿，并将各项目的数额加总（见表 6-16 左起 1～4 栏）。其次，应编制抵销会计分录，将母公司与子公司之间的内部经济业务事项对个别会计报表的影响予以抵销。在编制合并会计报表时，应进行如下抵销。

（一）集团内部权益性投资的抵销

母公司对长期股权投资采用成本法核算，7 700 万元皆为对子公司的投资，在购买日子公司除（某一管理用）固定资产的公允价值比账面价值高 100 万元，预计尚可使用年限为 5 年，其余资产、负债的公允价值与账面价值一致。

首先，M 公司应把子公司净资产按照公允价值进行调整。编制调整分录如下：

（1）借：固定资产　　　　　　　　　　　　　　　　　　　　1 000 000
　　　　贷：资本公积　　　　　　　　　　　　　　　　　　　　　　　1 000 000

假设当年固定资产按 12 月计提折旧。

(2) 借：管理费用　　　　　　　　　　　　　　　　　　　　　　　200 000
　　　贷：累计折旧　　　　　　　　　　　　　　　　　　　　　　　　　　200 000

上述分录应过入合并报表工作底稿中子公司个别财务报表的调整栏。
其次，M公司应把长期股权投资的"成本法"转换为"权益法"。
当年子公司实现净利润2 500万元，发放股利1 500万元，编制调整分录为：

(3) 借：长期股权投资　　　　　　　　　　　　　　　　　　　　7 840 000
　　　贷：投资收益　　　　　　　　　　　　　　　　　　　　　　　　7 840 000

上述分录应过入合并报表工作底稿中母公司个别报表的调整栏。
再次，应当根据各单位的资产负债表抵销母公司投资与子公司相应的所有者权益。母公司拥有子公司80%的股权，子公司所有者权益总额为10 080元，少数股东权益为2 016万元，母公司拥有的份额为8 064万元，而母公司对子公司投资额为8 484万元。两者之间的差额为420万元，即商誉。

(4) 借：实收资本　　　　　　　　　　　　　　　　　　　　　　60 000 000
　　　　资本公积　　　　　　　　　　　　　　　　　　　　　　13 000 000
　　　　盈余公积　　　　　　　　　　　　　　　　　　　　　　15 000 000
　　　　未分配利润　　　　　　　　　　　　　　　　　　　　　12 800 000
　　　　商誉　　　　　　　　　　　　　　　　　　　　　　　　 4 200 000
　　　贷：长期股权投资(77 000 000＋7 840 000)　　　　　　　　　　84 840 000
　　　　　少数股东权益　　　　　　　　　　　　　　　　　　　　　20 160 000

然后，根据利润表及股东权益变动表将母公司投资收益与子公司提取的盈余公积、应付利润和年末未分配利润等进行抵销。

(5) 借：投资收益　　　　　　　　　　　　　　　　　　　　　　19 840 000
　　　　少数股东损益　　　　　　　　　　　　　　　　　　　　 4 960 000
　　　　年初未分配利润　　　　　　　　　　　　　　　　　　　 8 000 000
　　　贷：提取盈余公积　　　　　　　　　　　　　　　　　　　　　 5 000 000
　　　　　应付利润　　　　　　　　　　　　　　　　　　　　　　 15 000 000
　　　　　未分配利润——年末　　　　　　　　　　　　　　　　　 12 800 000

(二) 集团内部债权债务的抵销
经查母公司本年末应收账款2 000万元为子公司应付账款，应当将其相互抵销。

(6) 借：应付账款　　　　　　　　　　　　　　　　　　　　　　20 000 000
　　　贷：应收账款　　　　　　　　　　　　　　　　　　　　　　　20 000 000

经查母公司本年初应收账款3 400万元中有2 200万元为子公司应付账款，坏账准备提取比例为5‰，坏账准备余额为11万元；本年末应收账款3 000万元中有2 000万元为子公司应付账款，坏账准备余额为10万元。对此，首先，应当将坏账准备和未分配利润恢复到上一期合并后的状况。

(7) 借：坏账准备　　　　　　　　　　　　　　　　　　　　　　　110 000
　　　贷：年初未分配利润　　　　　　　　　　　　　　　　　　　　　110 000

其次，应当根据年末坏账准备余额与年初坏账准备余额的差额，将冲减的坏账准备与冲减的资产减值损失予以抵销。

  (8) 借：资产减值损失   10 000
     贷：坏账准备   10 000

假设所得税税率为25%，考虑集团内部债权债务交易抵销的所得税影响，抵销分录如下：

  (9) 借：年初未分配利润   27 500
     贷：所得税费用   2 500
       递延所得税资产   25 000

母公司应收票据中有1 000万元为子公司应付票据。为此，需要将母公司应收票据与子公司的应付票据1 000万元予以抵销。

  (10) 借：应付票据   10 000 000
      贷：应收票据   10 000 000

母公司应收账款中有1 000万元为子公司预付账款。对此，需将母公司预收账款与子公司预付账款1 000万元予以抵销。

  (11) 借：预收账款   10 000 000
      贷：预付账款   10 000 000

  （三）集团内部债权性投资的抵销

母公司长期投资中包含持有子公司发行的债券2 000万元，对此，应当将母公司债券投资予以抵销。

  (12) 借：应付债券   20 000 000
      贷：持有至到期投资   20 000 000

母公司因上述债券投资收到利息收入200万元。对此，还需要将该200万元的债券投资利息收入予以抵销。

  (13) 借：投资收益   2 000 000
      贷：财务费用   2 000 000

  （四）集团内部固定资产交易的抵销

本期子公司从母公司购进价格为2 000万元的产品作为固定资产使用。该产品毛利率为20%，母公司销售该产品的销售成本为1 600万元。子公司购入该固定资产当期投入使用，并对该固定资产按10年直线法计提折旧200万元。为此，需要将母公司销售该产品的销售收入、销售成本以及子公司购进的该固定资产中包含的未实现内部销售利润予以抵销；还必须将子公司当期计提折旧包含的未实现内部销售利润予以抵销。

  (14) 借：营业收入   20 000 000
      贷：营业成本   16 000 000
        固定资产原价   4 000 000

  (15) 借：累计折旧   400 000
      贷：管理费用   400 000

假设所得税税率为25%,考虑集团内部固定资产交易抵销的所得税影响,抵销分录如下:

(16) 借:递延所得税资产　　　　　　　　　　　　　　　　　　　90 000
　　　　贷:所得税费用　　　　　　　　　　　　　　　　　　　　　　　　　90 000

(五) 集团内部存货交易的抵销

母公司上期向子公司销售产品5 000万元,其产品销售成本为4 000万元,销售毛利率为20%,其中80%已实现对外销售。本年全部售出。

母公司本期向子公司销售产品10 000万元,其产品销售成本为8 000万元,销售毛利率为20%。子公司从母公司购进产品,其中80%在本期实现销售,另外20%形成期末存货。为此,应当将内部销售收入、内部销售成本和子公司存货2 000万元中包含的未实现内部销售利润予以抵销。

(17) 借:年初未分配利润　　　　　　　　　　　　　　　　　　　2 000 000
　　　　贷:营业成本　　　　　　　　　　　　　　　　　　　　　　　　2 000 000

(18) 借:营业收入　　　　　　　　　　　　　　　　　　　　　　100 000 000
　　　　贷:营业成本　　　　　　　　　　　　　　　　　　　　　　　96 000 000
　　　　　　存货　　　　　　　　　　　　　　　　　　　　　　　　　4 000 000

假设所得税税率为25%,考虑集团内部存货交易抵销的所得税影响,抵销分录如下:

(19) 借:递延所得税资产　　　　　　　　　　　　　　　　　　　1 000 000
　　　　贷:年初未分配利润　　　　　　　　　　　　　　　　　　　　　500 000
　　　　　　所得税费用　　　　　　　　　　　　　　　　　　　　　　　500 000

二、编制合并工作底稿

根据上述资料和抵销分录,可编制合并工作底稿如表6-16所示。合并现金流量表从略。

表6-16　合并工作底稿
20×2年度　　　　　　　　　　　　　　　　　　　　　　　　　　单位:万元

项目	子公司调整前	调整	子公司调整前	母公司调整前	调整	母公司调整后	合计数	抵销分录 借方	抵销分录 贷方	合并数
营业收入	16 500		16 500	26 000		26 000	425 000	(14) 2 000 (18) 10 000		30 500
营业成本	11 800		11 800	17 200		17 200	29 000		(14) 1 600 (17) 200 (18) 9 600	17 600
管理费用	400	(2)20	420	800		800	1 220		(15) 40	1 180
财务费用	200		200	300		300	500		(13) 200	300
资产减值损失	400		400	800		800	1 200	(8) 1		1 201
投资收益	0		0	1 400	(3)784	2 184	2 184	(13) 200 (5) 1 984		0
营业利润	3 700	−20	3 680	8 300	784	9 084	12 764	14 185	11 640	10 219

(续表)

项目	子公司 调整前	子公司 调整	子公司 调整前	母公司 调整前	母公司 调整	母公司 调整后	合计数	抵销分录 借方	抵销分录 贷方	合并数
营业外收入	600		600	400		400	1 000			1 000
营业外支出	600		600	500		500	1 100			1 100
利润总额	3 700	−20	3 680	8 200	784	8 984	12 664	14 185	11 640	10 119
所得税	1 200		1 200	2 100		2 100	3 300		(9) 0.25 (16) 9 (19) 50	3 240.75
净利润	2 500	−20	2 480	6 100	784	6 884	9 364	14 185	11 699.25	6 878.25
少数股东损益								(5) 496		496
归属于母公司所有者的利润										6 382.25
年初未分配利润	800		800	2 500		2 500	3 300	(5) 800 (9) 2.75 (17) 200	(7) 11 (19) 50	2 358.25
可供分配的利润	3 300	−20	3 280	8 600	784	9 384	12 664	15 683.75	11 760.25	8 740.5
提取盈余公积	500		500	1 000		1 000	1 500		(5) 500	1 000
应付利润	1 500		1 500	3 500		3 500	5 000		(5) 1 500	3 500
期末未分配利润	1 300	−20	1 280	4 100	784	4 884	6 164	(4) 1 280 16 963.75	(5) 1 280 15 040.25	4 240.5
流动资产:										
货币资金	2 000		2 000	3 000		3 000	5 000			5 000
交易性金融资产	1 200		1 200	800		800	2 000			2 000
应收票据	1 300		1 300	2 000		2 000	3 300		(10)1 000	2 300
应收账款	1 000		1 000	3 000		3 000	4 000		(6)2 000	2 000
减:坏账准备	5		5	15		15	20	(7) 11	(8)1	10
应收账款净额	995		995	2 985		2 985	3 980	11	2 001	1 990
预付账款	1 000		1 000	1 100		1 100	2 100		(11)1 000	1 100
存货	6 100		6 100	5 200		5 200	11 300		15)400	10 900
长期股权投资:子公司投资	0		0	7 700	(3)784	8 484	8 484		(4)8 484	0
持有至到期投资	0		0	3 500		3 500	3 500		(12)2 000	1 500
商誉								(4)420		420
固定资产:										
固定资产原价	5 000	(1)100	5 100	15 000		15 000	20 100		(14)400	19 700

第六章　购并日后的合并财务报表

(续表)

项　目	子公司 调整前	子公司 调整	子公司 调整前	母公司 调整前	母公司 调整	母公司 调整后	合计数	抵销分录 借方	抵销分录 贷方	合并数
减:累计折旧	1 000	(2)20	1 020	3 000		3 000	4 020	(15)40		3 980
在建工程	5 000		5 000	7 000		7 000	12 000			12 000
无形资产	0		0	1 250		1 250	1 250			1 250
递延所得税资产	0		0	1 350		1 350	1 350	(16)9 (19)100	(9)2.5	1 456.5
资产总计	21 595	80	21 675	47 885	784	48 669	70 344	580	15 287.5	55 636.5
短期借款	1 500		1 500	2 500		2 500	4 000			4 000
应付票据	2 500		2 500	3 000		3 000	5 500	(10)1 000		4 500
应付账款	2 000		2 000	5 000		5 000	7 000	(6)2 000		5 000
预收账款	500		500	2 000		2 000	2 500	(11)1 000		1 500
其他应付款	0		0	0		0	0			0
应付工资	595		595	1 185		1 185	1 780			1 780
应付福利费	500		500	1 000		1 000	1 500			1 500
其他流动负债	0		0	1 000		1 000	1 000			1 000
长期借款	1 000		1 000	3 000		3 000	4 000			4 000
应付债券	2 000		2 000	4 000		4 000	6 000	(12)2 000		4 000
长期应付款	1 000		1 000	1 000		1 000	2 000			2 000
负债合计	11 595		11 595	23 685		23 685	35 280	6 000		29 280
所有者权益:										
实收资本	6 000		6 000	10 000		10 000	16 000	(4)6 000		10 000
资本公积	1 200	(1)100	1 300	5 000		5 000	6 300	(4)1 300		5 000
盈余公积	1 500		1 500	5 100		5 100	6 600	(4)1 500		5 100
未分配利润	1 300	−20	1 280	4 100	784	4 884	6 164	16 963.75	15 040.25	4 240.5*
少数股东权益									(4) 2 016	2 016
所有者权益合计	10 000	80	10 080	24 200	784	24 984	35 064	25 763.75	17 056.25	26 356.5
负债和所有者权益总计	21 595	80	21 675	47 885	784	48 669	70 344			55 636.5

* 可参见前合并数(损益表)年末未分配利润。

第四节　合并财务报表附注

附注是财务报表不可或缺的组成部分。对于合并财务报表,企业应当在附注中披露下列信息:

(1) 子公司的清单,包括企业名称、注册地、业务性质、母公司的持股比例和表决权比例。

(2) 母公司直接或通过子公司间接拥有被投资单位表决权不足半数但能对其形成控制的原因。

(3) 母公司直接或通过其他子公司间接拥有被投资单位半数以上的表决权但未能对其形成控制的原因。

(4) 子公司所采用的与母公司不一致的会计政策,编制合并财务报表的处理方法及其影响。

(5) 子公司与母公司不一致的会计期间,编制合并财务报表的处理方法及其影响。

(6) 本期增加子公司,按照《企业会计准则第20号——企业合并》的规定进行披露。

(7) 本期不再纳入合并范围的原子公司,说明原子公司的名称、注册地、业务性质、母公司的持股比例和表决权比例,本期不再成为子公司的原因,其在处置日和上一会计期间资产负债表日资产、负债和所有者权益的金额以及本期期初至处置日的收入、费用和利润的金额。

(8) 子公司向母公司转移资金的能力受到严格限制的情况。

(9) 需要在附注中说明的其他事项。

参 考 文 献

[1] 中国注册会计师教育教材编审委员会.高级财务会计[M].2版.北京:经济科学出版社,2002.

[2] 财政部.企业会计准则(2014)[M].北京:中国财政经济出版社,2014.

[3] 财政部.企业会计准则——应用指南(2006)[M].北京:中国财政经济出版社,2006.

[4] 财政部会计司.企业会计准则讲解2010[M].北京:人民出版社,2010.

[5] 财政部会计司.企业会计准则第33号——合并财务报表[M].北京:经济科学出版社,2014.

[6] PAHLER, ARNOLD J.高级财务会计[M].8版.杨有红,等,译.北京:中国人民大学出版社,2006.

[7] 财政部注册会计师考试委员会办公室.会计[M].北京:中国财政经济出版社,2015.

[8] 中国注册会计师协会.会计[M].北京:中国财政经济出版社,2016.

复 习 思 考 题

1. 简述合并资产负债表中需要抵销的交易事项及其会计处理。
2. 简述合并利润表中需要抵销的交易事项及其会计处理。
3. 简述合并现金流量表中需要抵销的交易事项及其会计处理。

业 务 题

1. 20×2年年末,某母公司资产负债表中对子公司长期股权投资26 800元,拥有子公司80%的股份。该子公司所有者权益总额35 000元,其中实收资本20 000元,资本公积

8 000元,盈余公积1 000元,未分配利润6 000元。其中子公司的无形资产的公允价值高于账面价值1 000元,该无形资产按5年期摊销。其余资料如表6-17所示。

表6-17 母子公司相关利润分配资料

单位:元

项　　目	母公司	子公司
净利润	16 000	8 000
加:年初未分配利润	8 000	3 000
可供分配利润	24 000	11 000
减:提取盈余公积	2 000	1 000
应付利润	10 000	4 000
未分配利润	12 000	6 000

要求:编制抵销分录。

2. 甲公司拥有一家子公司乙,乙公司系20×1年1月5日以4 200万元购买其60%股权而取得的子公司。购买日,子公司的所有者权益总额为6 000万元,其中实收资本4 000万元,资本公积为2 000万元,假定乙公司某固定资产的公允价值比账面价值高200万元。预期尚可使用年限为20年。

乙公司20×1年度、20×2年度分别实现净利润1 000万元和800万元,每年乙公司可供出售金融资产的公允价值增加100万元。乙公司按净利润的10%计提法定盈余公积,另有20×2年用200万元现金分配利润。假定除净利润外,乙公司无其他所有者权益变动事项。

要求:编制20×1与20×2年合并时,抵销甲公司投资和乙公司所有者权益的分录。

3. 某母公司个别资产负债表中应收账款5 000元中有3 000元为子公司应付账款;预收账款2 000元中有1 000元为子公司预付账款;应收票据8 000元中有4 000元为子公司应付票据;子公司应付债券4 000元中有2 000元为母公司所持有。母子公司均按5‰的期末余额计提坏账准备。

要求:假定公司所得税税率为25%,编制抵销分录。

4. 某母公司下属A、B、C三个子公司。该集团母公司坏账准备计提比例4‰,A子公司坏账准备计提比例5‰。该母公司与其子公司相互之间,20×1—20×2年内部应收账款期末余额如下:

20×1年12月31日:

母公司应收账款余额中A子公司应付账款2 000万元,B子公司应付账款300万元,C子公司应付账款400万元。

20×2年12月31日:

母公司应收账款余额中A子公司应付账款1 500万元,B子公司应付账款500万元,C子公司应付账款400万元。

要求:假定公司所得税税率为25%,编制20×1年与20×2年抵销分录。

5. 某母公司上期向子公司销售商品10 000元,其销售成本为8 000元;子公司购进的该商品全部未实现对外销售而形成期末存货。本期母公司向该子公司销售商品15 000元，母公司本期销售毛利率与上期相同为20%，销售成本为12 000元。子公司本期实现对外销售收入18 000元，销售成本12 600元，期末存货12 400元。

要求： 假定公司所得税税率为25%，编制本期抵销分录。

6. 某母公司本期向子公司销售商品10 000元，其销售成本为8 000元；子公司购进的该商品当期全部未实现对外销售而形成期末存货。①该存货期末可变现净值降至9 200元。子公司计提存货跌价准备800元。②该存货期末可变现净值降至7 600元。子公司计提存货跌价准备2 400元。

要求： 假定公司所得税税率为25%，编制会计分录。

7. 某母公司上期向子公司销售商品10 000元，其销售成本为8 000元；子公司购进的该商品当期全部未实现对外销售而形成期末存货。该存货期末可变现净值降至9 200元。子公司期末对该存货计提跌价准备800元。本期子公司从母公司购进存货15 000元，母公司销售成本12 000元。子公司上期从母公司购进存货本期全部售出，销售价格为13 000元；本期从母公司购进存货销售40%，销售价格为7 500元，另60%形成期末存货。

要求：

（1）本期期末该内部购进存货的可变现净值为8 000元。本期计提存货跌价准备1 000元。假定公司所得税税率为25%，编制本期会计分录。

（2）子公司本期期末对存货清查时，该内部购进存货的可变现净值为6 500元，子公司计提的存货跌价准备为2 500元。假定公司所得税税率为25%，编制本期会计分录。

8. 20×1年，甲公司向乙公司销售A产品100台，每台售价5万元，价款已收存银行。A产品每台成本3万元，未计提存货跌价准备。20×1年，乙公司从甲公司购入的A产品对外售出40台，其余部分形成期末存货；20×1年年末，乙公司进行存货检查时发现库存A产品的可变现净值下降至280万元。乙公司按单个存货项目计提存货跌价准备；存货跌价准备在结转销售成本时结转；20×2年，乙公司对外售出A产品30台，其余部分形成期末存货。

20×2年年末，乙公司进行存货检查时发现库存A产品可变现净值下降至100万元，20×3年，乙公司对外售出A产品15台。

20×3年年末，乙公司进行存货检查时发现，因市价回升，库存A产品的可变现净值上升至80万元。

要求： 假定公司所得税税率为25%，编制各年度抵销分录。

9. 某母公司有A、B两个子公司。A公司将其成本为20 000元的产品，以30 000元的价格卖给B作为固定资产使用。B公司将该固定资产以35 000元销售给其他企业。

要求： 假定公司所得税税率为25%，编制抵销分录。

10. 20×1年年初，A公司和B公司均为同一母公司的子公司，A公司以500 000元的价格将其生产的产品销售给B公司，其销售成本为300 000元。假设B公司对该固定资产按5年的使用期限计提折旧，预计净残值为零；该固定资产交易时间为本年1月1日，为简化处理，该内部交易固定资产按12月计提折旧。

要求： 假定公司所得税税率为25%，编制20×1—20×5年抵销分录。

第七章 合并理论

本章提要

　　企业合并的会计处理方法主要有购买法、权益集合法和新起点法三种。每种方法又具有不同的使用范围。

　　美国历史上第一个关于企业合并的权威性公告是1950年由美国注册会计师协会(American Institute of Certified Public Accountants，简称 AICPA)所属会计程序委员会(the Committee on Accounting Procedure，简称 CAP)发布的第40号会计研究公报(ARB No.40，business combinations)"企业合并"。但是，ARB No.40因措辞含糊，后被ARB No.48 "business combination"(1957年)所取代。1970年8月，会计原则委员会(Accounting Principles Board，简称 APB)发布了 APB Opinion No.16。APB Opinion No.16对权益集合法的使用提出了12项限制性条件。财务会计准则委员会(Financial Accounting Standards Board，简称 FASB)后来在2001年又发布正式了财务会计准则公告(SFAS 141)，自2001年6月30日起实施。这个公告又于2008年12月15日被SFAS 141R所取代，该准则要求所有的企业合并都采用购买法进行核算，从而正式宣布废除权益集合法。

　　会计信息的质量特征是指向企业外部报表使用者提供的会计信息必须具备有用的作为决策信息的基本特征。其实质是构成有用信息的各种要素。从财务会计信息的质量特征入手分析企业合并的会计方法可以更进一步了解如何取舍三种方法。

　　企业合并理论是在长期的会计实务演进过程中产生的。企业在合并过程中又面临母公司理论、实体/当代理论和传统理论三种合并理论的选择，不同的合并理论对少数股东权益和商誉存在不同的影响。

　　合并会计理论分为四个层次：第一层次，合并报表编制的目的。第二层次，控制理论。第三层次，合并会计方法和合并理论。第四层次，合并会计处理实务——包括购买成本的确定、合并日的确定、合并过程中外购有形资产、可辨认的无形资产和不可辨认的无形资产商誉，以及母子公司之间内部交易的抵销等。

第一节　企业合并的基本会计方法及适用范围

一、企业合并的基本方法

　　数十年来，企业合并的会计处理方法存在无数争议。总体而言，企业合并的会计处理方法主要有三种：①购买法(purchase method)：核算一家企业收购另一家公司的控股权或资产等方式完成合并的会计处理方法。②权益集合法(pooling of interest method)：又名权益结合法、联营法，是核算两家或两家以上的企业通过权益性证券交换而完成合并的会计处理方法。③新起点法(the fresh-start method)：假设合并后的企业是新成立的，对所有资产都按公允价值入账的会计处理方法。

在购买法下，合并被当作是一项实际发生的交易(犹如购买一般的机器设备)。在收购方的账面上或收购方编制的合并财务报表上，被收购企业的各项资产和负债都按购买日的公允市价而不是历史成本反映。在通货膨胀的情况下，这种方法要确认一些资产项目的升值(这些升值项目要按各项资产的使用寿命进行摊销)。实际支付的购买成本与被收购企业的可辨认净资产公允价值的差额需确认为商誉并按期摊销或进行减值评估。

在权益集合法下，合并不是被当作双方企业之间的交易而是双方股东之间的交易，此时在收购方企业的账面上或合并财务报表上，被收购企业的资产和负债都是以历史成本计价，不会出现资产项目的升值，也不会出现外购商誉。与购买法相比，按权益集合法编制合并报表可得到较小的资产总额和较大的合并报告收益。

新起点法把合并后的企业当作是一个新成立的企业。在这种方法下，不但需对被收购企业的资产和负债按其在合并日的公允价值进行计价，还需要对收购方的资产和负债按其在合并日的公允价值进行计价。因为出现通货紧缩的可能性很小，在三种方法中，这种方法能得到最大的合并资产总额和最小的合并报告收益。

根据 APB Opinion No.16 的定义，购买法是指"核算一家公司收购另一家公司的企业合并的会计方法。收购公司按收购成本记录收购的资产减负债。收购成本与被收购公司的有形和可辨认无形资产减负债的公允价值的差额作为商誉记录。收购公司的报告收益包括被收购公司在收购后的经营业务，以收购公司的成本为基础"。

主张采用购买法而反对权益集合法的人认为：①绝大多数企业合并中可辨认的收购方获得了对另一家公司的资产的控制。因此，收购交易已发生因而应采用收购法。②一项企业合并是以对有关的各种资产和负债的公允价值而不是账面价值为基础进行讨价还价的正常交易的结果。③企业合并总是以支付现金，其他资产，或负债进行购买而实现的。因而不可能以账面价值而只能以公允市价才能在市场上进行买卖。④购买法报告了交易的实质，因此坚持了资产购置传统的会计处理原则。⑤权益集合法缺乏正确的概念基础。到目前为止，对该方法的定义都是不成功的。⑥权益集合法使得管理界在年末安排企业合并和出售合并公司的资产获得"瞬时收益"(instant income)。

购买法和权益集合法是伴随美国在 20 世纪 40 年代末期出现的并购浪潮而应运而生的。会计实务上最早采用的是权益集合法，当时的含义就是将规模大小相当的公司的资产、负债和股东权益联合起来组成一个单一、更大的经济实体。而购买法则是要求所有权发生变化，即一家公司被看作是买主，另一家公司则被看作是卖主，因而采用了常规的资产购置的会计处理程序。

根据 APB Opinion No.16 的定义，权益集合法是指"核算两家或两家以上的公司通过权益性证券交换而实现权益联合的企业合并的会计方法。由于合并是在没有进行资源支付的情况下完成的，所以不能区分收购方。所有权益继续不变且原有会计基础保留。各成员公司记录的资产和负债按原有金额记录在合并后的公司中。合并公司的收益包括各成员公司在合并当年的整个财政年度的收益。各成员公司以前年度的报告收益进行合并，然后作为合并收益在合并公司的合并收益表中报告"。

主张采用权益集合法而反对采用购买法的人认为：①在进行股票交换的企业合并中，各股东团体将它们的资源、优秀管理人才和风险结合后形成一个新的主体以便继续以前的业务和继续获得收益流量。各成员股东团体共同分担风险是股权交换式企业合并的重要原因。通过权益集合，每一个团体继续维持以前投资的风险要素，与此同时，共同分担交换的风险和利益。②权益集合法与历史成本会计和持续经营概念相一致。③权益集合法很容易实施，而购买法则存在客观确定发行股票、收到资产和承担债务的现行价值的困难。④购买法下只有被购公司进行了重新计价。这种同类资产（或负债）或按历史成本计价或按公允价值计价的做法是极不对称的。

二、各种合并方法的使用范围

从理论上讲，购买法可以用来核算任何形式的合并交易，不管是新设合并还是吸收合并或控股合并。不管合并代价支付采用何种方式，购买法都可以很好的胜任它们的核算工作。从其本身特点来讲，以现金、债务和其他资产支付或以这种支付方式为主的合并最宜采用购买法进行核算。如果企业采用增发股份的方式去合并其他的企业，如将新发行的股份视为企业原有股东支付的代价，此时也可以采用购买法进行核算。比较麻烦的是新设合并的情形，因为此时参与交易的各企业的地位一般是比较平等的，如采用购买法进行核算需要确定购买企业，这可能会遇到一定的困难，但这个问题并不是不可解决的。新设合并一般采用换股的方式进行，其中可能有少量的现金或其他资产的支付，如新设合并中存在现金或其他资产的支付，则一般以支付现金或其他资产的一方为购买企业。如果新设合并完全采用换股的方式，则应综合考虑各企业的资产规模、合并双方股东或其管理层在存续企业中的地位来选择购买企业。

权益集合法将合并视为双方股东的交易，因此这种方法只能用于以换股方式完成或主要以这种方式完成的合并交易。当购买方以增发股份的方式去换取另一企业的所有股份或大部分的股份时，可以采用权益集合法进行核算。新设合并一般采用以新成立的企业的名义发行股份换取合并双方的所有股份的方式进行，其中可能会涉及少量的现金支付，但主要以并股方式为主，因此大多数的新设合并可以采用权益集合法进行核算。收购资产和收购股票方式的合并一般不能采用权益集合法核算，只能采用购买法核算。

新起点法将合并后的存续企业视为一个新成立的企业，以公允价值对所有的资产和负债进行计量。在以公允价值较为流行的情况下，新起点法可以用于所有类型的企业合并的核算。但现在流行的是历史成本原则，因此新起点法的应用受到了很大的限制，一般只能用于新设合并的情形。但即使用新起点法对新设合并进行核算仍显得有些勉强，因为存续企业继承了原合并双方的资产、负债和其业务关系，并不是平地而起的。

综观西方企业合并会计方法理论和实践，三种合并会计方法存在不同的理论依据及相应的适用范围。表 7-1 简要地描述了这三种方法的适用范围。

表 7-1　三种合并会计方法的适用范围

合并形式 \ 会计方法	购买法	权益集合法	新起点法
新设合并	适用（需确定购买方）	适用（换股合并）	适用
吸收合并	适用	适用（换股合并）	不适用
控股合并	适用	适用（换股合并）	不适用

应特别指出的是,为了限制企业滥用权益集合法,无论是国际会计准则委员会还是美国财务会计准则委员目前都已废止了权益集合法,只允许企业采用购买法核算企业合并。

第二节 企业合并会计方法的历史回顾及比较

美国历史上第一个关于企业合并的权威性公告是 1950 年由美国注册会计师协会(American Institute of Certified Public Accountants,简称 AICPA)所属会计程序委员会(the Committee on Accounting Procedure,简称 CAP)发布的第 40 号会计研究公报(ARB No.40,business combinations)"企业合并"。权益集合法限制在下列两种情况下使用:①规模大体相当的公司合并;②新合并的公司没有改变原有成员公司的管理人员和所有权(权益的连续性)。

但是,令人遗憾的是,ARB No.40 措辞含糊,因而在实际执行时往往取决于各种不同的理解。20 世纪 50 年代,许多性质相同的企业合并却采用了不同的会计处理方法,其结果是直接导致了 CAP 颁布了 ARB No.48,"Business Combination"(1957 年)。ARB No.48 使更大范围的使用权益集合法合法化,即便是一家公司比另一家公司大 19 倍时也可使用权益集合法。由于权益集合法通常能报告更高的收益,20 世纪 60 年代许多企业都利用 ARB No.48 更宽松的标准,采用权益集合法反映企业合并。尽管媒体披露并指责绝大多数企业合并都属于购置性交易,但权益集合法的运用却有增无减。

为了回应各界对滥用权益集合法的批评,AICPA 于 1959 年成立了会计原则委员会(the Accounting Principles Board,简称 APB)。1970 年 8 月,APB 发布了 APB Opinion No.16。APB Opinion No.16 对权益集合法的使用提出了 12 项限制性条件。自 APB Opinion No.16 于 1970 年 10 月 31 日生效后,权益集合法的滥用得到了有效的遏制。表 7-2 如实地说明了这一情况。

表 7-2 APB Opinion No.16 生效前后权益集合法使用情况的比较

APB Opinion No.16 颁布以前			APB Opinion No.16 生效以后		
年度	合并数量	采用权益集合法的公司	年度	合并数量	采用权益集合法的公司
1967	260	55.4%	1971	233	42.9%
1968	374	49.2%	1972	262	38.9%
1969	380	48.7%	1973	252	35.3%
1970	—		1974	193	25.9%
			1975	106	29.2%
			1976	146	30.0%
			1977	166	28.9%

资料来源:Based on a survey of 600 companies as reported in the 1968—1978 editions of AICPA's Accounting Trends and Techniques.

但是,从另一方面来看,由于两种不同方法会产生显著会计差异,所以公司在 APB Opinion No.16 生效后的 30 年来从来就没有放弃过寻求使用权益集合法的努力。其结果是,美国证券交易委员会(SEC)和财务会计准则委员会(Finacial Accounting Standards Board,简称 FASB)发布了无数关于权益集合法适用条件的释义性文件。这不得不使人对现行会计准则产生疑虑。迫于压力,财务会计准则委员会于1996年决定重新考虑企业合并会计和无形资产会计问题。FASB 于1999年9月7日对外公布了《企业合并和无形资产》的征求意见稿,2001年发布正式的财务会计准则公告(SFAS 141),自 2001 年 6 月 30 日起实施。这个公告正式宣布废除权益集合法,要求所有的企业合并都采用购买法进行核算。

不像权益集合法和购买法,新起点法目前在世界上还没有一个国家在企业合并中采用过。但是,美国财务会计准则委员会在研究企业合并的会计方法时并没有只局限在已采用过的会计方法上。从某种程度上看,新起点法可能为企业合并的所有资产和负债建立新的会计基础。在新起点法下,报告主体被当作一个新起点处理,所有的资产和负债都以重组日的公允市价为基础进行计量。新起点也就从重组日开始了。如果将新起点法运用于企业合并,则要求参与合并公司的所有的资产和负债都以公允价值为基础重新进行计量。同收买法一样,新起点法适用于支付现金、其他资产、债务、股票,或兼而有之的企业合并。尽管新起点法从技术上讲可能适合于所有的企业合并,但出于实际上的考虑,仅讨论购买法可能不合适的情况。这与 AICPA(1968 年)提出的公允价值集合法(fair value pooling method)是相吻合的。

一、三种会计方法产生的会计结果差异的分析

这三种不同会计处理方法自然会产生不同的会计结果,且在绝大多数情况下产生的差异是十分显著的。正因为如此,围绕企业合并的会计处理方法的争论也就总是喋喋不休。不同会计处理方法所产生的会计结果的最根本差异在于是否为任何、部分或全部资产和负债建立新的会计基础。建立新的会计基础主要包括两个方面:①为参与合并公司已确认的资产和负债建立新的计量基础;②确认和计量以前可能未确认的资产和负债。

一般来说,由于报告主体并没有对资产和负债全面进行日常重新确认和计量,因此,要建立一个新的计价基础是困难的。尽管某些资产和负债如有价证券常常需进行重新计价,但绝大多数资产和负债并没有进行重新计价。确认和计量另外的资产或负债也许更具争议性,因为待确认的资产通常是自创的可辨认无形资产。其在日常会计处理中通常是在发生时费用化,如果在合并时作为资产处理是违背常理的。对许多或全部资产和负债进行重新计价,其影响是显著的,因为它直接影响到报告收益。同样,确认合并公司的自创无形资产也会对报告收益产生显著影响。

在企业合并中采用三种不同会计处理方法也无法回避上述两个问题。权益集合法不对任何合并公司的任何已确认的资产和负债建立新的计价基础,也不确认任何另外的资产和负债。但是,购买法为企业合并中收购的资产和负债建立新的计价基础,同时确认被收购公司以前未确认的资产(包括商誉)和负债。与权益集合法和购买法相比较,新起点法为参与合并公司的所有资产和负债全面建立新的计价基础,同时确认参与合并公司以前未确认的所有资产(包括商誉)和负债。

三种不同会计方法所产生的会计结果的另一差别在于如何报告合并当年的收益。权益集合法下,对合并公司的收益进行汇总后作为合并收益对外报告,不考虑合并发生的年度,从而有时会产生所谓的"瞬时收益"。而在购买法和新起点法下,仅对自合并日后合并公司的收益进行合并。因此,在其他条件不变的情况下,合并当年采用权益集合法一般比采用购买法和新起点法报告的收益要高一些。

三种不同会计方法所产生的会计结果的另一差别在于留存收益的处理。在权益集合法下,参与合并公司的留存收益在合并日进行合并后在合并公司的财务报表中反映。而在购买法下,只有收购方的留存收益在合并日反映到合并财务报表中。在新起点法下,由于是建立了一个新起点,而新起点不可能在开始日便出现留存收益,所以合并日不考虑合并公司的留存收益。因此,在其他条件不变的情况下,采用权益集合法一般比采用购买法报告的留存收益余额要高一些,而采用购买法一般比采用新起点法报告的留存收益余额要高一些。其结果如表7-3所示。

表7-3 企业合并会计处理方法所产生结果的主要差异比较

方法 性质	权益集合法	购买法	新起点法
是否重新确认已确认的资产和负债	否	是 (被收购方)	是 (全部)
是否确认以前未确认的资产和负债	否	是	是
是否报告留存收益	是 (全部)	是 (收购方)	否
是否报告合并前收益	是	是	是

二、三种会计处理方法的理论依据差异分析

对部分或所有资产和负债是否建立新的会计基础主要取决于是否发生了特别重大的经济事件,如对资产和负债的控制发生了变更的交易。企业合并常常但并不总是被看作是这样的事件,这也同样取决于对一家或几家合并公司的资产和负债的控制是否被认为发生了变化。因此,控制变更就成为区分各种不同企业合并会计方法的主要理论依据。

在权益集合法下,合并被看作是合并公司股东之间而不是合并公司之间的交易而形成的。因此,对合并公司的资产和负债的控制并没有发生变化,只不过是公司的所有权益进行了简单合并。其结果是,不需要为已确认的资产和负债建立新的计价基础,也不需要确认尚未确认的资产和负债。

购买法认为合并公司间发生了交易。这种交易被看作是收购方和被收购方参与了交易。因此,对被收购方的资产和负债的控制发生了变更,但对收购方的资产和负债的控制并没有发生变更。其结果是,为从被收购方获得的资产和负债建立新的会计基础,但不为收购方的资产和负债建立新的基础。

新起点法认为合并公司间也发生了交易。同时,这种交易也被看作是收购方和被收购方的参与。但是,合并公司被看作是被收购方,而新产生的主体则是收购方。其结果是,为合并公司的所有资产和负债建立新的会计基础。

(一)权益集合法

权益集合法假定以前独立的公司在合并后续存。为了完成所有权的混合,合并必须通过权益股份的交换,从而使拥有合并以前公司独立的所有权结合后继续在合并后的公司中持有。由于这个原因,只有交换权益股份而没有支付现金、其他资产或债务的企业合并才能采用权益集合法。因此,实现合并所采用的对价的性质对权益集合法是至关重要的。合并后的所有权仍没有变化,股东仍保留与所有权相关的风险和报酬。每一所有权团体被看作是放弃以前公司的权益但通过交换获得:①持有对原公司较少权益;②持有以前其他所

有权团体持有的权益。以前公司的资产和负债也被看作是维持不变,只不过是合并了而已,合并并没有增加或减少资产和负债的总额。所有者除了原有的投资额外并没有增加新的投资,也没有向它们支付资产(交换的股份并非资产)。合并公司被看作没有直接参与合并交易,而是所有者直接参与的交换持有股份的交易。因此,合并公司只不过是所有者交易的"袖手旁观"者,所以从公司的角度来看并没有发生重大的经济事件。

因为认定在合并交易中既没有收到(或支付)资产也没有承担(或清偿)负债,各主体也没有直接参与权益交换的交易,所以,合并后的公司可以看作是合并前公司的延续。因此,这种合并并没有产生新的计价基础的必要。相反,由于合并前公司可延续到合并后的公司,因此,合并前公司的资产和负债可以简单转入合并后公司的财务报表中,也不确认其他资产和负债。由于认定合并后公司的总资源并没有发生变化,总收益当然也认定没有发生变化。从某种程度上看,这种合并只不过是法律形式发生了变化,但经济实质并没有发生任何改变。

(二) 购买法

购买法假定企业合并交易中合并公司中有一方是收购者或购买者,合并后收购者续存。在企业合并交易中,收购方在收购对价中以现金、其他资产、债务工具或发行股票等形式购买被收购方的资产和负债。收购对价并不影响收购资产和负债的计价方式。因为假定交换性交易是由独立各方进行的讨价还价式的正常交易,所以一般认为交换价值等于获得的资产和负债的总价值即总收购价格。从而确认购买的资产和负债(包括以前未确认的资产和负债)并以它们的公允价值为基础进行计量,任何留剩的部分都作为外购商誉确认。但是收购方的资产和负债的计量不受交易的影响,也不确认收购方未确认的资产和负债,因为它们并没有参与交易。

购买法与交换性交易的一般会计处理规则,即按交易中交换项目的公允价值核算是一致的。由于交易是站在收购方的角度来审视的,因此,购买法假定参与交易的一方能作为续存经济主体或收购方辨认。这与权益集合法和新起点法不能辨认收购方形成对照。

(三) 新起点法

新起点法假定合并前的公司在合并后无一续存,但形成了一个新起点。尽管新起点可能仍沿用以前公司的名称,但却被看作是经济上完全不同于其前身。新起点可能在诸如地理位置、规模和经营范围等方面都不同于合并前的公司。因此,合并前的公司没有一家被看作是合并后续存。新起点的产生与媒体的宣称诸如开创了"新纪元"、将获得以前公司无法取得的协同效应等是相吻合的。事实上,类似的合并有时会使企业一跃成为行业的先驱,甚至改变整个行业的动态竞争。

合并交易中采用的对价性质并不影响交换的价值,因此,与新起点的会计核算不相关。合并公司被看作是直接参与了交易,交易的结果是合并前公司的资产和负债为新会计主体所购置。由于它们现在都属于新起点所拥有,所以所有已经记录的资产和负债都必须按公允价值重新计价,任何尚未确认的资产和负债也被新起点所确认。

对新起点的构成目前有两种观点:一种观点认为合并后形成的新起点完全不同于合并前的公司;另一种观点认为,新起点仅限于不能辨认收购方时的企业合并。

权益集合法、购买法和新起点法的理论依据比较如表7-4所示。

表 7-4 企业合并会计处理方法理论依据的主要差异比较

方法 性质	权益集合法	购买法	新起点法
收购对价的性质是否与会计有关	是 (仅进行股份交换)	否	否
合并公司是否参与合并交易	否 (仅股东参与交易)	是	是
合并交易完成后是否产生新起点	否	否 (强大方存续)	是
对合并公司部分或全部资产和负债的控制是否发生变化	否	是 (被收购方)	是 (全部)

第三节 企业合并会计方法的信息质量特征分析

企业合并的会计方法有权益集合法、购买法和新起点法等三种,要判断究竟哪种方法可取,必须从财务会计信息的质量特征入手。会计信息的质量特征是指向企业外部报表使用者提供的会计信息,必须具备有用的、作为决策信息的基本特征。其实质是构成有用信息的各种要素。

财务会计在可供选择的几种会计方法之间决定哪种方法是最为可取的标准,其关键在于哪种会计方法提供的会计信息对制定决策的信息使用者更为有用,以及获得不同会计信息所花费的不同代价。当然,信息虽有用但花费的代价太昂贵时就不值得提供。要提供的信息应限于使用信息所产生的效益大于取得信息所花的代价,同时又对决策有用的重要信息。从会计信息使用者的角度来看,会计信息的主要质量特征是可靠性和相关性。

一、三种会计处理方法提供的会计信息的相关性分析

如果采用不同会计处理方法提供的会计信息要具备相关性的特征,那么,这些会计信息就必须具备有助于信息用户决策的能力。就企业合并这一事项而言,对财务报表的使用者来说是极其重要的,因此,权衡不同会计方法的相关性是有意义的。

(一) 权益集合法

主张采用权益集合法的人认为,权益集合法比其他方法能提供更相关的信息。因为这种方法只注重在收购资产和负债的过程中的原始投资额,在此基础上提供的会计信息对被并公司的后续业绩进行评估更具有相关性。而其余两种会计处理方法则会改变对被收购公司资产和负债的计价基础,其结果是会产生部分不应该如此确认的利润。但是,反对采用权益集合法的人则声称这种方法不如其他方法提供的信息更具相关性,因为这种方法没有反映管理界对其投资所负的责任,从而提供的信息不具有反馈价值。管理界在面临采用外延式或内涵式资本投资决策时采用不同的计价基础不利于对管理者的业绩进行评估,因为采用内涵式资本投资都采用公允价值进行计价,而外延式资本投资却忽视了讨价还价交易的价值,进而破坏了对管理者经管责任的计量。并且,因为这种方法仅仅是延续被收购公司原有资产和负债的历史记录,没有对某些无形资产进行确认,所以这种方法提供的信息缺乏完整性,因而也就缺乏相关性。此外,由于采用这种方法提供的信息并没有反映交

易的固有价值,因而也就缺乏预测价值。主张采用权益集合法的人还声称,将合并公司整个年度的收益进行合并能提供更好的预测价值和反馈价值。但反对者却针锋相对地指出,所预测的不过是未来的报告收益,而不是未来现金流量。并且,采用权益集合法所产生的"瞬时收益"可能会缺乏预测价值,因为企业合并可能会产生的协同效应并不是简单将以前收益进行合并。

（二）购买法

主张采用购买法的人相信,购买法能提供更相关的信息。因为购买法反映了存续公司的原始投资额,反馈的也是原始投资额。这有助于反映管理层对原始投资额所担负的经管责任。同时,对被并公司的资产和负债(无论以前是否确认),都采用公允价值进行记录,提供了与被收购资产和负债相关的预期未来现金流量,因而更具有预测价值。但主张采用新起点法的人认为,购买法提供的信息是不完整的,因为这种方法只注重对被并公司的资产和负债重新进行计价。因此,这种方法尽管可能记录了被并公司以前可能未记录的资产或负债,但是,却未对主并公司自身的资产或负债重新进行计价,很显然提供的信息是不完整的。特别是,合并资产负债表上反映的信息是主并公司的历史成本和被并公司现行价值的混合,这将不利于对公司业绩进行计量评价。

（三）新起点法

主张采用新起点法的人认为,新起点法因对主并和被并公司的所有资产和负债重新进行计价,因而是三种方法中提供信息最完整的一种。同时,因对所有资产和负债都采用公允价值重新进行计价,提供的将是与那些资产和负债将产生或耗用的预期未来现金流量相关的现行信息。这种方法提供的信息不仅更具有预测价值,而且更具有反馈价值。因为以公允价值为基础对资产和负债进行计量反映了现时各交易方的实际交易价值。但是,反对采用新起点法的人认为,在实际并购过程中往往是主并方和被并方公司在并购后仍然存续,因而这种方法赖以存在的前提是错误的。在他们看来,持续经营企业采用原有账面价值进行计量能更好地反映企业的实际财务状况和经营业绩。

二、三种会计处理方法提供的会计信息的可靠性分析

财务会计信息的可靠性要求,会计信息必须是客观的、可验证的,同时还是真实的。就企业合并而言,可靠性反映了会计核算的事项和采用何种方法核算这些事项之间的关系。具体来说,可靠性要求相同的事项必须采用相同的方式报告,不同的事项采用不同的方式核算。

（一）权益集合法

主张采用权益集合法的人认为,这种方法提供的信息比其他两种方法更可靠。这是因为合并前公司资产和负债的账面价值反映了这些公司的原始投资额,因此,采用权益集合法更好地反映了合并公司的实际支出。但是,反对者声称权益集合法赖以存在的前提假定即公司合并是所有者之间的交易而非公司间的交易显然是虚构的、不切实际的。典型的企业并购通常是由公司管理层参与发起的,往往是一个报价、防御和长时间的谈判过程。而公司的所有者则常常对此很少直接参与,直至谈判好的协议呈报在其面前认可。因此,公司才是直接的参与者,而所有者只不过是有利益关系的旁观者。特别是,采用权益集合法所产生的"瞬时收益"是违背事实真相的,因而也就违背了财务报告披露的真实性原则。反对者还声称,采用权益集合法所提供的信息是不完整的,因为这种方法并没有对被并公司的部分资产和负债进行确认。并且,按合并前公司的账面价值记录的资产和负债应报告的

并不是合并后公司的实际情况,而是已不存在的合并前公司的实际状况。其结果是,会导致因延续未确认合并前公司资产和负债所获得的利得而形成所谓的"秘密准备"。反之,如果合并前公司资产的账面价值低于其公允市价(或负债高于其公允市价),则会虚报公司的实际价值。这两种情况都会使公司合并后的利润虚报(或虚增或虚减),从而影响公司的财务状况的可靠性。特别是,由于权益集合法的这种特性,使部分公司有目的地变本应采用购买法的合并为符合采用权益集合法条件的合并。这样会使本是属于同一经济性质的合并采用不同的报告方式进行核算。

(二) 购买法

主张采用购买法的人相信,几乎所有的企业合并实质上是一家企业收购另一家企业。因此,采用以谈判和实际交易价格为基础的购买法提供的信息,比采用其他方法提供的信息更可靠。因此,这种方法更真实地反映了在企业合并交易时点存续公司的投资额。但是,主张采用权益集合法的人则声称,他们对购买法中确认被收购公司的未确认资产和负债的计量可靠性持怀疑态度,特别是在为进行频繁交易的情况下。无形资产比有形资产更加难以辨认和计量。而权益集合法因采用账面价值则可以避免这些困难。主张采用新起点法的人则声称采用购买法提供的信息是不完整的。在他们看来,仅对被收购公司的资产和负债采用公允价值进行计量而忽视收购公司本身,很显然是违背企业合并这一经济实况的。其结果是,财务报表上的数据是新、旧价格的混合,因而违背了披露的真实性。反对者还声称购买法并不适合所有的企业合并。特别是在很难区分收购方的企业合并中采用购买法显然会影响可靠性。反对者还声称采用购买法的企业具有不确认原来未确认无形资产的动机,以便使报告收益在短期内最大化。同时,当商誉的摊销期限长于其他资产甚至不要求进行摊销时,采用购买法的企业还会尽可能地将收购溢价分配给商誉。且收购方具有建立"秘密准备"的动机,以便在随后需要时操纵收益。所有这些行为都会影响财务报表的真实性。

(三) 新起点法

主张采用新起点法的人认为,新起点法只不过是将购买法拓展到所有参与并购的公司,因此,无论是在确认还是计量方面都并不会产生新问题。事实上,由于购买法已被采用多年且多数企业合并都适用,因而有足够的经验克服采用新起点法可能产生的信息可靠性问题。主张采用新起点法的人相信,尽管购买法提供的信息比权益集合法提供的信息更完整,而新起点法提供的信息又比购买法提供的信息更完整,因此,新起点法提供的信息比其他两种方法提供的信息更可靠。新起点法要求将主并公司和被并公司以前未确认的所有资产和负债重新记录,从而更真实地反映了并购公司整体所拥有资产和承担负债的情况。采用公允价值对所有资产和负债重新进行计量能更真实地反映与这些资产和负债相关的预期未来现金流量。同时,与购买法只对部分资产和负债采用同一基础进行计量相比,新起点法对所有资产和负债都采用同一基础进行计量,因而使财务报表编制的基础具有一致性。但是,反对采用新起点法的人认为,新起点法具有同购买法一样的缺点,而且影响更大。他们对能否对以前未确认的资产和负债重新辨认和计量的可靠性持怀疑态度。同时,新起点法也同样为企业有意不确认原来未确认无形资产和尽可能地将收购溢价分配给商誉提供了机遇。这种操纵盈余的动机会导致产生大量的"秘密准备"。反对者还声称,如果新起点法只适用于合并形成了新的主体的情况,那么,能否真正区分合并过程中存续体和新起点是值得怀疑的。而如果区分存在困难的话,则为企业实际操作带来不一致性困难。

此外，这种方法还存在计量上的困难。

三、三种会计处理方法提供的会计信息的可比性分析

具有可比性会计质量特征的信息，应该能够使信息使用者对两组经济现象的相同之处和不同之处作出区分。一般认为，如果可以比较不同会计主体在同一会计时点或会计期间相同的事项，可以大大增强会计信息的可比性。同时，如果可以比较同一会计主体在不同时期的会计事项，也可以大大增强会计信息的可比性。

（一）权益集合法

主张采用权益集合法的人相信，保留合并前公司已确认资产和负债的账面价值能够增强可比性，因为这种方法为信息使用者提供了评估与被并公司业绩有关的趋势和方向的"通道"。他们还相信，合并公司整个年度的收益可以增强未来业绩与过去业绩的可比性。但是，反对采用权益集合法的人相信，信息使用者通常不能将采用权益集合法核算企业合并的数据调整为采用购买法核算的数据，因此，采用权益集合法会损害会计信息的可比性。会计信息使用者缺乏对调整诸如确认资产和负债的公允价值，或调整相关收入、费用、利得和损失所需的信息。他们也缺乏对诸如无形资产或商誉是否进行确认、怎样计量，以及对收益影响的信息。对会计信息使用者来说，将采用购买法核算企业合并的数据调整为采用权益集合法核算的企业合并的数据则相对容易，因为他们可以合并企业各自的采用报表来模拟采用权益集合法所得到的数据。反对采用权益集合法的人进一步强调，如果别国都采用购买法，那么，允许采用权益集合法还会损害国际上的可比性。

（二）购买法

主张采用购买法的人声称，这种方法提供的信息同现行会计模式下资产的取得和负债的发生的核算是一致的，因而更具有可比性。以企业合并这一单一交易方式取得大宗资产的核算同采用现金购置资产核算的方式是完全一致的。因此，无论被购资产的获得方式如何，关于被购资产的信息都是可比的。但是，主张采用权益集合法反对采用购买法的人声称，购买法的最大缺陷在于仅对合并后的收益进行合并。其结果是，会导致分析师和其他用户无法比较合并公司未来收益与过去收益，以及无法预测收益变动趋势。

（三）新起点法

主张采用新起点法的人相信，新起点法可以从几个方面增强可比性。由于新起点法避免了权益集合法和购买法历史价格和现行价格混用的固有缺陷，使主并公司和被并公司都采用了统一的计价基础，从而增强了可比性。同时，采用这种方法也更便于比较不同的经济实体。但是，反对采用新起点法的人声称，这种方法不利于从时间角度来进行比较，不但不利于比较合并前、后的资产负债表，而且不利于比较合并前、后的收益。其结果是，财务分析师和其他用户无法跟踪收益的变动轨迹，也无法预测未来的收益变动趋势。

四、从成本效益角度对三种会计处理方法的分析

在权衡权益集合法、购买法和新起点法三者提供会计信息的相关性、可靠性和可比性这些质量特征的同时，也应从成本效益角度对这三种方法进行分析。成本通常是指报告主体和信息使用者承担的成本。就一个报告主体而言，采用一种会计方法的成本包括收集、加工和传播信息的成本；就信息使用者而言，则包括分析和解释信息的成本。而效益则是指信息使用者增强的资源分配决策的能力和报告主体获得的资本成本的减少金额。

（一）权益集合法

主张采用权益集合法的人认为，这种方法是所有方法中应用成本最低的一种方法。由

于这种方法保留主并公司和被并公司所有资产和负债的账面价值,不需要对被并公司以前未确认的资产和负债进行辨认、计量和记录,而只需对原有账面价值进行简单合并,并且这些方法还延续至未来期间的收益记录,因此,采用这种方法的成本很显然是最低的。然而,反对采用这种方法的人则声称,尽管表面上看采用这种方法的成本是最低的,但是有研究证据表明,许多公司为了达到采用这种方法的目的会导致产生许多额外的成本,有时这种额外成本甚至是巨大的。这种额外成本不仅包括企业为了设计使并购交易达到符合采用权益集合法条件所发生的成本,而且还包括以提高向目标公司支付溢价的形式所多支付的成本。同时权益集合法还会增加信息使用者想获得没有提供的财务报表信息的成本。反对采用权益集合法的人还声称,这种方法向信息使用者所提供的效益是所有方法中最低的。在他们看来,采用这种方法的较低成本被额外的成本所抵销,同时提供的效益又远低于其他方法。

(二) 购买法

主张采用购买法的人相信,采用购买法的成本绝对不会大于确认和计量大宗资产购买过程当中资产的成本。同时,他们还声称采用这种方法提供信息的效益与现行会计模式所提供信息的效益是一致的。因为几乎所有的企业并购或实质上所有的企业并购是可以辨认收购方的,购买法是符合成本效益原则的。即使是在两家企业并购过程当中不能辨认收购方,这种情况也是十分罕见的。因而这种例外不能作为不采用购买法的理由。事实上,即使是这种罕见的情况发生,对其进行讨价还价式协商,如选择发起并购方也是足够的。但反对者声称,因为购买法需要确定总收购价格,而且还要将收购价格在各种合适的资产和负债之间分配,因此,采用购买法的成本远大于采用权益集合法的成本。同时,如果采用发行没有公开进行交易的股票方式收购,则确定收购价格可能是困难的。且将收购价格在资产和负债之间分配是十分费力的,因为这需要对以前未确认的资产进行确认和计量。

(三) 新起点法

主张采用新起点法的人声称,尽管采用新起点法的成本可能比采用其他两种方法的成本大,但是,从决策有用性的角度来看,采用这种方法提供信息所产生的效益却大于其他两种方法。同时,采用新起点法将拓展新的研究领域。但是,反对者声称,采用新起点法的成本大于采用权益集合法或购买法的成本,因为需要付出额外的劳动来确认以前未确认的资产和负债,并且还要确认所有公司资产和负债的公允价值。与此同时,新起点法无论是对理论界还是实务界都是陌生的,因此,一方面需要制订详细的计划;另一方面报表编制者和审计师在实际执行过程当中还可能会遇到许多新的难题。

五、一种或多种会计处理方法并存对会计信息质量的影响分析

从西方发达国家的实际情况来看,目前只允许采用一种方法即购买法的国家有澳大利亚和新西兰等国,美国也自 2001 年 7 月 1 日起只允许采用一种方法即购买法。但加拿大、英国以及国际会计准则委员会都允许采用两种方法。因此,围绕只允许采用一种还是两种方法的争论从来就没有停止过。而允许采用一种或两种方法所提供的信息对决策有用性的影响是显著的,接下来将对采用一种或两种方法对诸如相关性、可靠性、可比性以及成本效益约束条件的影响进行分析。

(一) 相关性

部分人主张采用权益集合法和购买法这两种方法。主张采用权益集合法和购买法这两种方法的人认为,允许这两种分别适合不同情况的方法是必要的。用户会对这两种不同方法作出不同反应,因此允许采用两种方法提供的信息比只允许采用一种方法提供的信息更相关。也有部分人主张采用购买法和新起点法这两种方法。他们声称购买法适合绝大多数并购交易,但不适合新起点形成的交易,而新起点法正好适合这种情况,因此,这两种方法正好真实反映企业并购的所有实际情况。但也有一部分人主张只采用一种方法即购买法。他们声称一个特定并购交易的未来现金流量与采用的会计方法无关。由于最终与用户相关的是现金流量,而现金流量又与会计核算方法无关,因此,核算企业合并的会计方法也不应不同。但是,实践中采用权益集合法和购买法会使会计结果产生显著差异,因此,允许采用两种方法很显然会损害相关性。

（二）可靠性

主张采用两种方法核算企业合并的人认为,企业合并应被看作是一组不同的交易集合。在这组集合的一个极端是,在交易中有一方是清楚地处于支配地位;另一个极端是,在交易中很难区分哪一方处于支配地位。能够辨认处于支配地位方的交易,主并方在并购交易完成后基本或大体上保留了原有身份,而交易的另一方则完全受制于主并方。而不能够辨认哪一方处于支配地位的交易,则很难辨认合并后是哪方存续。部分人认为合并后的公司只不过是合并前公司的拓展或延伸。因此,他们将合并这一事项当作是典型的"形式重于实质"的事项。而另一部分人则认为,合并后形成了新的主体,这个新起点具有不同于合并前公司的身份。因此,主张采用两种会计方法的人认为,一种方法并不能真实反映企业合并的所有实际情况,从而损害了可靠性。而主张只允许采用一种方法的人则认为,几乎所有或实质上所有的企业合并都能够辨认主并方,因而购买法适合所有的企业合并,不会损害可靠性。

（三）可比性

允许采用一种或两种方法核算企业合并也会影响到可比性。可比性是指一类信息集与其他信息集相互关系的质量。该质量应该能够使信息使用者判断两个集合之间的相同之处和不同之处。因此,如果能够比较不同主体在同一时点或时段的类似会计事项,则可以大为增强一个报告主体财务报表的决策有用性。同时,如果可以比较同一会计主体在不同时期的会计事项,则也可以大大增强会计信息的决策有用性。如果在比较财务报表时,一组财务报表采用一种会计方法,而另一组财务报表采用另一种会计方法,则无疑会增加比较的难度。特别是当采用不同方法如权益集合法和购买法进行核算会产生显著差异时,会更进一步增加比较的难度。当在并购时点物价上涨时,这种差异尤其显著。当并购谈判收购溢价过高时也会出现类似情况。

（四）成本效益约束条件

很显然,允许采用两种方法核算企业合并的成本要大于只允许采用一种方法核算企业合并的成本。对报表编制者和审计师来说,他们需要学习和理解两种方法以便决定采用哪种方法。同时,报表编制者还要学习和理解分析采用不同方法所产生的结果。每一种方法都有各自的特征和细微差别,会导致产生不同的解释和理解。这也需要进一步学习和理解。特别是不同会计方法会导致产生不同的会计结果,这更需要对变更不同方法进行把握。此外,一种方法所产生的结果通常被认为比另一种方法所产生的结果对企业更有利,这时,企业便会花费大量的人、财、物力来设计企业并购,以便符合采用对己有利条件的会计方法。这又将会导致审计师、规制者和会计准则制定者发生额外的成本对交易进行解释。当然,允许采用两种方法可能还是会产生效益的。特别是在企业并购中不能辨认收购方时,只允许采用购买法将违背真实性原则,从而影响会计信息的可靠性,进而影响到会计信息使用者的决策有用性。

目前,无论是国际会计准则理事会(IASB),还是美国财务会计准则委员会(FASB)都规定所有的企业合并都视同为收购,因而只能采用购买法进行会计处理。

我国企业会计准则制定机构则考虑我国的实际情况,将企业合并区分为同一控制下企业合并和非同一控制下企业合并。同一控制下企业合并的会计处理近似权益集合法,而非同一控制下企业合并的会计处理则近似购买法。

第四节 合 并 理 论

一、企业合并的基本理论

目前,合并理论①主要有(Beams,2012)母公司理论(parent company theory)、实体/当代理论(entity/contemporary theory)和传统理论(traditional theory)。

(一)母公司理论

母公司理论又称为母公司观,这种理论认为,合并财务报表只不过是母公司报表的延伸,编制报表的目的主要是从母公司的股东的利益出发,为母公司股东的利益服务。母公司观强调为母公司的股东和债权人服务,合并财务报表只揭示母公司净资产、净收益和子公司中属于母公司股东的净资产和净收益,属于少数股东的净资产和净收益作为负债在合并报表中列示。基于母公司观的具体会计处理方法是:在资产负债表中,子公司的资产和负债全部进入合并财务报表,其中属于母公司股东的部分按公允价值入账,属于少数股东的部分按账面价值入账,确认外购商誉时只确认母公司股东的部分,另外,少数股东权益在合并资产负债表中被视为负债。在合并利润表中,属于少数股东的利润被视为费用,作为合并净利润的减项处理。在编制后续期间的合并报表时,因集团内部交易而形成的内部损益只按母公司的持股比例抵销。在母公司理论下,少数股东权益和商誉的计算公式如下:

少数股东权益 = 子公司可辨认净资产的账面价值×(1－持股比例)
商誉 = 购买成本－被合并企业可辨认净资产的公允价值×持股比例

在实务中,基于母公司理论的合并财务报表也可以按公允价值反映少数股东权益,此时母公司理论与实体/当代理论的差异就不明显,只体现在少数股东权益的列示和商誉的计算方面。母公司理论实质上是所有者观和实体/当代理论的折中和修正,在实务中得到了广泛的运用。但因其在合并财务报表中对子公司的资产和负债采用了双重计价基础并缺少严格的逻辑而受到不少的批评。

(二)实体/当代理论

实体/当代理论又称主体观,这种理论认为,母子公司从经济实质上说是一个单一主体,编制合并报表应从整个集团的角度出发并为全体股东(包括母公司股东和少数股东)的利益服务。实体/当代理论的基本立论是:会计主体是与其终极所有者相互分离、独立存在

---

① 国际上较早将合并理论分为母公司理论(parent company theory)、实体理论(entity theory)和当代理论(contemporary theory)。Beams(2012)在其修订的《Advanced Accounting》(第 11 版)中,将合并理论分为母公司理论、实体/当代理论和传统理论。本教材参照了该教材的分类。

的个体,它强调的是法人财产权。实体/当代理论强调为企业集团所有的股东服务,合并资产负债表的合并净资产揭示的是企业集团的净资产,包括属于少数股东的净资产,合并利润表的合并收益反映的是企业集团的净收益,包括了子公司少数股东的净收益。基于实体/当代理论的会计处理方式被称为"完全合并法",其具体做法是将合并过程中所形成的资产、负债和商誉全部并入合并财务报表,母公司未收购的所有者权益作为"少数股东权益"单独列在合并财务报表中。子公司的所有资产在合并财务报表中都以公允价值计价。在编制后续会计期间的合并财务报表时而将集团内部交易形成的损益全部抵销。少数股东权益和商誉的计算公式如下:

少数股东权益 = 购买成本×(1-持股比例)/持股比例

商誉 = 合并成本/持股比例 - 子公司可辨认净资产的公允价值

(三) 传统理论

传统理论认为合并财务报表的主要使用者是母公司的股东和债权人,但推定财务报告的目标是反映一个单独报告主体的财务状况和财务成果。因此,这种理论实际上是介于母公司理论和实体理论之间的一种理论,其实质是母公司理论和实体理论的一种折中。在编制合并资产负债表时按母公司理论的办法处理,对子公司资产中属于母公司的部分按公允价值计价,对属于少数股东的部分按账面成本计价,只按母公司的持股比例确认外购商誉。在列示少数股东权益时一般将其列入股东权益项目下。在编制合并利润表时按实体/当代理论的作法,100%地抵销内部利润,但在列示少数股东的收益时却将其视为费用,作为合并收益的减项。在这种方法下,少数股东权益和商誉的计算公式和母公司是一样的。

三种理论主要比较如表 7-5 所示。

表 7-5 合并理论比较

理论 项目	母公司理论	实体/当代理论	传统理论
服务对象	母公司股东	全体股东	母公司股东
对少数股东的立场	视为债权人	视为股东	视为股东
合并净利润	仅包括控股股东	控股股东和少数股东	控股股东
少数股东损益	列入费用	列入利润(控股股东和少数股东之前分配)	作为合并净利润的减项列示
少数股东权益	列入负债	列入权益	列入权益
净资产计量属性	控股股东按公允价值;少数股东部分按账面价值	公允价值	控股股东按公允价值;少数股东部分按账面价值
合并商誉	控股股东	全体股东	控股股东
公司间未实现损益	全额抵销	全额抵销且逆流交易在控股股东和少数股东之间分摊	全额抵销且逆流交易在控股股东和少数股东之间分摊

二、多种合并理论产生的原因

多种合并理论并存的最主要原因在于合并财务报表信息使用者的多元性。一种观点认为,合并财务报表应该仅仅为母公司股东服务,母公司理论正好迎合了这种观点。与此相反,另一种观点则认为,合并财务报表应该为更广泛的信息使用者服务——包括母公司股东、少数股东和债权人,实体/当代理论也就应运而生。介于两者之间的一种观点认为,合并财务报表应该为母公司的股东和债权人服务,这就是所谓的传统理论。三种合并理论中,只有实体/当代理论是唯一强调少数股东权益的。

三、合并理论举例

将控股企业和被控股企业视为一个整体编制合并报表时,存在一系列问题,诸如向谁提供会计信息,合并范围如何确定以及采用什么样的会计合并方法等。这些问题的解决在很大程度上依赖于编制合并报表所采用的理论。不同的合并理论和不同的企业合并会计方法都将对合并财务报表产生不同的影响。兹举一例进行说明。

【例 7-1】 假定 P 公司、S 公司不属于同一集团控制,且并购前无关联关系。P 公司、S 公司在合并前的资产和负债的账面价值及 S 公司资产和负债的公允价值如表 7-6 所示。20×7 年 12 月 31 日,P 公司向 S 公司的股东支付银行存款 140 000 元购买 S 公司 70%股权。合并后,S 公司仍然维持其独立法人资格继续经营。假定 P 公司、S 公司的会计政策相同。

表 7-6 资产负债表(简表)

20×7 年 12 月 31 日   单位:元

项 目	P 公司		S 公司	
	账面价值	公允价值	账面价值	公允价值
银行存款	220 000	220 000	6 000	6 000
应收账款	80 000	80 000	14 000	13 000
存货	90 000	100 000	18 000	23 000
固定资产	220 000	300 000	50 000	80 000
无形资产	20 000	20 000	10 000	20 000
资产总计	630 000		98 000	142 000
应付账款	20 000		6 000	6 000
应付票据	60 000		17 000	16 000
负债合计	80 000		23 000	22 000
股本	400 000		10 000	
资本公积	100 000		40 000	
盈余公积	20 000		10 000	
未分配利润	30 000		15 000	
所有者权益合计	550 000		75 000	120 000
负债和所有者权益总计	630 000		98 000	142 000

母公司理论下,P 公司只需对 S 公司的净资产按 70%的持股比例调整为公允价值,同时,只确认母公司的商誉。P 公司在购买日编制合并工作底稿的调整与抵销分录如下:

(1) 按持股比例调整 S 公司资产、负债的账面价值为公允价值。

第七章 合并理论

				借：存货(5 000×70%)	3 500
				固定资产(30 000×70%)	21 000
				无形资产(10 000×70%)	7 000
				应付票据(1 000×70%)	700
				贷：应收账款(1 000×70%)	700
				资本公积	31 500

（2）按持股比例抵销长期股权投资与 S 公司股东权益，并确认商誉。其中，商誉＝140 000－120 000×70%＝56 000（元）。

借：股本	10 000
资本公积(40 000＋31 500)	71 500
盈余公积	10 000
未分配利润	15 000
商誉	56 000
贷：长期股权投资	140 000
少数股东权益(75 000×30%)	22 500

P 公司收购 S 公司 70%股权在收购日合并工作底稿如表 7-7 所示。

表 7-7 P、S 集团公司合并工作底稿（母公司理论）

20×7 年 12 月 31 日　　　　　　　　　　　　　　　　　单位：元

项　目	P公司	S公司	合计	调整与抵销分录		合计
				借方	贷方	
银行存款	80 000*	6 000	86 000			86 000
应收账款	80 000	14 000	94 000		(1)700	93 300
存货	90 000	18 000	108 000	(1)3 500		111 500
固定资产	220 000	50 000	270 000	(1)21 000		291 000
无形资产	20 000	10 000	30 000	(1)7 000		37 000
长期股权投资	140 000		140 000		(2)140 000	0
商誉				(2)56 000		56 000
资产合计	630 000	98 000	728 000	87 500	140 700	674 800
应付账款	20 000	6 000	26 000			26 000
应付票据	60 000	17 000	77 000	(1)700		76 300
负债合计	80 000	23 000	103 000	700		102 300
股本	400 000	10 000	410 000	(2)10 000		400 000
资本公积	100 000	40 000	140 000	(2)71 500	(1)31 500	100 000
盈余公积	20 000	10 000	30 000	(2)10 000		20 000
未分配利润	30 000	15 000	45 000	(2)15 000		30 000
少数股东权益					(2)22 500	22 500
所有者权益合计	550 000	75 000	625 000	106 500	54 000	572 500
负债与所有者权益合计	630 000	98 000	728 000	107 200	54 000	674 800

* 20×7 年 12 月 31 日，P 公司收购 S 公司 70%股权，银行存款减少 140 000 元，长期股权投资增加 140 000 元。

实体/当代理论下，P 公司按 100%的持股比例收购 S 公司的净资产的推定价格为 200 000 元（140 000÷70%）。S 公司净资产全部由账面价值调整为公允价值，同时，确认母公司和少数股东的商誉。P 公司在购买日编制合并工作底稿的调整与抵销分录如下：

161

(1) S公司资产、负债的账面价值调整为公允价值。

借：存货　　　　　　　　　　　　　　　　　　　　　　　　　　　5 000
　　固定资产　　　　　　　　　　　　　　　　　　　　　　　　　30 000
　　无形资产　　　　　　　　　　　　　　　　　　　　　　　　　10 000
　　应付票据　　　　　　　　　　　　　　　　　　　　　　　　　 1 000
　贷：应收账款　　　　　　　　　　　　　　　　　　　　　　　　 1 000
　　　资本公积　　　　　　　　　　　　　　　　　　　　　　　　45 000

(2) 同时确认S公司控股股东和少数股东商誉。其中，商誉＝140 000÷70％－120 000＝80 000(元)。少数股东权益按公允价值计价，且包含商誉。

借：股本　　　　　　　　　　　　　　　　　　　　　　　　　　　10 000
　　资本公积(40 000＋45 000)　　　　　　　　　　　　　　　　　85 000
　　盈余公积　　　　　　　　　　　　　　　　　　　　　　　　　10 000
　　未分配利润　　　　　　　　　　　　　　　　　　　　　　　　15 000
　　商誉　　　　　　　　　　　　　　　　　　　　　　　　　　　80 000
　贷：长期股权投资　　　　　　　　　　　　　　　　　　　　　　140 000
　　　少数股东权益(120 000×30％＋80 000×30％)　　　　　　　　60 000

P公司收购S公司70％股权在收购日合并工作底稿如表7-8所示。

表7-8　P、S集团公司合并工作底稿(实体/当代理论)

20×7年12月31日　　　　　　　　　　　　　　　　　　　　　　　单位：元

项目	P公司	S公司	合计	调整与抵销分录		合计
				借方	贷方	
银行存款	80 000*	6 000	86 000			86 000
应收账款	80 000	14 000	94 000		(1)1 000	93 000
存货	90 000	18 000	108 000	(1)5 000		113 000
固定资产	220 000	50 000	270 000	(1)30 000		300 000
无形资产	20 000	10 000	30 000	(1)10 000		40 000
长期股权投资	140 000		140 000		(2)140 000	0
商誉				(2)80 000		80 000
资产合计	630 000	98 000	728 000	125 000	141 000	712 000
应付账款	20 000	6 000	26 000			26 000
应付票据	60 000	17 000	77 000	(1)1 000		76 000
负债合计	80 000	23 000	103 000	1 000		102 000
股本	400 000	10 000	410 000	(2)10 000		400 000
资本公积	100 000	40 000	140 000	(2)85 000	(1)45 000	100 000
盈余公积	20 000	10 000	30 000	(2)10 000		20 000
未分配利润	30 000	15 000	45 000	(2)15 000		30 000
少数股东权益					(2)60 000	60 000
所有者权益合计	550 000	75 000	625 000	120 000	105 000	610 000
负债与所有者权益合计	630 000	98 000	728 000	121 000	105 000	712 000

* 20×7年12月31日，P公司收购S公司70％股权，银行存款减少140 000元，长期股权投资增加140 000元。

第五节 下推会计

我们知道,非同一控制下企业控股合并过程中,收购方和被收购方合并前后均保持法人资格独立经营。收购方在购买日和购买日后分别以收购方和被收购方的个别财务报表为基础编制合并财务报表。被收购方无论是收购日还是收购日后的个别财务报表不受企业合并的影响,均按原来的计价基础计价(账面价值)。下推会计是指在企业合并时,一个会计主体在其个别财务报表中,根据购买该主体有投票表决权的股份的交易,重新确认、计量和报告的行为。也就是将原来由收购公司在合并时对所获得净资产的公允价值,调整下推到被收购子公司的会计报表中。显然,采用下推会计后,原来由母公司在购买日进行的公允价值分配和确定的合并商誉金额,将直接在购买日记入子公司账户,使合并后子公司账上所记录的资产和负债,已不是合并前的账面价值,而是购买日的公允价值;相应地,有关资产的增值和合并商誉也会影响子公司记录的折旧和摊销费用等。

下推会计的实际应用要求主要起源于美国证券交易委员会员工1983年11月3日发布的《员工会计公报:议题5》,该公报要求:企业合并时收购方的持股比例超过95%,被收购方必须采用下推会计;持股比例在80%~95%,允许采用下推会计;持股比例低于80%,禁止采用下推会计。2014年11月18日,美国财务会计准则委员会发布了一项新的会计准则,当收购方取得被收购方控制权时,允许所有被收购公司采用下推会计。与此同时,美国证券交易委员会为了与财务会计准则委员会的规定保持一致,正式删除了1983年11月3日发布的相关规定。这就为所有公司实质上采用下推会计提供了选择。为了让读者熟悉下推会计,下面将围绕母公司理论和实体理论就下推会计举例说明。

【例7-2】 沿用[例7-1]的资料,假定其他条件不变。

母公司理论下,20×7年12月31日,P公司向S公司的股东支付银行存款140 000元购买S公司70%股权。如果采用下推会计,只需按持股比例将S公司的资产、负债由账面价值调整为公允价值,同时确认属于控股股东的商誉。S公司需在自身账簿上进行记录如下:

借:存货(5 000×70%)	3 500
固定资产(30 000×70%)	21 000
无形资产(10 000×70%)	7 000
商誉(140 000−120 000×70%)	56 000
应付票据(1 000×70%)	700
盈余公积	10 000
未分配利润	15 000
贷:应收账款(1 000×70%)	700
下推资本差额①	112 500

母公司理论下,20×7年12月31日,P公司在编制P、S集团公司合并财务报表工作底稿上的抵销分录如下:

---

① 原英文为"push-down capital",下推资本差额系作者根据我国习惯所译。

借：股本						10 000
资本公积						40 000
下推资本差额						112 500
贷：长期股权投资						140 000
少数股东权益(75 000×30%)						22 500

下推会计的会计处理最大特点在于，将被收购企业的留存收益全部转入一个独立的项目即下推资本(Push-down Capital)差额。这样处理的依据是旨在为被收购的会计主体建立新的会计计价和报告基础。下推资本差额实际上是资本公积的一部分，包括以收购价格为基础，对被收购企业能够辨认的净资产按公允价值重新计价并确认商誉，以及被收购企业留存收益的余额。

如果采用下推会计同时遵循母公司理论，P公司收购S公司70%股权在收购日合并工作底稿如表7-9所示。

表7-9　P、S集团公司合并工作底稿(母公司理论)

20×7年12月31日　　　　　　　　　　　　　　　　　　单位：元

项　目	P公司	S公司**	合计	调整与抵销分录 借方	调整与抵销分录 贷方	合计
银行存款	80 000*	6 000	86 000			86 000
应收账款	80 000	13 300	93 300			93 300
存货	90 000	21 500	111 500			111 500
固定资产	220 000	71 000	291 000			291 000
无形资产	20 000	17 000	37 000			37 000
长期股权投资	140 000		140 000		140 000	0
商誉		56 000	56 000			56 000
资产总计	630 000	184 800	814 800		140 000	674 800
应付账款	20 000	6 000	26 000			26 000
应付票据	60 000	16 300	76 300			76 300
负债合计	80 000	22 300	102 300			102 300
股本	400 000	10 000	410 000	10 000		400 000
资本公积	100 000	40 000	140 000	40 000		100 000
盈余公积	20 000		20 000			20 000
未分配利润	30 000		30 000			30 000
少数股东权益					22 500	22 500
下推资本差额		112 500	112 500	112 500		0
所有者权益合计	550 000	162 500	712 500	162 500	22 500	572 500
负债和所有者权益总计	630 000	184 800	814 800	162 500	22 500	674 800

* 20×7年12月31日，P公司收购S公司70%股权，银行存款减少140 000元，长期股权投资增加140 000元。

** S公司的资产负债表系下推后的数据。

实体/当代理论下,20×7年12月31日,P公司向S公司的股东支付银行存款140 000元购买S公司70%股权,假定P公司按100%的持股比例收购S公司的净资产的推定价格为200 000元(140 000÷70%)。S公司净资产全部由账面价值调整为公允价值,同时确认属于控股股东和少数股东的商誉。S公司需在自身账簿上进行记录如下:

借:存货	5 000
固定资产	30 000
无形资产	10 000
商誉	80 000
应付票据	1 000
盈余公积	10 000
未分配利润	15 000
贷:应收账款	1 000
下推资本差额	150 000

实体/当代理论下,20×7年12月31日,P公司在编制P、S集团公司合并财务报表工作底稿上的抵销分录如下:

借:股本	10 000
资本公积	40 000
下推资本差额	150 000
贷:长期股权投资	140 000
少数股东权益(120 000×30%+80 000×30%)	60 000

如果采用下推会计同时遵循实体理论,P公司收购S公司70%股权在收购日合并工作底稿如表7-10所示。

表7-10　P、S集团公司合并工作底稿(实体/当代理论)

20×7年12月31日　　　　　　　　　　　　　　　　　　　　单位:元

项目	P公司	S公司**	合计	调整与抵销分录		合计
				借方	贷方	
银行存款	80 000*	6 000	86 000			86 000
应收账款	80 000	13 000	93 000			93 000
存货	90 000	23 000	113 000			113 000
固定资产	220 000	80 000	300 000			300 000
无形资产	20 000	20 000	40 000			40 000
长期股权投资	140 000		140 000		140 000	0
商誉		80 000	80 000			80 000
资产总计	630 000	222 000	852 000		140 000	712 000
应付账款	20 000	6 000	26 000			26 000
应付票据	60 000	16 000	76 000			76 000
负债合计	80 000	22 000	102 000			102 000

(续表)

项　目	P公司	S公司**	合计	调整与抵销分录 借方	调整与抵销分录 贷方	合计
股本	400 000	10 000	410 000	10 000		400 000
资本公积	100 000	40 000	140 000	85 000	45 000	100 000
盈余公积	20 000		20 000			20 000
未分配利润	30 000		30 000			30 000
少数股东权益					60 000	60 000
下推资本额		150 000	150 000	150 000		0
所有者权益合计	550 000	200 000	750 000	245 000	105 000	610 000
负债和所有者权益总计	630 000	222 000	852 000	245 000	105 000	712 000

* 20×7年12月31日,P公司收购S公司70%股权,银行存款减少140 000元,长期股权投资增加140 000元。
** S公司的资产负债表系下推后的数据。

应特别指出的是,下推会计不会影响合并财务报表的数据,但却影响被收购方的个别财务报表的数据。

第六节　企业合并的理论结构

国内学者对西方企业合并会计理论结构的论述较多,其中论述较全面的首推余恕莲和毛洪涛(2001)。他们在《合并会计报表方法的理论结构》中将合并当期和以后年度的会计处理综合起来进行了分析,根据他们的分析,合并会计的理论结构(含合并当期的会计处理和合并以后年度的会计处理)可以分为以下四个层次:

第一层次:合并会计报表的基础——企业集团的经济实体理论,即判断各企业是否通过交易形成了一个经济实体或它们本身就属于同一经济实体,这是判断是否应编制合并报表的标准。同样,在其他情形中(如企业出资创建全资或控股的子公司)各企业是否属于同一个经济实体也是确定应否编制合并财务报表的前提。

第二层次:合并方法、创立方式与权益结构—购买法(收买法)、权益集合法(联营法)、新起点法(重新开始法),即合并会计方法的选择问题。在确定合并已完成后,企业就需选择适当的会计方法对合并各方的个别报表进行合并。合并会计方法的选择是合并日编制合并报表所必须解决的问题。它是企业合并所特有的会计问题。

第三层次:非控制性股权——子公司地位:母公司理论、实体/当代理论、传统理论,即合并理论的选择问题。在确定合并已完成后,如果被合并方的股权没有全部被合并方收购,此时如何在合并报表中反映这部分没有被合并方购买的股权及应由其享受的收益构成了合并理论的选择问题。这个问题还存在于编制合并以后年度的合并报表和合资新建子公司时的合并报表的工作中。

第四层次:合并财务报表实务的方法选择:公司间资产交易、公司间债券投资、子公司持有母公司股权、母公司在子公司中的股权变动,即抵销分录的问题,这与合并当期的会计处理联系不大,如果合并不是以购股合并的方式完成,这根本就没有必要。

他们的分析包括合并当期及其以后年度的会计处理,经过分析可以看出:第一层次的理论是编制所有的合并报表所必须解决的问题;第二层次的理论是合并当期会计处理所特有的;第三层次的理论主要是解决子公司少数股东权益在合并报表的反映问题;第四层次的理论主要属于合并以后年度会计处理的内容。

他们的分析具有较强的概括性,层次分类也比较合理,但还存在少量的不足之处:①缺乏对经济实体的定义,联营企业是一个经济实体,战略联盟也是一个经济实体,此时企业是否也需编制合并财务报表呢?②将合并会计方法与合并理论置于不同的层次不合适,理论之所以可以分为不同的层次是因为有些问题没得到解决之前,讨论其他问题根本就没有意义,如在不能确定合并是否完成的前提下对合并会计方法作出选择就不存在任何意义。解决先决问题的理论属于较高的层次,解决后决问题的理论属于较低的层次。合并会计方法的选择并不影响合并理论的选择,两者是企业在提供合并财务信息时需同时决定的问题,它们的关系不是统驭和被统驭的关系而是并列关系,应属于同一理论层次。结合前段的分析,我们认为可以把合并会计理论分为四个层次(见图7-1)。

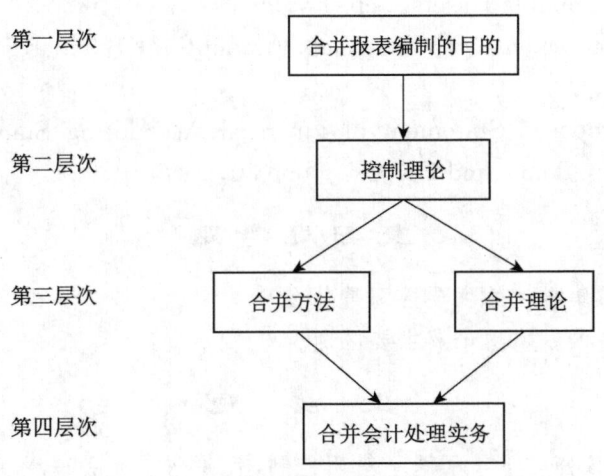

图7-1　企业合并的理论结构框架

第一层次,合并报表编制的目的。企业编制合并报表的目的在于向会计信息使用者提供他们决策所需的关于整个企业集团财务状况、财务成果和现金流量等方面的信息。这里有一个潜在的假定,即当其中的一家公司能直接或间接控制另一家公司时出于真实披露的目的有必要编制合并报表,且合并报表比个别财务报表能提供更有价值的信息。

第二层次,控制理论。企业在何种情况下需要编制合并财务报表?控制理论能有效回答这一问题。这是判断合并是否在实质上完成和是否需对参与合并的各企业的个别财务报表进行合并的标准。

第三层次,合并方法和合并理论。如果合并在实质上已完成,则需选择适当的会计方法对之进行会计核算,如果必要时,还需对合并理论作出选择。所谓必要时指的是合并后的存续企业有几家且购买方没有取得对方的全部股权时。

第四层次,合并会计处理实务——包括购买成本的确定、合并日的确定、合并过程中外购有形资产、可辨认的无形资产和不可辨认的无形资产商誉,以及母子公司之间内部交易的抵销等。

参考文献

[1] 企业会计准则编审委员会.企业会计准则[M].上海:立信会计出版社,2015.

[2] FLOYD A BEAMS,JOSEPH H ANTHONY,BRUCE BETTINGHAUS, et al. Advanced Accounting [M], 11th ed. New Jersey, United State: Pearson Prentice Hall,2012.

[3] 中国注册会计师协会.会计[M].北京:中国财政经济出版社出版,2016.

[4] SEC. Staff Accounting Bulletin Topic 5. J, New Basis of Accounting Required in Certain Circumstances, Nov. 3, 1983.

[5] FASB. (2007a). Statement of Financial Accounting Standards No.141: Revised Business Combinations. Norwalk, CT: FASB, 2007.

[6] APB Opinions No.16: Business Combinations, 1970.

[7] FASB. Proposed Statement of Financial Accounting Standards: Business Combinations and Intangible Assets. Sep. 7, 1999.

[8] FASB. Statement of Financial Accounting Standards No.141: Business Combinations. 2001.

[9] FASB. Proposed Statement of Financial Accounting Standards: Consolidated Financial Statements: Policy and Purpose. June 30, 1995.

复习思考题

1. 购买法与权益集合法的主要区别是什么?
2. 试述企业合并的基本理论及主要区别。

业务题

1. 假定P公司、S公司不属于同一集团控制,且并购前无关联关系。P公司、S公司在合并前的资产和负债的账面价值及S公司资产和负债的公允价值如表7-11所示。20×7年12月31日,P公司向S公司的股东支付银行存款198 000元购买S公司90%股权。合并后,S公司仍然维持其独立法人资格继续经营。假定P公司、S公司的会计政策相同。

表7-11 资产负债表(简表)

20×7年12月31日　　　　　　　　　　　　　　　　　　　单位:元

项目	P公司		S公司	
	账面价值	公允价值	账面价值	公允价值
银行存款	220 000	220 000	5 000	5 000
应收账款	80 000	80 000	30 000	35 000
存货	90 000	100 000	40 000	50 000
固定资产	220 000	300 000	60 000	80 000
无形资产	20 000	20 000	10 000	10 000
资产总计	630 000		145 000	180 000

(续表)

项 目	P公司		S公司	
	账面价值	公允价值	账面价值	公允价值
应付账款	20 000		6 000	6 000
应付票据	60 000		19 000	19 000
负债合计	80 000		25 000	25 000
股本	100 000		10 000	
资本公积	300 000		90 000	
盈余公积	100 000		15 000	
未分配利润	50 000		5 000	
所有者权益合计	550 000		120 000	155 000
负债和所有者权益总计	630 000		145 000	180 000

要求：

(1) 采用母公司理论编制 P 公司收购 S 公司在收购日的调整与抵销分录，及合并资产负债表。

(2) 采用实体/当代理论编制 P 公司收购 S 公司在收购日的调整与抵销分录，及合并资产负债表。

(3) 遵循母公司理论，编制收购日 S 公司运用下推会计的会计分录，及 S 公司资产负债表。

(4) 遵循实体/当代理论，编制收购日 S 公司运用下推会计的会计分录，及 S 公司资产负债表。

第八章 租赁会计

本章提要

租赁在社会上的产生与发展源远流长。最初的租赁物主要是土地、建筑物等不动产。其后租赁范围逐步扩展到以企业生产、加工、包装、运输、管理所需的机器设备等动产领域。租赁业务的蓬勃发展,说明租赁比拥有某项财产更为有利。随着租赁变得越来越普遍,租赁的会计规范问题也就变得越来越重要。我国2006年颁布的《企业会计准则第21号——租赁》(以下简称租赁准则)将租赁分为融资租赁和经营租赁,融资租赁的会计处理是将租赁支付额资本化,而经营租赁在会计程序上被称为非资本性租赁,其租赁支付额被作为期间费用处理。2018年12月,财政部又对该准则进行了修订,要求出租人和承租人采用非对称的会计模型进行相应会计处理:即承租人对除短期租赁和低价值资产租赁外的所有租赁同时确认使用权资产和租赁负债;而出租人则采用区分融资租赁和经营租赁的方式进行相应会计处理。

本章从租赁的相关基本概念介绍入手,紧接着就承租人和出租人的会计处理进行详细介绍,然后介绍承租人和出租人的列报与披露要求,最后介绍售后租回交易。

第一节 租赁概述

租赁,是指在一定期间内,出租人将资产的使用权让与承租人以获取对价的合同。新修订的会计准则规定,承租人会计处理不再区分经营租赁和融资租赁,而是采用单一的会计处理模型,即除采用简化处理的短期租赁和低价值资产租赁外,所有租赁均确认使用权资产和租赁负债。同时,使用权资产需参照固定资产准则计提折旧,并采用固定的周期性利率确认每期利息费用。而出租人会计处理采用与承租人非对称的会计处理模型,仍将租赁分为融资租赁和经营租赁两大类,并规定了不同的会计处理方法。

一、租赁的识别

(一)租赁的定义

企业应当在合同开始日评估合同是否为租赁或者是否包含租赁。租赁,是指在一定期间内,出租人将资产的使用权让与承租人以获取对价的合同。如果合同一方让渡了在一定期间内控制一项或多项已识别资产使用的权利以换取对价,则该合同为租赁或者包含租赁。

一项合同要被分类为租赁,必须满足三个要素:一是存在一定期间;二是存在已识别资产;三是资产供应方向客户转移对已识别资产使用权的控制。

(二) 已识别资产

1. 对资产的指定

已识别资产通常由合同明确指定,也可以在资产可供客户使用时隐性指定。

2. 物理可区分

如果资产的部分产能在物理上可区分(如建筑物的一层),则该部分产能属于已识别资产。如果资产的某部分产能与其他部分在物理上不可区分(如光缆的部分容量),则该部分不属于已识别资产,除非其实质上代表该资产的全部产能,从而使客户获得因使用该资产所产生的几乎全部经济利益的权利。

3. 实质性替换权

即使合同已对资产进行指定,如果资产供应方在整个使用期间拥有对该资产的实质性替换权,则该资产不属于已识别资产。其原因在于,如果资产供应方在整个使用期间均能自由替换合同资产,那么实际上,合同只规定了满足客户需求的一类资产,而不是被唯一识别出的一项或几项资产。也就是说,在这种情况下,合同资产并未和资产供应方的同类其他资产明确区分开来,并未被识别出来。

同时符合下列条件时,表明资产供应方拥有资产的实质性替换权:

(1) 资产供应方拥有在整个使用期间替换资产的实际能力。

例如,客户无法阻止供应方替换资产,且用于替换的资产对于资产供应方而言易于获得或者可以在合理期间内取得。

(2) 资产供应方通过行使替换资产的权利将获得经济利益。即替换资产的预期经济利益将超过替换资产所需成本。

需要注意的是,如果合同仅赋予资产供应方在特定日期或者特定事件发生日或之后拥有替换资产的权利或义务,考虑到资产供应方没有在整个使用期间替换资产的实际能力,资产供应方的替换权不具有实质性。

企业在评估资产供应方的替换权是否为实质性权利时,应基于合同开始日的事实和情况,而不应考虑在合同开始日企业认为不可能发生的未来事件。例如:①未来某个客户为使用该资产同意支付高于市价的价格;②引入了在合同开始日尚未实质开发的新技术;③客户对资产的实际使用或资产实际性能与在合同开始日认为可能的使用或性能存在重大差异;④使用期间资产市价与合同开始日认为可能的市价存在重大差异。

与资产位于资产供应方所在地相比,如果资产位于客户所在地或其他位置,替换资产所需要的成本更有可能超过其所能获取的利益。资产供应方在资产运行结果不佳或者进行技术升级的情况下,因修理和维护而替换资产的权利或义务不属于实质性替换权。

企业难以确定资产供应方是否拥有实质性替换权的,应视为资产供应方没有对该资产的实质性替换权。

(三) 客户是否控制已识别资产使用权的判断

为确定合同是否让渡了在一定期间内控制已识别资产使用的权利,企业应当评估合同中的客户是否有权获得在使用期间因使用已识别资产所产生的几乎全部经济利益,并有权在该使用期间主导已识别资产的使用。

1. 客户是否有权获得因使用资产所产生的几乎全部经济利益

在评估客户是否有权获得因使用已识别资产所产生的几乎全部经济利益时，企业应当在约定的客户权利范围内考虑其所产生的经济利益。例如：①如果合同规定汽车在使用期间仅限在某一特定区域使用，则企业应当仅考虑在该区域内使用汽车所产生的经济利益，而不包括在该区域外使用汽车所产生的经济利益；②如果合同规定客户在使用期间仅能在特定里程范围内驾驶汽车，则企业应当仅考虑在允许的里程范围内使用汽车所产生的经济利益，而不包括超出该里程范围使用汽车所产生的经济利益。

为了控制已识别资产的使用，客户应当有权获得整个使用期间使用该资产所产生的几乎全部经济利益（如在整个使用期间独家使用该资产）。客户可以通过多种方式直接或间接获得使用资产所产生的经济利益，例如，通过使用、持有或转租资产。使用资产所产生的经济利益包括资产的主要产出和副产品（包括来源于这些项目的潜在现金流量）以及通过与第三方之间的商业交易实现的其他经济利益。

如果合同规定客户应向资产供应方或另一方支付因使用资产所产生的部分现金流量作为对价，该现金流量仍应视为客户因使用资产而获得的经济利益的一部分，例如，如果客户因使用零售区域需向供应方支付零售收入的一定比例作为对价，该条款本身并不妨碍客户拥有获得使用零售区域所产生的几乎全部经济利益的权利。因为零售收入所产生的现金流量是客户使用零售区域而获得的经济利益，而客户支付给零售区域供应方的部分现金流量是使用零售区域的权利的对价。

2. 客户是否有权主导资产的使用

存在下列情形之一的，可视为客户有权主导对已识别资产在整个使用期间的使用：

（1）客户有权在整个使用期间主导已识别资产的使用目的和使用方式。

（2）已识别资产的使用目的和使用方式在使用期间前已预先确定，并且客户有权在整个使用期间自行或主导他人按照其确定的方式运营该资产，或者客户设计了已识别资产（或资产的特定方面）并在设计时已预先确定了该资产在整个使用期间的使用目的和使用方式。

关于上述第（1）种情况，如果客户有权在整个使用期间在合同界定的使用权范围内改变资产的使用目的和使用方式，则视为客户有权在该使用期间主导资产的使用目的和使用方式。在判断客户是否有权在整个使用期间主导已识别资产的使用目的和使用方式时，企业应当考虑在该使用期间与改变资产的使用目的和使用方式最为相关的决策权。相关决策权是指对使用资产所产生的经济利益产生影响的决策权。最为相关的决策权可能因资产性质、合同条款和条件的不同而不同。此类例子包括：①变更资产产出类型的权利。例如，决定将集装箱用于运输商品还是储存商品，或者决定在零售区域销售的产品组合。②变更资产的产出时间的权利。例如，决定机器或发电厂的运行时间。③变更资产的产出地点的权利。例如，决定卡车或轮船的目的地，或者决定设备的使用地点。④变更资产是否产出以及产出量的权利。

关于上述第（2）种情况，与资产使用目的和使用方式相关的决策可以通过很多方式预先确定，例如，通过设计资产或在合同中对资产的使用作出限制来预先确定相关决策。

（四）评估流程

综上，合同开始日，企业评估合同是否为租赁或是否包括租赁可参考图 8-1。

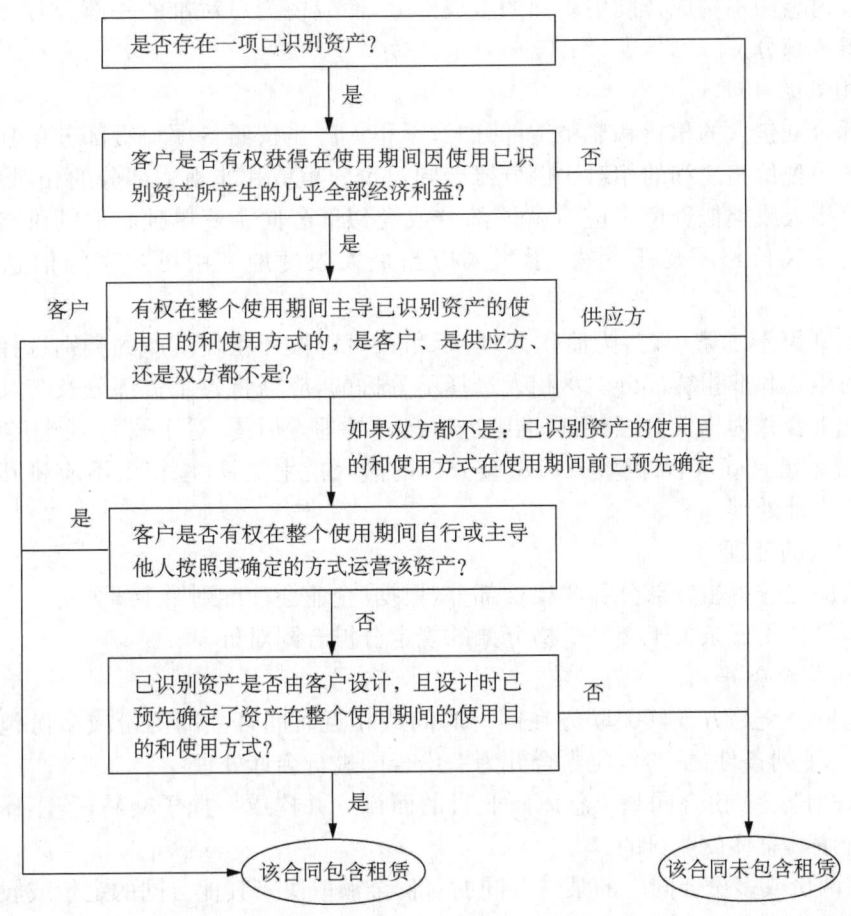

图 8-1　合同是否为租赁或是否包括租赁的评估

二、租赁的分拆与合并

（一）租赁的分拆

租赁准则规定,合同中同时包含多项单独租赁的,承租人和出租人应当将合同予以分拆,并分别各项单独租赁进行会计处理。合同中同时包含租赁和非租赁部分的,承租人和出租人应当将租赁和非租赁部分进行分拆,除非企业适用该准则第十二条的规定进行会计处理。分拆时,各租赁部分应当分别按照租赁准则进行会计处理,非租赁部分应当按照其他适用的企业会计准则进行会计处理。

同时符合下列条件,使用已识别资产的权利构成合同中的一项单独租赁:

（1）承租人可从单独使用该资产或将其与易于获得的其他资源一起使用中获利。易于获得的资源是指出租人或其他供应方单独销售或出租的商品或服务,或者承租人已从出租人或其他交易中获得的资源。

（2）该资产与合同中的其他资产不存在高度依赖或高度关联关系。例如,若承租人租入资产的决定不会对承租人使用合同中的其他资产的权利产生重大影响,则表明该项资产与合同中的其他资产不存在高度依赖或高度关联关系。

出租人可能要求承租人承担某些款项,却并未向承租人转移商品或服务。例如,出租人可能将管理费或与租赁相关的其他成本计入应付金额,而并未向承租人转移商品或服务。此类应付金额不构成合同中单独的组成部分,而应视为总对价的一部分分摊至单独识别的合同组成部分。

1. 承租人的处理

在分拆合同包含的租赁和非租赁部分时,承租人应当按照各项租赁部分单独价格及非租赁部分的单独价格之和的相对比例分摊合同对价。租赁和非租赁部分的相对单独价格,应当根据出租人或类似资产供应方就该部分或类似部分向企业单独收取的价格确定。如果可观察的单独价格不易于获得,承租人应当最大限度地利用可观察的信息估计单独价格。

租赁准则第十二条规定,为简化处理,承租人可以按照租赁资产的类别选择是否分拆合同包含的租赁和非租赁部分。承租人选择不分拆的,应当将各租赁部分及与其相关的非租赁部分分别合并为租赁,按照租赁准则进行会计处理。但是,对于按照《企业会计准则第22号——金融工具确认和计量》(2017)应分拆的嵌入衍生工具,承租人不应将其与租赁部分合并进行会计处理。

2. 出租人的处理

出租人应当分拆租赁部分和非租赁部分,根据《企业会计准则第14号——收入》(2017)第二十条至第二十五条关于交易价格分摊的规定分摊合同对价。

(二)租赁的合并

企业与同一交易方或其关联方在同一时间或相近时间订立的两份或多份包含租赁的合同,在满足下列条件之一时,应当合并为一份合同进行会计处理:

(1)该两份或多份合同基于总体商业目的而订立并构成一揽子交易,若不作为整体考虑则无法理解其总体商业目的。

(2)该两份或多份合同中的某份合同的对价金额取决于其他合同的定价或履行情况。

(3)该两份或多份合同让渡的资产使用权合起来构成一项单独租赁。

两份或多份合同合并为一份合同进行会计处理的,仍然需要区分该一份合同中的租赁部分和非租赁部分。

三、租赁期

租赁期,是指承租人有权使用租赁资产且不可撤销的期间。承租人有续租选择权,即有权选择续租该资产,且合理确定将行使该选择权的,租赁期还应当包含续租选择权涵盖的期间。

承租人有终止租赁选择权,即有权选择终止租赁该资产,但合理确定将不会行使该选择权的,租赁期应当包含终止租赁选择权涵盖的期间。

(一)租赁期开始日

租赁期开始日,是指出租人提供租赁资产使其可供承租人使用的起始日期。

租赁期自租赁期开始日起计算。如果承租人在租赁协议约定的起租日或租金起付日之前,已获得对租赁资产使用权的控制,则表明租赁期已经开始。租赁协议中对起租日或租金支付时间的约定,并不影响租赁期开始日的判断。

【例8-1】 假设出租人甲与承租人乙于20×3年12月31日签订了一份商铺出租合同,合同签订次日将商铺钥匙交付给承租人。合同规定:承认人收到钥匙后可自主安排对商铺的装修布置。合同还规定有3个月的免租期,起租日为20×4年4月1日,承租人自起租日开始支付租金。

解答：根据上述资料，此交易中承租人自20×4年1月1日起就已拥有对商铺使用权的控制，因此租赁期开始日为20×4年1月1日，即租赁期包含出租人给予承租人的免租期。

（二）不可撤销期间

在确定租赁期和评估不可撤销租赁期间时，企业应根据租赁条款约定确定可强制执行合同的期间。如果承租人和出租人双方均有权在未经另一方许可的情况下终止租赁，且罚款金额不重大，则该租赁不再可强制执行。如果只有承租人有权终止租赁，则在确定租赁期时，企业应将该项权利视为承租人可行使的终止租赁选择权予以考虑。如果只有出租人有权终止租赁，则不可撤销的租赁期包括终止租赁选择权所涵盖的期间，是指租赁协议日与租赁各方就主要条款作出承诺日中的较早者。在租赁开始日，承租人和出租人应当将租赁认定为融资租赁或经营租赁，并确定在租赁期开始日应确认的金额。

（三）续租选择权和终止租赁选择权

在租赁期开始日，企业应当评估承租人是否合理确定将行使续租或购买标的资产的选择权，或者将不行使终止租赁选择权。在评估时，企业应当考虑对承租人行使续租选择权或不行使终止租赁选择权带来经济利益的所有相关事实和情况，包括自租赁期开始日至选择权行使日之间的事实和情况的预期变化。

需考虑的因素包括但不限于以下方面：

（1）与市价相比，选择权期间的合同条款和条件。例如，选择权期间内为使用租赁资产而需支付的租金；可变租赁付款额或其他或有款项，如因终止租赁罚款和余值担保导致的应付款项；初始选择权期间后可行使的其他选择权的条款和条件，如续租期结束时可按低于市价的价格行使购买选择权。

（2）在合同期内，承租人进行或预期进行重大租赁资产改良的，在可行使续租选择权、终止租赁选择权或者购买租赁资产选择权时，预期能为承租人带来的重大经济利益。

（3）与终止租赁相关的成本。例如，谈判成本、搬迁成本、寻找与选择适合承租人需求的替代资产所发生的成本、将新资产融入运营所发生的整合成本、终止租赁的罚款、将租赁资产恢复至租赁条款约定状态的成本、将租赁资产归还至租赁条款约定地点的成本等。

（4）租赁资产对承租人运营的重要程度。例如，租赁资产是否为一项专门资产，租赁资产位于何地以及是否可获得合适的替换资产等。

（5）与行使选择权相关的条件及满足相关条件的可能性。例如，租赁条款约定仅在满足一项或多项条件时方可行使选择权，此时还应考虑相关条件及满足相关条件的可能性。

租赁的不可撤销期间的长短会影响对承租人是否合理确定将行使或不行使选择权的评估。通常，租赁的不可撤销期间越短，承租人行使续租选择权或不行使终止租赁选择权的可能性就越大，原因在于不可撤销期间越短，获取替代资产的相对成本就越高。此外，评估承租人是否合理确定将行使或不行使选择权时，如果承租人以往曾经使用过特定类型的租赁资产或自有资产，则可以参考承租人使用该类资产的通常期限及原因。例如，承租人通常在特定时期内使用某类资产，或承租人时常对某类租赁资产行使选择权，则承租人应考虑以往这些做法的原因，以评估是否合理确定将对此类租赁资产行使选择权。

续租选择权或终止租赁选择权可能与租赁的其他条款相结合。例如，无论承租人是否行使选择权，均保证向出租人支付基本相等的最低或固定现金，在此情形下，应假定承租人合理确定将行使续租选择权或不行使终止租赁选择权。又如，同时存在原租赁和转租赁时，转租赁期限超过原租赁期限，如原租赁包含5年的不可撤销期间和2年的续租选择权，而转租赁的不可撤销期限为7年,此时应考虑转租赁期限及相关租赁条款对续租选择权评估的可能影响。

购买选择权的评估方式应与续租选择权或终止租赁选择权的评估方式相同,购买选择权在经济上与将租赁期延长至租赁资产全部剩余经济寿命的续租选择权类似。

（四）对租赁期和购买选择权的重新评估

发生承租人可控范围内的重大事件或变化,且影响承租人是否合理确定将行使相应选择权的,承租人应当对其是否合理确定将行使续租选择权、购买选择权或不行使终止租赁选择权进行重新评估,并根据重新评估结果修改租赁期。承租人可控范围内的重大事件或变化包括但不限于下列情形：

(1) 在租赁期开始日未预计到的重大租赁资产改良,在可行使续租选择权、终止租赁选择权或购买选择权时,预期将为承租人带来巨大经济利益；在租赁期开始日未预计到的租赁资产的重大改动或定制化调整。

(2) 承租人作出的与行使或不行使选择权直接相关的经营决策。例如,决定续租互补性资产、处置可替代的资产或处置包含相关使用权资产的业务。

如果不可撤销的租赁期间发生变化,企业应当修改租赁期。例如,在下述情况下,不可撤销的租赁期将发生变化：一是承租人实际行使了选择权,但该选择权在之前企业确定租赁期时未涵盖；二是承租人未实际行使选择权,但该选择权在之前企业确定租赁期时已涵盖；三是某些事件的发生,导致根据合同规定承租人有义务行使选择权,但该选择权在之前企业确定租赁期时未涵盖；四是某些事件的发生,导致根据合同规定禁止承租人行使选择权,但该选择权在之前企业确定租赁期时已涵盖。

第二节　承租人的会计处理

承租人应当在租赁期开始日对租赁确认使用权资产和租赁负债,应用短期租赁和低价值资产租赁简化处理的除外。

一、初始计量

（一）租赁负债的初始计量

租赁负债应当按照租赁期开始日尚未支付的租赁付款额的现值进行初始计量。识别应纳入租赁负债的相关付款项目是计量租赁负债的关键。

1. 租赁付款额

租赁付款额,是指承租人向出租人支付的与在租赁期内使用租赁资产的权利相关的款项。租赁付款额包括以下五项内容。

1) 固定付款额及实质固定付款额,存在租赁激励的,扣除租赁激励相关金额

实质固定付款额是指在形式上可能包含变量但实质上无法避免的付款额。例如：

(1) 付款额设定为可变租赁付款额,但该可变条款几乎不可能发生,没有真正的经济实质。例如,付款额仅需在租赁资产经证实能够在租赁期间正常运行时支付,或者仅需在不可能不发生的事件发生时支付。又如,付款额初始设定为与租赁资产使用情况相关的可变付款额,但其潜在可变性将于租赁期开始日之后的某个时点消除,在可变性消除时,该类付款额成为实质固定付款额。

(2) 承租人有多套付款额方案,但其中仅有一套是可行的。在此情况下,承租人应采用

该可行的付款额方案作为租赁付款额。

（3）承租人有多套可行的付款额方案，但必须选择其中一套。在此情况下，承租人应采用总折现金额最低的一套作为租赁付款额。

2）取决于指数或比率的可变租赁付款额

可变租赁付款额，是指承租人为取得在租赁期内使用租赁资产的权利，而向出租人支付的因租赁期开始日后的事实或情况发生变化（而非时间推移）而变动的款项。可变租赁付款额可能与下列各项指标或情况挂钩：

（1）由于市场比率或指数数值变动导致的价格变动。例如，基准利率或消费者价格指数变动可能导致租赁付款额调整。

（2）承租人源自租赁资产的绩效。例如，零售业不动产租赁可能会要求基于使用该不动产取得的销售收入的一定比例确定租赁付款额。

（3）租赁资产的使用。例如，车辆租赁可能要求承租人在超过特定里程数时支付额外的租赁付款额。

需要注意的是，可变租赁付款额中，仅取决于指数或比率的可变租赁付款额纳入租赁负债的初始计量中，包括与消费者价格指数挂钩的款项、与基准利率挂钩的款项和为反映市场租金费率变化而变动的款项等。此类可变租赁付款额应当根据租赁期开始日的指数或比率确定。除了取决于指数或比率的可变租赁付款额之外，其他可变租赁付款额均不纳入租赁负债的初始计量中。

3）购买选择权的行权价格，前提是承租人合理确定将行使该选择权

在租赁期开始日，承租人应评估是否合理确定将行使购买标的资产的选择权。在评估时，承租人应考虑对其行使或不行使购买选择权产生经济激励的所有相关事实和情况。如果承租人合理确定将行使购买标的资产的选择权，则租赁付款额中应包含购买选择权的行权价格。

4）行使终止租赁选择权需支付的款项，前提是租赁期反映出承租人将行使终止租赁选择权

在租赁期开始日，承租人应评估是否合理确定将行使终止租赁的选择权。在评估时，承租人应考虑对其行使或不行使终止租赁选择权产生经济激励的所有相关事实和情况。如果承租人合理确定将行使终止租赁选择权，则租赁付款额中应包含行使终止租赁选择权需支付的款项，并且租赁期不应包含终止租赁选择权涵盖的期间。

5）根据承租人提供的担保余值预计应支付的款项

担保余值，是指与出租人无关的一方向出租人提供担保，保证在租赁结束时租赁资产的价值至少为某指定的金额。如果承租人提供了对余值的担保，则租赁付款额应包含该担保下预计应支付的款项，它反映了承租人预计将支付的金额，而不是承租人担保余值下的最大敞口。

2. 折现率

租赁负债应当按照租赁期开始日尚未支付的租赁付款额的现值进行初始计量。在计算租赁付款额的现值时，承租人应当采用租赁内含利率作为折现率；无法确定租赁内含利率的，应当采用承租人增量借款利率作为折现率。

租赁内含利率，是指使出租人的租赁收款额的现值与未担保余值的现值之和等于租赁资产公允价值与出租人的初始直接费用之和的利率。其中，未担保余值，是指租赁资产余

值中，出租人无法保证能够实现或仅由与出租人有关的一方予以担保的部分。

初始直接费用，是指为达成租赁所发生的增量成本。增量成本是指若企业不取得该租赁，则不会发生的成本，如佣金、印花税等。无论是否实际取得租赁都会发生的支出，不属于初始直接费用，如为评估是否签订租赁而发生的差旅费、法律费用等，此类费用应当在发生时计入当期损益。

（二）使用权资产的初始计量

使用权资产，是指承租人可在租赁期内使用租赁资产的权利。在租赁期开始日，承租人应当按照成本对使用权资产进行初始计量。该成本包括下列四项：

（1）租赁负债的初始计量金额。

（2）在租赁期开始日或之前支付的租赁付款额；存在租赁激励的，应扣除已享受的租赁激励相关金额。

（3）承租人发生的初始直接费用。

（4）承租人为拆卸及移除租赁资产、复原租赁资产所在场地或将租赁资产恢复至租赁条款约定状态预计将发生的成本。前述成本属于为生产存货而发生的，适用《企业会计准则第1号——存货》。

关于上述第（4）项成本，承租人有可能在租赁期开始日就承担了上述成本的支付义务，也可能在特定期间内因使用标的资产而承担了相关义务。承租人应在其有义务承担上述成本时，将这些成本确认为使用权资产成本的一部分。但是，承租人由于在特定期间内将使用权资产用于生产存货而发生的上述成本，应按照《企业会计准则第1号——存货》进行会计处理。承租人应当按照《企业会计准则第13号——或有事项》对上述成本的支付义务进行确认和计量。

在某些情况下，承租人可能在租赁期开始前就发生了与标的资产相关的经济业务或事项。例如，租赁合同双方经协商在租赁合同中约定，标的资产需经建造或重新设计后方可供承租人使用；根据合同条款与条件，承租人需支付与资产建造或设计相关的成本。承租人如发生与标的资产建造或设计相关的成本，应适用其他相关准则（如《企业会计准则第4号——固定资产》）进行会计处理。同时，需要注意的是，与标的资产建造或设计相关的成本不包括承租人为获取标的资产使用权而支付的款项，此类款项无论在何时支付，均属于租赁付款额。

【例8-2】 承租人甲公司就某栋建筑物的某一层楼与出租人乙公司签订了为期10年的租赁协议，并拥有5年的续租选择权。有关资料如下：

（1）初始租赁期内的不含税租金为每年50 000元，续租期间为每年55 000元，所有款项应于每年年初支付。

（2）为获得该项租赁，甲公司发生的初始直接费用为20 000元。其中，15 000元为向该楼层前任租户支付的款项，5 000元为向促成此租赁交易的房地产中介支付的佣金。

（3）作为对甲公司的激励，乙公司同意补偿甲公司5 000元的佣金。

（4）在租赁期开始日，甲公司评估后认为，不能合理确定将行使续租选择权，因此，将租赁期确定为10年。

（5）甲公司无法确定租赁内含利率，其增量借款利率为每年5%，该利率反映的是甲公司以类似抵押条件借入期限为10年、与使用权资产等值的相同币种的借款而必须支付的利率。

为简化处理,假设不考虑相关税费影响。

解答:承租人甲公司的会计处理如下:

第一步,计算租赁期开始日租赁付款额的现值,并确认租赁负债和使用权资产。

在租赁期开始日,甲公司支付第1年的租金50 000元,并以剩余9年租金(每年50 000元)按5%的年利率折现后的现值计量租赁负债。计算租赁付款额现值的过程如下:

剩余9年租赁付款额=50 000×9=450 000(元)

租赁负债=剩余9年租赁付款额的现值=50 000×$(P/A,5\%,9)$=355 391(元)

未确认融资费用=剩余9年租赁付款额-剩余9年租赁付款额的现值=450 000-355 391=94 609(元)

借:使用权资产 405 391
　　租赁负债——未确认融资费用 94 609
　贷:租赁负债——租赁付款额 450 000
　　　银行存款(第1年的租赁付款额) 50 000

第二步,将初始直接费用计入使用权资产的初始成本。

借:使用权资产 20 000
　贷:银行存款 20 000

第三步,将已收的租赁激励相关金额从使用权资产入账价值中扣除。

借:银行存款 5 000
　贷:使用权资产 5 000

综上,甲公司使用权资产的初始成本为420 391元(405 391+20 000-5 000)。

二、后续计量

(一)租赁负债的后续计量

1.计量基础

在租赁期开始日后,承租人应当按以下原则对租赁负债进行后续计量:

(1)确认租赁负债的利息时,增加租赁负债的账面金额。

(2)支付租赁付款额时,减少租赁负债的账面金额。

(3)因重估或租赁变更等原因导致租赁付款额发生变动时,重新计量租赁负债的账面价值。

承租人应当按照固定的周期性利率计算租赁负债在租赁期内各期间的利息费用,并计入当期损益,但按照《企业会计准则第17号——借款费用》等其他准则规定应当计入相关资产成本的,从其规定。

此处的周期性利率,是指承租人对租赁负债进行初始计量时所采用的折现率,或者因租赁付款额发生变动或因租赁变更而需按照修订后的折现率对租赁负债进行重新计量时,承租人所采用的修订后的折现率。

【例8-3】 承租人甲公司与出租人乙公司签订了为期3年的设备租赁合同。每年的租赁付款额为500 000元,在每年年末支付。甲公司无法确定租赁内含利率,其增量借款利率为4%。

解答:

(1)承租人甲公司租赁期开始日的会计处理。

租赁期开始日计算租赁期开始日租赁付款额的现值,并确认租赁负债和使用权资产。

在租赁期开始日，甲公司按租赁付款额的现值所确认的租赁负债为 1 390 000 元，即租赁负债的现值为 1 390 000 元。

租赁开始日承租人甲公司应同时确认租赁资产和租赁负债：

  借：使用权资产   1 390 000
    租赁负债——未确认融资费用   110 000
    贷：租赁负债——租赁付款额   1 500 000

（2）承租人甲公司租赁第 1 年年末租赁负债的会计处理。

在第 1 年年末，甲公司向乙公司支付第 1 年的租赁付款额 500 000 元，其中，55 600 元（1 387 550×4%）是当年的利息，444 400 元（500 000－55 600）是本金，即租赁负债的账面价值减少 444 498 元。租赁负债将按表 8-1 所述方法进行后续计量。

表 8-1 租赁负债后续计量表

单位：元

年度	租赁负债年初金额	利息	租赁付款额	租赁负债年末金额
	①	②=①×4%	③	④=①+②－③
1	1 390 000*	55 600	500 000	945 600
2	945 600	37 824	500 000	483 424
3	483 424	16 576**	500 000	0

注：* 查 1 元年金现值系数表（P/A,4%,3）=2.775 1，为计算方便保留小数点 2 位。
  ** 尾数调整=④+③－①=0+500 000－483 424=16 576（元）。

甲公司的账务处理为：

支付租金：

  借：租赁负债——租赁付款额   500 000
    贷：银行存款   500 000

确认利息费用：

  借：财务费用——利息费用   55 600
    贷：租赁负债——未确认融资费用   55 600

（3）承租人甲公司第 2 年、第 3 年年末租赁负债的会计处理。

第 2 年年末，甲公司的账务处理为：

支付租金：

  借：租赁负债——租赁付款额   500 000
    贷：银行存款   500 000

确认利息费用：

  借：财务费用——利息费用   37 824
    贷：租赁负债——未确认融资费用   37 824

第 3 年年末，甲公司的账务处理为：

第八章 租赁会计

支付租金：

借：租赁负债——租赁付款额　　　　　　　　　　　　　　500 000
　贷：银行存款　　　　　　　　　　　　　　　　　　　　　　　500 000

确认利息费用：

借：财务费用——利息费用　　　　　　　　　　　　　　　　16 576
　贷：租赁负债——未确认融资费用　　　　　　　　　　　　　　16 576

未纳入租赁负债计量的可变租赁付款额，即并非取决于指数或比率的可变租赁付款额，应当在实际发生时计入当期损益，但按照《企业会计准则第1号——存货》等其他准则规定应当计入相关资产成本的，从其规定。

【例8-4】 沿用[例8-3]，除固定付款额外，合同还规定租赁期间甲公司租赁设备生产产品当年销售额超过1 000 000元的，当年应再支付按销售额的1%计算的租金，于当年年末支付。

解答：由于该可变租赁付款额与未来的销售额挂钩，而并非是取决于指数或比率的，因此不应被纳入租赁负债的初始计量中。假设在租赁的第2年，该设备生产产品的销售额为1 500 000元。甲公司第2年年末应支付的可变租赁付款额为15 000元（1 500 000×1%），在实际发生时计入当期损益，甲公司的账务处理为：

借：营业成本（或销售费用）　　　　　　　　　　　　　　　15 000
　贷：银行存款等　　　　　　　　　　　　　　　　　　　　　　15 000

2. 租赁负债的重新计量

在租赁期开始日后，当发生下列四种情形时，承租人应当按照变动后的租赁付款额的现值重新计量租赁负债，并相应调整使用权资产的账面价值。使用权资产的账面价值已调减至零，但租赁负债仍需进一步调减的，承租人应当将剩余金额计入当期损益。

1）实质固定付款额发生变动

如果租赁付款额最初是可变的，但在租赁期开始日后的某一时点转为固定，那么，在潜在可变性消除时，该付款额成为实质固定付款额，应纳入租赁负债的计量中。承租人应当按照变动后租赁付款额的现值重新计量租赁负债。在该情形下，承租人采用的折现率不变，即，采用租赁期开始日确定的折现率。

【例8-5】 承租人甲公司签订了一份为期10年的机器租赁合同。租金于每年年末支付，并按以下方式确定：第1年，租金是可变的，根据该机器在第1年下半年的实际产能确定；第2~10年，每年的租金根据该机器在第1年下半年的实际产能确定，即，租金将在第1年年末转变为固定付款额。在租赁期开始日，甲公司无法确定租赁内含利率，其增量借款利率为5%。假设在第1年年末，根据该机器在第1年下半年的实际产能所确定的租赁付款额为每年20 000元。

解答：本例中，在租赁期开始时，未来的租金尚不确定，因此甲公司的租赁负债为0。在第1年年末，租金的潜在可变性消除，成为实质固定付款额（每年20 000元），因此甲公司应基于变动后的租赁付款额重新计量租赁负债，并采用不变的折现率（5%）进行折现。在支付第1年的租金之后，甲公司后续年度需支付的租赁付款额为180 000元（20 000×9），租赁付款额在第1年年末的现值为142 156元[20 000×(P/A,5%,9)]，未确认融资费用为

37 844元(180 000－142 156)。甲公司在第1年年末的相关会计处理如下：

支付第1年租金：

  借：制造费用等   20 000

    贷：银行存款   20 000

确认使用权资产和租赁负债：

  借：使用权资产   142 156

    租赁负债——未确认融资费用   37 844

    贷：租赁负债——租赁付款额   180 000

2）担保余值预计的应付金额发生变动

在租赁期开始日后，承租人应对其在担保余值下预计支付的金额进行估计。该金额发生变动的，承租人应当按照变动后租赁付款额的现值重新计量租赁负债。在该情形下，承租人采用的折现率不变。

3）用于确定租赁付款额的指数或比率发生变动

在租赁期开始日后、因浮动利率的变动而导致未来租赁付款额发生变动的，承租人应当按照变动后租赁付款额的现值重新计量租赁负债。在该情形下，承租人应采用反映利率变动的修订后的折现率进行折现。

在租赁期开始日后，因用于确定租赁付款额的指数或比率（浮动利率除外）的变动而导致未来租赁付款额发生变动的，承租人应当按照变动后租赁付款额的现值重新计量租赁负债。在该情形下，承租人采用的折现率不变。

需要注意的是，仅当现金流量发生变动时，即租赁付款额的变动生效时，承租人才应重新计量租赁负债，以反映变动后的租赁付款额。承租人应基于变动后的合同付款额，确定剩余租赁期内的租赁付款额。

4）购买选择权、续租选择权或终止租赁选择权的评估结果或实际行使情况发生变化

租赁期开始日后，发生下列情形的，承租人应采用修订后的折现率对变动后的租赁付款额进行折现，以重新计量租赁负债：

（1）发生承租人可控范围内的重大事件或变化，且影响承租人是否合理确定将行使续租选择权或终止租赁选择权的，承租人应当对其是否合理确定将行使相应选择权进行重新评估。上述选择权的评估结果发生变化的，承租人应当根据新的评估结果重新确定租赁期和租赁付款额。前述选择权的实际行使情况与原评估结果不一致等导致租赁期变化的，也应当根据新的租赁期重新确定租赁付款额。

（2）发生承租人可控范围内的重大事件或变化，且影响承租人是否合理确定将行使购买选择权的，承租人应当对其是否合理确定将行使购买选择权进行重新评估。评估结果发生变化的，承租人应根据新的评估结果重新确定租赁付款额。

上述两种情形下，承租人在计算变动后租赁付款额的现值时，应当采用剩余租赁期间的租赁内含利率作为折现率；无法确定剩余租赁期间的租赁内含利率的，应当采用重估日的承租人增量借款利率作为折现率。

（二）使用权资产的后续计量

1. 计量基础

在租赁期开始日后，承租人应当采用成本模式对使用权资产进行后续计量，即，以成本

减累计折旧及累计减值损失计量使用权资产。

承租人按照租赁准则有关规定重新计量租赁负债的,应当相应调整使用权资产的账面价值。

2. 使用权资产的折旧

承租人应当参照《企业会计准则第 4 号——固定资产》有关折旧规定,自租赁期开始日起对使用权资产计提折旧。使用权资产通常应自租赁期开始的当月计提折旧,当月计提确有困难的,为便于实务操作,企业也可以选择自租赁期开始的下月计提折旧,但应对同类使用权资产采取相同的折旧政策。计提的折旧金额应根据使用权资产的用途,计入相关资产的成本或者当期损益。

承租人在确定使用权资产的折旧方法时,应当根据与使用权资产有关的经济利益的预期实现方式作出决定。通常,承租人按直线法对使用权资产计提折旧,其他折旧方法更能反映使用权资产有关经济利益预期实现方式的,应采用其他折旧方法。

承租人在确定使用权资产的折旧年限时,应遵循以下原则:承租人能够合理确定租赁期届满时取得租赁资产所有权的,应当在租赁资产剩余使用寿命内计提折旧;承租人无法合理确定租赁期届满时能够取得租赁资产所有权的,应当在租赁期与租赁资产剩余使用寿命两者孰短的期间内计提折旧。如果使用权资产的剩余使用寿命短于前两者,则应在使用权资产的剩余使用寿命内计提折旧。

【例 8-6】 沿用[例 8-3],假定该设备的剩余使用年限为 10 年。承租人甲公司同类资产采用平均年限法计提折旧。

解答:根据租赁准则的规定,应当在租赁期与租赁资产剩余使用寿命两者孰短的期间内对使用权资产计提折旧,因此,折旧年限为 3 年。甲公司使用权资产折旧计算表见表 8-2。

表 8-2 使用权资产折旧计算表

单位:元

年份	期初余额	折旧费用	期末余额
1	1 390 000	463 333.33	926 666.67
2	926 666.67	463 333.33	463 333.34
3	463 333.34	463 333.34	0
合计		1 390 000	

甲公司第 1 年年末为使用权资产计提折旧的会计分录:

借:制造费用 463 333.33
　　贷:使用权资产累计折旧 463 333.33

或者按月计提折旧:

借:管理费用(463 333.33÷12) 38 611.11
　　贷:使用权资产累计折旧 38 611.11

3. 使用权资产的减值

在租赁期开始日后,承租人应当按照《企业会计准则第 8 号——资产减值》的规定,确定使用权资产是否发生减值，并对已识别的减值损失进行会计处理。使用权资产发生减值的，按应减记的金额，借记"资产减值损失"账户，贷记"使用权资产减值准备"账户。使用权资产减值准备一旦计提，不得转回。承租人应当按照扣除减值损失之后的使用权资产的账面价值，进行后续折旧。

（三）租赁变更的会计处理

租赁变更，是指原合同条款之外的租赁范围、租赁对价、租赁期限的变更，包括增加或终止一项或多项租赁资产的使用权，延长或缩短合同规定的租赁期等。租赁变更生效日，是指双方就租赁变更达成一致的日期。

1. 租赁变更作为一项单独租赁处理

租赁发生变更且同时符合下列条件的，承租人应当将该租赁变更作为一项单独租赁进行会计处理：

（1）该租赁变更通过增加一项或多项租赁资产的使用权而扩大了租赁范围或延长了租赁期限。

（2）增加的对价与租赁范围扩大部分或租赁期限延长部分的单独价格按该合同情况调整后的金额相当。

2. 租赁变更未作为一项单独租赁处理

租赁变更未作为一项单独租赁进行会计处理的，在租赁变更生效日，承租人应当按照租赁准则有关租赁分拆的规定对变更后合同的对价进行分摊；按照租赁准则有关租赁期的规定确定变更后的租赁期；并采用变更后的折现率对变更后的租赁付款额进行折现，以重新计量租赁负债。在计算变更后租赁付款额的现值时，承租人应当采用剩余租赁期间的租赁内含利率作为折现率；无法确定剩余租赁期间的租赁内含利率的，应当采用租赁变更生效日的承租人增量借款利率作为折现率。

就上述租赁负债调整的影响，承租人应区分以下情形进行会计处理：

（1）租赁变更导致租赁范围缩小或租赁期缩短的，承租人应当调减使用权资产的账面价值，以反映租赁的部分终止或完全终止。承租人应将部分终止或完全终止租赁的相关利得或损失计入当期损益。

（2）其他租赁变更，承租人应当相应调整使用权资产的账面价值。

（四）短期租赁和低价值资产租赁

对于短期租赁和低价值资产租赁，承租人可以选择不确认使用权资产和租赁负债。作出该选择的，承租人应当将短期租赁和低价值资产租赁的租赁付款额，在租赁期内各个期间按照直线法或其他系统合理的方法计入相关资产成本或当期损益。其他系统合理的方法能够更好地反映承租人的受益模式的，承租人应当采用该方法。

1. 短期租赁

短期租赁，是指在租赁期开始日，租赁期不超过12个月的租赁。包含购买选择权的租赁不属于短期租赁。

对于短期租赁，承租人可以按照租赁资产的类别作出采用简化会计处理的选择。如果承租对某类租赁资产作出了简化会计处理的选择，未来该类资产下所有的短期租赁都应采用简化会计处理。某类租赁资产是指企业运营中具有类似性质和用途的一组租赁资产。

按照简化会计处理的短期租赁发生租赁变更或者其他原因导致租赁期发生变化的，承租人应当将其视为一项新租赁，重新按照上述原则判断该项新租赁是否可以选择简化会计处理。

2. 低价值资产租赁

低价值资产租赁,是指单项租赁资产为全新资产时价值较低的租赁。

承租人在判断是否是低价值资产租赁时,应基于租赁资产全新状态下的价值进行评估,不应考虑资产已被使用的年限。

对于低价值资产租赁,承租人可根据每项租赁的具体情况作出简化会计处理选择。低价值资产同时还应满足租赁准则第十条的规定,即,只有承租人能够从单独使用该低价值资产或将其与承租人易于获得的其他资源一起使用中获利,且该项资产与其他租赁资产没有高度依赖或高度关联关系时,才能对该资产租赁选择进行简化会计处理。

低价值资产租赁的标准应该是一个绝对金额,即仅与资产全新状态下的绝对价值有关,不受承租人规模、性质等影响,也不考虑该资产对于承租人或相关租赁交易的重要性。常见的低价值资产的例子包括平板电脑、普通办公家具、电话等小型资产。

但是,如果承租人已经或者预期要把相关资产进行转租赁,则不能将原租赁按照低价值资产租赁进行简化会计处理。

值得注意的是,符合低价值资产租赁的,也并不代表承租人若采取购入方式取得该资产时该资产不符合固定资产确认条件。

(五)承租人的列报与披露

1. 资产负债表

承租人应当在资产负债表中单独列示使用权资产和租赁负债。其中,租赁负债通常按非流动负债和一年内到期的非流动负债(即,资产负债表日后12个月内租赁负债预期减少的金额)分别列示。

2. 利润表

承租人应当在利润表中分别列示租赁负债的利息费用与使用权资产的折旧费用。其中,租赁负债的利息费用在财务费用项目列示。对于金融企业,财务报表格式中没有财务费用项目,因此使用权资产的折旧费用和利息费用可以在"业务及管理费用"列示,并在附注中进一步披露。

3. 现金流量表

承租人应当在现金流量表中按照如下方式列示:

(1)偿还租赁负债本金和利息所支付的现金,应当计入筹资活动现金流出。

(2)按照租赁准则有关规定对短期租赁和低价值资产租赁进行简化处理的,支付的相关付款额,应当计入经营活动现金流出。

(3)支付的未纳入租赁负债计量的可变租赁付款额,应当计入经营活动现金流出。

4. 承租人的披露

承租人应当在财务报表附注中披露有关租赁活动的定性和定量信息,以便财务报表使用者评估租赁活动对承租人的财务状况、经营成果和现金流量的影响。

承租人应当在财务报表的单独附注或单独章节中披露其作为承租人的信息,但无需重复已在财务报表其他部分列报或披露的信息,只需要在租赁的相关附注中通过交叉索引的方式体现该信息。

承租人应当在财务报表附注中披露与租赁有关的下列信息:

(1)各类使用权资产的期初余额、本期增加额、期末余额以及累计折旧额和减值金额。

(2) 租赁负债的利息费用。

(3) 有关简化处理方法的披露。

承租人按照租赁准则有关规定对短期租赁和低价值资产租赁进行简化处理的，应当披露这一事实，并且，应当披露计入当期损益的短期租赁费用和低价值资产租赁费用。其中，短期租赁费用无需包含租赁期在1个月以内的租赁相关费用，低价值资产租赁费用不应包含已包括在上述短期租赁费用中的低价值资产短期租赁费用。

若承租人在报告期末承诺的短期租赁组合与上述披露的短期租赁费用所对应的短期租赁组合不同，则承租人应当披露简化处理的短期租赁的租赁承诺金额。

(4) 计入当期损益的未纳入租赁负债计量的可变租赁付款额。

(5) 转租使用权资产取得的收入。

(6) 与租赁相关的总现金流出。

(7) 售后租回交易产生的相关损益。

(8) 按照《企业会计准则第37号——金融工具列报》（2017）应当披露的有关租赁负债的信息，包括单独披露租赁负债的到期期限分析、对相关流动性风险的管理等。

承租人应当以列表格式披露上述信息，其他格式更为适当的除外。值得注意的是，承租人披露的金额应包含已在当期计入其他资产账面价值的成本。

此外，承租人应当根据理解财务报表的需要，披露有关租赁活动的其他定性和定量信息。此类信息包括：

(1) 租赁活动的性质。例如，租入资产的类别及数量、租赁期、是否存在续租选择权等租赁基本情况信息。

(2) 未纳入租赁负债计量的未来潜在现金流出。

未纳入租赁负债计量的未来潜在现金流出主要来源于下列风险敞口：一是可变租赁付款额，二是续租选择权与终止租赁选择权，三是担保余值，四是承租人已承诺但尚未开始的租赁。

第一，可变租赁付款额。

承租人可能需要根据具体情况披露与可变租赁付款额有关的额外信息，以帮助财务报表使用者进行评估。例如，承租人使用可变租赁付款额的原因，以及使用此类付款额的普遍性；可变租赁付款额相对于固定付款额的大小；可变租赁付款额所依据的主要变量，以及付款额预期将如何随主要变量变化而变动；可变租赁付款额的其他经营及财务影响。

第二，续租选择权与终止租赁选择权。

根据具体情况，承租人可能需要披露与续租选择权或终止租赁选择权有关的额外信息，以帮助财务报表使用者进行评估。例如，承租人使用续租选择权或终止选择权的原因，以及此类选择权的普遍性；选择权期间租金相对于租赁付款额的大小；行使未纳入租赁负债计量的选择权的普遍性；此类选择权的其他经营及财务影响。

第三，担保余值。

根据具体情况，承租人可能需要披露与担保余值有关的额外信息，以帮助财务报表使用者进行评估。例如，承租人提供担保余值的原因，以及此类条款的普遍性；承租人担保余值风险敞口的相对大小；被担保的标的资产的性质；其他经营及财务影响。

第四，承租人已承诺但尚未开始的租赁。

根据具体情况，承租人可能需要披露已经承诺但尚未开始的租赁。

（3）租赁导致的限制或承诺。

根据具体情况，承租人可能需要披露与租赁导致的限制或承诺有关的额外信息，以帮助财务报表使用者进行评估。例如，租赁合同中关于承租人维持特定财务比率的条款。

（4）售后租回交易。

根据具体情况，承租人可能需要披露与售后租回有关的额外信息，以帮助财务报表使用者进行评估。例如，承租人进行售后租回交易的原因，以及此类交易的普遍性；各项售后租回交易的主要条款与条件；未纳入租赁负债计量的付款额；售后租回交易对当期现金流量的影响。

（5）其他相关信息。

在确定有关租赁活动的上述其他定性和定量信息是否属于必要信息时，承租人应考虑以下两个方面：

第一，该信息是否与财务报表使用者相关。

承租人应当仅在预期其他定性和定量信息与财务报表使用者相关的情况下，才提供这些信息。如果这些信息可帮助财务报表使用者了解以下事项，则可能属于此情形：一是租赁带来的灵活性，租赁可提供一定的灵活性，例如，承租人可通过行使终止选择权或以有利的条款和条件进行续租的方式降低风险敞口；二是租赁施加的限制，租赁可施加多种限制，例如，要求承租人维持特定的财务比率；三是报表信息对关键变量的敏感性，例如，报表信息可能对未来可变租赁付款额较为敏感；四是租赁产生的其他风险敞口；五是偏离行业惯例，例如，此类偏离可能包括一些罕见或特殊的租赁条款与条件，从而影响承租人的租赁组合。

第二，该信息是否可以从财务报表主表列报或附注中披露的信息直观得出。承租人无需重复披露已在财务报表其他部分列报或披露的信息。

第三节　出租人的会计处理

一、出租人的租赁分类

（一）融资租赁和经营租赁

出租人应当在租赁开始日将租赁分为融资租赁和经营租赁。

租赁开始日，是指租赁合同签署日与租赁各方就主要租赁条款作出承诺日中的较早者。租赁开始日可能早于租赁期开始日，也可能与租赁期开始日重合。

一项租赁属于融资租赁还是经营租赁取决于交易的实质，而不是合同的形式。如果一项租赁实质上转移了与租赁资产所有权有关的几乎全部风险和报酬，出租人应当将该项租赁分类为融资租赁。出租人应当将除融资租赁以外的其他租赁分类为经营租赁。

出租人的租赁分类是以租赁转移与租赁资产所有权相关的风险和报酬的程度为依据的。风险包括由于生产能力的闲置或技术陈旧可能造成的损失，以及由于经济状况的改变可能造成的回报变动。报酬可以表现为在租赁资产的预期经济寿命期间经营的盈利，以及因增值或残值变现可能产生的利得。

租赁开始日后，除非发生租赁变更，出租人无需对租赁的分类进行重新评估。租赁资产预计使用寿命、预计余值等会计估计变更或发生承租人违约等情况变化的，出租人不对租赁进行重分类。

租赁合同可能包括因租赁开始日与租赁期开始日之间发生的特定变化而需对租赁付款额进行调整的条款与条件(例如,出租人标的资产的成本发生变动,或出租人对该租赁的融资成本发生变动)。在此情况下,出于租赁分类目的,此类变动的影响均视为在租赁开始日已发生。

(二)融资租赁的分类标准

一项租赁存在下列一种或多种情形的,通常分类为融资租赁:

(1)在租赁期届满时,租赁资产的所有权转移给承租人。即,如果在租赁协议中已经约定,或者根据其他条件,在租赁开始日就可以合理地判断、租赁期届满时出租人会将资产的所有权转移给承租人,那么该项租赁通常分类为融资租赁。

(2)承租人有购买租赁资产的选择权,所订立的购买价款预计将远低于行使选择权时租赁资产的公允价值,因而在租赁开始日就可以合理确定承租人将行使该选择权。

(3)资产的所有权虽然不转移,但租赁期占租赁资产使用寿命的大部分。实务中,这里的"大部分"一般指租赁期占租赁开始日租赁资产使用寿命的75%以上(含75%)。需要说明的是,这里的量化标准只是指导性标准,企业在具体运用时,必须以准则规定的相关条件进行综合判断,这条标准强调的是租赁期占租赁资产使用寿命的比例,而非租赁期占该项资产全部可使用年限的比例。如果租赁资产是旧资产,在租赁前已使用年限超过资产自全新时起算可使用年限的75%以上时,则这条判断标准不适用,不能使用这条标准确定租赁的分类。

(4)在租赁开始日,租赁收款额的现值几乎相当于租赁资产的公允价值。实务中,这里的"几乎相当于",通常掌握在90%以上。需要说明的是,这里的量化标准只是指导性标准,企业在具体运用时,必须以准则规定的相关条件进行综合判断。

(5)租赁资产性质特殊,如果不作较大改造,只有承租人才能使用。租赁资产由出租人根据承租人对资产型号、规格等方面的特殊要求专门购买或建造的,具有专购、专用性质。这些租赁资产如果不作较大的重新改制,其他企业通常难以使用。这种情况下,通常也分类为融资租赁。

一项租赁存在下列一项或多项迹象的,也可能分类为融资租赁:

(1)若承租人撤销租赁,撤销租赁对出租人造成的损失由承租人承担。

(2)资产余值的公允价值波动所产生的利得或损失归属于承租人。

例如,租赁结束时,出租人以相当于资产销售收益的绝大部分金额作为对租金的退还,说明承租人承担了租赁资产余值的几乎所有风险和报酬。

(3)承租人有能力以远低于市场水平的租金继续租赁至下一期间。

此经济激励政策与购买选择权类似,如果续租选择权行权价远低于市场水平,可以合理确定承租人将继续租赁至下一期间。

值得注意的是,出租人判断租赁类型时,上述情形和迹象并非总是决定性的,而是应综合考虑经济激励的有利方面和不利方面。若有其他特征充分表明,租赁实质上没有转移与租赁资产所有权相关的几乎全部风险和报酬,则该租赁应分类为经营租赁。例如,若租赁资产的所有权在租赁期结束时是以相当于届时其公允价值的可变付款额转让至承租人,或者因存在可变租赁付款额导致出租人实质上没有转移几乎全部风险和报酬,就可能出现这种情况。

二、出租人对融资租赁的会计处理

1. 融资租赁的初始计量

租赁准则规定,在租赁期开始日,出租人应当对融资租赁确认应收融资租赁款,并终止确认融资租赁资产。出租人对应收融资租赁款进行初始计量时,应当以租赁投资净额作为应收融资租赁款的入账价值。

租赁投资净额为未担保余值和租赁期开始日尚未收到的租赁收款额按照租赁内含利率折现的现值之和。租赁内含利率,是指使出租人的租赁收款额的现值与未担保余值的现值之和(即租赁投资净额)等于租赁资产公允价值与出租人的初始直接费用之和的利率。因此,出租人发生的初始直接费用包括在租赁投资净额中,即包括在应收融资租赁款的初始入账价值中。

租赁收款额,是指出租人因让渡在租赁期内使用租赁资产的权利而应向承租人收取的款项,包括:

(1)承租人需支付的固定付款额及实质固定付款额。存在租赁激励的,应当扣除租赁激励相关金额。

(2)取决于指数或比率的可变租赁付款额。该款项在初始计/时根据租赁期开始日的指数或比率确定。

(3)购买选择权的行权价格,前提是合理确定承租人将行使该选择权。

(4)承租人行使终止租赁选择权需支付的款项,前提是租赁期反映出承租人将行使终止租赁选择权。

(5)由承租人、与承租人有关的一方以及有经济能力履行担保义务的独立第三方向出租人提供的担保余值。

2.融资租赁的后续计量

出租人应当按照固定的周期性利率计算并确认租赁期内各个期间的利息收入。该周期性利率,是按照准则规定所采用的折现率,或者按照准则规定所采用的修订后的折现率。

3.融资租赁变更的会计处理

融资租赁发生变更且同时符合下列条件的,出租人应当将该变更作为一项单独租赁进行会计处理:

(1)该变更通过增加一项或多项租赁资产的使用权而扩大了租赁范围或延长了租赁期限。

(2)增加的对价与租赁范围扩大部分或租赁期限延长部分的单独价格按该合同情况调整后的金额相当。

【例8-7】 20×3年12月31日,A公司(承租人)与B公司(出租人)签订了一份租赁合同。合同主要条款如下:

(1)租赁标的物:轧钢生产线。

(2)租赁期开始日:租赁物运抵A公司生产车间之日(即20×4年1月1日)。

(3)租赁期:从租赁期开始日算起36个月(即20×4年1月1日—20×6年12月31日)。

(4)固定租金支付方式:自租赁期开始日起每年年末支付租金8 010 000元。如果甲公司能够在每年年末的最后一天及时付款,则给予减少租金10 000元的奖励。

(5)取决于指数或比率的可变租赁付款额:租赁期限内,如遇中国人民银行贷款基准利率调整时,出租人将对租赁利率作出同方向、同幅度的调整。基准利率调整日之前各期和调整日当期租金不变,从下一期租金开始按调整后的租金金额收取。

(6)该生产线在租赁开始日20×3年12月11日的公允价值为21 000 000元,账面价值为20 000 000元。

(7) 初始直接费用：签订租赁合同过程中 B 公司发生可归属于租赁项目的手续费、佣金 500 000 元。

(8) 承租人的购买选择权：租赁期届满时，A 公司享有优惠购买该机器的选择权，购买价为 20 000 元，估计该日租赁资产的公允价值为 80 000 元。

(9) 取决于租赁资产绩效的可变租赁付款额：20×5 年和 20×6 年两年，A 公司每年按该生产线所生产的产品 H 型钢的年销售收入的 1% 向 B 公司支付经营分享收入。其中，20×5 年、20×6 年 A 公司分别实现 H 型钢销售收入 60 000 000 元和 70 000 000 元。

(10) 承租人的终止租赁选择权：A 公司享有终止租赁选择权。在租赁期间，如果 A 公司终止租赁，需支付的款项为剩余租赁期间的固定租金支付金额。

(11) 担保余值和未担保余值均为 0。

(12) 该生产线为全新设备，估计使用寿命为 6 年。

(13) 增量借款年利率为 8%。

B 公司的账务处理如下：

1) 租赁开始日的账务处理

第一步，判断租赁类型。

本例中租赁期（3 年）占租赁资产尚可使用年限（6 年）的 50%（小于 75%），没有满足融资租赁的"期限"标准。但是，本例存在优惠购买选择权，优惠购买价 20 000 元远低于行使选择权日租赁资产的公允价值 80 000 元，因此在 20×3 年 12 月 31 日就可合理确定 A 公司将会行使这种选择权。另外，最低租赁付款额的现值为 20 616 800 元（计算过程见后）大于租赁资产公允价值的 90%，即 18 900 000 元（21 000 000×90%），满足融资租赁的"价值"标准。同时，B 公司综合考虑其他各种情形和迹象，认为该租赁实质上转移了与该项设备所有权有关的几乎全部风险和报酬，因此，B 公司应当将该项租赁确认为融资租赁。

第二步，确定租赁收款额。

(1) 承租人的固定付款额为考虑扣除租赁激励后的金额。

$$(8\ 010\ 000 - 10\ 000) \times 3 = 24\ 000\ 000(元)$$

(2) 取决于指数或比率的可变租赁付款额。

该款项在初始计量时根据租赁期开始日的指数或比率确定，因此本例题在租赁期开始日不做考虑。

(3) 承租人购买选择权的行权价格。

租赁期届满时，甲公司享有优惠购买该机器的选择权，购买价格为 20 000 元，估计该日租赁资产的公允价值为 80 000 元。优惠价 20 000 元远低于行使选择权日租赁资产的公允价值，因此在 20×3 年 12 月 31 日就可合理确定 A 公司将会行使这种选择权。

结论：租赁付款额中应包括承租人购买选择权的行权 20 000 元。

(4) 终止租赁的罚款。

虽然 A 公司享有终止租赁选择权，但若终止租赁，A 公司付的款项为剩余租赁期间的固定租金支付金额。

结论：根据上述条款，可以合理确定 A 公司不会行使终止选择权。

(5) 由承租人向出租人提供的担保余值：甲公司向乙公司提供的担保余值为 0。

综上所述，租赁收款额为：

24 000 000＋20 000＝24 020 000(元)

第三步，确认租赁投资总额。

租赁投资总额＝在融资租赁下出租人应收的租赁收款额＋未保余值

本例中租赁投资总额＝24 020 000＋0＝24 020 000(元)

第四步，确认租赁投资净额的金额和未实现融资收益。

租赁投资净额在金额上等于租赁资产在租赁期开始日公允价值＋出租人发生的租赁初始直接费用＝21 000 000＋500 000＝21 500 000(元)

未实现融资收益＝租赁投资总额－租赁投资净额＝24 020 000－21 500 000＝2 520 000(元)

第五步，计算租赁内含利率。

尽管租赁开始日增量借款年利率为 8％，但对出租人来说，必须采用租赁内含利率。根据租赁内含利率的定义，租赁内含利率是指使出租人的租赁收款额的现值与未担保余值的现值之和等于租赁资产公允价值与出租人的初始直接费用之和的利率。

由于本例中未担保余值为 0，因此，有 8 000 000×$(P/A,R,3)$＋20 000×$(P/F,R,3)$＝21 000 000＋500 000＝21 500 000(元)(租赁资产的公允价值＋初始直接费用)

经查表，可知：

年金系数	利率
2.723 2	5％
2.673 0	6％

复利现值系数	利率
0.860 7	5％
0.835 3	6％

当 $R＝5\%$ 时，有： 8 000 000×$(P/A,5\%,3)$＋20 000×$(P/F,5\%,3)$
＝8 000 000×2.723 2＋20 000×0.860 7
＝21 802 814(元)

当 $R＝6\%$ 时，有： 8 000 000×$(P/A,6\%,3)$＋20 000×$(P/F,6\%,3)$
＝8 000 000×2.673 0＋20 000×0.835 3
＝21 400 706(元)

按照插值法计算如下：

$$\frac{5\%-R}{5\%-6\%}=\frac{21\ 802\ 814-21\ 500\ 000}{21\ 802\ 814-21\ 400\ 706}$$

$$R=5.75\%$$

按照插值法计算得到租赁内含利率为 5.75％。

第六步，账务处理。

20×4 年 1 月 1 日，租出轧钢生产线：

借：应收融资租赁款——租赁收款额	24 020 000
贷：银行存款	500 000
融资租赁资产	20 000 000
资产处置损益	1 000 000
应收融资租赁款——未实现融资收益	2 520 000

2）租赁期内各期利息收入确认的账务处理

第一步，计算租赁期内各期的利息收入（见表8-3）。

表8-3 租赁期内利息收入确认表

20×4年1月1日 单位：元

日期 ①	租金 ②	确认的利息收入 ③＝期初④×5.75%	租赁投资净额余额 期末④＝期初④－②＋③
20×4.1.1			21 500 000
20×4.12.31	8 000 000	1 236 250	14 736 250
20×5.12.31	8 000 000	847 334.38	7 583 584.38
20×6.12.31	8 000 000	436 415.62*	20 000
20×6.12.31	20 000		
合计	24 020 000	2 520 000	

注：* 做尾数调整：436 415.62＝8 000 000＋20 000－7 583 584.38

第二步，账务处理。

20×4年12月31日，收到第一期租金：

  借：银行存款   8 000 000
   贷：应收融资租赁——租赁收款额   8 000 000

确认融资收入：

  借：应收融资租赁款——未实现融资收益   1 236 250
   贷：租赁收入   1 236 250

或者，20×4年1～12月，每月确认融资收入时：

  借：应收融资租赁款——未实现融资收益（1 236 250÷12）   103 020.83
   贷：租赁收入   103 020.83

20×5年12月31日，收到第二期租金：

  借：银行存款   8 000 000
   贷：长期应收款－应收融资租赁款   8 000 000

确认融资收入：

  借：应收融资租赁款——未实现融资收益   847 334.38
   贷：租赁收入   837 334.38

或者，20×5年1～12月，每月确认融资收入时：

  借：未实现融资收益（847 334.38÷12）   70 611.20
   贷：租赁收入   70 611.20

20×6年12月31日，收到第三期租金：

  借：银行存款   8 000 000
   贷：长期应收款——应收融资租赁款   8 000 000

确认融资收入：

借：应收融资租赁款——未实现融资收益　　　　　　　　　　436 415.62
　　贷：租赁收入　　　　　　　　　　　　　　　　　　　　436 415.62

或者20×6年1～12月，每月确认融资收入时：

借：未实现融资收益(436 415.62÷12)　　　　　　　　　　 36 367.97
　　贷：租赁收入　　　　　　　　　　　　　　　　　　　　 36 367.97

3) 出租人取得的未纳入租赁投资净额计量的可变租赁付款额的账务处理

20×5年12月31日，根据合同规定应向A公司收取经营分享收入600 000元：

借：应收账款——A公司　　　　　　　　　　　　　　　　　600 000
　　贷：租赁收入　　　　　　　　　　　　　　　　　　　　600 000

20×6年12月31日，根据合同规定应向A公司收取经营分享收入700 000元：

借：应收账款——A公司　　　　　　　　　　　　　　　　　700 000
　　贷：租赁收入　　　　　　　　　　　　　　　　　　　　700 000

4) 租赁期届满时的账务处理

20×6年12月31日，将该生产线从A公司收回，作备查登记。

5) 财务报告中的列示与披露

财务报告中的列示与披露(略)。

三、出租人对经营租赁的会计处理

1. 租金的处理

在租赁期内各个期间，出租人应采用直线法或者其他系统合理的方法将经营租赁的租赁收款额确认为租金收入。如果其他系统合理的方法能够更好地反映因使用租赁资产所产生经济利益的消耗模式的，则出租人应采用该方法。

2. 出租人对经营租赁提供激励措施

出租人提供免租期的，整个租赁期内，按直线法或其他合理的方法进行分配，免租期内应当确认租金收入。出租人承担了承租人某些费用的，出租人应将该费用自租金收入总额中扣除，按扣除后的租金收入余额在租赁期内进行分配。

3. 初始直接费用

出租人发生的与经非租赁有关的初始直接费用应当资本化至租赁标的资产的成本，在租赁期内按照与租金收入相同的确认基础分期计入当期损益。

4. 折旧和减值

对于经营租赁资产中的固定资产，出租人应当采用类似资产的折旧政策计提折旧；对于其他经营租赁资产，应当根据该资产适用的企业会计准则，采用系统合理的方法进行摊销。

出租人应当按照《企业会计准则第8号——资产减值》的规定，确定经营租赁资产是否发生减值，并对已识别的减值损失进行会计处理。

5. 可变租赁付款额

出租人取得的与经营租赁有关的可变租赁付款额，如果是与指数或比率挂钩的，应在租赁期开始日计入租赁收款额；除此之外的，应当在实际发生时计入当期损益。

6. 经营租赁的变更

经营租赁发生变更的，出租人应自变更生效日开始，将其作为一项新的租赁进行会计处理，与变更前租赁有关的预收或应收租赁收款额视为新租赁的收款额。

【例 8-8】 20×4 年 1 月 1 日，A 公司向 B 公司租入机器设备一台，租期为 3 年。设备价值为 3 000 000 元，预计使用年限为 15 年。租赁合同规定，租赁开始日（20×4 年 1 月 1 日）A 公司向 B 公司一次性预付租金 250 000 元，第 1 年年末支付租金 250 000 元，第 2 年年末支付租金 300 000 元，第 3 年年末支付租金 400 000 元。租赁期届满后 B 公司收回设备，3 年的租金总额为 1 200 000 元。（假定 A 公司和 B 公司均在年末确认租金费用和租金收入，并且不存在租金逾期支付的情况）

解答：从出租人的角度（B 公司）来看，此项租赁没有满足融资租赁的任何一条标准，应作为经营租赁处理。确认租金收入时，不能依据各期实际收到的租金的金额确定，而应采用直线法分配确认各期的租赁收入。此项租赁租金收入总额为 1 200 000 元，按直线法计算，每年应分配的租金收入为 400 000 元。

相应的账务处理如下：

20×4 年 1 月 1 日：

  借：银行存款   250 000
    贷：应收账款   250 000

20×4 年 12 月 31 日：

  借：银行存款   250 000
    应收账款   150 000
    贷：租赁收入   400 000

或者：

  借：银行存款   250 000
    贷：应收账款   250 000

  借：应收账款   400 000
    贷：租赁收入   400 000

20×5 年 12 月 31 日：

  借：银行存款   300 000
    应收账款   100 000
    贷：租赁收入   400 000

或者：

  借：银行存款   300 000
    贷：应收账款   300 000

  借：应收账款   400 000
    贷：租赁收入   400 000

20×6 年 12 月 31 日：

  借：银行存款   400 000
    贷：租赁收入   400 000

或者：

借:银行存款		400 000
贷:应收账款		400 000
借:应收账款		400 000
贷:租赁收入		400 000

四、出租人的列报与披露

出租人应当根据资产的性质,在资产负债表中列示经营租赁资产。

出租人应当在财务报表附注中披露有关租赁活动的定性和定量信息,以便财务报表使用者评估租赁活动对出租人的财务状况、经营成果和现金流量的影响。

1. 与融资租赁有关的信息

出租人应当在附注中披露与融资租赁有关的下列信息:

(1) 销售损益(生产商或经销商出租人)、租赁投资净额的融资收益,以及与未纳入租赁投资净额的可变租赁付款额相关的收入。

出租人应当以列表形式披露上述信息,其他形式更为适当的除外。

(2) 资产负债表日后连续5个会计年度每年将收到的未折现租赁收款额,以及剩余年度将收到的未折现租赁收款额总额;不足5个会计年度的,披露资产负债表日后连续每年将收到的未折现租赁收款额。

出租人应进行上述到期分析,并对融资租赁投资净额账面金额的重大变动提供定性和定量说明,以使财务报表使用者能够更准确地预测未来的租赁现金流量流动性风险。

(3) 未折现租赁收款额与租赁投资净额的调节表。

调节表应说明与租赁应收款相关的未实现融资收益、未担保余值的现值。

2. 与经营租赁有关的信息

出租人应当在附注中披露与经营租赁有关的下列信息:

(1) 租赁收入,并单独披露与未纳入租赁收款额计量的可变租赁付款额相关的收入。

与融资租赁出租人披露信息类似,出租人应当以列表形式披露上述信息,其他形式更为适当的除外。

(2) 将经营租赁固定资产与出租人持有自用的固定资产分开,并按经营租赁固定资产的类别提供《企业会计准则第4号——固定资产》要求披露的信息。

出租人对经营租赁下租赁的资产采用与其在其他经营活动中持有和使用的自有资产相似的方式进行会计处理。然而,租赁资产与自有资产通常被用于不同的目的,即租赁资产产生租赁收入,而不是对出租人的其他经营活动作出贡献。因此,将出租人持有和使用的自有资产与产生租赁收入的租赁资产分开披露,有利于财务报表使用者了解更多信息。

(3) 资产负债表日后连续5个会计年度每年将收到的未折现租赁收款额,以及剩余年度将收到的未折现租赁收款总额。不足5个会计年度的,披露资产负债表日后连续每年将收到的未折现租赁收款额。

与融资租赁披露类似,上述到期分析将使财务报表使用者能够更准确地预测未来的租赁现金流量流动性风险。

3. 其他信息

此外,出租人应当根据理解财务报表的需要,披露有关租赁活动的其他定性和定量信息。此类信息包括:

(1) 租赁活动的性质。例如,租出资产的类别及数量、租赁期、是否存在续租选择权等租赁基本情况信息。

(2) 对其在租赁资产中保留的权利进行风险管理的情况。

出租人应当披露其如何对其在租赁资产中保留的权利进行风险管理的策略,包括出租人降低风险的方式。该等方式可包括回购协议、担保余值条款或因超出规定限制使用资产而支付的可变租赁付款额等。如租赁设备和车辆的市场价值的下降幅度超过出租人在为租赁定价时的预计幅度,则对该项租赁的收益能力产生不利影响。租赁期结束时租赁资产余值的不确定性往往是出租人面临的重要风险。披露有关出资人如何对租赁资产中保险的权利进行管理,有利于财务报表使用者了解更多出租人相关风管理信息。

(3) 其他相关信息。

第四节 售后租回

若企业(卖方兼承租人)将资产转让给其他企业(买方兼出租人),并从买方兼出租人租回该项资产,则卖方兼承租人和买方兼出租人均应按照售后租回交易的规定进行会计处理:企业应当按照《企业会计准则第 14 号——收入》(2017)(以下简称收入准则)的规定,评估确定售后租回交易中的资产转让是否属于销售,并区别进行会计处理。

在标的资产的法定所有权转移给出租人并将资产租赁给承租人之前,承租人可能会先获得标的资产的法定所有权。但是,是否具有标的资产的法定所有权本身并非会计处理的决定性因素。如果承租人在资产转移给出租人之前已经取得对标的资产的控制,则该交易属于售后租回交易。然而,如果承租人未能在资产转移给出租人之前取得对标的资产的控制,那么即便承租人在资产转移给出租人之前先获得标的资产的法定所有权,该交易也不属于售后租回交易。

一、售后租回交易中的资产转让属于销售

卖方兼承租人应当按原资产账面价值中与租回获得的使用权有关的部分,计量售后租回所形成的使用权资产,并仅就转让至买方兼出租人的权利确认相关利得或损失。买方兼出租人根据其他适用的企业会计准则对资产购买进行会计处理,并根据收入准则对资产出租进行会计处理。

如果销售对价的公允价值与资产的公允价值不同,或者出租人未按市场价格收取租金,企业应当进行以下调整:

(1) 销售对价低于市场价格的款项作为预付租金进行会计处理。

(2) 销售对价高于市场价格的款项作为买方兼出租人向卖方兼承租人提供的额外融资进行会计处理。

同时,承租人按照公允价值调整相关销售利得或损失,出租人按市场价格调整租金收入。

在进行上述调整时,企业应当按以下两者中较易确定者进行:

(1) 销售对价的公允价值与资产的公允价值的差异。

(2) 合同付款额的现值与按市场租金计算的付款额的现值的差异。

【例 8-9】 甲公司(卖方兼承租人)以货币资金 40 000 000 元的价格向乙公司(买方兼出租人)出售一栋建筑物,交易前该建筑物的账面原值是 24 000 000 元,累计折旧是 4 000 000 元。与此同时,甲公司与乙公司签订了合同,取得了该建筑物 18 年的使用权(全部剩余使用年限为 40 年),年租金为 2 400 000 元,于每年年末支付。根据交易的条款和条

件,甲公司转让建筑物符合《企业会计准则第 14 号——收入》(2017)中关于销售成立的条件。假设不考虑初始直接费用和各项税费的影响。该建筑物在销售当日的公允价值为 36 000 000 元。

解答:由于该建筑物的销售对价并非公允价值,甲公司和乙公司分别进行了调整,以按照公允价值计量销售收益和租赁应收款。超额售价 4 000 000 元(40 000 000－36 000 000)作为乙公司向甲公司提供的额外融资进行确认。

甲、乙公司均确定租赁内含年利率为 4.5%。年付款额现值为 29 183 980 元(年付款额 2 400 000 元,共 18 期,按每年 4.5% 进行折现),其中 4 000 000 元与额外融资相关,25 183 980 元与租赁相关(分别对应年付款额 328 948 元和 2 071 052 元),具体计算过程如下:年付款额现值=2 400 000×(P/A,4.5%,18)=29 183 980(元),额外融资年付款额=4 000 000÷29 183 980×2 400 000=328 948(元),租赁相关年付款额=2 400 000－328 948=2 071 052(元)。

1) 甲公司的会计处理

在租赁期开始日,甲公司对该交易的会计处理如下:

第一步,按与租回获得的使用以部分占该建筑物的原账面金额的比例计算售后租回所形成的使用权资产。

使用权资产=(24 000 000－4 000 000)(注 1)×[25 183 980(注 2)÷36 000 000(注 3)]=13 991 100(元)

注 1:该建筑的账面价值;
注 2:18 年使用权资产的租赁付款额现值;
注 3:该建筑物的公允价值。

第二步,计算与转让至乙公司的权利相关的利得。

出售该建筑物的全部利得=36 000 000－20 000 000=16 000 000(元),其中:

(a)与该些物使用权相关利得=16 000 000×(25 183 980÷36 000 000)=11 192 880(元);

(b)与转让至乙公司的权利相关的利得=16 000 000－(a)=16 000 000－11 192 880=4 807 120(元)。

第三步,会计分录。

(1) 与额外融资相关。

  借:货币资金   4 000 000
    贷:长期应付款   4 000 000

(2) 与租赁相关。

  借:货币资金   36 000 000
    使用权资产   13 991 100
    固定资产——建筑物——累计折旧   4 000 000
    租赁负债——未确认融资费用   12 094 956
    贷:固定资产——建筑物——原值   24 000 000
     租赁负债——租赁付款额(注)   37 278 936
     资产处置损益   4 807 120

注:该金额为甲公司年付款 2 400 000 元中的 2 071 052 元×18。

后续甲公司支付的年付款额 2 400 000 元中 2 071 052 元作为租赁时款额处理;328 948

元作为以下两项进行会计处理:(1)结算金融负债 4 000 000 元而支付的款项;(2)利息费用。以第 1 年年末为例:

借:租赁负债——租赁付款额	2 071 052
长期应付款(注)	148 948
利息费用(注)	1 313 279
贷:租赁负债——未确认融资费用(注)	1 133 279
银行存款	2 400 000

注:利息费用=25 183 980×4.5%+4 000 000×4.5%=1 133 279+180 000=1 313 279(元)。
长期应付款减少额=328 948－180 000=148 948(元)。

2) 乙公司的会计处理

综合考虑租期占该建筑物剩余使用年限的比例等因素,乙公司将该建筑物的租赁分类为经营租赁。

在租赁期开始日,乙公司对该交易的会计处理

借:固定资产——建筑物	36 000 000
长期应收款	4 000 000
贷:货币资金	40 000 000

租赁期开始日之后,乙公司将从甲公司处年收款额 2 400 000 元中的 2 071 052 元作为租赁收款额进行会计处理。从甲公司处年收款额中的其余 328 948 元作为以下两项进行会计处理:(1)结算金融资产 4 000 000 元而收到的款项;(2)利息收入。以第 1 年年末为例:

借:银行存款	2 400 000
贷:租赁收入	2 071 052
利息收入	180 000
长期应收款	148 948

二、售后租回交易中的资产转让不属于销售

卖方兼承租人不终止确认所转让的资产,而应当将收到的现金作为金融负债,并按照《企业会计准则第 22 号——金融工具确认和计量》(2017)进行会计处理。买方兼出租人不确认被转让资产,而应当将支付的现金作为金融资产,并按照《企业会计准则第 22 号——融工具确认和计量》(2017)进行会计处理。

【例 8-10】 甲公司(卖方兼承租人)以货币资金 24 000 000 元的价格向乙公司(买方兼出租人)出售一栋建筑物,交易前该建筑物的账面原值是 24 000 000 元,累计折旧是 4 000 000 元。与此同时,甲公司与乙公司签订了合同,取得了该建筑物 18 年的使用权(全部剩余使用年限为 40 年),年租金为 2 000 000 元,于每年年末支付,租赁期满时,甲公司将以 100 元购买该建筑物。根据交易的条款和条件,甲公司转让建筑物不满足《企业会计准则第 14 号——收入》(2017)中关于销售成立的条件。假设不考虑初始直接费用和各项税费的影响,该建筑物在销售当日的公允价值为 36 000 000 元。

解答:在租赁期开始日,甲公司对该交易的会计处理如下:

借:货币资金	24 000 000
贷:长期应付款	24 000 000

在租赁期开始日,乙公司对该交易的会计处理如下:

  借:长期应收款   24 000 000
    贷:货币资金   24 000 000

参 考 文 献

[1]《企业会计准则第 21 号——租赁》(2006 年 2 月 15 日财政部发布,自 2007 年 1 月 1 日起施行)

[2]《企业会计准则第 21 号——租赁》应用指南(2006 年 10 月 30 日财政部发布,自 2007 年 1 月 1 日起施行)

[3]《企业会计准则第 21 号——租赁》(2018 年 12 月 7 日财政部发布,自 2021 年 1 月 1 日起施行)

[4]《企业会计准则第 21 号——租赁》应用指南[M].北京:中国财政经济出版社,2019.

[5] 财政部会计司编写组.企业会计准则讲解 2010[M].北京:人民出版社,2010.

[6] 中国注册会计师协会.2015 年度注册会计师全国统一考试辅导教材:会计[M].北京:中国财政经济出版社,2015.

复习思考题

1. 简述租赁的定义。
2. 简述经营租赁与融资租赁的区别。
3. 怎样区分担保余值与未担保余值?
4. 何谓售后回租?

业 务 题

1. 甲公司于 20×5 年 12 月 10 日向乙公司租入一台设备用于总部管理部门。租赁合同主要条款与相关资料如下:

(1) 租赁期:20×6 年 1 月 1 日至 20×9 年 12 月 31 日,共 48 个月。

(2) 每年年末支付租金 800 万元。

(3) 租赁期满时,该设备估计余值为 500 万元,其中甲公司提供的担保余值 300 万元,未担保余值为 200 万元。

(4) 该设备在租赁开始日的账面原值为 3 300 万元,已提折旧 300 万元,已使用 3 年,预计还可使用 5 年。该设备在租赁开始日的公允价值为 3 100 万元。

(5) 租赁合同规定的利率为 6%。

(6) 租赁期满,设备归还给租赁公司。

(7) 甲公司的固定资产均按照平均年限法计提折旧,未确认融资费用采用实际利率法摊销。

要求:

(1) 编制甲公司在租赁期开始日会计分录,并说明该交易对资产负债表的影响。

(2) 编制甲公司 20×6—20×9 年年末的会计处理,并说明该交易对资产负债表与利润表的财务影响。

(3) 编制甲公司租赁期届满时的会计分录。

(利率6%,期数为4的普通年金现值系数为3.465 1;利率6%,期数为4的复利现值系数为0.792 1;计算结果保留小数点两位;单位:万元)

2. 20×8年12月15日,B公司与C租赁公司(以下简称C公司)签订了一份租赁合同,从C公司租赁一台数控机床。合同主要条款及其他有关资料如下:

(1) 租赁资产:数控机床。此外,该设备不需要安装。

(2) 租赁期开始日:20×9年1月1日。

(3) 租赁期:20×9年1月1日至2×11年12月31日,共36个月。

(4) 固定租金支付方式:自20×9年1月1日,每年年末支付租金270 000元。如果B公司能够在每年年末的最后一天及时付款,则给予减少租金20 000元的奖励。

(5) 初始直接费用:签订租赁合同过程中C公司发生的可归属于租赁项目的手续费、佣金10 000元,以银行存款支付。

(6) 租赁开始日该设备的公允价值为650 000元,账面价值550 000元。

(7) 该设备的估计使用年限为5年。

(8) 租赁期届满时,B公司享有优惠购买选择权,购买价为1 000元,估计期满时的公允价值为50 000元。

(9) 2×10年和2×11年两年,B公司每年按该设备所生产产品的年销售收入的10%向C公司支付分享收入。2×10年、2×11年销售收入分别为2 000 000元、3 000 000元。

(10) 担保余值和未担保余值均为0。

(11) 增量借款利率为7%。

要求:

(1) 判断C公司租赁类型。

(2) 计算租赁收款额并编制C公司租赁期开始日的会计分录。

(3) 编制C公司20×9年12月31日收到租金、确认未实现融资收益的会计分录。

(4) 编制C公司2×10和2×11年12月31日收到分享收入的会计分录。

3. 20×7年1月1日,丙公司向丁公司租入全新办公用房一套,租期为3年。办公用房原账面价值6 000 000元,预计使用年限25年。租赁合同规定,租赁开始日丙公司向丁公司一次性预付租金400 000元,第一年年末支付租100 000元,第二年年末支付租金150 000元,第三年年末支付租金250 000元。租赁期届满后预付租金不退回,丁公司收回办公用房使用权,3年的租金总额为900 000元(假定丙公司能按期支付租金,丁公司在年末确认租赁收入)。

要求:

(1) 说明丁公司的租赁类型。

(2) 编制丁公司相关的会计分录,并说明该交易对丁公司20×7—20×9年度的财务影响。

第九章 外币交易会计

本章提要

外币交易会计主要包括：外币交易中的基本概念、外币交易的两种基本方法、外币交易会计的记账方法、外币交易的会计核算等内容。

外币交易会计处理需要了解的基本概念包括：外币、记账本位币、外币交易等。外币是指记账本位币以外的货币。记账本位币是指企业经营所处的主要经济环境中的货币。外币交易是指以外币计价或者结算的交易。通常的外币交易包括：买入或者卖出以外币计价的商品或者劳务、借入或者借出外币资金等。与外币交易相关的概念还有外汇、汇率、汇率的分类、汇兑损益等。

理论上存在两种外币交易的会计处理方法：一笔交易观和两笔交易观。在一笔交易观下，企业将发生的购销业务以及之后的账款结算看作一笔经济业务，认为一项外币交易在清算之前一直持续并没有结束。而在两笔交易观下，企业将商品购销交易和之后的外币结算业务看作两项独立的交易，以商品购销完成的时间作为确认购货成本或销售收入的基础。

外币交易的记账方法有外币统账制和外币分账制。在外币统账制下，企业在发生外币业务时，就按照一定的汇率折算为记账本位币入账。而在外币分账制下，企业在日常核算中按照外币记账和编制财务报表，待到期末统一将外币报表折算为记账本位币表示的财务报表并确认其汇兑损益。

我国对外币交易会计处理核算的原则为：企业对于发生的外币交易，应当将外币金额折算为记账本位币金额。外币交易应当在初始确认时，采用交易发生日的即期汇率将外币金额折算为记账本位币金额，也可以采用按照系统合理方法确定的、与交易发生日即期汇率近似的汇率折算。企业在资产负债表日，应当按照外币货币性项目和外币非货币性项目分别进行汇率调整处理。

第一节 外币交易会计概述

随着经济全球化，企业涉及的外币交易越来越多。在对外币业务进行核算之前我们首先需要了解外币业务中的一些基本概念。

（一）记账本位币

记账本位币是指企业从事经营活动的主要经济环境中所使用的货币。主要经济环境，通常是指企业主要产生和支出现金的环境，使用该环境中的货币应最能反映企业主要交易

的经济结果。根据《企业会计准则第19号——外币折算》,企业在选定记账本位币时应当考虑如下一般原则:

(1) 该货币主要影响商品和劳务的销售价格,通常以该货币进行商品和劳务的计价和结算。

(2) 该货币主要影响商品和劳务所需人工、材料和其他费用,通常以该货币进行上述费用的计价和结算。

(3) 融资活动获得的货币以及保存从经营活动中收取款项所使用的货币。

由于境外经营企业的特殊性,所以境外经营企业在选择记账本位币时还应当考虑更多的因素。上述的境外经营是指企业境外的合营企业、联营企业、子公司和分公司(如果在境内经营的合营企业、联营企业、子公司和分公司采用不同于企业记账本位币的,也视同境外经营)。对于境外经营的记账本位币选择,还应当考虑下列因素:

(1) 境外经营对其所从事的活动是否拥有很强的自主性;如果境外经营企业不具有较强的自主性,那么其记账本位币的选择应与国内企业保持一致,否则应选择其他货币。

(2) 境外经营活动中与企业的交易是否在境外经营活动中占有较大比重;如果与国内企业的交易量占比较高,那么应选择与国内企业相同的记账本位币,否则应选择其他货币作为记账本位币。

(3) 境外经营活动产生的现金流量是否直接影响企业的现金流量、是否可以随时汇回;如果能直接影响国内企业的现金流量、并可随时汇回,那么应选择与国内企业相同的记账本位币,否则应选择其他货币作为记账本位币。

(4) 境外经营活动产生的现金流量是否足以偿还其现有债务和可预期的债务。如果能偿还债务,那么应选择其他货币作为记账本位币;否则应选择与国内企业相一致的记账本位币。

记账本位币的选择一经确定,不得随意变更。如果企业所处的主要经济环境发生重大变化,确实需要更改记账本位币,应采用变更日当日的即期汇率将所有项目折算为变更后的记账本位币。

我国企业会计准则规定:企业通常应选择人民币作为记账本位币。业务收支以人民币以外的货币为主的企业,可以选择其他货币作为记账本位币。但编报财务报表时应当折算为人民币。

(二) 外币和外汇

外币是指企业记账本位币以外的货币,亦指非记账本位币。当企业以外国货币为记账本位币时,本国货币将成为会计上的外币。

外汇是指以外币表示的用于国际结算的支付手段以及可用于国际支付的特殊债券和其他货币资产。具体包括:外国货币(如纸币、铸币等)、外币有价证券(如政府公债、国库券、公司债券、股票、息票等)、外汇收支凭证(如票据、银行存款凭证、邮政储蓄凭证等)以及其他外汇资金。

(三) 外币交易

外币交易是指以外币计价或者结算的交易。企业发生的常见外币交易包括:以外币计价的商品或劳务的购销交易、借入或者借出外币资金、以外币计价的投资、外币兑换等;需要注意的是,判定一项交易是否属于外币交易,不在于这项交易是否属于对外贸易,而关键在于交易的结算货币是否为外币。因此,如果中国企业(以人民币作为记账本位币)向欧洲企业销售商品,并约定以欧元作为结算货币,那么此项交易就是外币交易。反之,如果这家企业向非洲销售商品,并以人民币作为结算货币,那么此项交易就不是外币交易。

(四) 外币折算和外币兑换

外币折算是指将外币金额换算为另一种货币金额的换算过程。这种换算不涉及实际的货币转换,只是一种货币表述形式的改变。企业进行外币交易时,以外币作为结算货币,但企业需以记账本位币记账和编制财务报表,因此需要进行外币折算。外币折算包括外币交易的折算和外币财务报表的折算。

外币兑换是指将一种货币兑换为另一种货币的过程。这种兑换是一种实际的经济业务,是不同货币之间的实际交换。常见的一种外币兑换情形是,个人出国旅行前到银行将人民币兑换为美元以备零用。

(五) 汇率

汇率是指用一国货币兑换成另一国货币的比率。外币作为一种特殊的商品,也可以进行买卖,而其买卖时的价格就是汇率。现实世界中有两种方法来表示汇率:一种叫汇率的直接标价法,另一种叫汇率的间接标价法。

直接标价法是指以一定单位的外国货币为标准,折算为一定数额的本国货币。比如,美元为外币、人民币为本国货币的情形下,1 美元＝6.53 元人民币就是直接标价法。因为该汇率直接以人民币表示,所以汇率 6.53 就是直接标价法。在直接标价法下,外币数量固定为 1 单元,本币价值随着汇率的上升而降低,即汇率越高本币越贬值。目前世界上绝大多数国家包括中国都采用直接标价法。

间接标价法是指以一定数量的本国货币为标准,折算为若干单位的外国货币。比如,假定英镑为外币,人民币为本国货币,1 元人民币＝0.107 英镑,那么 0.107 就是间接标价法。如果以直接标价法标价,则应表述为 1 英镑＝9.33 元人民币。在间接标价法下,本币数量固定为 1 单元,外币币值随着汇率的上升而降低。历史上英国处于金融中心地位,因此英国一直沿用了汇率的间接标价法。

(六) 汇率的分类

1. 现行汇率和历史汇率

汇率按会计入账时间分为现行汇率和历史汇率。现行汇率是指企业发生外币业务或者资产负债表日编制财务报表时的汇率,因此也称为记账汇率。历史汇率是相对于现行汇率而言的,是指最初取得外币资产或者承担外币负债时的汇率,也称为账面汇率。现行汇率会因为时间的推移而成为历史汇率。比如,企业 6 月 15 日取得 100 万美元借款,当日汇率为 1 美元＝6.50 元人民币,企业以 6.50 汇率入账,那么 6.50 在 6 月 15 日就是现行汇率。12 月 31 日企业编制资产负债表,此时的汇率为 6.52,那么 12 月 31 日的汇率 6.52 就是现行汇率,而 6 月 15 日的汇率 6.50 就变成历史汇率。此外,平均汇率就是将历史汇率和(或)现行汇率进行平均后得到的汇率。

2. 买入汇率和卖出汇率

汇率按从事外汇经营的银行角度可以分为买入汇率、卖出汇率和中间汇率。买入汇率即买入价,是指银行向客户买入外汇时采用的汇率。卖出汇率即卖出价,是指银行向客户出售外汇时采用的汇率。中间汇率即中间价,是指银行买入价和银行卖出价的平均价。

3. 即期汇率和远期汇率

汇率还可以分为即期汇率和远期汇率。即期汇率是指外汇买卖双方在成交后即期办理交割的交易业务,通常间隔两个营业日交割。远期汇率是指外汇买卖双方在成交时,只是订立合同,规定外汇买卖的数量、交割期限、汇率等,待到合同约定日期再办理交割的交易业务。

我国外币折算准则规定,企业在处理外币交易和外币财务报表折算时,应当采用交易发生日的即期汇率将外币金额折算为记账本位币,也可采用按照系统合理方法确定的、与交易发生日即期汇率近似的汇率折算。这里需要说明的是,即期汇率和远期汇率是市场交易术语,而现行汇率和历史汇率是会计术语。在实务中,为了方便核算,除外币兑换交易等直接采用银行买入或卖出价外,企业通常将当日中国人民银行公布的外汇牌价的中间价作为即期汇率。即期汇率的近似汇率,采用按照系统合理方法确定的、与交易发生日即期汇率近似的汇率折算,通常采用当期平均汇率或加权平均汇率。比如,即期汇率的周平均汇率,即以外币交易金额作为权重的加权平均汇率。

(七)汇兑损益

汇兑损益是指由于汇率不同所产生的记账本位币金额差异。在外币会计中通常有四种情形会产生汇兑损益:其一是外币商品购销时计价和结算汇率不同所产生的汇兑损益;其二是资产负债表日对外币项目进行调整产生的汇兑损益;其三是为了将外币报表折算为记账本位报表而产生的汇兑损益;其四是外币兑换产生的汇兑损益。这四种情形产生的汇兑损益也分别称为交易汇兑损益、调整汇兑损益、折算汇兑损益、兑换汇兑损益。

汇兑损益按是否已经在本期内实现,可以分为已实现的汇兑损益和未实现的汇兑损益。已实现的汇兑损益是指产生汇兑损益的业务在本期内已经全部完成。通常上述中的交易汇兑损益和兑换汇兑损益属于已实现的汇兑损益。而未实现的汇兑损益是指产生汇兑损益的业务在本期内未完成。通常上述中的调整汇兑损益和折算汇兑损益属于已实现的汇兑损益。在我国实务中,对已实现汇兑损益需要计入财务费用归到期间费用内。对未实现汇兑损益中的调整汇兑损益也计入财务费用,而对折算汇兑损益则先作递延处理,等到处置境外经营时再计入当期损益中。

第二节 外币交易的会计处理

企业涉及的常见外币业务有外币采购业务、外币销售业务、外币兑换业务、外币借款和外币投资业务等。在对外币业务进行会计处理时,需要将外币金额折算为记账本位币入账,然而由于汇率随时发生变动,因此外币交易的会计处理需重点关注汇率变动产生的汇兑损益的处理。外币业务需要重点注意的三个关键时点为:①外币交易发生时;②外币交易结束时;③期末外币资产和负债的调整。

一、外币交易会计处理的两种观点

在对外币交易进行会计处理时,由于外币交易事项发生日、结算日和编报日的汇率不同,针对外币交易金额在不同的时点折合成记账本位币的汇兑损益应该如何处理,理论上有两种观点:一笔交易观和两笔交易观。

在一笔交易观下,将销售或购买业务的发生以及之后的账款结算视为一笔交易的两个阶段。在一笔交易观下,商品的销售和购买只是交易的第一个阶段,按交易日的汇率折算并记录的销售收入和购买成本只是一个暂记数。交易日至结算日之间由于汇率波动而出现的汇兑损益,应作为对已入账的销售收入和购货成本的调整。因此一笔交易观下的会计

处理原则是:

(1) 在交易发生日,按发生日的即期汇率将外币折算为记账本位币。

(2) 在资产负债表日,按资产负债表日的即期汇率将外币折算为记账本位币,并对外币收入、成本、资产、负债账户进行相应的调整。

(3) 在交易结算日,按结算日的即期汇率将外币折算为记账本位币,并对外币收入、成本、资产、负债账户进行相应的调整。

【例9-1】 中国某公司于20×4年12月15日以赊销方式向美国某公司出口商品一批,共计10 000美元,买卖双方约定以美元作为结算货币,中国公司所选择的记账本位币为人民币。不考虑相关税费。以一笔交易观进行会计处理。

(1) 20×4年12月15日当天的汇率为USD1=CNY7.8,应编制会计分录如下:

借:应收账款——美元(10 000×7.8)　　　　　　　　　　　　　78 000
　　贷:主营业务收入　　　　　　　　　　　　　　　　　　　　　78 000

(2) 20×4年12月31日为报表编制日,当日的汇率为USD1=CNY7.7;在一笔交易观下,由于汇率变动而产生的汇兑损失1 000元[10 000×(7.7-7.8)]应调整销售收入。因此编制会计分录如下:

借:主营业务收入　　　　　　　　　　　　　　　　　　　　　　1 000
　　贷:应收账款——美元[10 000×(7.8-7.7)]　　　　　　　　　　1 000

(3) 该交易在20×5年2月16日结算,当日美国公司付清款项,当天汇率为USD1=CNY7.6。同理,在一笔交易观下,在报表编制日与结算日之间产生的汇兑损失也应调整销售收入。因此应编制会计分录如下:

借:主营业务收入　　　　　　　　　　　　　　　　　　　　　　1 000
　　贷:应收账款——美元[10 000×(7.7-7.6)]　　　　　　　　　　1 000

借:银行存款——美元(10 000×7.6)　　　　　　　　　　　　　76 000
　　贷:应收账款——美元　　　　　　　　　　　　　　　　　　　76 000

在两笔交易观下,以外币计价的商品购销交易和外币的结算业务应该视为两项独立的交易来处理。外币计价的销售收入和购买成本折算为记账本位币时,应以交易发生日的汇率计算。发生日至结算日之间发生的汇率波动,反映在"财务费用——汇兑损益"账户中,而不应调整购买成本或销售收入。目前国际财务报告准则、美国财务会计准则公告、中国会计准则都要求采用两笔交易观。

针对交易发生日与报表编制日之间产生的汇兑损益,这部分乃未实现的汇兑损益,有两种处理方法:第一种是递延法,另一种是当期确认法。在递延法下,这部分未实现的汇兑损益,先递延计入"未实现汇兑损益",待到结算日再将这部分未实现汇兑损益转为已实现汇兑损益。在当期确认法下,这部分未实现的汇兑损益计入财务费用(汇兑损益中),报表编制日与结算日之间的汇兑损益也计入财务费用中。当期确认法是目前绝大多数国家对未实现汇兑损益采用的处理方法。

因此两笔交易观下的会计处理原则是:

(1) 在交易发生日,按发生日的即期汇率将外币折算为记账本位币。

(2) 在资产负债表日,按资产负债表日的即期汇率将外币折算为记账本位币,将汇率差异产生的汇兑差额(如发生日和资产负债表日之间的汇率差额)递延或者记入"财务费用——汇兑损益"账户中,而不应调整销售收入和成本。

(3) 在交易结算日,按结算日的即期汇率将外币折算为记账本位币,并将汇率差异产生的汇兑差额(如资产负债表日和交易结算日之间的汇率差额)记入"财务费用——汇兑损益"账户中,同时将之前的递延汇兑损益转移至"财务费用——汇兑损益"账户中。

【例 9-2】 承[例 9-1],采用两笔交易观下的递延法处理时,则应编制会计分录如下:

(1) 20×4 年 12 月 15 日:

  借:应收账款——美元(10 000×7.8) 78 000
   贷:主营业务收入 78 000

(2) 20×4 年 12 月 31 日:

  借:递延汇兑损益——汇兑损益 1 000
   贷:应收账款——美元[10 000×(7.8−7.7)] 1 000

(3) 20×5 年 2 月 16 日:

  借:财务费用——汇兑损益 2 000
   银行存款——美元(10 000×7.6) 76 000
   贷:应收账款——美元 77 000
    递延汇兑损益 1 000

【例 9-3】 承[例 9-1],采用两笔交易观下的当期确认法处理时,则应编制会计分录如下:

(1) 20×4 年 12 月 15 日:

  借:应收账款——美元(10 000×7.8) 78 000
   贷:主营业务收入 78 000

(2) 20×4 年 12 月 31 日:

  借:财务费用——汇兑损益 1 000
   贷:应收账款——美元[10 000×(7.8−7.7)] 1 000

(3) 20×5 年 2 月 16 日:

  借:银行存款——美元(10 000×7.6) 76 000
   财务费用——汇兑损益 1 000
   贷:应收账款——美元(10 000×7.7) 77 000

对于递延法和当期确认法的选用,《国际会计准则第 21 号——汇率变动的影响》建议采用两笔交易观的当期确认法,但也没有完全否决递延法。

二、外币交易记账方法

外币交易的记账方法有外币统账制和外币分账制两种方法。

外币统账制是指企业在发生外币交易时,即折算为记账本位币入账。按折算汇率不同又可以区分为当日汇率统账制和期初汇率统账制。在当日汇率统账制下,外币业务按发生日的当日汇率折算为记账本位币。除了外币兑换业务外,平时不确认(调整)汇兑损益,月末再统一将外币项目按月末汇率折算为记账本位币。在期初汇率统账制下,外币业务均按当月期初(每月 1 日)的汇率折算为记账本位币。除了外币兑换业务外,平时不确认(调整)汇兑损益,月末再统一将外币项目按月末汇率折算为记账本位币。总体上,当日汇率统账制下由于每日的折算汇率总在变动,因此其会计工作量高于期初汇率统账制,比较适合与外币业务较少的企业。外币分账制是指企业在日常核算时分别币种记账,资产负债表日则按货币性项目和非货币性项目分别进行调整,货币性项目按资产负债表日及其汇率折算,非货币性项目按交易日即期汇率折算,产生的汇兑损益计入当期损益。

从目前的会计实务来看,绝大多数企业都采用外币统账制方法,只有银行等金融机构企业由于外币业务频繁,涉及的外币业务比重较多,因而采用外币分账制进行日常核算。但不管采用外币统账制还是外币分账制,最后计入当期损益的汇兑损益应该相同。因此本书主要以外币统账制方法介绍外币交易的具体会计处理。

三、外币交易的具体会计处理

在外币统账制方法下,只需要在原来的一级账户下设置二级外币账户来反映外币项目,无须单独设置一级外币账户。对于外币交易因汇率变动而产生的差额应记入"财务费用"的二级账户"汇兑损益"中。该账户的借方表示汇率变动产生的汇兑损失,贷方表示汇率变动产生的汇兑收益。

外币交易的会计处理主要涉及两个部分:一是交易日的外币交易确认,二是资产负债表日的报表项目折算。《企业会计准则第 19 号——外币折算》规定了外币交易的总体核算原则是:企业对于发生的外币交易,应当将外币金额折算为记账本位币金额。外币交易应当在初始确认时,采用交易发生日的即期汇率将外币金额折算为记账本位币金额;也可以采用按照系统合理的方法确定的、与交易发生日即期汇率近似的汇率折算。企业在资产负债表日,应当按照规定分别对外币货币性项目和外币非货币性项目进行处理。其中,外币货币性项目是指企业持有的货币资金和将以固定或可确定的金额收取的资产或者偿付的负债。外币非货币性项目是指货币性项目以外的项目。对于外币货币性项目,采用资产负债表日即期汇率折算。因资产负债表日即期汇率与初始确认时或者前一资产负债表日即期汇率不同而产生的汇兑损益,计入当期损益。对于以历史成本计量的外币非货币性项目,仍采用交易发生日的即期汇率折算,不改变其记账本位币金额。企业进行外汇兑换产生的差额应记入"财务费用——汇兑损益"账户中。企业接受外币投资时,应当采用交易发生日的即期汇率,不得采用合同约定汇率或即期汇率的近似汇率折算。

(一)外币交易发生日的会计处理

企业发生外币交易时,应当按照交易发生日的即期汇率或即期汇率的近似汇率将外币金额折算为记账本位币金额入账。

1. 外币采购业务会计处理

【例 9-4】 国内某公司的记账本位币为人民币。20×4 年 4 月 10 日,从国外购入某原材料,已入库,共计 50 000 欧元,当日的即期汇率为 EUR1=CNY10,货款尚未支付。应编制如下会计分录:

20×4 年 4 月 10 日:

借:原材料	500 000
贷:应付账款——欧元(50 000×10)	500 000

2. 外币销售业务会计处理

【例9-5】 国内A公司的记账本位币为人民币。20×4年6月5日,向国外B公司出口销售商品一批,根据销售合同,货款共计100 000美元,当日的即期汇率为1美元=7.1元人民币。假定不考虑增值税等相关税费,货款尚未收到。应编制如下会计分录:

20×4年6月5日:

借：应收账款——美元(100 000×7.1)　　　　　　　　　　　　　　710 000
　　贷：主营业务收入　　　　　　　　　　　　　　　　　　　　　　710 000

3. 外币兑换业务会计处理

外币兑换业务主要有外币买入业务、外币卖出业务以及两种外币之间的兑换。如前所述,准则规定企业进行外汇兑换产生的差额应记入"财务费用——汇兑损益"账户中。

【例9-6】 外币买入业务。A公司在20×4年10月26日从银行购入6 000美元。当日银行美元买入价为USD1=CNY7.44,卖出价为USD1=CNY7.42,即期汇率为USD1=CNY7.32。应编制如下会计分录:

20×4年10月26日:

借：银行存款——美元(6 000×7.32)　　　　　　　　　　　　　　43 920
　　财务费用——汇兑损益　　　　　　　　　　　　　　　　　　　　600
　　贷：银行存款——人民币(6 000×7.42)　　　　　　　　　　　　44 520

【例9-7】 外币卖出业务。A公司20×4年10月5日将8 000美元到银行兑换为人民币,银行当日的美元卖出价为USD1=CNY7.17,买入价为USD1=CNY7.15,即期汇率为USD1=CNY7.25。应编制如下会计分录:

20×4年10月5日:

借：银行存款——人民币(8 000×7.15)　　　　　　　　　　　　　57 200
　　财务费用——汇兑损益　　　　　　　　　　　　　　　　　　　　800
　　贷：银行存款——美元(8 000×7.25)　　　　　　　　　　　　　58 000

对于两种外币之间的兑换业务。将A外币兑换为B外币的会计处理程序如下：

(1) 将换出外币A按该外币即期汇率或即期汇率的近似汇率折算为人民币金额,并登记入账。

(2) 将可换入外币B按该外币即期汇率或即期汇率的近似汇率折算为人民币金额,并登记入账。

(3) 可换入外币B数额的计算:按A外汇银行买入价折算卖出外币A实际应收的人民币金额。根据这部分人民币金额和B外汇银行卖出价,计算可换入B外币的原币数额。

(1)和(2)之间的差额,作为当期汇兑损益处理。

【例9-8】 两种外币之间的兑换。A公司在20×4年11月10日将10 000美元向中国银行兑换港币。当日美元的银行买入价为USD1=CNY7.20,美元的银行卖出价为USD1=CNY7.19,港币的银行买入价为HKD1=CNY0.970,港币的银行卖出价为HKD1=CNY0.968。中国人民银行当日公布的汇率为USD1=CNY7.40,HKD1=CNY0.959。计算保留两位小数。

20×4年11月10日,A公司换出美元按记账本位币(人民币)折算为74 000元(10 000×7.4),A公司可换入的港币数额为74 380.17元(10 000×7.2÷0.968),换入的港币按记账本位币折算入账为 71 330.58 元(74 380.17×0.959),74 000 元与 71 330.58 元之间的差异 2 669.42 元计入汇兑损益。

  借：银行存款——港币(74 380.17×0.959)   71 330.58
    财务费用——汇兑损益   2 669.42
    贷：银行存款——美元(10 000×7.40)   74 000

 4. 外币借款业务的会计处理

 【例 9-9】 某公司 20×4 年 1 月 1 日从银行借入一年期贷款 10 000 美元,年利率为 6%,每月计提利息,借款当天的即期汇率为 USD1＝CNY7.8；20×4 年 12 月 31 日偿还贷款本金和利息,还款当天的即期汇率为 USD1＝CNY7.9。假定 1 月月末到 11 月月末的汇率都为 USD1＝CNY7.85。应编制如下会计分录：

20×4 年 1 月 1 日：

  借：银行存款——美元($10 000×7.8)   78 000
   贷：短期借款——美元($10 000×7.8)   78 000

20×4 年 1～11 月,计提的总利息：

  借：财务费用——利息支出   4 317.5
   贷：应付利息——美元(10 000×6%÷12×11×7.85)   4 317.5

20×4 年 12 月 1 日：

  借：短期借款——美元   78 000.0
    应付利息——美元   4 317.5
    财务费用——利息支付   395.0
    财务费用——汇兑损益   1 027.5
    贷：银行存款——美元[($10 000+10 000×6%)×7.9]   83 740.0

 5. 外币投资业务的会计处理

 【例 9-10】 国内甲公司的记账本位币为人民币。20×4 年 12 月 12 日,甲公司与某外商签订投资合同,当日收到外商投入资本 20 000 美元。当日的即期汇率为 USD1＝CNY7.6,假定投资合同约定的汇率为 USD1＝CNY7.7。应编制如下会计分录：

20×4 年 12 月 12 日：

  借：银行存款($20 000×7.6)   152 000
   贷：实收资本($20 000×7.6)   152 000

 (二) 外币账户资产负债表日的会计处理

 企业应在资产负债表日对外币货币性项目和外币非货币性项目分别进行调整处理。

 1. 货币性项目期末调整

 货币性项目是指企业持有的货币资金和将以固定或可确定的金额收取的资产或者偿付的负债。货币性资产包括库存现金、银行存款、应收账款、其他应收款、长期应收款等；货币性负债包括短期借款、应付账款、其他应付款、长期借款、应付债券、长期应付款等。对于外币货币性项目,因资产负债表日的即期汇率折算而产生的汇兑损益,记入"财务费用——汇兑损益"账户,计入当期损益,同时调增或调减外币货币性项目的记账本位币金额。

 【例 9-11】 A 公司的外币业务采用发生日的汇率进行折算。20×4 年 12 月 31 日,期末有关货币性项目的相关资料如表 9-1 所示。12 月 31 日的汇率为 USD1＝CNY6.36。

表 9-1　外币货币性项目期末余额调整表

货币项目名称	金额(美元)	账面金额 A (人民币)	期末账面余额 B (按期末汇率)(人民币)	差额(人民币) (B－A)
银行存款	5 000	31 750	31 800	50
应收账款	2 000	12 700	12 720	20
长期应收款	500	3 195	3 180	－15
短期借款	1 500	9 450	9 540	90
应付账款	2 000	12 680	12 720	40
长期借款	1 000	6 380	6 360	－20

应编制会计分录如下：

借：银行存款　　　　　　　　　　　　　　　　　　　　　　　　　50
　　应收账款　　　　　　　　　　　　　　　　　　　　　　　　　20
　　长期借款　　　　　　　　　　　　　　　　　　　　　　　　　20
　　贷：财务费用——汇兑损益　　　　　　　　　　　　　　　　　90

借：财务费用——汇兑损益　　　　　　　　　　　　　　　　　　145
　　贷：长期应收款　　　　　　　　　　　　　　　　　　　　　　15
　　　　短期借款　　　　　　　　　　　　　　　　　　　　　　　90
　　　　应付账款　　　　　　　　　　　　　　　　　　　　　　　40

2. 非货币性项目期末调整

非货币性项目是指货币性项目以外的项目，包括存货、长期股权投资、固定资产、无形资产等。非货币性项目的期末调整应按如下会计处理原则进行：

(1) 以历史成本计量的外币非货币性项目，由于已在交易发生日按当日即期汇率折算，资产负债表日不应改变其原记账本位币金额，不产生汇兑损益。但对于以成本与可变现净值孰低计量的存货，如果其可变现净值以外币确定，则在确定存货的期末价值时，应先将可变现净值折算为记账本位币，再与以记账本位币反映的存货成本进行比较。

(2) 以公允价值计量的外币非货币性项目，如交易性金融资产(股票、基金等)，采用公允价值确定日的即期汇率折算，折算后的记账本位币金额与原记账本位币金额的差额，作为公允价值变动处理(含汇率变动)，计入当期损益。

第一，历史成本计量的外币非货币性项目期末调整举例。

【例 9-12】　国内 A 企业以人民币作为记账本位币。20×4 年 10 月 1 日，进口一批商品，其价值为 1 000 美元，款项当即付清，当日的即期汇率为 USD1＝CNY6.30。资产负债表日 20×4 年 12 月 31 日的汇率为 6.28。不考虑相关税费。

(1) 如果 A 企业进口的这批商品作为固定资产。那么依据以历史成本计量的非货币性项目的处理原则，期末不改变其账面价值，不需要进行调整。因此期末无需进行会计处理。

20×4 年 10 月 1 日：

借：固定资产　　　　　　　　　　　　　　　　　　　　　　　6 300
　　贷：银行存款　　　　　　　　　　　　　　　　　　　　　6 300

20×4年10月1日:无需处理。

(2) 如果A企业进口的这批商品作为存货。那么依据以历史成本计量的非货币性项目的处理原则,在资产负债表日存货的账面价值仍然不需要调整。但在资产负债表日计提存货跌价准备时,需要考虑汇率的影响。

20×4年10月1日:

  借:库存商品   6 300
   贷:银行存款   6 300

20×4年12月31日,因为存货计提跌价准备采用成本与可变现净值孰低法,存货的成本为6 300元(1 000×6.3),而存货的可变现净值为6 280元(1 000×6.28),因此应计提坏账准备20元(6 300−6 280)。

  借:资产减值准备   20
   贷:存货跌价准备   20

第二,公允价值计量的外币非货币性项目期末调整举例。

【例9-13】 国内A公司的记账本位币为人民币。20×4年12月5日以每股3.5港元的价格购入乙公司的H股10 000股作为交易性金融资产,当日汇率为HKD1=CNY0.95,款项已支付。20×4年12月31日,购入的股票市价变为每股3港元,当日汇率为HKD1=CNY0.97。20×5年2月7日,甲公司将所购乙公司H股按当日市价每股4港元全部售出,所得价款为40 000港元,按当日汇率HKD1=CNY0.99。假定不考虑相关税费的影响。

20×4年12月15日:

  借:交易性金融资产(3.5×10 000×0.95)   33 250
   贷:银行存款——港元   33 250

20×4年12月31日:

  借:公允价值变动损益(3×10 000×0.97−3.5×10 000×0.95)   4 150
   贷:交易性金融资产   4 150

20×5年2月7日:

  借:银行存款——港元(4×10 000×0.99)   39 600
   贷:交易性金融资产(33 250−4 150)   29 100
     投资收益   10 500

同时,结转公允价值变动损益:

  借:投资收益   4 150
   贷:公允价值变动损益   4 150

第三节 外币交易的信息披露

企业应当在财务报告附注中披露外币交易会计处理有关的下列信息:

(1) 企业及其境外经营选定的记账本位币及选定的原因,记账本位币发生变更的,说明变更理由。

(2) 采用近似汇率的,近似汇率的确定方法。
(3) 计入当期损益的汇兑差额。
(4) 处置境外经营对外币财务报表折算差额的影响。

参 考 文 献

[1] 陈信元.高级财务会计[M].上海:上海财经大学出版社,2011.

[2] 弗洛伊德·A·比姆斯.高级财务会计学[M].10版.储一昀,译.北京:中国人民大学出版社,2012.

[3] 傅荣.高级财务会计[M].北京:中国人民大学出版社,2016.

[4] 韩传模.高级财务会计[M].厦门:厦门大学出版社,2015.

[5] 刘永泽,傅荣.高级财务会计[M].大连:东北财经大学出版社,2015.

[6] 石本仁.高级财务会计[M].北京:中国人民大学出版社,2015.

复 习 思 考 题

1. 什么是记账本位币?如何确定跨国公司的记账本位币?
2. 简述汇率的主要分类?
3. 简述外币交易会计处理的两种观点?
4. 什么是汇兑损益?阐述汇兑损益的类型?
5. 请简述我国外币交易核算的原则?

业 务 题

1. A 企业在 20×4 年 12 月 1 日,从英国进口一批商品,价值 100 000 英镑,约定于 20×5 年 3 月 1 日付款。A 公司的记账本位币为人民币。相关汇率资料如下:

(1) 20×4 年 12 月 1 日,1 英镑=9.21 元人民币。
(2) 20×4 年 12 月 31 日,1 英镑=9.22 元人民币。
(3) 20×5 年 3 月 1 日,1 英镑=9.20 元人民币。

要求:

(1) 用一笔交易观编制会计分录。
(2) 用两笔交易观的当期确认法编制会计分录。
(3) 用两笔交易观的递延损益法编制会计分录。

2. A 企业需要将 10 000 欧元兑换成美元,当日银行的汇率如下:

欧元买入价,1 欧元=7.12 元人民币。
欧元卖出价,1 欧元=7.18 元人民币。
美元买入价,1 美元=6.51 元人民币。
美元卖出价,1 美元=6.54 元人民币。

该公司以银行当日买入和卖出价的平均价作为折算汇率。

要求:计算兑换的美元金额数,并编制会计分录。

3. A 公司对外币业务采用发生时的汇率折算,按月计算汇兑损益。20×4 年 6 月 30 日市场汇率为 1 美元=6.30 元人民币。20×4 年 6 月 30 日有关外币账户期末余额如表 9-2 所示。

表 9-2　有关外币账户期末余额

项　　目	外币金额(美元)	折算汇率(人民币/美元)	人民币金额(元)
银行存款	100 000	6.30	630 000
应收账款	500 000	6.30	3 150 000
应付账款	200 000	6.30	1 260 000

A 公司 20×4 年 7 月份发生以下外币业务(不考虑增值税等相关税费)：

(1) 7 月 15 日收到某外商投入的外币资本 500 000 美元,当日的市场汇率为 1 美元＝6.30 元人民币,投资合同约定的汇率为 1 美元＝6.32 元人民币。款项已由银行收存。

(2) 7 月 18 日,进口一台机器设备,设备价款 400 000 美元尚未支付,当日的市场汇率为 1 美元＝6.34 元人民币。该机器设备正处于安装调试过程中,预计将于 20×4 年 11 月完工交付适用。

(3) 7 月 20 日,对外销售产品一批,价款共计 200 000 美元,当日的市场汇率为 1 美元＝6.33 元人民币,款项尚未收到。

(4) 7 月 28 日,以外币存款偿还 6 月份发生的应付账款 200 000 美元,当日的市场汇率为 1 美元＝6.32 元人民币。

(5) 7 月 31 日,收到 6 月份发生的应收账款 300 000 美元,当日的市场汇率为 1 美元＝6.31 元人民币。

要求：

(1) 编制 7 月份发生的外币业务的会计分录。

(2) 编制期末(7 月末)记录汇兑损益的会计分录。

4. A 公司的记账本位币为人民币。20×4 年 12 月 1 日以每股 10 美元的价格从市场上购入 10 000 股 B 公司的美元股票,A 公司将这些股票作为交易性金融资产。当日的即期汇率为 1 美元＝6.33 元人民币。20×4 年 12 月 31 日,B 公司的股票价格降至每股 9.5 美元,当日的即期汇率为 1 美元＝6.35 元人民币。20×5 年 1 月 20 日,A 公司将这些股票以每股 9.8 美元的价格全部出售,当日的即期汇率为 1 美元＝6.36 元人民币。

要求：编制相应的会计分录。

第十章 外币报表折算

本章提要

外币报表折算是为了特定目的,将以某种货币表示的财务报表折算成为另一种特定货币表示的财务报表的过程。公司进行外币报表折算主要是为了满足跨国公司报表信息使用者的决策需求、便于编制跨国公司的合并财务报表、便于评价跨国公司国外子公司的业绩。

外币报表折算涉及的最主要的两个问题是:外币报表折算汇率的选择、外币报表折算损益的处理。在理论上,对外币报表折算汇率和折算损益的处理有四种方法,分别是流动与非流动项目法、货币与非货币项目法、时态法以及现行汇率法。我国会计准则主要借鉴了现行汇率法,规定企业对境外经营的财务报表进行折算时,应当遵循下列规定:①资产负债表中的资产和负债项目,采用资产负债表日的即期汇率折算,所有者权益项目除"未分配利润"项目外,其他项目采用发生时的即期汇率折算。②利润表中的收入和费用项目,采用交易发生日的即期汇率折算;也可以采用按照系统合理的方法确定的、与交易发生日即期汇率近似的汇率折算。按照上述规定①②折算产生的外币财务报表折算差额,在资产负债表中所有者权益项目下单独列示。

第一节 外币报表折算概述

外币报表折算是为了特定目的,将以某种货币表示的财务报表折算成为另一种特定货币表示的财务报表的过程。

外币报表折算概念与第八章中外币兑换、外币项目期末调整之间的区别在于:外币报表折算是指将一种货币表示的财务报表折算为另一种货币表示的财务报表,它只是一种会计处理,并不涉及货币的实际兑换。而外币兑换是指将一种货币兑换为另一种货币,它不仅仅是会计处理而且涉及实际的货币兑换。外币项目的期末调整虽然也只是一种会计处理,但它与外币报表折算的区别主要体现在如下几点:外币报表折算针对整个财务报表进行,而外币项目调整针对财务报表中的部分外币项目进行。通常在时间顺序上,外币项目调整在前而外币报表折算在后。比如,某集团公司,其总部在中国,子公司在美国,总部的记账本位币为人民币,子公司的记账本位币为美元。那么对于美国子公司而言,与总部公司发生的一些购销业务属于外币业务,产生的应收账款属于外币项目,需要在期末进行外币项目调整,最后需编制以美元作为记账本位币的财务报表。但对集团公司而言,需要编制整个集团的合并财务报表,因此需要将子公司以美元编制的财务报表折算为以人民币编制的财务报表,即进行外币报表折算。

如前所述外币报表折算主要用途体现在母公司对境外经营子公司的财务报表进行合并时,需要先将子公司的外币报表折算为以母公司记账本位币编制的财务报表,然后方能进行合并。此外,当向国外投资者进行融资(如发行债券或银行借款、发行股票)、或向特定的国外投资人、监管机构提供财务信息时,从国外投资人的角度而言,也需要将报表进行折算,即折算为以国外投资人的记账本位币编制的财务报表。

第二节 外币报表折算的四种方法

外币报表折算的会计处理主要涉及两个问题:

(1)折算的汇率如何选择,采用现行汇率还是历史汇率抑或是平均汇率?此外衍生出的问题还包括:报表项目折算时是否所有项目采用同一折算汇率,如果不同,那么不同项目采用不同折算汇率的理由是什么?

(2)报表折算后如果产生差额,那么应该如何处理,折算差额应计入当期损益还是递延处理,折算差额应该放在报表的什么位置?

针对以上问题,现行会计实务中对外币报表折算主要存在四种方法:流动与非流动项目法、货币与非货币项目法、时态法、现行汇率法。

(一)折算汇率的选择

1. 流动与非流动项目法

在流动与非流动项目法下,将资产负债表项目区分为流动项目和非流动项目,对于流动项目按照资产负债表日的现行汇率进行折算,而对非流动项目则按照取得或发生时的历史汇率进行折算。对于利润表项目,折旧费和摊销费按相关资产取得时的历史汇率进行折算,其他收入和费用则按会计报告期内的平均汇率进行折算。

流动项目与非流动项目,通常按照是否能够在短期内(1年或者1个经营周期内)变现或者进行偿还进行区分。流动项目包括流动性资产和流动性负债。流动资产一般包括:现金、银行存款、应收账款、存货等;流动负债一般包括:应付账款、应付票据等。非流动项目包括了除流动项目之外的所有其他项目。非流动项目也包括非流动资产和非流动负债。非流动资产一般包括:长期投资、固定资产、无形资产、递延资产等;非流动负债一般包括:长期负债和所有者权益等。

2. 货币与非货币项目法

在货币与非货币项目法下,将资产负债表项目区分为货币项目和非货币项目,对于货币项目按照资产负债表日的现行汇率进行折算,而对非货币项目则按照取得或发生时的历史汇率进行折算。对于利润表项目,折旧费和摊销费按相关资产取得时的历史汇率进行折算,其他收入和费用则按会计报告期内的平均汇率进行折算。

货币项目和非货币项目,通常按照是否能够以可确定金额的货币收取或偿付进行区分。货币项目包括货币性资产和货币性负债。货币性资产一般包括:现金、银行存款、应收账款、应收票据等;货币性负债一般包括:应付账款、应付票据、应付债券、长期借款、长期应付款等。非货币项目包括了除货币项目之外的所有其他项目。非货币项目也包括非货币性资产和非货币性负债,具体而言,一般包括:存货、固定资产、无形资产、交易性金融资产、所有者权益等。

3. 时态法

时态法强调外币报表折算时只能改变项目的计量单位,而不能改变计算属性。因此在时态法下,现金、银行存款、应收和应付项目,不论原先是按照历史成本还是现行成本计价,均按现行汇率折算。其他项目,如果原先按历史成本计价,则按历史汇率进行折算;如果原先按现行成本计价,则按现行汇率折算。对于利润表项目,折旧费和摊销费按相关资产取得时的历史汇率进行折算,其他收入和费用则按会计报告期内的平均汇率进行折算。

4. 现行汇率法

在现行汇率法下,对资产负债表的所有项目均按现行汇率进行折算,但对实收资本或股本等项目按发生时的历史汇率进行折算。对于利润表项目均按报告期内的平均汇率进行折算。

外币折算四种方法的对比,如表 10-1 所示。

表 10-1　外币折算四种方法对比

资产负债表项目	流动与非流动项目法	货币与非货币项目法	时态法	现行汇率法
货币资金	CR	CR	CR	CR
应收账款	CR	CR	CR	CR
存货——成本计价	CR	HR	HR	CR
存货——市值计价	CR	HR	CR	CR
长期投资——成本计价	HR	HR	HR	CR
长期投资——市值计价	HR	HR	CR	CR
固定资产	HR	HR	HR	CR
应付账款	CR	CR	CR	CR
长期负债	HR	CR	CR	CR
股本	HR	HR	HR	HR
资本公积	HR	HR	HR	HR

注:CR 是指采用资产负债表的现行汇率,HR 是指经济事项发生日的历史汇率。

(二) 折算差额的处理

折算差额是指在外币报表折算过程中,对报表中的不同项目采用不同折算汇率所产生的差异。现行实务中存在两种方法来处理这一折算差额:一种是递延法,另一种是损益法。

递延法是指将折算差额递延处理,用"报表折算差额"账户反映,于资产负债表的股东权益中单独列示。报表折算差额通常不予摊销。但外表报表折算采用现行汇率法时,应将折算差额计入"报表折算差额"中。

损益法是指将折算差额用"折算损益"账户反映,计入当期损益,列于利润表中。当外币报表折算采用时态法时,通常应将折算差额计入"折算损益"。

第三节　我国会计准则下的外币报表折算

我国《企业会计准则第 19 号——外币折算》第十二条规定,企业对境外经营的财务报表

进行折算时,应当遵循下列规定:

(1) 资产负债表中的资产和负债项目,采用资产负债表日的即期汇率折算,所有者权益项目除"未分配利润"项目外,其他项目采用发生时的即期汇率折算。

(2) 利润表中的收入和费用项目,采用交易发生日的即期汇率折算;也可以采用按照系统合理的方法确定的、与交易发生日即期汇率近似的汇率折算。

(3) 所有者权益变动表中的利润分配项目按发生日的即期汇率或其近似汇率折算。

按照上述(1)和(2)折算产生的外币财务报表折算差额,在资产负债表中所有者权益项目下以"外币报表折算差额"单独列示。比较财务报表的折算比照上述规定处理。

从上面的处理来看,我国外币报表折算基本沿用了现行汇率法的处理方法。

【例 10-1】 甲公司以人民币作为记账本位币,拥有境外美国子公司乙公司 100%的股权,乙公司以美元作为记账本位币。20×6 年 12 月 31 日的汇率为 1 美元=6.8 元人民币,20×6 年年度平均汇率为 1 美元=7.0 元人民币,实收资本发生时的即期汇率为 1 美元=7.01 元人民币。上一年年末(20×5 年年末)乙公司的盈余公积为 98 000 美元,折算成的记账本位币金额为 656 600 元。本年度乙公司提取了 2 000 美元的盈余公积。上一年度末(20×6 年年末)乙公司的未分配利润为 14 000 元,折算成的记账本位币金额为 112 000 元。乙公司折算前的资产负债表和利润表如表 10-2 和表 10-3 所示。乙公司具体折算如表 10-4 和表 10-5 所示。

表 10-2 资产负债表

编制单位:乙公司　　　　　　　日期:20×6 年 12 月 31 日　　　　　　　单位:美元

项　目	期末数	项　目	期末数
货币资金	80 000	应交税费	6 000
应收账款	40 000	长期借款	15 000
存货	100 000	负债合计	65 000
固定资产	200 000	实收资本	300 000
无形资产	60 000	盈余公积	100 000
资产总计	480 000	未分配利润	15 000
短期借款	20 000	所有者权益合计	415 000
应付账款	24 000	负债和所有者权益总计	480 000

表 10-3 利润表

编制单位:乙公司　　　　　　　20×6 年年度　　　　　　　单位:美元

项　目	期末数	项　目	期末数
营业收入	60 000	营业利润	5 000
营业成本	40 000	营业外收入	1 000
税金及附加	6 000	营业外支出	2 000
销售费用	2 000	利润总额	4 000
管理费用	4 000	所得税费用	1 000
财务费用	3 000	净利润	3 000

表 10-4　资产负债表(折算后)

编制单位:乙公司　　　　　　　　　日期:20×6年12月31日　　　　　　　　　　　　单位:元

项目	期末数(美元)	折算汇率	期末数(人民币)
货币资金	80 000	6.8	544 000
应收账款	40 000	6.8	272 000
存货	100 000	6.8	680 000
固定资产	200 000	6.8	1 360 000
无形资产	60 000	6.8	408 000
资产总计	480 000		3 264 000
短期借款	20 000	6.8	136 000
应付账款	24 000	6.8	163 200
应交税费	6 000	6.8	40 800
长期借款	15 000	6.8	102 000
负债合计	65 000		442 000
实收资本	300 000	7.01	2 160 000
盈余公积	100 000		670 600
未分配利润	15 000		119 000
报表折算差额			−10 600
所有者权益合计	415 000		2 822 000
负债和所有者权益总计	480 000		3 264 000

盈余公积 = 656 600 + 2 000 × 7.0 = 670 600(元)

未分配利润 = 112 000 + 1 000 × 7.0 = 119 000(元)

报表折算差额 = 3 264 000 − 442 000 − 2 160 000 − 670 600 − 119 000 = −10 600(元)

表 10-5　利润表(折算后)

编制单位:乙公司　　　　　　　　　20×6年年度　　　　　　　　　　　　　　　单位:元

项目	期末数(美元)	折算汇率	期末数(人民币)
营业收入	60 000	7.0	420 000
营业成本	40 000	7.0	280 000
税金及附加	6 000	7.0	42 000
销售费用	2 000	7.0	14 000
管理费用	4 000	7.0	28 000
财务费用	3 000	7.0	21 000
营业利润	5 000	7.0	35 000
营业外收入	1 000	7.0	7 000
营业外支出	2 000	7.0	14 000
利润总额	4 000	7.0	28 000
所得税费用	1 000	7.0	7 000
净利润	3 000	7.0	21 000

第四节 境外经营企业处于恶性通货膨胀下的财务报表折算

当境外经营企业处于恶性通货膨胀时,对境外经营企业的财务报表进行折算还需要进一步考虑如何消除通货膨胀的影响。

对于恶性通货膨胀的判断,《企业会计准则第 19 号——外币折算》应用指南中指出,恶性通货膨胀经济通常按照以下特征进行判断:

(1) 最近 3 年累计通货膨胀率接近或超过 100%。

(2) 利率、工资和物价与物价指数挂钩。

(3) 公众不是以当地货币、而是以相对稳定的外币为单位作为衡量货币金额的基础。

(4) 公众倾向于以非货币性资产或相对稳定的外币来保存自己的财富,持有的当地货币立即用于投资以保持购买力。

(5) 即使信用期限很短,赊销、赊购交易仍按补偿信用期预计购买力损失的价格成交。

那么如何消除恶性通货膨胀的影响呢?《企业会计准则第 19 号——外币折算》第十三条规定,企业对处于恶性通货膨胀经济中的境外经营的财务报表,应当按照下列规定进行折算:对资产负债表项目运用一般物价指数予以重述,对利润表项目运用一般物价指数变动予以重述,再按照最近资产负债表日的即期汇率进行折算。在境外经营不再处于恶性通货膨胀经济中时,应当停止重述,按照停止之日的价格水平重述的财务报表进行折算。

境外经营的处置如下:企业在处置境外经营时,应当将资产负债表中所有者权益项目下列示的、与该境外经营相关的外币财务报表折算差额,自所有者权益项目转入处置当期损益;部分处置境外经营的,应当按处置的比例计算处置部分的外币财务报表折算差额,转入处置当期损益。同时,企业应在报表附注中披露处置境外经营对折算差额的影响。

参考文献

[1] 陈信元.高级财务会计[M].上海:上海财经大学出版社,2011.
[2] 弗洛伊德•A•比姆斯.高级财务会计学[M].10 版.储一昀,译.北京:中国人民大学出版社,2012.
[3] 傅荣.高级财务会计[M].北京:中国人民大学出版社,2016.
[4] 韩传模.高级财务会计[M].厦门:厦门大学出版社,2015.
[5] 刘永泽,傅荣.高级财务会计[M].大连:东北财经大学出版社,2015.
[6] 石本仁.高级财务会计[M].北京:中国人民大学出版社,2015.

复习思考题

1. 外币报表折算与外币兑换、外币项目期末调整之间有何不同?
2. 外币报表折算有哪四种方法?
3. 折算差额的处理有哪两种方法?如何列示?
4. 在中国企业会计准则下,外币报表折算的主要要点是什么?
5. 如何判断处于恶性通货膨胀?在恶性通货膨胀下如何进行外币报表折算?

业 务 题

M公司为了编制合并财务报表,需要对境外美国S子公司的报表进行外币报表折算。20×5年12月31日的汇率为1美元=6.7元人民币。20×5年的平均汇率为6.68。M对S公司投资时的汇率为6.5。本期S公司提取的盈余公积为2万美元。上一期(20×4年年末)S公司的折算报表显示盈余公积为184.8万美元、未分配利润为310.2万美元。20×5年S公司的资产负债表和利润表如表10-6和表10-7所示。

表10-6 资产负债表

编制单位:S公司　　　　　　　　日期:20×5年12月31日　　　　　　　　单位:万美元

项　目	期末数	项　目	期末数
货币资金	40	应交税费	10
应收账款	50	长期借款	36
存货	30	负债合计	101
固定资产	100	实收资本	60
无形资产	20	盈余公积	30
资产总计	240	未分配利润	49
短期借款	25	所有者权益合计	139
应付账款	30	负债和所有者权益总计	240

表10-7 利润表

编制单位:S公司　　　　　　　　20×5年年度　　　　　　　　单位:万美元

项　目	期末数	项　目	期末数
营业收入	66	营业利润	10
营业成本	40	营业外收入	1.5
税金及附加	6	营业外支出	2.5
销售费用	2.5	利润总额	6
管理费用	4	所得税费用	2
财务费用	3.5	净利润	4

要求:请编制S公司外币折算后的报表。

第十一章 物价变动会计

本 章 提 要

货币价值波动是经济的整体特征,但物价变动,尤其是物价急剧变动时,以历史成本记录的会计信息可能有误导作用。本章以物价变动对会计的影响为起点,系统地介绍了物价变动时的不同会计政策和方法。首先,介绍了物价变动对历史成本会计的影响、资本保全理论、不同的计量属性和计量单位组合构成的各种会计模式;其次,重点叙述了历史成本/稳定币值会计、现行成本/名义币值会计和现行成本/稳定币值会计模式的特点、适用性以及会计处理程序和方法。

第一节 物价变动会计概述

物价的急剧变动将使企业以历史成本为基础提供的财务报表不能真实地反映企业的财务状况和经营业绩。物价变动会计的目的之一就是用一个合适的方法,对以历史成本为基础编制的财务报表进行调整。在详细论述物价变动会计调整方法之前,让我们先对物价变动及其对传统会计的影响有一个初步的认识。

一、物价变动及其类型

所谓物价变动(price changing),就是商品或劳务价格的上涨或下跌。在商品经济条件下,商品或劳务的价格是以货币显现的。物价上涨时,用同等货币所能买到的商品或劳务的数量就会减少;物价下跌时,用同等货币所能买到的商品或劳务的数量就会增多。这种货币所能购买其他商品或劳务的能力,称为货币购买力(purchasing power)。所以,从严格意义上讲,物价变动就是指因商品或劳务价格水平发生变化而引起的货币购买力变化。物价变动与货币购买力变化成反比,物价越高,货币购买力越低;物价越低,货币购买力则越高。

物价变动可以分为个别物价变动和一般物价变动。个别物价变动(specific price changing)是指个别特定商品或劳务的市场价格的变化。一般物价变动是指商品或劳务平均价格水平的变化,亦即单位货币购买力的变化。当商品或劳务平均价格水平上涨时,这种物价变动称为通货膨胀;反之,当商品或劳务平均价格水平下跌时,则称为通货紧缩。

一般利用物价指数来考察物价变动。物价指数可用报告期物价水平与基期物价水平相比较得到。将个别商品或劳务的报告期单价与基期单价相比较时,可得个别物价指数;将不同时期某一社会全部商品或劳务的平均价格水平相比较时,则可求得一般物价指数。

计算一般物价指数,首先要确定具有代表性的商品与劳务的品种项目及各自的权数,并确定一个基期。然后按基期单价和报告期单价,结合各自的权数,分别求出基期及报告期商品和劳务的价格总额。以报告期的价格总额除以基期的价格总额,即可得到报告期的一般物价指数。其计算体例如表 11-1 所示。

表 11-1 物价指数计算底表

所选代表性商品或劳务	单价		权数	金额	
	20×1年（基期）	20×4年（报告期）		20×1年（基期）	20×4年（报告期）
A	1 000	1 600	0.3	300	480
B	800	500	0.4	320	200
C	10	20	0.3	3	6
合　计				623	686

根据表 11-1 中数据，可计算 20×4 年的一般物价指数＝686÷623＝110.11％，以 110.11 表示。

计算结果表明，20×4 年的一般物价水平比 20×1 年上升了 10.11％（110.11％－100％）。若对个别商品进行考察，A 商品 20×4 年物价比 20×1 年上升了 60％，B 商品下降了 37.5％，C 商品上升了 100％。

若将基期物价指数除以报告期物价指数，所得百分比则为报告期相对于基期的货币购买力。表 11-1 中，20×4 年的货币购买力（相当于 20×1 年）为 90.82％（100/110.11），即 0.908 2。也就是说，20×4 年的 1 元仅相当于 20×1 年的 0.908 2 元，货币购买力下降了 9.18％（100％－90.82％）。

一般物价指数的计算取决于对代表性商品的选择及权数的选用。通常情况下，一般物价指数由政府部门或专业团体计算并公布。例如，在美国，最重要的物价指数有国民生产总值物价指数和消费品物价指数。前者由美国商业部按季公布，后者由美国劳工部编制并发布。

二、物价变动对传统会计的影响

作为人们用以管理经济事务的一种管理活动，会计所提供的信息一直是建立在币值不变和历史成本基础之上的。若不出现物价变动，货币本身价值相对稳定，那么，以历史成本为基础提供的会计信息就能如实反映一个单位的财务状况和经营成果。然而，在物价急剧变动的情况下，如出现通货膨胀或通货紧缩，则货币本身的价值亦发生剧烈变动。这时，如按历史成本基础提供会计信息，那么，财务报表所列示的资产、负债、所有者权益以及收入、费用等就难以表现其真实的价值。这样，会计信息就失去了可靠性，根据失实的会计信息就难以对企业的经营业绩作出正确的评价，据以作出的判断和决策就会给投资者带来重大损失。举例如下。

【例 11-1】 假设某企业期初购买商品 1 000 万元，期末卖出，收入 2 000 万元，物价指数期初为 100，期末为 140。若销售费用为 500 万元，所得税税率为 30％，不考虑其他税金，则按历史成本会计模式可计算该企业的营业利润及净利润如下：

```
营业收入            2 000 万元
营业成本            1 000 万元
销售费用              500 万元
                   ─────────
营业利润              500 万元
所得税费用(30％)      150 万元
                   ─────────
税后净利              350 万元
```

上述计算过程存在的问题是明显的。因为按照持续经营假设,该企业在下一会计期间若重置等量的商品需要 1 400 万元(1 000×140÷100),企业实际的资金积累情况是:

营业收入-销售费用-所得税费用-商品重置成本 = 2 000-500-150-1 400 = -50(万元)

可见,在物价上涨的情况下,历史成本会计模式可能使企业产生虚假利润。本例中,如果企业按营业利润 500 万元交纳企业所得税和决定股利政策,得到的必将是原有生产规模的逐渐萎缩,新的投资项目步履艰难,到头来,势必面临停业破产的窘境。

为克服在物价变动条件下历史成本会计模式所存在的缺陷,充分发挥会计在管理企业和促进市场经济发展方面的重要作用,人们不断探索,试图对传统会计的某些理论和实务进行修正改革,构建一种新的会计程序和方法,物价变动会计应运而生。

三、物价变动会计的产生

最早提出物价变动会计的是美国会计学家斯威尼(H. W. Sweeney),他首次提出在会计确认、计量与报告中要考虑到币值变动的影响。当时,斯威尼的这本著作并未引起人们的注意,因为当时物价变动现象并不很严重。1940 年,美国著名会计学家利特尔顿和佩顿在《公司会计准则介绍》一书中,提出了编制"等值美元"补充财务报表的意见,亦未被会计界采纳。直到第二次世界大战以后,尤其是 20 世纪 70 年代以后,由于经济发达国家物价普遍上涨和美元的急剧贬值,才使会计界开始认真对待物价变动问题。一时之间,有关物价变动会计的文章在报刊上大量发表,有关的著作陆续出版。以"通货膨胀会计"(inflation accounting)为主题的物价变动会计成为会计界讨论的热门话题。各国会计专业团体或政府部门也开始研究并发布有关物价变动会计准则的公报。例如,美国于 1979 年发布第 33 号《财务会计准则公报》;英国于 1980 年发布第 16 号《标准会计实务公报》。这些公报均建议企业在按历史成本基础提供财务报表的同时,也提供按一般物价水平或现行成本调整的补充会计数据或报表。这些内容标志着物价变动会计已不再仅限于理论探讨,而是进入了实施的历史阶段。

四、物价变动会计的定义

物价变动会计(accounting for changing price)是在通货膨胀急剧发生的社会经济条件下产生的,会计界习惯称它为通货膨胀会计。这是因为,物价变动会计早期的主要目标是克服在通货膨胀情况下财务报表中存在的缺陷。但严格地说,物价变动会计并不仅仅是反映物价上涨对会计数据的影响,它也反映物价下降对会计数据的影响,而且也反映个别物价变动对会计数据的影响。"物价变动"意味着物价可升可降,而不是单向的上涨。事实上,进入 20 世纪末,世界上许多国家甚至出现了物价下降的迹象。即使在一般物价水平持续上升的国家,在新技术革命和产业结构调整中出现的新兴产业部门,其产品价格的变动也可能与一般物价水平背道而驰。鉴于此,本章将其定名为物价变动会计。

物价变动会计是财务会计的一个分支。它是指在对会计要素的衡量与记录中,考虑物价变动的影响,根据一般物价指数或现行成本数据,对历史成本财务报表加以调整,进而真实反映企业财务状况和经营成果的一种会计程序和方法。

五、物价变动会计的基本概念

会计概念是对会计基本要素所赋予的含义。掌握了会计要素的确切含义,会计人员就可以在极其庞杂的会计业务中,通过分类、汇总,将大量的数据缩减为少数重要项目,从而编制出简明的财务报表。

资本、收入、成本和收益等是会计人员经常使用的会计概念。在物价变动会计中,这些概念有些将得到进一步发展,有些将被赋予新的含义。

1. 资本

资本是传统财务会计的一个重要概念。在物价变动情况下,由于不同时期货币的购买力不同,不同时期同一资产的价格不同,为使资本得到回收或维持,需要将资本区分为财务资本和实物资本两个不同的概念。

(1) 财务资本(financial capital)是指企业业主所投入的货币资本。它所代表的价值以货币数量表示,因而是传统会计的资本净值(met worth)或业主产权(owner's equity)的同义语。

(2) 实物资本(physical capital)是指企业的实物资产。它反映企业实际具有的生产能力或经营能力。企业的生产经营能力以一定时期企业生产的产品或劳务的实物数量来表示。

在物价变动情况下,资本区分为财务资本和实物资本两个概念,因而亦相应产生了两个不同的资本维持概念:货币资本维持和实物资本维持。前者是传统财务会计所依据的概念,即在货币资本得到回收或维持的基础上确认收益;后者是物价变动会计所依据的概念,即在实物资本(即企业生产经营能力)得到回收或维持的基础上确认收益。

2. 成本

成本是费用的对象化。对一项资产来说,成本是购置该项资产的全部耗费,是企业资产计价的重要依据。在财务会计中,资产的成本是以货币计量单位综合反映的。在物价变动情况下,同一资产在不同时期的购置成本是不同的,因而企业资产的计价就需要区分为历史成本和现行成本两个不同的概念。

(1) 历史成本(historical cost)是指购置某项资产时的实际成本。在传统财务会计中,资产的计价遵循历史成本原则,这是因为传统财务会计假设物价基本稳定,币值长期保持不变,因而同一资产的成本在不同时期是基本一致的。

(2) 现行成本(current cost)是指在当前市场条件下为购置与现有资产相同或类似的资产,按现行价格所需付出的现金或现金等价物。现行成本是物价变动会计最常使用的一个概念。按现行成本调整的销货成本,称为现行销货成本(current cost of goods sold)。按现行成本调整的固定资产折旧费,称为现行成本折旧(current cost depreciation)。按现行成本计量的收益,称为现行成本营业收益(current cost operating income),或现行成本收益(current cost income)。

3. 收益

收益是指企业在一定时期内全部收入减去全部费用和损失后的余额。在传统财务会计下,企业收益一般在投入资本得到回收或维持后即予确认。在物价变动情况下,由于资本区分为财务资本和实物资本两种性质不同的概念,因而收益亦有不同的区分。

(1) 会计收益(accounting income)是指以财务资本维持为基础所确定的收益,是在回收或维持了企业以货币计量的所耗资本后所确定的收益。它与传统财务会计实务一致。

(2) 经济收益(economic income)是指以实物资本维持为基础所确定的收益,由于它要求对经营过程中发生的耗费以现行成本计量,所以亦称现行成本收益。在通货膨胀条件下,企业的经济收益会小于会计收益;在通货紧缩条件下,企业的经济收益会大于会计收益。

(3) 营业收益(operating income)是指由于企业在经营过程中销售商品或提供劳务而

发生的各项收入和费用相抵后的余额,它是企业由于经营而获得的资产净额增加。在物价稳定和币值不变的经济环境下,企业收益全部是由营业收益构成的。

(4) 资产持有收益(holding gain)或称持有资产利得,是指在通货膨胀经济环境下,由于企业所持资产现行价格的上升而使企业资产净值的增加。资产持有收益反映某项或某类资产价格水平的变动,实质上是企业现时重置资产的追加成本。

资产持有收益可分为两部分:一部分是已实现资产持有收益(realized holding gain),是指在资产销售或耗用后从销售收入中所收回的金额;另一部分为未实现资产持有收益(unrealized holding gain),是指尚未销售或耗用的资产所形成的收益。在传统财务会计下,企业收益中仅包括营业收益和已实现资产持有收益,并不确认未实现资产持有收益;在物价变动会计下,企业收益还包括未实现资产持有收益。

六、物价变动会计的目标比较

会计目标是会计理论中最基础的概念,其他会计理论及整个会计实务都是建立在会计目标的基础上的。因为只有在确立会计目标以后,才能进一步确立会计应该收集哪些数据,以及如何加工和处理这些数据,从而为报表使用者提供有用的会计信息。

物价变动会计的会计目标与传统会计的目标是基本一致的。这是因为物价变动会计是传统会计的延伸和发展。传统会计目标是向报表使用者提供制定经济决策所需要的会计信息,所不同的是,物价变动会计所处的会计环境发生了变化,即社会经济发生了变化,从而使物价发生了急剧的上涨或下降。

关于物价变动会计的具体目标,世界各国在表述上不尽相同。

1. 美国物价变动会计的具体目标

美国财务会计准则委员会在1979年公布的第33号财务会计准则公报《财务报告和物价变动》中规定了以下四项物价变动会计的目标:

(1) 财务报表必须提供预测企业未来盈利能力的会计信息。
(2) 财务报表必须提供企业真实经营成果的会计信息。
(3) 财务报表必须提供企业实物资本或经营能力受到多大亏蚀的会计信息。
(4) 财务报表必须提供持有货币性资产所带来一般购买力损失的会计信息。

2. 英国物价变动会计的具体目标

英国物价变动会计的具体目标体现在其1980年公布的第16号《标准会计实务公报——现行成本会计》中,具体目标是:向财务报表使用者提供比历史成本会计更为有用的会计信息,维护企业的产权资本。

3. 加拿大物价变动会计的具体目标

加拿大负责制定会计准则的权威机构在1982年公布的《正式物价变动会计准则》中,对会计目标的具体表述是:

(1) 维护企业营业能力。
(2) 维护股东产权资本的营业能力。
(3) 正确评价企业的经营成果。
(4) 维护企业资本的一般购买力。
(5) 预测企业未来的盈利能力。

4. 澳大利亚物价变动会计的具体目标

澳大利亚会计专业机构于1982年公布了关于现行成本会计的《建议准则》,提出的会计

目标是:

(1) 现行成本财务报表要能够向投资者、债权人和企业管理人员提供企业的真实盈利情况和拥有的财务实力。

(2) 财务报表必须有利于企业管理人员更好地利用其经济资源。

(3) 进行成本控制,制定价格政策,进行股利分配和筹资决策。

以上是西方几个国家所确定的物价变动会计的具体目标。可以看出,它们的具体内容虽然各异,但都在包含的传统财务会计目标的基础上,明确提出了要在物价变动情况下更好地消除物价变动的影响,帮助财务报表使用者制定投资、贷款和经营决策,维护企业资本的特有会计目标。

七、物价变动会计的主要模式

在物价变动情况下,应采用何种会计程序和方法来反映乃至消除物价变动对会计的影响,已为许多国家会计界所关注。各国的会计学家根据本国物价变动的情况和特点,探索和采用了不尽相同的方法,这些程序和方法统称为物价变动会计模式。

会计模式是会计计量单位和计量属性的有机结合。所谓计量单位,是指计量一定客体所需采用的尺度;所谓计量属性,是指被计量客体的特征或外在表现形式。从会计的角度来考虑,它是指资产、负债等要素可用财务形式定量化的方面,如资产的原始成本、现行成本、未来重置成本等。会计计量单位和计量属性的不同结合,就构成了不同的会计模式。

持续剧烈的物价变动,对会计的影响是多方面的。但从实质上看,这些影响不外乎两个方面:其一是影响会计计量单位的稳定性;其二是影响会计计量属性的客观性。因此,可以通过改变会计计量单位和计量属性的方法,来达到反映或消除物价变动对会计信息影响的目的。一般有三种做法:①保持会计计量属性(历史成本)不变,只改进会计计量单位,即用不变(稳定)币值货币(constant money)取代名义货币(nominal money);②保持会计计量单位(名义货币)不变,只替换会计计量属性,即用现行价值(current value)——现行成本、现行重置成本、可变现价值等取代历史成本(historical cost);③同时改进会计计量单位和计量属性。其基本组合如表11-2所示。

表11-2 物价变动会计模式结构

模 式	会计计量属性	会计计量单位
历史成本/稳定币值会计	历史成本	不变币值货币
现行成本/名义币值会计	现行成本	名义货币
现行成本/稳定币值会计	现行成本	不变币值货币

改进会计计量单位,意义在于反映或消除一般物价水平变动对会计的影响,这一会计模式称为历史成本/稳定币值会计;改进会计计量属性,主要是反映或消除个别物价变动对会计的影响,这一会计模式称为现行成本/名义币值会计;同时改进会计的计量属性和计量单位,则是试图同时反映或消除一般物价水平变动和个别物价变动对会计的影响,这一会计模式称为现行成本/稳定币值会计。此外,还有变现价值会计模式等。

1. 历史成本/稳定币值会计

历史成本/稳定币值会计又称为一般物价水平会计(general price lever accounting),亦称不变购买力会计(constant purchasing power accounting),是以传统历史成本会计编制的财务报表为基础,采用币值(购买力)相等的货币单位,即通过一般物价指数将按各年度不同币值货币编制的历史成本会计数据,统一地调整为本期期末或本期平均币值货币的会计数据,作为传统财务报表的补充报表,借以反映和消除一般物价变动对传统历史成本财务报表影响的一种会计模式。这一模式仍然以历史成本为基础,它认为历史成本计量原则本身没有什么缺陷,问题在于需要一个稳定的、可比的会计计量单位,因而,建议以代表货币的一定购买力的不变价格来代表币值已经发生变动的历史价格,即用一般物价指数调整。历史成本/稳定币值会计的理论基础是财务资本维持理论。它主张按不变的货币购买力(用一般物价指数来度量)来保持资本完整无缺,即在购、产、销的整个经营过程中,必须保持购买各种类别的货物和劳务的能力不变。收益被认为是保持企业在期末能购得像期初同样多的商品和劳务的能力,即在保持同等的财务资本的情况下,企业在期间内所能分配的资源的最大金额。

2. 现行成本/名义币值会计

现行成本会计(current cost accounting)也称现行价值会计(current value accounting)、现行重置成本会计(current replacement cost accounting),它是以资产的现行成本或再生产成本作为计价基础,反映和消除在物价变动情况下个别特定资产项目或劳务价格变化对企业财务状况和经营成果影响的会计模式。此处的现行成本,可以理解为重新购置在品种规格或使用效率和年限等方面与现有资产基本相同的资产所需的成本。它可以参照当前的目录价格按照每一项资产的实际重置成本计量,也可以用个别物价指数对资产的历史成本进行调整来确定。现行成本/名义币值会计的理论基础是实物资本维持理论,它与历史成本/稳定币值会计的不同之处是现行成本/名义币值会计模式着眼于按照同样水平的经营能力(即企业提供货物或劳务的能力)来保持资本完整无损。因而它的假设基础是所有消费和出售的资源,都要用在同样的生产和经营水平上完成同样功能的资源来置换。收益被认为是在保持企业能在期末拥有与期初同样的实物资本或生产经营能力水平的情况下,企业在期间内所能分配的资源的最大金额。

3. 现行成本/稳定币值会计

现行成本/稳定币值会计(current cost/constant purchasing power accounting)是以资产发生变动时的现行价格作为计价基础,以不变币值货币作为计量单位,同时披露一般物价水平变动和个别物价变动对传统会计信息影响的一种模式。它实际上是现行成本/名义币值会计与历史成本/稳定币值会计的结合物。此模式的特点是按现行成本/名义币值会计方法对历史成本会计信息进行调整,编制出现行成本/名义币值财务报表,然后,再用一般物价指数对现行成本/名义币值财务报表进行换算,从而达到全面消除物价变动对会计信息影响的目的。

4. 变现价值会计

变现价值会计(realizable value accounting)又称脱售价值会计(exit value accounting),它是以企业正常经营过程中资产的变现价值为计价基础,并通过会计期间的期初和期末资产变现价值的变动计算企业损益的一种会计模式。

这种会计模式彻底否定了传统财务会计的历史成本计价原则,并从根本上改变了传统历史成本会计的会计结构。它是以企业资产在正常经营过程中的可实现净值作为计价基础,从而建立一套全新的账簿体系,归类核算,并据以编制财务报表。它改变了传统的以购进成本作为资产的计价基准的原则,也改变了收入和费用配比确定收益的原则,因此是对传统历史成本会计模式的一种彻底改变。这种模式的会计程序和方法复杂，核算工作量大，一般并不常用。

第二节 历史成本/稳定币值会计

一、历史成本/稳定币值会计及其发展

历史成本/稳定币值会计又称为一般物价水平会计，也称一般购买力会计（或不变购买力会计），它是用一般物价指数将历史成本财务报表中的各项数据加以调整，按货币的现时购买力反映企业的财务状况和经营成果的一种会计程序和方法。

历史成本/稳定币值会计的创始人首推美国会计学家斯威尼。1936年，斯威尼出版《币值稳定会计》，在这本著作中，他借鉴德国和法国在第二次世界大战后通货膨胀时期的会计实务，以金马克和金法郎作为计量单位调整资产负债表的做法，提出了对传统历史成本财务报表数据按一般物价指数进行调整的一整套会计程序和方法。

在《币值稳定会计》一书中，斯威尼建议采用"一般美元"（common dollar）作为计量单位来取代名义美元，以调整财务报表数据。他还主张采用会计期末的货币购买力作为调整财务报表数据的基础，并且认为货币购买力应按生活费用指数来换算。斯威尼还将资产持有收益区分为已实现和未实现两个部分。斯威尼的著作对20世纪六七十年代历史成本/稳定币值会计和会计理论的发展具有重要的影响。

1940年，美国著名会计学家利特尔顿和佩顿在《公司会计准则介绍》（*An Introduction to Corporate Accounting Standard*）一书中也提出了按货币购买力换算为"一般美元"作为财务报表补充数据的建议。利特尔顿和佩顿均担任过美国会计学会会长，他们的建议对推动美国会计学界对历史成本/稳定币值会计的研究起了一定的作用。后来，会计专业团体也开始参与历史成本/稳定币值会计的研究，并在历史成本/稳定币值会计的制定和实施中起着主导作用。

1963年，美国注册公共会计师协会所属的会计研究部发表了第6号《会计研究论文集》，其标题为《报告物价水平变动的财务影响》，主张财务报表应按一般物价水平调整。随着20世纪70年代通货膨胀水平的进一步加剧，接替会计原则委员会的财务会计准则委员会于1974年公布的一项征求意见稿《一般购买力美元财务报表》，建议大型企业在编制正式财务报表的同时，还应使用一般物价指数调整本年和最近5年的重要会计数据，作为基本财务报表的补充报表。同年，英国会计专业团体亦发表了类似的建议，即第7号《会计标准实务公报》。

1979年，美国财务会计准则委员会发表了第33号《财务会计准则公报》。它作为美国正式公布的物价变动会计制度，要求企业在编报现时成本会计补充报表的同时，编报一般物价水平会计补充报表。1982年，加拿大特许会计师协会公布的《物价变动会计准则》亦要求企业编报历史成本/稳定币值会计补充报表。

后来，历史成本/稳定币值会计制度在英、美等经济发达国家逐渐被现时成本会计所取代。但是，在发展中国家，尤其是通货膨胀率很高的南美国家，历史成本/稳定币值会计实施的时间却较为长久。这些国家的历史成本/稳定币值会计有些是政府直接规定的，企业可据以编制正式财务报表。其中，巴西是一个比较典型的国家，根据巴西公司法的规定，使用巴西政府国库债券指数作为调整财务报表的指数，调整后的财务报表为税法所承认，收益的调整减少额可以作为应税收益的扣减项目。阿根廷和智利也均实行历史成本/稳定币

值会计，但仅是作为补充财务报表。

二、历史成本/稳定币值会计的特点

历史成本/稳定币值会计的主要特点是按一般物价水平调整财务报表中的数据，而并不考虑企业各类资产价值的实际变化。因此，在日常的会计核算方面，无须特别设置账户，也不进行特有的或单独的账务处理，只是在会计期末，在传统财务财务报表的基础上，根据一般物价指数变动的幅度及其对传统财务报表数据的影响进行换算调整，从而编制出以等值货币计量的财务报表，作为传统财务报表的补充，以反映和消除物价变动对传统会计信息的影响。

三、历史成本/稳定币值会计的基本程序和方法

历史成本/稳定币值会计主要是在报告期末依据一般物价指数和传统财务报表数据，重新编制一般物价水平财务报表。其基本程序主要包括：①划分货币性项目和非货币性项目；②将非货币性项目的金额按一般物价指数加以调整；③计算持有货币性项目所发生的购买力损益；④编制一般物价水平财务报表。

1. 划分货币性项目和非货币性项目

编制一般物价水平的财务报表，首先必须将企业的会计要素划分为货币性项目和非货币性项目。这是因为在物价变动情况下，货币性项目和非货币性项目的账面余额受货币购买力变化的影响不同，需要采取不同的会计处理方法。

1）货币性项目

货币性项目是指其金额依据合同而固定，或是由货币直接反映，不因物价变动而发生金额变动的项目。具体包括货币性资产、货币性负债和货币性业主权益等。

货币性资产是指企业所拥有的现金以及金额固定的债权。所谓金额固定的债权，是指企业只拥有收回定量货币的权力，而不管货币购买力的变化。这类项目通常包括货币资金、应收账款、应收票据、利息固定的长期证券投资（如公司债券）以及按固定合同生产的存货等。货币性负债是指企业所背负的应在未来偿还的金额固定的债务，一般包括应付账款、应付票据、应付股利、应付职工薪酬、应付公司债券以及银行借款等。货币性业主权益主要包括股利固定的优先股和在公司停业清理时对剩余资产只有固定清偿权的优先股。

货币性项目有两个特点：第一，其金额不因物价变动而变动，例如，某企业年初持有现金 10 000 元，年内未发生现金收支，则无论物价如何上涨，其年末持有的现金仍然是 10 000 元；第二，货币性项目在物价变动时期会发生购买力损益。

尽管货币性项目的金额不因物价变化而变化，但它们必然受到一般物价水平的影响。也就是说，它们所实际代表的购买力会因物价水平的影响而上下波动。在通货膨胀时期，持有货币性资产者因购买力下降而受到损失，欠有货币性负债者则因货币购买力下降而获得收益。相反，在通货紧缩时期，持有货币性资产者因购买力上升而获得收益，欠有货币性负债者则因货币购买力上升而受到损失。

一般来说，一个企业总是既持有货币性资产，又背负货币性负债，两者之间的差额称为货币性项目净额。在通货膨胀时期，如果货币性资产多于货币性负债，则由此而使企业遭受的损失称为货币性项目净额一般购买力损失；反之，如果货币性负债多于货币性资产，则由此而使企业获得的利益称为货币性项目净额一般购买力利得。在资产负债表中，货币性项目不必按一般物价水平调整，但货币性项目净额的一般购买力损失或一般购买力利得必须反映在按一般物价水平调整的利润表中。

2) 非货币性项目

非货币性项目是指其金额并不是固定不变的,而是随着物价变动而发生变化的项目。当物价上涨时,非货币性项目的金额提高,当物价下跌时,非货币性项目的金额降低。例如,存货、厂房、设备等固定资产以及业主权益等。

非货币性项目具有两个特点:第一,在物价变动时期,其价值(金额)随物价变动而变动,因此,应按一般物价水平变动的幅度加以调整。例如,某企业期初持有存货100 000元,一般物价指数由年初的100上升到来年的140,则年末存货金额应调整为140 000元。第二,非货币性项目在物价变动时期并不发生购买力损益。这是因为非货币性项目的金额可以随物价变动而变动,所代表的购买力与币值的升降保持同步,因而不会发生货币购买力变动。这与货币性项目需要计算购买力损益的情况恰恰相反。

2. 按一般物价指数调整非货币性项目金额

历史成本/稳定币值会计需要将以历史成本反映的非货币性项目金额按物价指数作为换算系数加以调整,以反映其价值变化。在调整过程中,最主要的问题是选用什么样的物价指数作为换算系数。物价指数有多种,诸如年初物价指数、年末物价指数、年度平均物价指数以及交易日物价指数等。选用不同的物价指数,在调整会计指标中的工作繁简不同,调整的结果亦不相同。为简化计算,实务中可取报告期末的一般物价指数与历史期(交易发生时)的年末或年平均一般物价指数相比作为换算系数。计算公式为:

$$\text{某项目按一般物价指数调整的金额} = \text{历史成本为基础的金额} \times \text{现行一般物价指数} \div \text{历史期一般物价指数}$$

下面举例说明。

【例11-2】 假设百胜公司20×3年12月31日的资产负债表及20×4年的财务报表如表11-3、表11-4、表11-5所示。

表11-3 百胜公司资产负债表(历史成本基础)

20×3年12月31日　　　　　　　　　　　　单位:元

资　产	金　额	负债和业主权益	金　额
货币资金	10 000	应付账款	15 000
应收账款	20 000	应付票据	30 000
存货	40 000		
固定资产	50 000	普通股	75 000
减:累计折旧	0	留存收益	0
资产总计	120 000	负债和业主权益总计	120 000

表11-4 百胜公司资产负债表(历史成本基础)

20×4年12月31日　　　　　　　　　　　　单位:元

资　产	金　额	负债和业主权益	金　额
货币资金	14 000	应付账款	20 000
应收账款	25 000	应付票据	15 000

(续表)

资产	金额	负债和业主权益	金额
存货	45 000		
固定资产	50 000	普通股	75 000
减：累计折旧	10 000	留存收益	14 000
资产总计	124 000	负债和业主权益总计	124 000

表 11-5　百胜公司利润表（历史成本基础）

20×4 年度　　　　　　　　　　　　　　　　　　　　　　单位：元

营业收入	200 000	税前净利	20 000
营业成本	150 000	所得税费用	6 000
营业利润	50 000	税后净利	14 000
折旧费	10 000	现金股利	0
其他费用	20 000	留存收益	14 000

其他资料如下：

(1) 固定资产及普通股均为 20×3 年投入；固定资产按 5 年直线法计提折旧，无残值。

(2) 存货为均匀购入，按先进先出法计价。

(3) 收入、费用在年度内均匀发生。

(4) 一般物价指数情况：20×3 年 12 月 31 日为 120，20×3 年平均物价指数为 110；20×4 年 12 月 31 日为 140，20×4 年平均物价指数为 130。

根据前述原理，按一般物价指数对非货币性项目的调整情况如表 10-6、表 10-7 所示。

表 11-6　百胜公司资产负债表（非货币性项目调整）

20×4 年 12 月 31 日　　　　　　　　　　　　　　　　　金额单位：元

项　　目	调整前金额	换 算 系 数	调整后金额
存　　货	45 000	140/130	48 462
固定资产	50 000	140/110	63 636
累计折旧	10 000	140/110	12 727
普 通 股	75 000	140/110	95 455

表 11-7　百胜公司利润表（非货币性项目调整）

20×4 年度　　　　　　　　　　　　　　　　　　　　　金额单位：元

项　　目	调整前金额	换 算 系 数	调整后金额
营业收入	200 000	140/130	215 385
营业成本			
年初部分	40 000	140/110	50 909
本年部分	110 000	140/130	118 462

(续表)

项　　目	调整前金额	换算系数	调整后金额
折旧费	10 000	140/110	12 727
其他费用	20 000	140/130	21 538
所得税费用	6 000	140/130	6 462

在本例中，为简化计算，对固定资产、普通股以及与业主权益增减相关的收入与费用类项目均选用了交易发生当年的平均物价指数。折旧费因与固定资产的取得成本相关，故采用与其相联系的固定资产取得时的物价指数。存货因采用先进先出法假设，故在调整资产负债表项目时，存货余额45 000元确认为20×4年购入，采用20×4年的平均物价指数。在调整利润表项目时，营业成本分两部分：一部分为年初存货，用上年平均物价指数；一部分为当年购入，采用现行平均物价指数。

需要说明的是，货币性项目在此未作调整，持有货币性项目所发生的购买力损益将列入调整后的利润表中。

3. 计算货币性项目购买力损益

如前所述，在物价变动情况下，货币性项目的金额是固定不变的，但它们所代表的货币购买力则发生了变化。因此，在物价变动时期，企业持有货币性资产和负债项目必然发生损益。这种损益称为购买力损益（purchasing power gain and loss）。其计算方法为：

$$\text{货币性项目购买力损益} = \text{报告期末按一般物价水平调整后的货币性项目余额} - \text{货币性项目原始金额}$$

在物价上涨时期，持有货币性资产会损失购买力，相应产生购买力损失；而持有货币性负债则会增加购买力，相应产生购买力收益。两者相抵后的净额即为货币性项目购买力净额，或称净货币购买力损益。用公式表示为（设为物价上涨）：

$$\text{净货币购买力损益} = \text{货币性负债收益} - \text{货币性资产损失}$$

以[例11-2]百胜公司为例，可计算其货币性项目的购买力损益如下（单位：元）：

货币资金：
期初数　　　　　　$10\,000 \times 140 \div 110 - 10\,000 = 2\,727$（损失）
本期增加数　　　　$(14\,000 - 10\,000) \times (140 \div 130 - 1) = 308$（损失）

应收账款：
期初数　　　　　　$20\,000 \times 140 \div 110 - 20\,000 = 5\,455$（损失）
本期增加数　　　　$(25\,000 - 20\,000) \times (140 \div 130 - 1) = 385$（损失）

应付账款：
期初数　　　　　　$15\,000 \times 140 \div 110 - 15\,000 = 4\,091$（收益）
本期增加数　　　　$(20\,000 - 15\,000) \times (140 \div 130 - 1) = 385$（收益）

应付票据：
期初数　　　　　　$30\,000 \times (140 \div 110 - 1) = 8\,182$（收益）
本期减少数　　　　$(30\,000 - 15\,000) \times (140 \div 130 - 1) = 1\,154$（损失）

净货币购买力损益　　　　　　　　　2 629（收益）

在本例中,我们假设货币性项目的增加为均匀发生,所以在选用基期物价指数时,采用了交易发生年度平均物价指数。

以上净货币购买力损益的计算还可以采用另一种方法,即先计算货币性项目净额,然后计算货币购买力损益。其基本思路是:分别计算按一般物价水平调整的期初货币性项目净额及本期增减的货币性项目净额的不变币值购买力,然后与其历史币值净额相比,求得净货币购买力损益。

以[例11-2]百胜公司为例,其货币性项目购买力损益可计算如下(单位:元):

(1) 期初的货币性项目净额:

货币性资产	
货币资金	10 000
应收账款	20 000
货币性负债	
应付账款	15 000
应付票据	30 000
净额	(15 000)

(2) 期初的货币性项目净额在期末的货币购买力:

$$15\ 000 \times 140 \div 110 = 19\ 091$$

(3) 本期增加的货币性项目净额:

本期货币性收入	200 000
本期货币性费用	
本期购货费用	155 000
其他费用	20 000
所得税费用	6 000
净额	19 000

(4) 本期增减的货币性项目净额在期末的货币购买力:

$$19\ 000 \times 140 \div 130 = 20\ 462$$

(5) 净货币购买力损益:

$$(20\ 462 - 19\ 000) - (19\ 091 - 15\ 000) = -2\ 629$$

本理论是假设收入及费用为均匀发生,如若不为均匀发生,则对本期增减的货币性项目需要逐项计算其在期末的货币购买力,然后计算货币购买力损益净额。假设百胜公司的所得税为年末支付,则本期增减的货币性项目净额在期末的货币购买力可计算如下:

本期货币性收入	$200\ 000 \times 140 \div 130 = 215\ 385$
本期货币性费用	
本期购货费用	$155\ 000 \times 140 \div 130 = 166\ 923$
其他费用	$20\ 000 \times 140 \div 130 = 21\ 538$
所得税费用	$6\ 000 \times 140 \div 140 = 6\ 000$
合计	20 924

此处因所得税为年末支付,所以其折算系数为1(140÷140)。

净货币购买力损益为:

$$(20\,924 - 19\,000) - (19\,091 - 15\,000) = -2\,167$$

以上对于本期增加的货币性项目净额在期末的货币购买力也可按如下方法计算：

(1) 计算本期增减的货币性项目净额：

货币资金	$14\,000 - 10\,000 = 4\,000$
应收账款	$25\,000 - 20\,000 = 5\,000$
应付账款	$20\,000 - 15\,000 = 5\,000$
应付票据	$15\,000 - 30\,000 = -15\,000$
小计	$19\,000$
年末支付所得税	$6\,000$
本期增减的货币性项目净额	$25\,000$

(2) 本期增减的货币性项目净额在期末的购买力：

$$25\,000 \times 140 \div 130 = 26\,923$$

(3) 净货币购买力损益：

$$(26\,923 - 25\,000) - (19\,091 - 15\,000) = -2\,168$$

以上在计算本期增减的货币性项目净额时，考虑在期末支付的所得税 6 000 元。这是因为在对本期增减的货币性项目净额进行调整时，是假定这些项目为均匀发生的，采用的是年内平均一般物价指数。本期货币性项目有 6 000 元在期末支付，意味着其支付前需有货币性项目 6 000 元发生(设为均匀发生)，才能满足期末支付之需。

4. 编制按一般物价水平调整的财务报表

将前面计算结果整理后，即可编制百胜公司 20×4 年按一般物价水平调整的财务报表，如表 11-8、表 11-9 所示。

表 11-8 百胜公司资产负债表（按一般物价指数调整）

20×4 年 12 月 31 日　　　　　　　　　　　　　　　　　　　　单位：元

资　产	金　额	负债和业主权益	金　额
货币资金	14 000	应付账款	20 000
应收账款	25 000	应付票据	15 000
存货	48 462		
固定资产	63 636	普通股	95 455
减：累计折旧	12 727	留存收益	7 916
资产总计	138 371	负债和业主权益总计	138 371

表 11-9 百胜公司利润表（按一般物价指数调整）

20×4 年度　　　　　　　　　　　　　　　　　　　　　　　　单位：元

营业收入		215 385	本年部分	118 462	169 371
营业成本			营业利润		46 014
年初部分	50 909		折旧费		12 727

第十一章　物价变动会计

(续表)

其他费用	21 538	净货币购买力利得	2 629
税前净利	11 749	不变购买力净收益	7 916
所得税费用	6 462	现金股利	0
税后净利	5 287	留存收益	7 916

四、历史成本/稳定币值会计的评价

历史成本/稳定币值会计是物价变动会计发展的初级阶段,对于传统财务会计模式来说,它无疑是一个重要的变革和巨大的进步。它对于保证财务会计目标的实现显示了不可忽视的优点,但也存在着不足。

1. 历史成本/稳定币值会计的优点

(1) 简便易行。它不改变传统历史成本会计的程序和方法,仅通过一般物价指数对历史成本财务报表进行调整,方法简便,而且物价指数可取自官方公布数据,简便易行。

(2) 增强了财务数据的可比性。对于特定企业来说,因其按照一般物价指数调整了财务报表的各项数据,因而统一了同期报表中不同时点形成的数据的计量单位。如果将这种方法连续应用于相邻会计期,将会提高各期报表财务数据之间的可比性。如果相关企业都采用这种会计模式,则由于所采用的指数相同,将会增强企业之间财务信息的可比性。

(3) 易于监督。由于所有企业依据相同指数(一般由政府公布)进行调整,使调整后的财务报表客观性和可验证性大大提高,从而便于进行审计等监督。

2. 历史成本/稳定币值会计的缺点

(1) 不能确切反映企业真实的财务状况和经营成果。历史成本/稳定币值会计是按一般物价指数调整财务报表中的数据,没有考虑企业各类资产价值的实际变化。从实际情况看,一般物价水平变动与个别物价变动之间的差异可能很大。因而,财务报表即使按一般物价水平指数作了调整,仍无法确切反映企业的财务状况和经营成果。

(2) 易于造成误解。历史成本/稳定币值会计所揭示的购买力损益只是一种计算上的差额,并不意味着企业的股东因此可以分享相应的股利,也不意味着企业可因此而积累更多的盈余来扩大经营规模。如果企业承担着巨额负债,将会出现这样的情况:一方面,在历史成本模式下,将沉重的利息支出计入了历史成本经营费用;另一方面,在历史成本/稳定币值会计下,又会出现巨额的购买力利得。这很可能给人以错觉,导致决策失误。

第三节　现行成本/名义币值会计

一、现行成本/名义币值会计及其发展

现行成本/名义币值会计(后面简称现行成本会计),也称现行重置成本会计,是以资产的现行成本或现行重置成本作为计价基础,从而反映和消除物价变动对企业财务状况和经营成果影响的一种会计程序和方法。

最早系统地阐述现行成本/名义币值会计的是美国会计学家爱德华兹(E. O. Edwards)和贝尔(P. W. Bell)。在1961年出版的《企业收益计量及其理论》(*The Theory and Measurement* of Busines Income)一书中,两位作者提出一套完整的反映和消除物价变动对会计影响的程序,建议采用现行成本作为计量企业收益的基准。《企业收益计量及其理论》一书被公认为现行成本会计领域中最杰出的著作,对现行成本会计的发展产生了重大影响。

1962年,斯普劳斯(Robert T. Sprouse)和穆尼茨(Maurice Moonitz)作为美国注册公共会计师协会会计研究部的专家,受协会的委托撰写第3号《会计研究论文集——企业普通适用的会计原则初探》,亦建议以现行重置成本作为资产的计价基准。

1966年,美国会计学会发表《会计基础理论的研究报告》(A Statement of Basic Accounting Theory),提出企业财务报表既要反映历史成本,也要反映现行成本。这份研究报告主张使用多种计量基础(即历史成本、现行成本和变现价值)对资产计价,并得到《特鲁布拉德委员会报告》(Trueblood Committee Report)的支持。

随后的几年,众多会计学者及会计专业团体致力于现行成本会计的研究,但研究的内容多处于理论探索,直到20世纪70年代后期,这些研究成果才被企业和会计界正式采用。

1976年,美国证券交易委员会发布了第190号《会计公告》,规定美国大型企业必须向它报送现行成本会计补充报表。美国证券交易委员会是美国国会授权负责监督企业会计制度和执行情况的一个政府机构。第190号《会计公告》的发布,对美国现行成本会计制度的实施起到了极大的促进作用。

1979年,美国财务会计委员会发布了第33号《财务会计准则公报》——《财务报告和变动价格》(Financial Reporting and Changing Price),要求企业必须提供反映价格变动的数据,作为历史成本会计的补充报表。其中包括按现行成本会计计算的企业收益。这也是美国正式采用的物价变动会计制度。

1980年,英国会计准则委员会公布了第16号《标准会计实务公报》——《现行成本会计》。该公报要求企业编制按现行成本会计反映的利润表及资产负债表,并设定有具体格式。此可谓英国正式采用的现行成本会计制度,它较美国第33号《财务会计准则公报》更为合理和简明,也易于被人们所理解和接受。

进入20世纪80年代后期,人们采用现行成本/名义币值会计的呼声逐渐减弱。英国于1985年5月宣布第16号《标准会计实务公报》暂停执行,不再建议企业编制现行成本财务报表;美国于1986年12月发布第89号《财务会计准则公报》,将现行成本会计数据从必须披露改为自愿披露。这些改变显然与英美国家通货膨胀的大幅下降有关。其他原因可能是,政府并不同意按现行成本会计计算年度收益以减少征收公司所得税,还有许多企业认为,推行现行成本会计的效益已小于耗费,不符合成本效益原则。

至1988年,英国宣布正式撤销第16号《标准会计实务公报》。但与此同时,在英国会计团体联合会发布的一项公告中则阐明:由于物价变动会计具有极为重要的作用,仍然支持英国会计准则委员会继续从事这项研究工作,并期望能制定出更为适用的物价变动会计准则,以应付今后可能再次发生持续的通货膨胀。

二、现行成本/名义币值会计的特点

与历史成本/稳定币值会计相比,现行成本/名义币值会计具有如下特点。

1. 资产是按现行成本或现行重置成本计价

在现行成本/名义币值会计下,对企业所持有的资产和生产经营过程中所耗费的资产,均以现行成本作为计价基础。所谓现行成本,或称重置成本,是指重新购买在品种规格、使用效率或使用年限等方面与现有资产完全等同的资产所需要的成本。它既可以按具体资产的重置

成本确定,也可以按资产的个别物价指数或分类物价指数调整后确定,前者显然比后者更加符合实际。但是,获得每一项具体资产的重置成本往往比较困难,所费代价也往往过高,因此,实务中常用个别物价指数或分类物价指数对资产的历史成本进行调整以求得现行成本。

2. 收益确定遵循实物资本维持原则

现行成本/名义币值会计认为,只有实物资本或生产能力得到保持的前提下,才能确认企业的收益。因此,对于价格变化而使企业持有资产产生的收益(现行成本与历史成本之差),不作为企业的经营收益,而是作为持有损益单独反映。如果这些持有资产已经脱手(处置),则表现为已实现持有收益;如果这些持有资产在期末仍未脱手,则作为未实现持有损益来反映。

3. 不但期末财务报表要用现行成本反映,而且平时的财务会计记录也要按现行成本进行记录

在现行成本/名义币值会计下,由于采用了不同于传统会计和历史成本/稳定币值会计的计价基准,在日常会计核算中,需要设置专门的账户体系,按现行价格反映资产的变动,以利于期末按现行成本编制财务报表,以及反映本期营业收益与因持有资产价格增减变动所形成的持有损益。但现行成本资料的取得往往需要较长的时间和可观的费用,因此,基于成本效益原则,一般在历史成本会计的基础上,于年末一次重估现行成本,进而确认现行成本变动额(持有损益),并重编现行成本/名义币值财务报表。在下面的讲解中,我们将采用会计期末一次调整的做法。

三、现行成本/名义币值会计的基本程序和方法

现行成本/名义币值会计的基本程序一般包括以下几个步骤:①划分货币性项目与非货币性项目;②按现行成本调整非货币性项目金额;③确定现行成本变动额(持有收益);④按现行成本重编财务报表;⑤调整有关会计记录。

下面以兴盛公司为例,说明现行成本/名义币值会计的一般方法。

【例 11-3】 假设兴盛公司 20×5 年 12 月 31 日的资产负债表及 20×5 年的利润表如表 11-10、表 11-11 所示。

表 11-10　兴盛公司资产负债表(历史成本基础)

20×5 年 12 月 31 日　　　　　　　　　　　　单位:元

项　　目	年初数	年末数	项　　目	年初数	年末数
资产:			应付账款	25 000	36 000
货币资金	10 000	20 000	应付票据	130 000	130 000
应收账款	35 000	40 000	负债合计	155 000	166 000
存货	40 000	60 000	业主权益:		
土地	90 000	90 000	普通股	60 000	60 000
固定资产	40 000	40 000	留存收益		20 000
减:累计折旧	0	4 000	业主权益合计	60 000	80 000
资产总计	215 000	246 000	负债和业主权益总计	215 000	246 000
负债:					

表 11-11 兴盛公司利润表（历史成本基础）
20×5 年度　　　　　　　　　　　　　　　　单位：元

营业收入		200 000	销售及管理费用	40 000
营业成本			税前净利	36 000
年初存货	40 000		所得税费用	10 000
本年进货	140 000		税后净利	26 000
年末存货	60 000	120 000	现金股利	6 000
营业利润		80 000	留存收益	20 000
折旧费		4 000		

其他资料如下：

（1）存货、固定资产、土地和普通股均于 20×5 年 12 月 31 日开始营业时投入，20×5 年 1 月 1 日的历史成本与其现行成本相同，固定资产预计使用 10 年，直线法折旧，无残值。

（2）20×5 年 12 月 31 日存货的现行成本为 100 000 元。

（3）20×5 年 12 月 31 日土地的现行成本为 180 000 元。

（4）20×5 年 12 月 31 日固定资产的现行成本为 50 000 元，净值的现行成本为 45 000元。

（5）存货计价采用先进先出法，营业成本在年内均匀发生，其现行成本为194 000 元。

（6）现金股利于 20×5 年 12 月 31 日支付。

（7）营业收入为现行价值。销售和管理费用、所得税费用的现行成本与历史成本相同。

根据以上资料，现行成本/名义币值会计的基本程序如下。

1. 划分货币性项目与非货币性项目

在本例中，属于货币性项目的有：货币资金、应收账款、应付账款和应付票据。由于货币性项目是按固定金额表述的，不受个别（特定）物价变动的影响，因此，其年初的现行成本就是在年初的历史成本，年末的现行成本就是其在年末的历史成本。只需按其账面价值表述，不需进行任何调整。而对于非货币性项目，由于其直接感受个别物价变动的影响，则应按现行成本重新表述。

2. 按现行成本调整非货币性项目金额

1）资产负债表项目的调整

在本例中，非货币性项目年初的现行成本就是其历史成本，年末的现行成本分别为：

　　存货　　　　　　　　　　100 000
　　土地　　　　　　　　　　180 000
　　固定资产　　　　　　　　 50 000
　　累计折旧　　　　　　　　　5 000

普通股：仍按历史成本表述，20×5 年 1 月 1 日和 20×5 年 12 月 31 日均为 60 000 元。这样，便能够把经营收益和资产持有损益都积累为留存收益。

2）利润表项目的调整

利润表中的某些项目是按当前物价水平或接近于当前物价水平逐渐累积的，因此，其历史成本与现行成本极为接近，根据会计重要性原则和成本效益原则，对于这样的项目，可按其历史成本进行列示。这一类项目通常包括营业收入、销售及管理费用(折旧费除外)、所得税费用和现金股利。至于折旧费和营业成本,因其与特定的、较早取得的资产的历史成本相联系,因此,与相应资产当前价格的距离较远,其现行成本需要根据相应资产的现行成本计算确定,所以应当进行调整。营业成本的现行成本主要取决于存货价格的变动;折旧费的现行成本主要取决于固定资产价格的变动。

在本例中,兴盛公司利润表项目的现行成本金额确认如下:

营业收入	200 000
销售及管理费用	40 000
所得税费用	10 000
现金股利	6 000
营业成本	194 000

折旧费:一般假定折旧费在1年中是均匀发生的。由于年初和年末资产的现行成本不同,因此应以固定资产的现行成本平均余额为基础计算折旧费用。

本例中,固定资产的现行成本平均余额为:

$$(40\,000 + 50\,000) \div 2 = 45\,000(元)$$

折旧费的现行成本为:

$$45\,000 \div 10 = 4\,500(元)$$

3. 确定持有收益

在现行成本/名义币值会计下,货币性项目的购买力损益是不计的。因为从现行成本/名义币值会计的观点看,它不认为不同时期的计量单位已经改变。而当非货币性项目被重新表述时,持有损益就出现了。持有损益主要发生在存货、房屋设备、土地等具有实物形态的资产上,并延及销货成本和折旧费等利润表项目。在初次实行现行成本会计的情况下,持有损益是当年现行成本总额与财务报表显示的历史成本总额的差额。在前期已经实行现行成本会计的情况下,由于每年年末都曾确认过当时的现行成本金额,因此,在报告期末,只需确认本期现行成本变动额与上期现行成本变动额的差额。

持有损益分为已实现和未实现两部分。已实现持有损益是指已经销售或转换了的资产的持有损益。主要包括已销售了的存货上的持有损益和当期摊提折旧的资产在当期现行成本折旧额中的持有损益等。未实现持有损益是指尚未销售或处置的资产上的持有损益,主要产生于期末存货、土地以及房屋设备等实物资产。

持有损益的计算可分为两个步骤:①汇总有关项目的历史成本与现行成本(其差额就是持有损益);②汇总有关项目上已实现和未实现的持有损益。

依上述资料,可计算兴盛公司的持有损益,如表11-12、表11-13所示。

表11-12 兴盛公司持有损益计算表
20×5年度(12月31日止) 单位:元

项 目	现 行 成 本	历 史 成 本	持 有 损 益
存货(20×5年1月1日)	40 000	40 000	0
存货(20×5年12月31日)	100 000	60 000	40 000

(续表)

项　目	现行成本	历史成本	持有损益
土地(20×5年1月1日)	90 000	90 000	0
土地(20×5年12月31日)	180 000	90 000	90 000
固定资产(净值,20×5年1月1日)	40 000	40 000	0
固定资产(净值,20×5年12月31日)	45 000	36 000	9 000
营业成本	194 000	120 000	74 000
折旧费	4 500	4 000	500
持有损益合计			213 500

表11-13　兴盛公司持有损益汇总表

20×5年度(12月31日止)　　　　　　　　　　　　　　　　　　单位:元

项　目	存　货	固定资产	土　地	合　计
未实现持有损益				
20×5年1月1日	0	0	0	0
20×5年12月31日	40 000	9 000	90 000	139 000
未实现持有损益增加	40 000	9 000	90 000	139 000
已实现持有损益	74 000	500	0	74 500
本年度持有损益合计	114 000	9 500	90 000	213 500

4. 按现行成本重编财务报表

将前面计算结果整理后,即可编制兴盛公司20×5年以现行成本为基础的财务报表,如表11-14、表11-15所示。

表11-14　兴盛公司资产负债表(现行成本基础)

20×5年12月31日　　　　　　　　　　　　　　　　　　　　单位:元

项　目	年初数	年末数	项　目	年初数	年末数
资产:			应付账款	25 000	36 000
货币资金	10 000	20 000	应付票据	130 000	130 000
应收账款	35 000	40 000	负债合计	155 000	166 000
存货	40 000	100 000	业主权益:		
土地	90 000	180 000	普通股	60 000	60 000
固定资产	40 000	50 000	留存收益	0	(54 500)
减:累计折旧	0	5 000	资本保持调整	0	213 500
资产总计	215 000	385 000	业主权益合计	60 000	219 000
负债:			负债和业主权益总计	215 000	385 000

240

表 11-15　兴盛公司利润表（现行成本基础）

20×5 年度　　　　　　　　　　　　　　　　　　　　　单位：元

项目	金额	项目	金额
营业收入	200 000	税前净利（损失）	(38 500)
营业成本	194 000	所得税费用	10 000
营业利润	6 000	税后净利	(48 500)
折旧费	4 500	现金股利	6 000
销售及管理费用	40 000	留存收益	(54 500)

从以上计算结果可以看出，兴盛公司20×5年度在考虑物价变动因素后的税后净利是－48 500元。此处亏损的48 500元实际上是兴盛公司20×5年的经济收益，亦即在实物资本维持观念下的净收益。也就是说，兴盛公司在现行物价变动条件下维持正常经营能力的实际情况是税后亏损而不是税后盈利。

从财务资本维持的角度考虑，兴盛公司20×5年度按现行成本调整的税后净利将是165 000元。这是因为在财务资本维持观念下，对企业资产价值的升值，不论是否实现，均确认为本期收益。只不过对此持有资产损益在利润表中需要单独列示。兴盛公司按财务资本维持观念调整的现行成本/名义币值财务报表如表11-16、表11-17所示。

表 11-16　兴盛公司资产负债表（现行成本基础，财务资本维持观念）

20×5 年 12 月 31 日　　　　　　　　　　　　　　　　单位：元

项　目	年初数	年末数	项　目	年初数	年末数
资产：			应付账款	25 000	36 000
货币资金	10 000	20 000	应付票据	130 000	130 000
应收账款	35 000	40 000	负债合计	155 000	166 000
存货	40 000	100 000	业主权益：		
土地	90 000	180 000	普通股	60 000	60 000
固定资产	40 000	50 000	留存收益	0	159 000
减：累计折旧	0	5 000	业主权益合计	60 000	219 000
资产总计	215 000	385 000	负债和业主权益总计	215 000	385 000
负债：					

表 11-17　兴盛公司利润表（现行成本基础，财务资本维持观念）

20×5 年度　　　　　　　　　　　　　　　　　　　　　单位：元

项目	金额	项目	金额
营业收入	200 000	现行成本下经济收益（损失）	(48 500)
营业成本	194 000	已实现资产持有收益	74 500
营业利润	6 000	已实现净收益	26 000
折旧费	4 500	未实现资产持有收益	139 000
销售及管理费用	40 000	现行成本下的净收益	165 000
税前净利	(38 500)	现金股利	6 000
所得税费用	10 000	留存收益	159 000

5. 调整会计记录

如前所述，在现行成本/名义币值会计下，不但期末的财务报表需要按现行成本进行调整，日常的会计记录也要按现行成本进行调整。假设兴盛公司的现行成本遵循财务资本维持观念，则需要调整的账项如下。

1) 调整存货

存货的现行成本为 100 000 元，历史成本为 60 000 元，因此，存在未实现持有利得。调整分录如下：

借：存货	40 000
贷：未实现持有利得	40 000

2) 调整土地

土地的价值按现行成本反映升值 90 000 元，但未实现，调整分录如下：

借：土地	90 000
贷：未实现持有利得	90 000

3) 调整固定资产

固定资产的历史成本为 40 000 元，现行成本为 50 000 元，应调增固定资产价值 10 000 元。在此 10 000 元中，有 9 000 元为未实现持有利得，1 000 元增加固定资产折旧。会计分录如下：

借：固定资产	10 000
贷：未实现持有利得	9 000
累计折旧	1 000

4) 调整营业成本

营业成本的历史成本为 120 000 元，现行成本为 194 000 元，增值 74 000 元，为已实现持有利得。会计分录如下：

借：营业成本	74 000
贷：已实现持有利得	74 000

5) 调整折旧费用

按现行成本计算的折旧费用比历史成本增加 500 元，属于已实现持有利得。会计分录如下：

借：折旧费用	500
贷：已实现持有利得	500

四、现行成本/名义币值会计的评价

1. 现行成本/名义币值会计的优点

现行成本/名义币值会计的优点主要表现在以下几个方面：

（1）可以客观地评价企业管理人员的工作业绩。在现行成本/名义币值会计下，将收益区分为营业收益和资产持有收益。营业收益的大小取决于经营管理水平，而资产持有收益的大小则取决于物价变动因素以及企业管理人员的应变能力。这种划分有助于对企业管理人员的业绩作出客观评价。

(2) 可以维护企业的产权资本和实际生产经营能力。现行成本/名义币值会计以现行重置成本弥补生产经营过程中所耗用的材料物资和设备为前提,可以保证产权资本的回收以及重置已消耗的同类资产所需要的资金,维护企业的实际生产经营能力。

(3) 能够提供较真实的经营收益。在现行成本/名义币值会计下,资产以现行重置成本计价,从而解决了历史成本会计下,由于资产购置年代不同而在计价上存在较大差异的不合理现象;同时,收入的计算以现行收入与以现行成本为基础重新计算的资产实际付出和消耗额配比而得,从而避免了在历史成本会计下产生虚假的利润。

2. 现行成本/名义币值会计的缺点

现行成本/名义币值会计在实践上仍有不足之处,归纳起来主要有:

(1) 资产的现行成本难以准确界定。严格说来,现行成本/名义币值会计对资产收进、付出和存储的核算均应以现行成本为基础。但要想准确地界定资产的现行成本,往往需要大量的物价资料,由此可能导致大量的时间和人力花费,这对大多数企业来说是困难的。如果采用直接估价或是按物价部门公布的分类物价指数进行调整,又势必加进主观意志,从而影响会计信息的可靠性。

(2) 没有考虑一般物价水平的变化。在现行成本下,企业各期资产的现行成本或重置成本只是反映了资产在不同时期的现行价值,并没有考虑一般物价水平的变化,因此,在进行多期比较时,无法反映企业财务状况和经营成果的真实变动情况。另外,不计列一般物价水平影响的货币性项目购买力损益未必能真正反映和消除物价变动对会计信息的影响。

(3) 应用成本较高。在现行成本/名义币值会计下,取得必要的物价变动资料必然要花费较多的人力物力,增加企业的负担。另外,现行成本的变动可能导致投保额、所得税和财产税的变动,使审计的难度和成本增加,这些会给现行成本/名义币值会计的实施带来很大难度。

第四节 现行成本/稳定币值会计

一、现行成本/稳定币值会计概述

现行成本/稳定币值会计是以现行成本为计量基础,以不变币值货币为计量单位,从而全面反映和消除物价变动对会计信息影响的一种会计程序和方法。

现行成本/稳定币值会计是历史成本/稳定币值会计与现行成本/名义币值会计相结合的产物。从前面的介绍可以看出,历史成本/稳定币值会计可以揭示和消除一般物价水平变动对会计信息的影响,但不能反映和消除个别物价变动对会计信息的影响;现行成本/名义币值会计能够揭示和消除个别物价变动对会计信息的影响,但却没有考虑一般物价变动因素。实际上,在物价变动情况下,传统财务会计信息往往同时受到一般物价水平变动和个别物价变动的影响。如果只用历史成本/稳定币值会计模式,势必忽略了资产持有损益;如果单用现行成本/名义币值会计模式,又势必忽略了货币性项目净额上的购买力损益,因而使得所揭示的物价变动的影响不够全面。为了全面反映物价变动的影响,会计学者将两者结合起来,创造出现行成本/稳定币值会计模式。

现行成本/稳定币值会计是物价变动会计发展到一定阶段的产物。不过,世界上成功运用这种模式的,还只有美国和加拿大。但它们也都只是鼓励股票上市的大公司披露以现行成本/不变币值为基础的部分补充资料,并不要求对历史成本财务报表进行全面调整并重编以现行成本/不变币值为基础的财务报表。

现行成本/稳定币值会计的特点是：不但确认企业货币性项目净额上的购买力损益,而且确认企业持有非货币性资产的现行成本变动额(持有损益)。不过,这种持有损益已不是最初在重编现行成本财务报表时计算的金额,而是剔除了一般物价水平变动影响之后的金额。在会计处理上,一般是日常的会计核算仍然以历史成本反映,每到会计期末,才将历史成本基础的财务报表按现行成本调整,计算当年现行成本变动额(持有损益),编制现行成本财务报表。在此基础上,再运用适用的一般物价指数,将现行成本财务报表中的财务数据换算为现行成本/稳定币值会计基础的财务数据,并确认购买力损益。

二、现行成本/稳定币值会计的基本程序与方法

前已述及,现行成本/稳定币值会计是历史成本/稳定币值会计和现行成本/名义币值会计两种模式的有机结合。因此,其会计程序与方法也表现为两种会计模式会计程序与方法的有机结合。具体说来,包括七个步骤：①按现行成本对历史成本财务报表数据进行调整；②确认持有收益；③按现行成本重编财务报表；④按不变币值对现行成本财务报表进行调整；⑤确定货币性项目净额上的购买力损益；⑥确定剔除一般物价水平变动影响后的资产持有损益；⑦编制现行成本/稳定币值财务报表。

以上七个步骤中的前三步实际上与现行成本/名义币值会计模式并无差异,所不同的是,在编制出了现行成本财务报表以后,后续步骤还要用不变币值重新表述,即用一般物价指数对财务报表数据进行调整。

【例 11-4】 以[例 11-3]兴盛公司资料,说明现行成本/稳定币值会计的会计程序和方法。

兴盛公司 20×5 年以历史成本为基础的资产负债表和利润表如表 11-10、表 10-11 所示,在完成了如上述①、②、③三个步骤后,编制出的以现行成本反映的财务报表如表 11-16、表 11-17 所示(见第三节)。接着所要进行的是,按不变币值货币对现行成本财务报表进行调整。

1. 按不变币值货币对现行成本财务报表进行调整

这是现行成本/稳定币值会计的关键步骤。假设有关的物价指数如下：

20×4 年 12 月 31 日	140
20×4 年平均	130
20×5 年 12 月 31 日	160
20×5 年平均	150

结合前述资料,即可对兴盛公司以现行成本为基础的财务报表调整如下。

1) 资产负债表的调整

表 11-16 列示的是兴盛公司在现行成本会计模式下 20×5 年 12 月 31 日的资产负债表(财务资本维持观念)。对于表中的年末数字,由于采用以年末货币作为不变币值货币,其年末数字的大部分内容已与不变币值一致,因此不需调整。所要调整的只是那些在确定现行成本时未按年末货币调整的个别项目,如普通股股本和留存收益项目。

年末普通股股本调整如下：

$$60\,000 \times 160 \div 140 = 68\,571(元)$$

留存收益用倒算推出,其金额为：

$$385\,000 - 166\,000 - 68\,571 = 150\,429(元)$$

对于资产负债表中的年初项目,由于其现行成本是以年初货币表达的,因此需按一般物价指数——调整。计算过程如下(单位:元):

货币资金	$10\,000 \times 160 \div 140 = 11\,429$
应收账款	$35\,000 \times 160 \div 140 = 40\,000$
存货	$40\,000 \times 160 \div 140 = 45\,714$
土地	$90\,000 \times 160 \div 140 = 102\,857$
固定资产	$40\,000 \times 160 \div 140 = 45\,714$
应付账款	$25\,000 \times 160 \div 140 = 28\,571$
应付票据	$130\,000 \times 160 \div 140 = 148\,571$
普通股	$60\,000 \times 160 \div 140 = 68\,571$

2) 利润表的调整

表11-17所示的是兴盛公司20×5年度在现行成本/名义币值会计模式下的利润表(财务资本维持观念)。由于表中的大部分项目都是在年内均匀发生的,因此可以理解为是按年内平均货币表述的。在本例中因不变币值货币采用年末货币,因此,对这些项目,除在年末发放的现金股利之外,均需按年末货币进行调整。计算过程如下(单位:元):

营业收入	$200\,000 \times 160 \div 150 = 213\,333$
营业成本	$194\,000 \times 160 \div 150 = 206\,933$
折旧费	$4\,500 \times 160 \div 150 = 4\,800$
销售及管理费用	$40\,000 \times 160 \div 150 = 42\,667$
所得税费用	$10\,000 \times 160 \div 150 = 10\,667$
现金股利	$6\,000 \times 160 \div 150 = 6\,400$

2. 确定货币性项目净额上的购买力损益

现行成本/稳定币值会计模式下的货币性项目净额上的购买力损益的计算方法与历史成本/稳定币值会计模式完全相同。兴盛公司20×5年的净货币项目购买力损益计算如下(单位:元):

(1) 期初的货币性项目净额(历史成本):

货币性资产:	
货币资金	10 000
应收账款	35 000
货币性负债:	
应付账款	25 000
应付票据	130 000
净额	(110 000)

(2) 期初的货币性项目净额在期末的货币购买力:

$$110\,000 \times 160 \div 140 = 125\,715$$

(3) 本期增减的货币性项目净额(历史成本):

本期货币性收入	200 000

本期货币性费用
  本期购货费用　　　　　　140 000
  销售及管理费用　　　　　　40 000
  所得税费用　　　　　　　　10 000
  现金股利　　　　　　　　　　6 000
  净额　　　　　　　　　　　　4 000

（4）本期增减的货币性项目净额在期末的货币购买力：

收入　　　　　　　　　200 000×160÷150 = 213 333
费用
  本期购货费用　　　　140 000×160÷150 = 149 333
  销售及管理费用　　　　40 000×160÷150 = 42 667
  所得税费用　　　　　　10 000×160÷150 = 10 667
  现金股利　　　　　　　　6 000×160÷160 = 6 000
  合计　　　　　　　　　　　　　　　　　　4 666

（5）净货币购买力损益：

$$(4\,666 - 4\,000) - (125\,715 - 110\,000) = -15\,049$$

3. 剔除一般物价水平变动影响后的资产持有损益

在现行成本/稳定币值会计模式下，仍需确认由于个别物价变动而使企业产生的持有损益，只不过在计算这种持有损益时，要剔除一般物价水平变动的影响。实务中可直接按一般物价水平对持有资产的历史成本及现行成本分别换算，然后计算变动额。这样，计算结果中自然就剔除了一般物价水平变动因素。

兴盛公司持有资产按一般物价水平调整的现行成本数据已经在本节前面部分得出，其持有资产的历史成本按一般物价水平调整如下（单位：元）：

存货（20×5年1月1日）　　　　　　40 000×160÷130 = 49 231
存货（20×5年12月31日）　　　　　60 000×160÷150 = 64 000
土地（20×5年1月1日）　　　　　　90 000×160÷140 = 102 857
土地（20×5年12月31日）　　　　　90 000×160÷140 = 102 857
固定资产（净值，20×5年1月1日）　　40 000×160÷140 = 45 714
固定资产（净值，20×5年12月31日）　36 000×160÷140 = 41 143
营业成本：
  年初部分　　　　　　　　　　40 000×160÷130 = 49 231
  本年购进部分　　　　　　　　80 000×160÷150 = 85 333
  　　　　　　　　　　　　　　　　　　　　　　134 564
折旧费　　　　　　　　　　　　　　　4 000×160÷140 = 4 571

将以上资料整理，可得出兴盛公司20×5年剔除一般物价水平变动影响的资产持有损益，如表11-18、表11-19所示。

表 11-18　兴盛公司持有损益计算表（剔除一般物价变动水平）

20×5 年度（12 月 31 日止）　　　　　　　　　　　　　　　　　　　　单位：元

项　目	现行成本	历史成本	持有损益
存货（20×5 年 1 月 1 日）	45 714	49 231	(3 517)
存货（20×5 年 12 月 31 日）	100 000	64 000	36 000
土地（20×5 年 1 月 1 日）	102 857	102 857	0
土地（20×5 年 12 月 31 日）	180 000	102 857	77 143
固定资产（净值,20×5 年 1 月 1 日）	45 714	45 714	0
固定资产（净值,20×5 年 12 月 31 日）	45 000	41 143	3 857
营业成本	206 933	134 564	72 369
折旧费	4 800	4 571	229

表 11-19　兴盛公司持有损益汇总表

20×5 年度（12 月 31 日止）　　　　　　　　　　　　　　　　　　　　单位：元

项　目	存　货	固定资产	土　地	合　计
未实现持有损益				
20×5 年 1 月 1 日	(3 717)	0	0	(3 517)
20×5 年 12 月 31 日	36 000	3 857	77 143	117 000
未实现持有损益增加	39 517	3 857	77 143	120 517
已实现持有损益	72 369	229	0	72 598
本年度持有损益合计	111 886	4 086	77 143	193 115

4. 编制现行成本/稳定币值财务报表

在完成了上述各个步骤之后，就可以编制现行成本/稳定币值财务报表了。兴盛公司以现行成本/不变币值的财务报表如表 11-20、表 11-21 所示。

表 11-20　兴盛公司资产负债表（现行成本/不变币值基础）

20×5 年 12 月 31 日　　　　　　　　　　　　　　　　　　　　　　　　单位：元

项　目	年初数	年末数	项　目	年初数	年末数
资产：			应付账款	28 571	36 000
货币资金	11 429	20 000	应付票据	148 572	130 000
应收账款	40 000	40 000	负债合计	177 143	166 000
存货	45 714	100 000	业主权益：		
土地	102 857	180 000	普通股	68 571	60 000
固定资产	45 714	50 000	留存收益	0	159 000
减：累计折旧	0	5 000	业主权益合计	68 571	219 000
资产总计	245 714	385 000	负债和业主权益总计	245 714	385 000
负债：					

表 11-21 兴盛公司利润表（现行成本/不变币值基础）
20×5 年度　　　　　　　　　　　　　　　　　　　　　单位：元

营业收入	213 333	已实现资产持有收益	72 598
营业成本	206 933	已实现净收益	20 864
营业利润	6 400	未实现资产持有收益	120 517
折旧费	4 800	净货币购买力损益	15 048
销售及管理费用	42 667	现行成本/不变币值净收益	156 429
税前净利	(41 067)	现金股利	6 000
所得税费用	10 667	留存收益	150 429
税后利润（损失）	(51 734)		

三、现行成本/稳定币值会计的评价

现行成本/稳定币值财务报表模式作为历史成本/稳定币值会计和现行成本/名义币值会计的有机结合，它具备这两种会计模式的优点，同时也存在两者所具有的缺点。

1. 现行成本/稳定币值会计的优点

（1）可以全面反映和消除物价变动对传统财务会计的影响，提供更为有用的会计信息。这种模式能够同时揭示一般物价水平和个别物价变动的影响，并分别反映由于一般物价水平变动而引起的货币性项目净额上的购买力损益以及个别物价变动引起的持有损益和扣除一般物价水平变动后的持有损益，使所提供的会计信息更为有用。

（2）便于报表使用者对会计信息的理解和比较。该模式同时改变传统财务会计的计量单位和计量属性，以现行成本提供的财务数据反映市场的现时价格，便于人们对企业的财务状况和经营成果的理解。由于所提供的会计信息以不变币值货币为计量单位，保持了货币计量单位的一致性，该模式有利于所提供指标的相互比较，增强了会计信息的使用价值。

2. 现行成本/稳定币值会计的缺点

（1）核算费用过高，可能在较大程度上背离重要性原则和成本效益原则。

（2）核算资料过于复杂，不易被广大财务报表使用者所理解。了解现行成本/稳定币值会计所提供的核算资料一般需要较高的经济和会计专业知识，而会计信息的使用者范围很广，可能不具备这些所需的相关知识，因而理解财务报表的难度较大，使得现行成本/稳定币值会计难以在实际的经济活动中加以运用。

第五节　物价变动会计在各国的应用

一、美国

1979 年，财务会计准则委员会发布了 33 号准则公告，标题为《财务报告和物价变动》。这份公告要求符合以下条件的大公司同时披露反映历史成本/稳定币值和现行成本/稳定币值的连续 5 年的资料。公告要求的大公司标准是拥有存货以及厂场设备（扣除累计折旧前的总额）达 1.25 亿美元以上，或者是拥有资产总额（其中厂场设备是扣除累计折旧后的净额）达 10 亿美元以上。这些披露是补充披露，而不是代替历史成本成为财务报表的基本计算依据。

但是 33 号准则公告受到以下批评：
（1）33 号准则公告要求的双重披露使人感到困惑不解。
（2）双重披露成本过于高昂。
（3）与现行成本数据相比，历史成本/稳定币值信息的有用性比较低。

后来，财务会计准则委员会发布了替代 33 号准则公告的 89 号准则公告，鼓励但不再要求美国的报告主体披露历史成本/稳定币值或现行成本/稳定币值的信息。财务会计准则委员会发布 89 号准则公告指南的目的是促进企业主体报告物价变动对其报表产生的影响，同时作为制定未来物价变动会计准则的起点。

89 号准则公告鼓励报告企业披露最近 5 年的以下信息：
- 净销售额和其他营业收入；
- 按照现行成本调整的持续经营收益；
- 净货币项目上发生的购买力（货币性）利得或损失；
- 存货与厂场设备按照现行成本或较低的可收回金额调整并扣除一般物价水平变动后的增减金额；
- 以现在成本为基础确定的、合并报表过程中产生的外币折算调整合计额；
- 按照现行成本调整的会计年度末资产净额；
- 按照现行成本调整的普通股每股收益（来自持续经营的）；
- 普通股每股股利；
- 会计年度末的普通股每股市价；
- 以持续经营为基础计量收益使用的消费物价指数（CPI）水平。

为了增加上述数据的可比性，这些信息可以按照以下标准列报：
（1）平均的或年末的购买力等值。
（2）计算 CPI 所使用的基期为（1967 年）美元。

无论什么时候，按照现行成本/稳定币值调整的净收益与按照历史成本模式确定的净收益有重大差别都要求公司提供附加的数据。

二、英国

英国会计准则委员会（ASC）于 1980 年 3 月在 3 年实验的基础上发布了《16 号标准会计实务公告——现行成本会计》。尽管该公告在 1988 年被正式宣布撤销，但它倡导的方法体系还是受到那些自愿提供物价变动调整会计信息的公司的推崇。

16 号公告在两个方面不同于美国的 33 号准则公告：第一，美国的准则同时要求不变美元和现行成本会计，英国的 16 号公告仅仅对对外报告提出了现行成本法的要求。第二，美国的物价变动调整是以收益表为中心，英国要求同时报告现行成本的收益表和现行成本资产负债表，还有解释性注释。

英国 16 号实务公告提供了三个报告选择：
- 将现行成本报表作为基本报表，以历史成本报表作为补充。
- 将历史成本报表作为基本报表，以现行成本报表作为补充。
- 将现行成本报表作为唯一报表，同时附有足够的历史成本信息。

对那些与货币项目有关的利得和损失，美国 33 号准则公告要求用单一数字分开披露。英国的 16 号实务公告则要求报告两个数字（货币营运资本调整和资本搭配调整），这两个数字都用于反映特定物价变动的影响。

三、巴西

在拉美、东欧和东南亚,通货膨胀被公认为企业环境的一个组成部分。巴西较早经历的恶性通货膨胀使它在物价变动会计方面成为一个值得关注的范例。

在巴西被广泛接受的物价变动的会计处理反映了两种报告选择——巴西《公司法》要求的和证券交易委员会所要求的。

巴西《公司法》的要求主要是:物价变动调整使用物价指数重新表述永久性资产和股东权益账户,这个指数是联邦政府为了计量当地货币贬值而认可的。永久性资产包括固定资产、建筑物、投资、递延借项及其各自折旧和摊销或者减值账户(包括任何相关的损失)。股东权益账户包括资本、收入准备、重估价准备、留存收益以及用于记录对资本进行物价水平调整的资本准备账户。

巴西证券交易委员会为公开上市的公司推荐了另外一种物价变动会计方法,即上市公司应当将全部经营业务用其功能货币重新计量,期末使用当时的一般物价指数将一般购买力单位转换为当地名义货币单位。另外:①存货应该包括在非货币资产中,并且用功能货币重新计量;②超过到期日90天,不计利息的货币项目折现为现值,并将其导致的物价变动利得或损失分配计入适当的会计期间;③资产负债表的调整采用与收益表相应的项目分类。

为了减轻在年度报告中提供两套财务报表的沉重负担,巴西公司将公司法提倡的方法与证券交易委员会提倡的物价水平变动会计结合起来使用。

四、国际会计准则委员会

1981年11月,国际会计准则委员会发布了15号国际会计准则《物价变动影响的信息反映》。15号准则鼓励公开上市的大公司主要通过补充形式使用任何调整物价变动影响的方法披露下列信息:

(1) 对厂场设备折旧的调整额,或者已经调整的金额。

(2) 对销售成本的调整额,或者已经调整的金额。

(3) 筹备调整额,如果这种调整是所采用的报告物价变动信息的一般组成部分。

(4) 重新计算企业经营成果,以反映前述三种情况及所采用的方法要求单独披露的其他项目的影响。

如果采用现行成本,存货和厂场设备的现行成本应予披露,还要求披露计算通货膨胀影响所使用的方法。

国际会计准则委员会指出,在恶性通货膨胀的国家,以当地货币报告的财务报表数据毫无意义。因此又发布了29号国际会计准则《恶性通货膨胀经济中的财务报告》。该报告要求对主要财务报表信息重新列报。特别是以恶性通货膨胀国家货币为计量单位的企业财务报表,无论是历史成本还是以现行成本作为计价基础,都应该以资产负债表日的不变购买力为单位重新表述。这项规则也应用于以前期间相应数字的调整。与净货币资产和净货币负债相关的购买力利得或损失包括在当期收益中。报告企业还应该说明以下内容:

第一,由于计量单位一般购买力的变动而重新编制的财务报告已经完成。

第二,在主要财务报表中使用的资产计量模式(例如,历史成本或者是现行成本计量)。

第三,资产负债表日物价指数的情况和水平,以及报告期物价指数的变动。

第四,当期净货币利得或损失。

应特别指出的是,国际会计准则理事会(IASB)于 2001 年决定暂时撤销 IAS 15,自 2005 年 1 月 1 日起生效。

五、其他国家

加拿大、澳大利亚和新西兰亦追随美国和英国,陆续公布了现行成本会计补充报表的试行办法。其中,加拿大特许会计师协会在 1982 年公布了正式的通货膨胀会计准则,澳大利亚政府设立的有关委员会也于 1982 年公布了有关现时成本会计的《建议准则》。

欧洲大陆通货膨胀会计发展更为迟缓,荷兰自 20 世纪 20 年代就开始使用现时重置成本会计制度,但至今尚无有关通货膨胀会计体系的完整立法。德国政府禁止在正式资产负债表中重估资产的价值,所以,1975 年德国注册会计师协会公布的一项通货膨胀会计公报《资本维护和收益计量的会计》也只能建议企业自愿编制现时成本会计补充报表。在持续通货膨胀情况下,法国政府不得不采取措施,于 1977 年由政府指定的委员会建议在证券交易所公开发行股票的公司报送一般购买力补充报表,但此建议未被政府接受。此后不久,法国议会通过了允许企业对资产进行重估的财政法案,但此法案仅对公开发行股票的公司有约束力,其他公司则是自愿选择执行。

参 考 文 献

[1] 弗雷德里克·D S·乔伊,等.国际会计学[M].周晓苏,等,译.大连:东北财经大学出版社,2000.

[2] 亨利·I·沃尔克,等.会计理论[M].陈艳,等,译.大连:东北财经大学出版社,2005.

[3] 石本仁,杨荣彦.高级财务会计[M].广州:暨南大学出版社,2005.

[4] 常勋.财务会计三大难题[M].上海:立信会计出版社,1999.

复 习 思 考 题

1. 物价变动会计的假设前提有何变化?
2. 物价的变动对资本保全观有何影响?
3. 物价变动会计的三种模式中分别有何优缺点?适用范围有何不同?
4. 物价变动会计模式的未来方向是什么?

第十二章 分部报告与中期报告

本章提要

本章将讨论财务报告信息细分的两种不同形式:分部报告与中期报告。

关于分部报告,以前的财务报告经常着眼于披露作为一个整体企业的信息,而很少关注企业部分的信息。基于这一披露方法,一家地方性公司披露的财务会计信息与一家规模巨大的全国性公司或跨国公司披露的财务会计信息在内容上相差无几。这种情况不尽合理,不同行业或不同国家有重大经营业务的公司必须对该经营业务情况进行分部披露。

关于中期报告,投资者和其他相关人士要求财务会计信息分部披露的同时,他们也要求更及时和更短期的信息,如每个季度和半年的报告等,以了解企业的盈利过程。因此,企业需要提供中期报告。

第一节 分部报告概述

一、分部及分部报告的含义

分部是指构成企业整体的一部分,其经营活动及经营成果在实质和技术上能够与企业其他部分分离的经济实体。子公司、分公司、产品线、地区等就财务报告的目的而言,均可能被视为分部。

分部报告是指在企业的财务会计报告中,按照确定的企业内部组成部分提供的有关各组成部分的收入、资产和负债等信息的报告。

我国财政部2006年制定的《企业会计准则第35号——分部报告》要求企业存在多种经营或跨地区经营的,应当披露分部信息(法律、行政法规另有规定的除外)。而且,企业还应当以对外提供的财务报表为基础披露分部信息。

二、分部的分类

根据《企业会计准则第35号——分部报告》的规定,企业披露分部信息,应当区分业务分部和地区分部。

(一)业务分部

业务分部是指企业内可区分的、能够提供单项或一组相关产品或劳务的组成部分。该组成部分承担了不同于其他组成部分的风险和报酬。

企业在确定业务分部时,应当结合企业内部管理要求,并考虑下列因素:

(1)各单项产品或劳务的性质,包括产品或劳务的规格、型号、最终用途等。

(2) 生产过程的性质,包括采用劳动密集或资本密集方式组织生产、使用相同或者相似设备和原材料、采用委托生产或加工方式等。
(3) 产品或劳务的客户类型,包括大宗客户、零散客户等。
(4) 销售产品或提供劳务的方式,包括批发、零售、自产自销、委托销售、承包等。
(5) 生产产品或提供劳务受法律、行政法规的影响,包括经营范围或交易定价限制等。

(二) 地区分部

地区分部是指企业内可区分的、能够在一个特定的经济环境内提供产品或劳务的组成部分。该组成部分承担了不同于在其他经济环境内提供产品或劳务的组成部分的风险和报酬。

企业在确定地区分部时,应当结合企业内部管理要求,并考虑下列因素:
(1) 所处经济、政治环境的相似性,包括境外经营所在地区经济和政治的稳定程度等。
(2) 在不同地区经营之间的关系,包括在某地区进行产品生产,而在其他地区进行销售等。
(3) 经营的接近程度大小,包括在某地区生产的产品是否需在其他地区进一步加工生产等。
(4) 与某一特定地区经营相关的特别风险,包括气候异常变化等。
(5) 外汇管理规定,即境外经营所在地区是否实行外汇管制。
(6) 货币风险。

编制分部报告是为了弥补合并财务报表的不足,因为分部报告可以向财务报表的使用者提供公司不同分部的详细的财务状况和经营成果信息。

通过分部报告,使用者可以了解公司经营行业的性质以及行业的目前状况、公司经营地区情况的变动、与公司经营密切相关的国内和国际政治经济形势、不同行业和费用之间的关系以及公司经营涉及的主要客户和有关的国内外各种影响因素的更为详细、有用的信息。

第二节 报告分部的确定

一、报告分部的确定标准

(一) 报告分部的10%重要性标准

我国《企业会计准则第35号——分部报告》第八条规定,企业在确定分部报告时,应当以业务分部或地区分部为基础。业务分部或地区分部的大部分收入是对外交易收入,且满足下列条件之一的,应当将其确定为报告分部:

第一,该分部的分部收入占所有分部收入合计的10%或者以上。分部收入是指在企业利润表中列报的、可以直接归属于分部的收入,以及企业收入中能按合理的基础分配给该分部的份额,包括该分部对外部客户销售赚取的收入,以及该分部与企业内其他分部进行交易赚取的收入。分部收入不包括利息和股利收入,但分部的经营活动主要是金融性质的除外。

第二,该分部的分部利润(亏损)的绝对额占所有盈利分部利润合计额或者所有亏损分部亏损合计额的绝对额两者中较大者的10%或者以上。分部利润(亏损)是指分部收入减去分部费用后的余额。分部利润(亏损)应在对少数股东损益进行调整前确定。其中,分部费用是指分部从经营活动中产生的、可直接归属于该分部的费用,以及能按合理的基础分配给该分部的费用份额,包括该分部对外部客户销售产生的费用,以及该分部与企业内其他分部进行交易产生的费用。分部费用不包括利息费用,但分部的经营活动主要是金融性质的除外。

第三,该分部的分部资产占所有分部资产合计额的10%或者以上。分部资产是指分部在其经营活动中使用的、可直接归属于该分部或能按合理的基础分摊给该分部的那些经营资产。在确定分部资产时,应扣除相关折旧或摊销金额以及减值准备。分部资产不包括所得税借项。如果分部利润(亏损)包括利息或股利收入,则分部资产应包括相关的应收款项、贷款、投资或其他产生收益的资产。

上述三个条件,通常被称为报告分部确定的10%重要性标准。

如果业务分部或地区分部未满足10%重要性标准时,则根据《企业会计准则第35号——分部报告》第九条规定,可以按照下列方法处理:第一,不考虑该分部的规模,直接将其指定为报告分部;第二,不将该分部直接指定为报告分部的,可将该分部与一个或一个以上类似的、未满足10%重要性标准的其他分部合并为一个报告分部;第三,不将该分部指定为报告分部且不与其他分部合并的,应当在披露分部信息时,将其作为其他项目单独披露。对于上期确定为报告分部的,如果本期未满足10%重要性标准,企业本期认为其依然重要,仍应将其确定为本期的报告分部。如果企业的内部管理是按照垂直一体化经营的不同层次来划分的,即使其大部分收入不通过对外交易取得,仍可将垂直一体化经营的不同层次确定为独立的报告分部。

【例12-1】 上海杨新商业公司根据客户群和内容管理需要划分为烟、酒、糖、茶等主要商品分部,20×7年12月31日的资产及20×7年度的收入、损益等相关资料如表12-1所示。

表12-1 上海杨新商业公司分部资料摘录

单位:万元

项　　目	烟	酒	糖	茶	合　计
对外收入	2 100	1 900	2 600	800	7 400
分部之间的收入	700		900		1 600
折旧和摊销费用	560	300	260	140	1 260
分部损益	250	−50	170	−30	340
未分配管理费用					30
股权投资收益		40			40
分部资产	1 720	1 000	1 080	400	4 200
分部长期资产投资支出	240	200			440

这些分部是否为列报分部,应分别就收入、资产和损益进行测试。

1)收入测试

该公司各分部收入及测试如表12-2所示。

表12-2 上海杨新商业公司分部收入及测试

单位：万元

分部	对外收入	分部之间的收入	≥或是≤	测试值指标 （7 400＋1 600）×10％	是否列报分部
烟	2 100	700	≥	900	是
酒	1 900		≥	900	是
糖	2 600	900	≥	900	是
茶	800		≤	900	不是
合　计	7 400	1 600			

所有分部对外销售总额为7 400万元，分部之间销售额为1 600万元，总计9 000万元。以全部销售额10％的标准900万元测试，只有茶分部收入为800万元，小于测试900万元，因此，茶分部不是列报分部。

2) 资产测试

该公司各分部资产及测试如表12-3所示。

表12-3 上海杨新商业公司分部资产及测试

单位：万元

分部	对外收入	≥或是≤	测试值指标 4 200×10％	是否列报分部
烟	1 720	≥	420	是
酒	1 000	≥	420	是
糖	1 080	≥	420	是
茶	400	≤	420	不是
合　计	4 200			

所有分部的资产总额为4 200万元，以全部资产总额10％的标准420万元测试，只有茶分部的资产小于测试值，不是列报分部。

3) 损益测试

对于收入和资产的测试，在实际应用时不太会出现问题，但对营业损益应用10％的标准时，可能会遇到集团中有的分部亏损、有的分部盈利的情况，这样，利润和亏损互相抵销，就会减少集团总利润或总亏损的数额，因此也降低了分部利润或亏损占总集团10％的要求。对这一问题的处理方法是，应以盈利分部的利润之和或亏损分部的亏损之和，两者中绝对值较大的为基础来衡量。例如，上海杨新商业公司4个可识别分部的损益情况及测试如表12-4所示。

表12-4 上海杨新商业公司分部损益情况及测试

单位：万元

分部	分部营业利润	分部营业亏损	≥或是≤	测试值指标	是否列报分部
烟	250		≥	42	是
酒		－50	≥	42	是

(续表)

分　部	分部营业利润	分部营业亏损	≥或是≤	测试值指标	是否列报分部
糖	170		≥	42	是
茶		−30	≤	42	不是
合　计	420	−80			

如果简单地将营业利润和亏损相抵后的营业利润340万元(420−80)的10%作为标准,则烟、酒、糖和茶4个分部都是列报分部。实际上,盈利的烟和糖分部的营业利润之和是420万元,亏损的酒和茶分部的营业亏损总和是80万元,营业利润的绝对值较大,以利润绝对值420万元的10%计算,测试值为42万元。烟、酒和糖分部的利润或亏损都大于或等于42万元,都是应列报分部,而茶分部以损益为测试标准时仍然为非列报分部。

(二) 报告分部的75%判定标准

此外,报告分部的对外交易收入合计额占合并总收入或企业总收入的比重应该达到75%,这通常被称为报告分部确定的75%标准。如果报告分部的对外交易收入合计额占合并总收入或企业总收入的比重未达到75%,则应当将其他的分部确定为报告分部(即使它们未满足上述10%重要性标准),直到该比重达到75%。

例如,在表12-2中,整个公司对外收入的75%为5 550万元(7 400×75%),3个报告分部即烟、酒、糖的对外收入合计为6 600万元(2 100+1 900+2 600),已超过合并收入的75%,因此,不必再增加报告分部。茶分部无需单独列报,可以将其并入与之最相关的某一分部,或者将其与集团的其他活动(如以成本法或权益法报告的其他投资)一起列入其他类。另外,如果集团某一个分部的收入、资产和营业利润均占整个集团的90%以上,就没有必要再进行分部报告,这样的分部叫做主导行业分部。

二、分部的合并

对业务分部或地区分部的合并,我国《企业会计准则第35号——分部报告》第七条做了比较明确的说明:"两个或两个以上的业务分部或地区分部同时满足下列条件的,可以予以合并:

(一) 具有相近的长期财务业绩,包括具有相近的长期平均毛利率、资金回报率、未来现金流量等;

(二) 确定业务分部或地区分部所考虑的因素类似。"

第三节　分部报告的披露

关于分部报告的披露各国的规范不尽相同。根据我国《企业会计准则第35号——分部报告》的要求,企业应当区分主要报告形式和次要报告形式披露分部信息。①风险和报酬主要受企业的产品和劳务差异影响的,披露分部信息的主要形式应当是业务分部,次要形式是地区分部。②风险和报酬主要受企业在不同的国家或地区经营活动影响的,披露分部信息的主要形式应当是地区分部,次要形式是业务分部。③风险和报酬同时较大地受企业产品和劳务的差异以及经营活动所在国家或地区差异影响的,披露分部信息的主要形式应当是业务分部,次要形式是地区分部。

一、主要报告形式的披露

对于主要报告形式,企业应当在附注中披露分部收入、分部费用、分部利润(亏损)、分部资产总额和分部负债总额等。

(1) 分部收入是指可归属于分部的对外交易收入和对其他分部交易收入。分部的对外交易收入和对其他分部交易收入,应当分别披露。

(2) 分部费用是指可归属于分部的对外交易费用和对其他分部交易费用。分部的折旧费用、摊销费用以及其他重大的非现金费用,应当分别披露。

(3) 分部利润(亏损)是指分部收入减去分部费用后的余额。在合并利润表中,分部利润(亏损)应当在调整少数股东损益前确定。

(4) 分部资产是指分部经营活动使用的可归属于该分部的资产,不包括递延所得税资产。分部资产应当按照扣除相关累计折旧或摊销额以及累计减值准备后的金额确定。披露分部资产总额时,当期发生的在建工程成本总额、购置的固定资产和无形资产的成本总额,应当单独披露。

(5) 分部负债是指分部经营活动形成的可归属于该分部的负债,不包括递延所得税负债。

企业披露的分部信息,应当与合并财务报表或企业财务报表中的总额信息相衔接。分部收入应当与企业的对外交易收入(包括企业对外交易取得的、未包括在任何分部收入中的收入)相衔接,分部利润(亏损)应当与企业营业利润(或亏损)和企业净利润(或净亏损)相衔接,分部资产总额应当与企业资产总额相衔接,分部负债总额应当与企业负债总额相衔接。

此外,分部的日常活动是金融性质的,利息收入和利息费用应当作为分部收入和分部费用进行披露。

二、次要报告形式的披露

对于次要报告形式,应区分不同的分部报告信息。

第一,如果分部信息的主要报告形式是业务分部的,应当就次要报告形式披露下列信息:

(1) 对外交易收入占企业对外交易收入总额10%或者以上的地区分部,以外部客户所在地为基础披露对外交易收入。

(2) 分部资产占所有地区分部资产总额10%或者以上的地区分部,以资产所在地为基础披露分部资产总额。

第二,如果分部信息的主要报告形式是地区分部的,应当就次要报告形式披露下列信息:

(1) 对外交易收入占企业对外交易收入总额10%或者以上的业务分部,应当披露对外交易收入。

(2) 分部资产占所有业务分部资产总额10%或者以上的业务分部,应当披露分部资产总额。

三、其他形式的披露

(1) 分部间转移交易应当以实际交易价格为基础计量。转移价格的确定基础及其变更情况,应当予以披露。

(2) 企业应当披露分部会计政策。分部会计政策是指编制合并财务报表或企业财务报表时采用的会计政策,以及与分部报告特别相关的会计政策。与分部报告特别相关的会计政策包括分部的确定、分部间转移价格的确定方法,以及将收入和费用分配给分部的基础等。分部会计政策与合并财务报表或企业财务报表一致的,无须重复披露。分部会计政策变更影响重大的,应当按照《企业会计准则第28号——会计政策、会计估计变更和差错更正》进行披露,并提供相关比较数据。提供比较数据不切实可行的,应当说明原因。

(3) 企业改变分部的分类且提供比较数据不切实可行的,应当在改变分部分类的年度,分别披露改变前和改变后的报告分部信息。

(4) 企业在披露分部信息时,应当提供前期比较数据。但是,提供比较数据不切实可行的除外。

第四节 中期报告概述

从理论上讲,中期财务报告相比年度财务报告提供的信息更及时,但不完整。中期报告反映了及时性与可靠性之间的权衡,因为在确定应收账款、应付账款、存货及相关的收益影响时,需要适当估计以支持年度财务报告列示的计量,年度财务报告需要满足审计要求。中期财务报表通常并不要求审计。

一、中期财务报告定义

中期财务报告是指以中期为基础编制的财务报告。"中期"是指短于一个完整的会计年度(自公历1月1日起至12月31日止)的报告期间,它可以是一个月、一个季度或者半年,也可以是其他短于一个会计年度的期间,如1月1日至9月30日的期间等。因此,中期财务报告包括月度财务报告、季度财务报告、半年度财务报告,也包括年初至本中期末的财务报告。

二、中期财务报告的构成

中期财务报告至少应当包括以下部分:①资产负债表;②利润表;③现金流量表;④附注。

(1) 资产负债表、利润表、现金流量表和附注是中期财务报告至少应当编制的法定内容,对其他财务报表或者相关信息,如所有者权益(或股东权益)变动表等,企业可以根据需要自行决定。

(2) 中期资产负债表、利润表和现金流量表的格式和内容,应当与上年度财务报表相一致。但如果当年新施行的会计准则对财务报表格式和内容作了修改的,中期财务报表应当按照修改后的报表格式和内容编制,与此同时,在中期财务报告中提供的上年度比较财务报表的格式和内容也应当作相应的调整。

(3) 中期财务报告中的附注相对于年度财务报告中的附注而言,是适当简化的。中期财务报表附注的编制应当遵循重要性原则。但企业至少应当在中期财务报表附注中披露"财务报告附注的编制要求"规定的信息。

三、中期财务报告的确认与计量

(一) 中期财务报告的确认与计量的基本原则

(1) 中期财务报告中各会计要素的确认和计量原则应当与年度财务报表所采用的原则相一致。即企业在中期根据所发生交易或者事项,对资产、负债、所有者权益(股东权益)、收入、费用和利润等各会计要素进行确认和计量时,应当符合相应会计要素定义和确认、计量标准,不能因为财务报告期间的缩短(相对于会计年度而言)而改变。

（2）在编制中期财务报告时，中期会计计量应当以年初至本期末为基础，财务报告的频率不应当影响年度结果的计量。也就是说，无论企业中期财务报告的频率是月度、季度还是半年度，企业中期会计计量的结果最终应当与年度财务报表中的会计计量结果相一致。为此，企业中期财务报表的计量应当以年初至本中期末为基础，即企业在中期应当以年初至本中期末作为中期会计计量的期间基础，而不应该以中期作为会计计量的期间基础。

（3）企业在中期不得随意变更会计政策，应当采用与年度财务报表相一致的会计政策。如果上年度资产负债表日之后按规定变更了会计政策，且该变更后的会计政策将在本年度财务报表中采用，中期财务报告应当采用该变更后的会计政策。

对于会计估计变更，在同一会计年度内，以前中期财务报表项目在以后中期发生了会计估计变更的，以后中期财务报表应当反映该会计估计变更的金额，但对以前中期财务报表项目金额不作调整。

（二）季节性、周期性或者偶然性取得的收入的确认和计量

企业取得季节性、周期性或者偶然性取得的收入，应当在发生时予以确认和计量，不应当在中期财务报表中预计或者递延，但会计年度末允许预计或者递延的除外。

（三）会计年度中不均匀发生的费用的确认和计量

在编制中期财务报告时，企业在会计年度中不均匀发生的费用，应当在发生时予以确认和计量，不应当在中期财务报表中预提或者待摊，但会计年度末允许预提或者待摊的除外。通常情况下，与企业生产经营和管理活动有关的费用往往是在一个会计年度的各个中期内均匀发生的，各中期之间发生的费用不会有较大差异。但是，对于一些费用，如员工培训费等，往往集中在会计年度的个别中期内。对于这些会计年度中不均匀发生的费用，企业应当在发生时予以确认和计量，不应当在中期财务报表中予以预提或者待摊。如果会计年度内不均匀发生的费用在会计年度末允许预提或者待摊，则在中期末也允许预提或者待摊。

第五节 中期财务报告的披露

一、中期财务报告编制要求

（一）中期财务报告应遵循的原则

1. 遵循与年度财务报告相一致的会计政策原则

企业在编制中期财务报告时，应当将中期视为一个独立的会计期间，不仅所采用的会计政策应当与年度财务报表所采用的会计政策相一致，而且会计要素确认和计量原则相一致。企业在编制中期财务报告时不得随意变更会计政策。

2. 遵循重要性原则

重要性原则是企业编制中期财务报告的一项十分重要的原则，具体应注意以下几点：

第一，重要性程度的判断应当以中期财务数据为基础，而不得以预计的年度财务数据为基础。这里所指的"中期财务数据"，既包括本期的财务数据，也包括年初至本期末的财务数据。主要考虑有些对于预计的年度财务数据显得不重要的信息对于中期财务数据而言可能是重要的。

第二，重要性原则的运用应当保证中期财务报告包括了与理解企业中期末财务状况和中期经营成果及其现金流量相关的信息。企业在运用重要性原则时，应当避免在中期财务报告中由于不确认、不披露或者忽略某些信息而对信息使用者的决策产生误导。

第三,重要性程度的判断需要根据具体情况作具体分析和职业判断。通常,在判断某一项目的重要性程度时,应当以资产、负债、净资产、营业收入、净利润等直接相关项目数字作为比较基础,并综合考虑其他相关因素。有时,在一些特殊情况下,单独依据项目的金额或者性质就可以判断其重要性。例如,企业发生会计政策变更,该变更事项对当期期末财务状况或者当期损益的影响可能比较小,但对后期财务状况或者损益的影响却比较大,因此会计政策变更从性质上属于重要事项,应当在财务报告中予以披露。

3. 遵循及时性原则

为了体现企业编制中期财务报告的及时性原则,中期财务报告计量相对于年度财务数据的计量而言,在很大程度上依赖于估计。例如,企业通常在会计年度末对存货进行全面、详细的实地盘点,因此,对年末存货可以达到较为精确的计价。但是在中期末,由于时间上的限制和成本方面的考虑,有时不大可能对存货进行全面、详细的实地盘点,在这种情况下,年度与中期末存货的计价就可在更大程度上依赖于会计估计。

(二) 中期合并财务报告和提供母公司财务报表编制要求

企业上年度编制合并财务报表的,中期期末应当编制合并财务报表。上年度财务报告除了包括合并财务报表,还包括母公司财务报表的,中期财务报告也应当包括母公司财务报表。上年度财务报告包括了合并财务报表,但报告中期内处置了所有应纳入合并范围的子公司的,中期财务报告只需要提供母公司财务报表,但上年度比较财务报表仍应当包括合并财务报表,上年度可比中期没有子公司的除外。具体而言:

(1) 上年度中编报合并财务报表的企业,其中期财务报告中也应当编制合并财务报表,而且合并财务报表的合并范围、合并原则、编制方法和合并财务报表的格式与内容等也应当与上年度合并财务报表相一致。但当年新企业会计准则有新的规定除外。

(2) 企业中期合并财务报表合并范围发生变化的,则应当区分以下情况进行处理:

第一,如果企业在报告中期内处置了所有子公司,而且在报告中期又有新增子公司,那么企业在其中期财务报告中就不必编制合并财务报表。尽管如此,企业提供的上年度比较财务报表仍然应当同时提供合并财务报表和母公司财务报表。除非在上年度可比中期末,企业没有子公司。

第二,中期内新增符合合并财务报表合并范围要求的子公司。在这种情况下,企业在中期末就需要将该子公司的个别财务报表纳入合并财务报表的合并范围中。

(3) 应当编制合并财务报表的企业,如果在上年度财务报告中除了提供合并财务报表之外,还提供了母公司财务报表,如上市公司,那么在其中期财务报告中除了应当提供合并财务报表之外,还应当提供母公司财务报表。

(三) 比较财务报表编制要求

为了提高财务报表信息的可比性、相关性和有用性,企业在中期末除了编制中期末资产负债表、中期利润表和现金流量表之外,还应当提供前期比较财务报表。中期财务报告应当按照下列规定提供比较财务报表:

(1) 本中期末的资产负债表和上年度末的资产负债表。

(2) 本中期的利润表、年初至本中期末的利润表以及上年度可比期间的利润表。其中,上年度可比期间的利润表包括:上年度可比准中期的利润表和上年度初至上年可比中期末的利润表。

(3) 年初至本中期末的现金流量表和上年度初至上年度可比本期末的现金流量表。

第十二章 分部报告与中期报告

需要说明的是,企业在中期财务报告中提供比较财务报表时,应当注意以下几个方面:①企业在中期内按新准则规定,对财务报表项目在报告中期进行了调整,则上年度比较财务报表项目的有关金额应当按照本年度中期财务报表的要求进行重新分类,以确保其与本年度中期财务报表的相应信息相互可比。同时,企业应当在附注中说明财务报表项目重新分类的原因及内容。如果企业因原始数据收集、整理或者记录等方面的原因,无法对比较财务报表中的有关金额进行重新分类,应当在附注中说明不能进行重新分类的原因。②企业在中期内发生了会计政策变更的,其累积影响数能够合理确定,且涉及本会计年度以前中期财务报表净损益和其他相关项目的数字的,应当予以追溯调整,视同该会计政策在整个会计年度一贯采用;对于比较财务报表可比期间以前的会计政策变更的累积影响数,应当根据规定调整比较财务报表最早期间的期初留存收益,财务报表其他相关项目的数字也应当一并调整。同时,在附注中说明会计政策变更的性质、内容、原因及其影响数;无法追溯调整的,应当说明原因。③对于本年度中期内发生的调整以前年度损益事项,企业应当调整本年度财务报表相关项目的年初数,同时,中期财务报告中相应的比较财务报表也应当为已经调整以前年度损益后的报表。

(四) 中期会计政策变更的处理

企业在中期发生了会计政策变更的,应当按照《企业会计准则第 28 号——会计政策、会计估计变更和差错更正》规定处理,并在财务报表附注中作相应披露。会计政策变更的累积影响数能够合理确定,且涉及本会计年度以前中期财务报表相关项目数字的,应当予以追溯调整,视同该会计政策在整个会计年度一贯采用;同时,上年度可比财务报表也应当作相应调整。除非国家规定了相关的会计处理方法,一般情况下,企业应当对根据本准则第七条要求提供的以前年度进行追溯调整;同时,涉及本会计年度内会计政策变更以前各中期财务报表相关项目数字的,也应当追溯调整,视同该会计政策在整个会计年度和可比财务报表期间一贯采用;反之,会计政策变更的累积影响数不能合理确定,以及涉及本会计年度以前中期财务报表相关项目数字的,应当采用未来适用法。同时,在财务报表附注中说明会计政策变更的性质、内容、原因及其影响数,如果累积影响数不能合理确定的,也应当说明理由。

1. 会计政策变更发生在会计年度内第一季度的处理

企业的会计政策发生在会计年度内第一季度,则企业除了计算会计政策变更的累积影响数并作相应的账务处理之外,在财务报表的列报方面,只需要根据变更后的会计政策编制第一季度和当年度以后季度财务报表,并对根据本准则要求提供的以前年度比较财务报表最早期间的期初留存收益和这些财务报表的其他相关项目数字作相应调整即可。

在财务报表附注的披露方面,应当披露会计政策变更对以前年度的累积影响数(包括对比较财务报表最早期间期初留存收益的影响数和以前年度可比中期损益的影响数)和对第一季度损益的影响数,在当年度第一季度之后的其他季度财务报表附注中,则应当披露第一季度发生的会计政策变更对当季度损益的影响数和年初至本季度末损益的影响数。

2. 会计政策变更发生在会计年度内第一季度之外的其他季度的处理

企业的会计政策变更发生在会计年度内第一季度之外的其他季度,如第二季度、第三季度等,其会计处理相对于会计政策变更发生在第一季度而言复杂一些。企业除了应当计算会计政策变更的累积影响数并作相应的账务处理之外,在财务报表的列报方面,还需要调整以前年度比较财务报表最早期间的期初留存收益和比较财务报表其他相关项目的数字,以及在会计政策变更季度财务报告中或者变更以后季度财务报告中所涉及的本会计年度内发生会计政策变更之前季度财务报表相关项目的数字。

在附注披露方面,企业需要披露会计政策变更对以前年度的累积影响数,主要有:①对比较财务报表最早期间期初留存收益的影响数;②以前年度可比中期损益的影响数,包括可比季度损益的影响数和可比年初至季度末损益的影响数;③对当年度变更季度、年初至变更季度末损益的影响数;④当年度会计政策变更前各季度损益的影响数。此外,在发生会计政策变更以后季度财务报表附注中也需要作相应披露。

二、中期财务报告附注的编制要求

(一) 中期财务报告附注编制的基本要求

1. 附注应当以年初至本中期末为基础编制

编制中期财务报告的目的是向报告使用者提供自上年度资产负债表日之后所发生的重要交易或者事项,因此,中期财务报告中的附注应当以"年初至本中期末"为基础进行编制,而不应当仅仅只披露本中期所发生的重要交易或者事项。

2. 附注应当对自上年度资产负债表日之后发生的重要的交易或者事项进行披露

中期财务报告中的附注应当以年初至本中期末为基础编制,披露自上年度资产负债表日之后发生的,有助于理解企业财务状况、经营成果和现金流量变化情况的重要交易或者事项,此外,对于理解本中期财务状况、经营成果和现金流量有关的重要交易或者事项,也应当在附注中作相应披露。

(二) 中期财务报告附注至少应当包括的内容

(1) 中期财务报表所采用的会计政策与上年度财务报表相一致的声明。企业在中期会计政策发生变更的,应当说明会计政策变更的性质、内容、原因及其影响数;无法进行追溯调整的,应当说明原因。

(2) 会计估计变更的内容、原因及其影响数;影响数不能确定,应当说明原因。

(3) 前期差错的性质及其更正金额;无法进行追溯调整的,应当说明原因。

(4) 企业经营的季节性或者周期性特征。

(5) 存在控制关系的关联方发生变化的情况;关联方之间发生交易的,应当披露关联方关系的性质、交易类型和交易要素。

(6) 合并财务报表的合并范围发生变化的情况。

(7) 对性质特别或者金额异常的财务报表项目的说明。

(8) 证券发行、回购和偿还情况。

(9) 向所有者分配利润的情况,包括在中期内实施的利润分配和已提出或者已批准但尚未实施的利润分配情况。

(10) 根据《企业会计准则第35号——分部报告》规定披露分部属报告信息的,应当披露主要的报告形式的分部收入和分部利润(亏损)。

(11) 中期资产负债表日至中期财务报告批准报出日之间发生的非调整事项。

(12) 上年度资产负债表日以后发生的或有负债和或有资产的变化情况。

(13) 企业结构变化情况,包括企业合并,对被投资单位具有重大影响、共同控制或者控制关系的长期股权投资的购买或者处置,终止经营等。

(14) 其他重大交易或者事项,包括重大的长期资产转让及其出售情况、重大的固定资产和无形资产取得情况、重大的研究和开发支出、重大的资产减值损失、或有负债等。

企业在提供上述第(5)项和第(10)项有关关联方交易、分部收入与分部利润(亏损)信息时,应当同时提供本期(或者本中期末)和本年度初至本中期末的数据,以及上年度可比本中期(或者可比期末)和可比年初至本中期末的比较数据。

参 考 文 献

[1] 美国财务准则委员会.论财务会计概念[M].娄尔行,译.北京:中国财政经济出版社,1992.

[2] 常勋.高级财务会计[M].沈阳:辽宁人民出版社,2004.

[3] 弗洛伊德·A·比姆斯,约翰·A·步罗若夫斯基,克雷格·D·舒尔德斯.高级财务会计学[M].储一昀,译.上海:上海财经大学出版社,2002.

[4] 徐文丽.高级财务会计[M].上海:立信会计出版社,2007.

[5] 中国注册会计师教育教材编审委员会.高级财务会计[M].大连:东北财经大学出版社,1996.

[6] 财政部.企业会计准则[M].北京:经济科学出版社,2006.

[7] 杨忠莲,柴庆孚.高级财务会计[M].上海:上海财经大学出版社,2008.

复习思考题

1. 何谓业务分部和地区分部?

2. 根据《企业会计准则第35号——分部报告》要求,不满足报告分部规定条件的该如何处理?

3. 上河公司的营业收入信息如下:(单位:元)

合并营业收入(利润表中)	600 000
分部间营业收入及转移	80 000
所有行业分部的营业收入合计数	680 000

对纳入报告分部的10%营业收入判定中,应使用600 000元的10%还是680 000元的10%?

4. 描述在确定纳入报告分部时营业利润10%的判定。

5. 应报告分部及所有其他合并的分部有哪些披露要求?

6. 中期财务报告编制有哪些要求?

7. 中期财务报告提供比较财务报表有哪些要求?

8. 思新服装公司根据客户群和内容管理需要划分为老年装、中年装、青年装、少年装等主要商品分部,20×8年12月31日的资产及20×8年度的收入、损益等相关资料如表12-5所示。

表12-5 思新服装公司分部资料摘录

单位:万元

项 目	老年装	中年装	青年装	少年装	合 计
对外收入	4 200	3 800	5 200	1 600	14 800
分部之间的收入	1 400		1 800		3 200

(续表)

项　目	老年装	中年装	青年装	少年装	合　计
折旧和摊销费用	1 120	600	520	280	2 520
分部损益	500	－100	340	－60	680
未分配管理费用					60
股权投资收益	80				80
分部资产	3 440	2 000	2 160	800	8 400
分部长期资产投资支出	480	400			880

这些分部是否为列报分部，分别就收入、资产和损益进行测试。

第十三章 所得税会计

本 章 提 要

所得税是对企业生产经营活动中的所得征收的一种税。由于财务会计原则和税法规定的目的不同,会计利润与应纳税所得额之间产生了差异。

暂时性差异是指资产或负债的账面价值与其计税基础之间的差额,未作为资产和负债确认的项目,按照税法规定可以确定其计税基础的,该计税基础与其账面价值之间的差额也属于暂时性差异。根据对未来纳税的影响,暂时性差异分为应纳税暂时性差异和可抵扣暂时性差异。

在资产负债观下,应纳税暂时性差异和可抵扣暂时性差异的所得税影响确认为递延所得税负债和递延所得税资产。企业在利润表中确认的所得税费用或收益由当期所得税和递延所得税两个部分组成。

对纳税亏损采用转后的方法进行会计处理,将其作为可抵扣暂时性差异确认相关的递延所得税资产。

在我国,递延所得税资产和递延所得税负债应当分别作为非流动资产和非流动负债在资产负债表中列示。

第一节 递延所得税

一、递延所得税的形成

所得税是对企业生产经营活动中的所得征收的一种税。由于财务会计原则和税法规定的目的不同,会计利润与应纳税所得额之间产生了差异。所得税会计就是该差异在会计核算中的体现;而递延所得税则是对该差异采用纳税影响会计法进行处理时形成的。

(一) 会计利润与应纳税所得额之间的差异

企业应纳所得税额是以税法的规定为依据,根据应纳税所得额和适用税率计算而得。通常情况下,应纳税所得额来源于企业财务会计的记录,但不同于企业的会计利润。其原因为:财务会计必须遵循会计原则,其目的是真实、公允和完整地反映企业的财务状况、经营成果和财务状况变动的全貌;税法则以课税为目的,以经济合理、公平税负、促进竞争为原则,依据有关税收法规确定一定时期内纳税人应交纳的税额。

所得税会计的内容之一是对会计利润与应纳税所得额之间的差异进行分类,分类方法的不同则是不同的会计理念在所得税会计理论与实务中的具体体现。

在收入费用观会计理念下,会计利润与应纳税所得额之间的差异划分为永久性差异和时间性差异。永久性差异,是指某一会计期间,由于会计原则和税法规定在计算收入、费用或损失时的口径不同所产生的会计利润与应税所得之间的差异。这种差异在某一期间发生,以后期间还可能继续发生,并不会在以后期间内逆转,所以是一种绝对性差异,也就是说,永久性差异只影响当期的应税所得,但不会影响以后各期应纳税所得额,不会在将来产生应纳税金额或可抵扣金额,故不存在跨期分摊问题,不必作账务调整。时间性差异,是指会计准则和税法在确认收益、费用或损失的时间不同而产生的税前会计利润与应纳税所得额之间的差异。时间性差异发生在某一会计期间,但在以后一期或若干期内能够转回。

在资产负债观下,会计利润与应纳税所得额分别表示为:

$$会计利润 = 期末净资产的账面价值 - 期初净资产的账面价值 \qquad (13.1)$$

$$应纳税所得额 = 期末净资产的计税基础 - 期初净资产的计税基础 \qquad (13.2)$$

资产代表经济利益的未来流入额,负债代表经济利益的未来流出额,而收益是期末拥有未来经济利益的净额。从(13.1)式来看,资产和负债的账面价值是按会计准则确认和计量的资产和负债的价值。(13.2)式表明,资产和负债的计税基础是按税法确认和计量的资产和负债的价值,即计税时归属于该资产或负债的金额。那么,会计利润与应纳税所得额之间的差额就是资产与负债的账面价值与其计税基础之间的差。该差异会随着资产的耗用和负债的清偿而逐渐转回,最终消失,因此引入了暂时性差异的概念。

(二) 会计利润与应纳税所得额之间差异的会计处理方法

所得税会计处理方法有应付税款法和纳税影响会计法两种,在会计实务中,纳税影响会计法又具体划分为递延法、利润表债务法和资产负债表债务法。

1. 应付税款法

应付税款法是指企业不确认时间性差异对所得税的影响金额,按照当期计算的应交所得税金额确认为所得税费用的方法。即本期所得税费用等于本期应税所得额与现行税率的乘积。由于应付税款法基于收益分配观,将所得税视为一项利润分配,对所得税的确认及计量完全服从税法规定,在会计准则中,既不需要从收入与费用配比的角度进行规范,也不需要立足于资产或负债的定义进行规范。因此,不会产生递延所得税。

2. 递延法

递延法是将本期时间性差异产生的影响所得税的金额递延和分配到以后各期,并同时转回原已确认的时间性差异对本期所得税的影响金额。递延法的特点:①在递延法下,资产负债表上所反映的递延税款余额,并不代表收款的权利或付款的义务。采用递延法进行会计处理时,递延税款的账面余额是按照产生时间性差异的时期所适用的所得税税率计算确认,而不是按照现行税率计算的,在税率变动或开征新税时,对递延税款的账面余额不作调整。即递延税款账面余额不符合负债或资产的定义,不能完全反映为企业的一项负债或一项资产。所以,在递延法下,资产负债表上反映的递延税款余额,只能视其为资产负债表的借项或贷项。②本期发生的时间性差异影响所得税的金额,用现行税率计算,以前发生而在本期转回的各项时间性差异影响所得税的金额,用当初的原有税率计算。

采用递延法时,一定时期的所得税费用包括:①本期应交所得税;②本期发生或转回的时间性差异所产生的递延税款贷项或借项。本期应交所得税是指按照本期应税所得和现行所得税税率计算的所得税金额;本期发生或转回的时间性差异所产生的递延税款贷项或借项,是指本期发生的时间性差异用现行所得税税率计算的未来应交的所得税和未来可抵

减的所得税金额,以及本期转回原确认的递延税款借项或贷项。即:

本期所得税费用 = 本期应交所得税 + 本期发生的时间性差异所产生的递延税款贷项金额

　　　　　　　　－ 本期发生的时间性差异所产生的递延税款借项金额

　　　　　　　　＋ 本期转回的原确认的递延税款借项金额

　　　　　　　　－ 本期转回的原确认的递延税款贷项

本期发生的时间性差异所产生的递延税款贷项金额

　＝ 本期发生的应纳税时间性差异 × 现行所得税税率

本期发生的时间性差异所产生的递延税款借项金额

　＝ 本期发生的可抵减时间性差异 × 现行所得税税率

本期转回原确认的递延税款借项金额

　＝ 本期转回可抵减本期应税所得的时间性差异 × 原确认递延税款时的所得税税率

本期转回原确认的递延税款贷项金额

　＝ 本期转回可增加本期应税所得的时间性差异 × 原确认递延税款时的所得税税率

3. 利润表债务法

利润表债务法是将本期由于时间性差异产生的影响所得税的金额递延和分配到以后各期,并同时转回原已确认的时间性差异的所得税影响金额,在税率变动或开征新税时,需要调整递延税款的账面余额。利润表债务法的特点:①本期的时间性差异预计对未来所得税的影响金额在资产负债表上作为未来应付税款的债务,或者作为代表预付未来税款的资产。采用债务法进行会计处理时,递延税款的账面余额按照现行所得税税率计算,而不是按照产生时间性差异的时期所适用的所得税税率计算,因此,在税率变动或开征新税时,递延税款的账面余额要进行相应的调整。②在采用债务法时,本期发生或转回的时间性差异的所得税影响金额,均应用现行税率计算确定。

采用债务法时,一定时期的所得税费用包括:①本期应交所得税;②本期发生或转回的时间性差异所产生的递延所得税负债或递延所得税资产;③由于税率变动或开征新税,对以前各期确认的递延所得税负债或递延所得税资产账面余额的调整数。即:

本期所得税费用 = 本期应交所得税

　＋ 本期发生的时间性差异所产生的递延所得税负债

　－ 本期发生的时间性差异所产生的递延所得税资产

　＋ 本期转回的原确认的递延所得税资产

　－ 本期转回的原确认的递延所得税负债

　＋ 本期由于税率变动或开征新税调减的递延所得税资产或调增的递延所得税负债

　－ 本期由于税率变动或开征新税调减的递延所得税负债或调增的递延所得税资产

4. 资产负债表债务法

资产负债表债务法是指以资产负债表中各项资产、负债的账面价值与其计税基础之间的暂时性差异数以及适用的所得税税率为基础,确认、计量递延所得税资产和递延所得税负债的一种方法。

在资产负债表债务法下,所得税事项涉及三个项目:当期所得税负债、递延所得税资产和负债、所得税费用。在任何一种企业所得税法下,当期所得税负债都是按照所得税纳税申报表计算企业应交所得税(所得税负债)。在递延所得税资产(和递延所得税负债)与所得税费用中,必有一项是倒轧的结果。资产负债表债务法以资产负债观为基础,其递延所得税资产和负债需要符合资产和负债的确认与计量原则,所得税费用自然就是倒轧数。

在资产负债表债务法下,关键是如何确认与计量递延所得税资产和递延所得税负债。期末递延所得税资产和负债表示为:

$$递延所得税资产期末余额 = 期末可抵扣暂时性差异 \times 适用税率$$

$$递延所得税负债期末余额 = 期末应纳税暂时性差异 \times 适用税率$$

那么,某个期间的递延所得税发生额表示为:

$$当期递延所得税资产(和负债) = 期末递延所得税资产(和负债) - 期初递延所得税资产(和负债)$$

所以,当期应交所得税是按现行税法计算的结果,在不考虑未来适用税率变更引起对前期已确认递延所得税调整的情况下,用公式表示为:

$$当期递延所得税费用 = 当期递延所得税负债 - 当期递延所得税资产$$

综上,在已知本期应交所得税的前提下,通过上式计算出当期递延所得税费用后,可以倒挤出所得税费用:

$$所得税费用 = 本期应交所得税 + (期末递延所得税负债 - 期初递延所得税负债)$$
$$- (期末递延所得税资产 - 期初递延所得税资产)$$

在未来期间税率发生变更时,对原来已确认的递延所得税资产和负债的调整额要计入当期所得税费用。

总之,上述所得税会计处理的各种方法体现了不同的会计理念。纳税影响会计法在具体应用时会产生某些差别,但是他们面对一个共同的问题,即由会计利润与应纳税所得额之间差异而产生的递延所得税的确认与计量。

二、递延所得税的性质

递延所得税源于会计利润与应纳税所得额之间的差异,在会计上如何确认其性质则反映了不同会计理念在具体会计理论与实践中的应用情况。

在收入费用观下,对所得税的会计处理采用递延法或利润表债务法,强调所得税费用应当与会计收益相配比。在处理程序上,先计量所得税费用,再确定计入资产、负债的价值,递延所得税项目在所得税会计处理中充当配角,主要起到平衡作用,将会计利润与应纳税所得额之间差异对未来的影响跨期摊配。因此,递延所得税不符合资产或负债的定义,只是列示在资产或负债中的一个项目。

基于资产负债观的资产负债表债务法则将重点投向资产负债表,关注交易和事项的发生引起资产或负债的变化,强调必须在资产及负债计量可靠、完整的基础上反映有关交易或事项的所得税影响。在处理程序上,先确认交易或事项所导致的资产或负债的变化,然后据以确定所得税费用。递延所得税在所得税会计处理中处于主角地位,"递延所得税资产"或"递延所得税负债",在本质上与其他资产或负债无异:发生应纳税暂时性差异,引起企业承担所得税义务增加,导致未来经济利益流出,应确认一项负债即递延所得税负债;发生可抵扣暂时性差异,引起企业未来纳税义务减少,导致未来经济利益流出的减少可视同未来经济利益流入的增加,形成一项所得税利益,应确认一项资产即递延所得税资产。其余额客观、完整地反映交易或事项发生后产生的所得税利益或义务,符合资产或负债的定义。

第二节 递延所得税资产和负债的计算

采用资产负债表债务法核算其递延所得税的关键是确定计税基础,在此基础上确定暂时性差异,进而计算递延所得税资产或递延所得税负债。

一、计税基础的确定

计税基础是按税法确认和计量的资产和负债的价值,即计税时归属于该资产或负债的金额。那么,应该如何理解和确定资产和负债的计税基础呢?

(一)资产的计税基础

我国企业会计准则中表述,资产的计税基础是指企业在收回资产账面价值过程中,计算应纳税所得额时按照税法规定可以自应税经济利益中抵扣的金额。这一定义体现了资产与应纳税所得额之间的内在联系,因为所得税法中的收益是应纳税所得额,它强调收入与扣除项目之间的关系,资产只有在使用过程中逐步费用化,抵减当期收入,才能与应纳税所得额产生联系。确定资产计税基础的步骤如下:

第一,将资产区分为应税资产和非应税资产。资产的一个主要特征就是预计能够给企业带来未来经济利益的流入。如果一项资产所包含的未来经济利益流入时,按税法规定应计入流入当期的应纳税所得额,则称该项资产为应税资产,如存货、固定资产、无形资产等;如果一项资产的未来经济利益流入时,按税法规定不应计入流入当期的应纳税所得额,则称该项资产为非应税资产,如货币资金、应收款项等。

第二,确定非应税资产的计税基础。对于未来流入的经济利益不需纳税的非应税资产,其计税基础等于其账面价值。

【例13-1】 某企业资产负债表中应收账款项目账面价值为180万元(该企业"应收账款"账户余额为200万元,"坏账准备"账户余额为20万元)。税法规定,按应收账款期末余额的5‰计提的坏账准备允许税前扣除。该项应收账款确认时已计入确认当期的应纳税所得额。

分析:报表中列示的应收账款项目账面价值180万元,是用"应收账款"账户余额减去"坏账准备"账户余额计算得出的,即200-20=180(万元);确定应收账款报表项目的计税基础时,也应按照相同的程序,即分别确定"应收账款"账户及"坏账准备"账户的计税基础,然后将两账户的计税基础相减后确定应收账款报表项目的计税基础。

"应收账款"账户余额已计入确认当期的应纳税所得额,未来收回时流入的经济利益不再纳税,属未来经济利益不纳税的非应税资产,其计税基础等于其账面余额200万元;"坏账准备"账户的计税基础,可按负债的计税基础标准确定。即:坏账准备的计税基础,等于坏账准备的账面余额,减去未来期间清偿负债时(本例为未来坏账发生时)按税法规定可税前扣除数额,本例按税法规定已允许扣除数为1万元(200×5‰),未来期间经济利益流出时仍可扣除数为19万元,所以坏账准备的计税基础为1万元(20-19)。"应收账款"账户及"坏账准备"账户的计税基础确定后,即可按两者的差额计算确定应收账款报表项目的计税基础,具体过程如下:

应收账款报表项目的计税基础＝"应收账款"账户的计税基础－"坏账准备"账户的计税基础

$$= 200 - 1 = 199（万元）$$

第三,确定应税资产的计税基础。如果一项资产属于未来经济利益需纳税的应税资产,则其计税基础等于未来经济利益流入时按税法规定可从税前扣除的数额。该类资产项目在初始确认时,其计税基础一般为取得成本;在资产持有期间,其计税基础为其取得成本减去以前期间按照税法规定已经在税前扣除的金额后的差额,该差额代表的是按照税法规定,该项资产在未来期间计税时仍然可从税前扣除的金额。如固定资产、无形资产等非流动资产在某一资产负债表日的计税基础是指其成本扣除按照税法规定已在以前期间税前扣除的累计折旧额或累计摊销额后的金额。

【例13-2】 某企业资产负债表中交易性金融资产项目的账面价值为100万元,该项金融资产的取得成本为80万元。

分析:按会计准则规定,交易性金融资产期末应以公允价值计量,该资产的未来经济利益主要通过出售方式流入,出售时取得的收入应计入当期的应纳税所得额,属应税资产,其计税基础等于其未来经济利益流入时(即交易性金融资产售出时)可从出售收入中税前扣除的金额,即80万元。

【例13-3】 某企业资产负债表中固定资产项目的账面价值为100万元。其中"固定资产"账户账面余额为200万元,"累计折旧"账户账面余额为80万元,"资产减值准备"账户余额为20万元。按税法规定资产成本尚有120万元可于未来扣除。

分析:企业使用固定资产生产的产品销售收入及固定资产未来处置的收入均应计入未来期间的应纳税所得额,属应税资产。未来经济利益流入时,按税法规定可从中税前扣除数为120万元。故其计税基础为120万元。

（二）负债的计税基础

负债的计税基础,是指负债的账面价值减去未来期间计算应纳税所得额时按照税法规定可予抵扣的金额。即负债的计税基础＝账面价值－未来可予税前列支的金额。确定负债的计税基础的步骤如下。

1. 区分预收款项类负债及非预收款项类负债

根据其未来经济利益流出的方式不同,将负债区分为预收款项类负债及非预收款项类负债两种。预收款项类负债的清偿方式是向债权人交付商品、提供劳务或让渡相关资产的使用权;非预收款项类负债通常以现金或现金等价物流出的方式进行清偿。前者主要包括企业预先收取客户的货款、劳务款及资产的使用费,但尚未向客户交付商品、提供劳务或将资产交付对方使用而形成的负债,如预收账款、递延收益等;非预收款项类负债是指企业已接受了对方交付的商品、提供的劳务,或已使用了对方的资产(含货币资金),但尚未支付相应款项而形成的负债以及企业的预计负债。资产负债表中的大多数负债均属这类负债,如因借款类负债、应付款项类负债、预计负债类等。

2. 预收款项类负债计税基础的确定

该类负债的计税基础等于其账面价值减去未来清偿负债时不需纳税的预收账款金额。实务中,如果一项预收账款在收款时按税法规定已计入收款当期的应纳税所得额,则未来清偿该负债时不需再交纳所得税,即未来清偿负债时不需纳税的预收账款金额等于其账面价值,其计税基础等于其账面价值减去未来清偿负债时不需纳税的预收账款金额＝账面价值－账面价值＝0；如果一项预收账款在收款时按税法规定没有计入预收期的应纳税所得额，则在未来清偿时（会计上收入实现时）该部分预收的收入要计入清偿期的应纳税所得额，即负债清偿时免予交纳所得税数额为0，所以其计税基础等于账面价值减去未来经济利益流出时不需计税金额＝账面价值－0＝账面价值。

【例13-4】 某企业资产负债表中预收账款（货款）项目账面价值为100万元。税法规定，该预收款收到时，不计入收款期应纳税所得额，企业将产品发出时（清偿负债时）纳税。

分析：预收账款属于预收款项类负债，其计税基础＝账面价值－未来清偿负债时不需纳税的预收账款金额＝100－0＝100（万元）。

3. 非预收款项类负债计税基础的确定

该类负债的计税基础等于其账面价值减去未来经济利益流出时可予税前扣除数。实务中，非预收款项类负债的计税基础的确定也应区分不同情况：①如果该类负债确认（指会计上确认）时，税法已允许其从当期应纳税所得额中扣除，则以后清偿时不能再进行扣除，即未来扣除数为0，这种情况下负债的计税基础＝账面价值－未来经济利益流出时可予税前扣除数＝账面价值－0＝账面价值；②如果该负债确认（指会计上确认）时，按税法规定不能从当期应纳税所得额中扣除，而是以后清偿时才允许扣除，即未来扣除数等于其账面价值，这种情况下负债的计税基础＝负债的账面价值－未来可税前扣除数＝账面价值－账面价值＝0；③如果一项非预收款项类负债发生时按税法规定不允许扣除，以后清偿时按税法规定也不允许扣除，未来可扣除数为0，则其计税基础＝账面价值－未来可扣除数＝账面价值－0＝账面价值。

【例13-5】 某企业资产负债表中应付职工薪酬项目账面余额为200万元，其中100万元为生产部门人员工资，100万元管理部门人员工资，该企业工资水平超过税法允许扣除的计税工资25%。

分析：应付工资属于非预收款项类负债，无论是生产人员工资，还是管理人员工资；不论是计税工资标准内部分，还是超过计税工资标准部分，支付时按税法规定不得税前扣除，故其计税基础＝账面余额－未来支付利息时可税前扣除数＝200－0＝200（万元）。

二、暂时性差异

暂时性差异是指资产或负债的账面价值与其计税基础之间的差额，未作为资产和负债确认的项目，按照税法规定可以确定其计税基础的，该计税基础与其账面价值之间的差额也属于暂时性差异。根据对未来纳税的影响，暂时性差异分为应纳税暂时性差异和可抵扣暂时性差异。

（一）应纳税暂时性差异

应纳税暂时性差异是指在确定未来收回资产或清偿负债期间的应纳税所得额时，将导致产生应税金额的暂时性差异。通常产生于以下两种情况。

1. 资产的账面价值大于其计税基础

一项资产的账面价值代表的是企业在持续使用或最终出售该资产时将取得的经济利益总额，而计税基础代表的则是一项资产在未来期间可予税前扣除的金额。资产的账面价值大于其计税基础，该资产未来期间产生的经济利益不能全部在税前抵扣，两者之间的差额需要交税，产生应纳税暂时性差异。例如，一项资产的账面价值为100万元，计税基础为70万元。意味着未来该项资产预计经济利益流入企业100万元时，有70万元可以从应税经济利益中抵扣，未来应纳税所得额增加30万元。

2. 负债的账面价值小于其计税基础

一项负债的账面价值为企业预计在未来期间清偿该项负债时的经济利益流出，而其计税基础代表的则是账面价值扣除税法规定未来期间允许税前扣除的金额之后的差额。因负债的账面价值与其计税基础不同产生的暂时性差异，本质上是税法规定就该负债在未来期间可以在税前扣除的金额，也就是与该项负债相关的费用支出在未来期间可予税前扣除的金额。负债的账面价值小于其计税基础，意味着该项负债在未来期间可以税前抵扣的金额为负数，即应在未来期间应纳税所得额的基础上调整增加，同时增加应交所得税。

无论哪种情况产生的应纳税暂时性差异，在未来期间转回时，都会增加转回期间的应纳税所得额，增加应交所得税，所以，在应纳税暂时性差异产生的当期，应当确认相关的递延所得税负债。

(二) 可抵扣暂时性差异

可抵扣暂时性差异是指在确定未来收回资产或清偿负债期间的应纳税所得额时，将导致产生可抵扣金额的暂时性差异。通常产生于以下两种情况。

1. 资产的账面价值小于其计税基础

此种情况表明，资产在未来期间产生的经济利益较少，按税法规定可予税前扣除的金额较多。按照账面价值与计税基础之间的差额，企业在未来期间可以减少应纳税所得额和应交所得税，在符合资产确认条件时，应当确认相关的递延所得税资产。例如，一项资产的账面价值为70万元，计税基础为100万元。意味着未来该项资产预计经济利益70万元流入企业时，有100万元可以从应税经济利益中抵扣，不仅该项经济利益无需纳税，且还可抵扣未来应纳额税所得30万元。

2. 负债的账面价值大于其计税基础

此种情况意味着未来期间按照税法规定与该项负债的账面价值相关的全部或部分支出可以从未来应纳税所得额中扣除，减少应交所得税。比如，一项预计负债账面金额为100万元(预提产品保修费用)，假设产品保修费用在实际支付时抵扣，该预计负债计税基础为0。则该项预计负债账在未来期间清偿时，可以从当期的应纳税所得额中抵扣100万元。

上述两种情况产生的可抵扣暂时性差异，在未来期间转回时，会减少转回期间的应纳税所得额，减少应交所得税，所以，在可抵扣暂时性差异产生的当期，应当确认相关的递延所得税资产。

三、递延所得税资产和负债的计算

在资产负债表日，对于递延所得税资产和递延所得税负债，应当按照预期收回该资产或清偿该负债期间的适用税率计量。对于确认的递延所得税，分别计入递延所得税资产和递延所得税负债：

$$递延所得税资产 = 可抵扣暂时性差异 \times 所得税税率$$

$$递延所得税负债 = 应纳税暂时性差异 \times 所得税税率$$

企业经营过程中以各种方式取得的应税所得适用的所得税税率以及在不同会计期间适用的所得税税率一般不存在差别。某些情况下，适用税率发生变化的，应对已确认的递延所得税资产和递延所得税负债进行重新计量，除直接在所有者权益中确认的交易或者事项产生的递延所得税资产和递延所得税负债以外，应当将其影响数计入变化当期的所得税费用。

第十三章 所得税会计

此外,递延所得税资产和递延所得税负债的计量,应当反映资产负债表日企业预期收回资产或清偿负债方式的所得税影响,即在计量递延所得税资产和递延所得税负债时,应当采用与收回资产或清偿债务的预期方式相一致的税率和计税基础,并且,企业不应当对递延所得税资产和递延所得税负债进行折现。

(一)递延所得税负债的计算

递延所得税负债产生于应纳税暂时性差异。因应纳税暂时性差异在转回期间将增加企业的应纳税所得额和应交所得税,导致企业经济利益流出,在其发生当期构成企业支付税金的义务,应作为负债确认,并计入所得税费用。

【例 13-6】 A公司所得税税率为25%,20×8年年末,长期股权投资账面余额为220万元,其中原始投资成本为200万元,按权益法确认投资收益20万元,没有计提减值准备。长期投资账面价值为220万元与其计税基础为200万元之间形成应纳税暂时性差异,通常情况下应确认为递延所得税负债:

$$递延所得税负债 = 应纳税暂时性差异 \times 所得税税率 = 20 \times 25\% = 5(万元)$$

会计分录如下:

借:所得税费用　　　　　　　　　　　　　　　　　　　　　　　　　50 000
　　贷:递延所得税负债　　　　　　　　　　　　　　　　　　　　　　50 000

【例 13-7】 甲公司20×3年12月20日购置并投入使用的一项固定资产原值5 000元,预计使用年限5年,采用直线法计提折旧,期末无残值。并假设在该项资产使用期间未对其计提减值准备。税法允许采用双倍余额递减法计提折旧,使用年限5年,无残值。该公司适用的所得税税率为25%,所得税会计采用资产负债表债务法核算。

则与该固定资产有关的暂时性差异及递延所得税情况如表13-1所示。

表13-1　与该固定资产有关的暂时性差异及递延所得税负债一览表

单位:元

年　份	20×4	20×5	20×6	20×7	20×8
实际成本	5 000	5 000	5 000	5 000	5 000
累计会计折旧	1 000	2 000	3 000	4 000	5 000
账面价值	4 000	3 000	2 000	1 000	0
累计计税折旧	2 000	3 200	3 920	4 460	5 000
计税基础	3 000	1 800	1 080	540	0
暂时性差异	1 000	1 200	920	460	0
适用税率	25%	25%	25%	25%	25%
递延所得税负债余额	250	300	230	115	0
当期递延所得税	250	50	−70	−115	−115

(1) 20×4年资产负债表日:

　　该项固定资产的账面价值 = 实际成本 − 累计会计折旧 = 5 000 − 1 000 = 4 000(元)
　　该项固定资产的计税基础 = 实际成本 − 累计计税折旧 = 5 000 − 2 000 = 3 000(元)

该资产的账面价值4 000元大于其计税基础3 000元,两者之间的差额1 000元会增加企业未来期间的应纳税所得,属于应纳税暂时性差异,应确认与其相关的递延所得税负债250元(1 000×25%),编制的会计分录如下:

  借:所得税费用   250
    贷:递延所得税负债   250

(2) 20×5年资产负债表日:

  该项固定资产的账面价值 = 实际成本 − 累计会计折旧 = 5 000 − 1 000 − 1 000
               = 3 000(元)
  该项固定资产的计税基础 = 实际成本 − 累计计税折旧 = 5 000 − 2 000 − 1 200
               = 1 800(元)

该资产的账面价值3 000元大于其计税基础1 800元,两者之间的差额1 200元会增加企业未来期间的应纳税所得,属于应纳税暂时性差异,应确认与其相关的递延所得税负债300元(1 200×25%),但是递延所得税负债的期初余额为250元,当期应进一步确认的递延所得税负债为50元,编制的会计分录如下:

  借:所得税费用   50
    贷:递延所得税负债   50

(3) 20×6年资产负债表日:

  该项固定资产的账面价值= 实际成本 − 累计会计折旧
        = 5 000 − 1 000 − 1 000 − 1 000 = 2 000(元)
  该项固定资产的计税基础= 实际成本 − 累计计税折旧
        = 5 000 − 2 000 − 1 200 − 720 = 1 080(元)

该资产的账面价值2 000元大于其计税基础1 080元,两者之间的差额920元会增加企业未来期间的应纳税所得,属于应纳税暂时性差异,应确认与其相关的递延所得税负债230元(920×25%),但是递延所得税负债的期初余额为300元,当期应转回原已确认的递延所得税负债70元,编制的会计分录如下:

  借:递延所得税负债   70
    贷:所得税费用   70

(4) 20×7年资产负债表日:

  该项固定资产的账面价值= 实际成本 − 累计会计折旧
        = 5 000 − 1 000 − 1 000 − 1 000 − 1 000 = 1 000(元)
  该项固定资产的计税基础= 实际成本 − 累计计税折旧
        = 5 000 − 2 000 − 1 200 − 720 − 540 = 540(元)

该资产的账面价值1 000元大于其计税基础540元,两者之间的差额460元会增加企业未来期间的应纳税所得,属于应纳税暂时性差异,应确认与其相关的递延所得税负债115元(460×25%),但是递延所得税负债的期初余额为230元,当期应转回原已确认的递延所得税负债115元,编制的会计分录如下:

借：递延所得税负债　　　　　　　　　　　　　　　　　　　　　　　115
　　贷：所得税费用　　　　　　　　　　　　　　　　　　　　　　　　　115

(5) 20×8年资产负债表日：

该项固定资产的账面价值 = 实际成本 − 累计会计折旧
$$= 5\,000 - 1\,000 - 1\,000 - 1\,000 - 1\,000 - 1\,000 = 0(元)$$

该项固定资产的计税基础 = 实际成本 − 累计计税折旧
$$= 5\,000 - 2\,000 - 1\,200 - 720 - 540 - 540 = 0(元)$$

该资产的账面价值等于其计税基础，两者之间不存在暂时性差异，当期应转回原已确认与该项固定资产有关的全部递延所得税负债115元，编制的会计分录如下：

借：递延所得税负债　　　　　　　　　　　　　　　　　　　　　　　115
　　贷：所得税费用　　　　　　　　　　　　　　　　　　　　　　　　　115

(二) 递延所得税资产的计算

企业对于可抵扣暂时性差异可能产生的未来经济利益，应以很可能取得用来抵扣可抵扣暂时性差异的应纳税所得额为限，确认相应的递延所得税资产，并减少所得税费用。

【例13-8】 甲公司20×8年年末存货账面余额100万元，已提存货跌价准备10万元。则存货账面价值为90万元，存货的计税基础为100万元，形成可抵扣暂时性差异为10万元。假设甲公司所得税税率为25%，对于可抵扣暂时性差异可能产生的未来经济利益，应以很可能取得用来抵扣可抵扣暂时性差异的应纳税所得额为限，确认相应的递延所得税资产：

$$递延所得税资产 = 可抵扣暂时性差异 \times 所得税税率 = 10 \times 25\% = 2.5(万元)$$

会计分录如下：

借：递延所得税资产　　　　　　　　　　　　　　　　　　　　　　25 000
　　贷：所得税费用　　　　　　　　　　　　　　　　　　　　　　　　25 000

四、所得税费用

企业在利润表中确认的所得税费用或收益由当期所得税和递延所得税两个部分组成。

(一) 当期所得税

当期所得税是指企业对当期发生的交易和事项按照税法规定计算确定的应交纳给税务部门的金额，即应交所得税。当期所得税按应纳税所得额和适用的所得税税率计算确定。公式表示为：

$$当期所得税 = 应交所得税 = 应纳税所得额 \times 所得税税率$$

(二) 递延所得税

递延所得税是指按所得税准则规定应予以确认的递延所得税资产和递延所得税负债在期末应有的余额相对于原已确认金额之间的差额，即递延所得税资产和递延所得税负债当期发生额之和。公式表示为：

$$递延所得税 = (递延所得税负债期末余额 - 递延所得税负债期初余额) - (递延所得税资产期末余额 - 递延所得税资产期初余额)$$

递延所得税资产期末余额 = 可抵扣暂时性差异期末余额 × 适用所得税税率

递延所得税负债期末余额 = 应纳税暂时性差异期末余额 × 适用所得税税率

(三)计算所得税费用

计算了当期所得税和递延所得税以后,确认的本期所得税费用即为两者之和,即:

$$本期所得税费用 = 本期所得税 + 递延所得税$$

【例 13-9】 甲企业采用资产负债表债务法对所得税进行会计核算,适用的所得税税率为 25%,20×8 年甲企业与所得税有关的资料显示:

(1) 年初,"递延所得税负债"账户余额为 10 万元,"递延所得税资产"账户余额为 6 万元。

(2) 实现的利润总额为 1 200 万元。

(3) 交易性金融资产项目的账面价值为 280 万元,该项金融资产的取得成本为 100 万元。

(4) 存货账面价值为 640 万元,计提减值准备 60 万元。

(5) 预计负债账面价值为 70 万元,是本公司为产品保修预先提取的费用,在实际发生时支付。

(6) 该公司违反环保法规支付罚款 60 万元。

1) 20×8 年度应交所得税

$$应纳税所得额 = 1\,200 - 180 + 60 + 70 + 60 = 1\,210(万元)$$

$$应交所得税 = 1\,210 × 25\% = 302.5(万元)$$

2) 20×8 年度递延所得税

甲企业暂时性差异如表 13-2 所示。

表 13-2 20×8 年甲企业暂时性差异

单位:万元

项目	账面价值	计税基础	暂时性差异	
			应纳税	可抵扣
交易性金融资产	280	100	180	
存货	640	700		60
预计负债	70	0		70
合计			180	130

$$递延所得税资产 = 130 × 25\% = 32.5(万元)$$

$$递延所得税负债 = 180 × 25\% = 45(万元)$$

$$递延所得税 = (45 - 10) - (32.5 - 6) = 8.5(万元)$$

3) 利润表中的所得税费用

$$所得税费用 = 302.5 + 8.5 = 311(万元)$$

第三节 经营亏损的抵前与转后

当税法规定的可抵扣的费用超过应纳税收入时企业就会发生纳税亏损,习惯上也称经营亏损。为了促进经济的发展,在企业发生经营亏损时,通常情况下各国税法会给予企业一定的所得税抵免利益。抵免方式可以是亏损抵前,也可以是亏损转后。无论哪种抵免方式,均会导致递延所得税确认和计量过程中的一个特殊问题。

一、亏损抵前

亏损抵前是指根据企业发生亏损的金额抵销以前年度的应税收益,返还亏损年度以前一定期限所交纳的所得税。

【例 13-10】 A 企业 20×7 年发生经营亏损 20 万元,根据税法允许该企业亏损抵前,抵前期为 3 年。企业 20×4—20×6 年纳税情况如表 13-3 所示。

表 13-3 A 企业 20×4—20×6 年纳税情况一览

年 份	应纳税所得额(元)	税 率	交纳所得税额(元)
20×4	50 000	30%	15 000
20×5	110 000	30%	33 000
20×6	180 000	30%	54 000

抵前退税额的计算适用抵前期实际纳税使用的税率。企业发生的经营亏损首先抵销 20×4 年的应纳税所得额 50 000 元,应收退税款 15 000 元(50 000×30%);再抵销 20×5 年的应纳税所得额 110 000 元,应收退税款 33 000 元(110 000×30%);20×6 年抵销应纳税所得额 40 000 元,应收退税款 12 000 元(40 000×30%)。这样,A 企业共应收退税款 60 000 元(15 000+33 000+12 000)。20×6 年年末,A 企业账务处理如下:

借:应收所得税返还款　　　　　　　　　　　　　　60 000
　　贷:亏损抵前所得税收益　　　　　　　　　　　　　　　　60 000

应收所得税返还款在资产负债表中列示为一项资产,亏损抵前所得税收益则应列示于 20×6 年 A 企业的利润表中。

二、亏损转后

亏损转后是指根据企业发生亏损的金额抵销亏损年度以后一定期限的应纳税收益。相对于亏损抵前,亏损转后的会计处理要复杂得多。

亏损转后导致的所得税收益只是一种潜在的所得税利益,这种所得税利益是否能够实现依赖于未来期间能否产生足够的应纳税所得额。由于亏损企业以后年度能否扭亏为盈,并产生足够的应税所得是不确定的,所以就转后的经营亏损所带来的所得税利益在何时确认问题就有了不同的观点,主要有二:一种观点认为应当在亏损年度确认;另一种观点认为应当在亏损企业产生了能够进行转后的应税所得,转后的所得税利益实现时予以确认。

从世界各国的情况看,有些国家允许在亏损年度对转后的所得税利益进行确认,但是规定了较为严格的条件,如 IASC、美国等;有些则禁止于亏损年度对转后的所得税利益确认,如德国、日本等。现举例说明在亏损年度确认所得税利益的会计处理。

【例 13-11】 B企业20×5年经营亏损额为50 000元。税法规定该企业可以进行亏损转后,转后期限为2年。20×6年、20×7年,B企业的应纳税所得额分别为30 000元和100 000元。企业适用所得税税率为30%。各年经营亏损的会计处理如下:

(1) 20×5年确认转后的所得税利益15 000元(50 000×30%)。

  借:递延所得税资产   15 000
    贷:所得税费用   15 000

(2) 20×6年度应纳税所得额30 000元为20×5年经营亏损额全部抵销,实现转后的所得税利益9 000元(30 000×30%),应纳所得税为0。

  借:所得税费用   9 000
    贷:递延所得税资产   9 000

(3) 20×7年度实现转后的所得税利益为6 000元(20 000×30%),应交所得税为24 000元,所得税费用为30 000元(6 000+24 000)。

  借:所得税费用   30 000
    贷:递延所得税资产   6 000
      应交税费   24 000

三、我国对经营亏损的会计处理方法

经营亏损的会计处理与各国税法对经营亏损处理的规定是密切相关的。至于经营亏损是抵前还是转后,这属于税法应作出的规定。会计应根据税法的规定进行账务处理。《中华人民共和国企业所得税暂行条例》第十一条对经营亏损规定如下,纳税人发生年度亏损的,可以用下一纳税年度的所得弥补,下一纳税年度的所得不足弥补的,可以逐年弥补,但是弥补期限最长不得超过5年。这表明我国税法只允许亏损转后,并且规定了转后期为5年,不允许亏损抵前。因此,我国经营亏损的会计处理实际上是对亏损转后的账务处理,并且将经营亏损作为可抵扣暂时性差异,在亏损当年确认为一项递延所得税资产。

在资产负债观的统领下,可抵扣的经营亏损是企业获得的所得税利益在未来流入时可在税前列支的金额,可以把它看作是一项隐性资产,即该项资产的账面价值为0,而其计税基础则是将来可从应税收益中抵扣的金额,也就是可抵扣暂时性差异。

【例 13-12】 假定C公司20×7年开业当年经税务机关认定亏损90万元,因为其生产线还处于小批量试生产阶段,根据产能分析及市场调研数据,表明以后年度有足够的纳税所得可供抵扣,无其他纳税调整事项。假定所得税税率30%,则该企业发生可抵扣暂时性差异90万元,有一项所得税利益27万元。

  借:递延所得税资产   270 000
    贷:所得税费用   270 000

但需要说明的是,在确定可抵扣亏损时,一般应以适当方式与税务部门沟通,取得税务部门的认可。与可抵扣亏损相关的递延所得税资产的确认条件与其他可抵扣暂时性差异产生的递延所得税资产相同,在估计未来期间是否能够产生足够的应纳税所得额可供抵扣时,还应该考虑如下因素:①在可抵扣亏损到期前,企业是否会因以前期间产生的应纳税暂时性差异转回而产生足够的应纳税所得额;②在可抵扣亏损到期前,企业是否可通过正常的生产经营活动产生足够的应纳税所得额;③可抵扣亏损是否产生于一些在未来期间不可

能重复发生的特殊原因;④是否存在其他的证据表明在可抵扣亏损到期前能够取得足够的应纳税所得额。

如果预计未来不能产生足够的应纳税所得额可供抵扣时,则不能确认与税收抵减政策相关的递延所得税资产,因为该项所得税利益很可能无法实现。

第四节 递延所得税在财务报表中的列示与披露

递延所得税在财务报表中的列示需要考虑两个方面的内容:一是如何确定递延所得税资产和递延所得税负债项目的流动性;二是如何列示其金额。

一、递延所得税资产和递延所得税负债的流动性划分

在资产负债表中,通常将所有的资产和负债分为流动部分和非流动部分进行列示。递延所得税资产和负债同其他资产和负债一样也需要进行此项分类。从目前各国会计准则对该问题的规定看,递延所得税资产和负债的流动性分类主要有以下三种:

第一种,根据暂时性差异的实现时间分类。如果实现时间在一定期间以内的暂时性差异所形成的递延所得税项目则划分为流动性项目,实现时间在一定期间以上的暂时性差异所形成的递延所得税项目则划分为非流动项目。

第二种,根据产生暂时性差异的相关资产和负债的流动性分类。如果某项暂时性差异因流动性资产或负债而产生,那么其形成的递延所得税项目也划分为流动性项目;如果某项暂时性差异是因非流动资产或负债而产生,那么其形成的递延所得税项目划分为非流动项目。

第三种,将递延所得税项目全部划分为非流动项目。

上述三种情况下,资产总额和负债总额是相同的,所不同的是资产与负债的结构,也就是流动项目和非流动项目的划分方法不同。在实际操作中,将递延所得税项目全部划分为非流动项目的方法最简便,但这种方法在报表中反映的递延所得税项目实现时间上存在差异,不符合流动资产(或负债)和非流动资产(或负债)的定义。根据产生暂时性差异的相关资产和负债的流动性划分,也便于操作,但可能存在的不足是与其他资产或负债的流动性划分标准不一致,因为非流动资产和负债所形成的递延所得税项目可能有一部分符合流动性资产或负债的定义,而流动资产和负债所形成的递延所得税项目可能有一部分需要较长时间才能实现,符合非流动性资产或负债的定义。第一种方法以暂时性差异实现时间作为划分的标准则克服了上述两种方法的不足,并与其他资产和负债的流动性划分标准保持一致。

二、递延所得税资产和负债项目金额的列示

递延所得税资产和负债项目金额是分别按资产和负债列示还是抵销后按净额列示?与上述流动性划分方法相对应,有三种方法:

第一种,按照流动性与非流动性项目划分,流动性项目和非流动性项目中的递延所得税资产和负债分别列示。

第二种,按照流动性与非流动性项目划分,流动性项目和非流动性项目中的递延所得税资产和负债相抵后按净额列示。

第三种,不进行流动性项目与非流动性项目的划分按净额列示。

目前,加拿大采用划分流动性与非流动性项目后的净额列示法,将所有流动递延所得税资产和负债相抵后列一个净额;将所有非流动递延所得税资产和负债相抵后列一个净额。美国会计准则委员会和国际会计准则理事会也采用了这种方法。因此,该方法目前在国际上的应用比较普遍,也能满足会计信息使用者的需求,同时操作上也比较简便。

三、递延所得税在我国财务报表中的列示与披露

由于我国所得税法律制度体系与西方存在差异,同时可能考虑到实际操作的简便,在流动性划分上,将递延所得税资产和递延所得税负债全部作为非流动项目,在金额的列示上,采用了比较折中的方法。《企业会计准则第18号——所得税》规定,递延所得税资产和递延所得税负债应当分别作为非流动资产和非流动负债在资产负债表中列示。

此外,企业还应当在附注中披露与递延所得税有关的下列信息,包括:

(1) 未确认递延所得税资产的可抵扣暂时性差异、可抵扣亏损的金额(如果存在到期日,还应披露到期日)。

(2) 对每一类暂时性差异和可抵扣亏损,在列报期间确认的递延所得税资产或递延所得税负债的金额,确认递延所得税资产或递延所得税负债的依据。

(3) 未确认递延所得税负债的一些特殊项目,如与对子公司、联营企业及合营企业投资相关的暂时性差异金额。

参考文献

[1] 孟焰,郑海英.递延所得税核算问题探究——解读资产、负债的计税基础[J].中央财经大学学报,2007(9).

[2] FASB.美国财务会计准则[M].北京:经济科学出版社,2002.

[3] 盖地.税务会计研究[M].北京:中国金融出版社,2005.

[4] 刘斌.所得税会计政策选择的经济动因及实证研究[J].现代财经,2005(5).

[5] 中华人民共和国财政部.企业会计准则2006[M].北京:经济科学出版社,2006.

[6] 中华人民共和国财政部.企业会计准则———应用指南2006[M].北京:中国财政经济出版社,2006.

[7] 财政部会计司编写组.企业会计准则讲解2006[M].北京:人民出版社,2007.

[8] HARRY I WOLK,MICHAEL G TEARNEY.Accounting theory:a Conceptual and institutional approach [M].4th edition.大连:东北财经大学出版社,1998.

[9] International Accounting Standards Board. IAS12 income taxes. International Financial Reporting Standards (IFRSS) 2006.

复习思考题

1. 递延所得税产生的理论基础是什么?
2. 递延所得税的性质如何?
3. 如何确定暂时性差异?如何分类?不同类型的暂时性差异对递延所得税有何影响?
4. 递延所得税负债与递延所得税资产在资产负债表上是如何列示的?
5. 资产负债表债务法下,所得税费用由哪些内容构成?
6. 资产负债表债务法与利润表债务法有哪些区别?

业 务 题

1. 资料：甲公司20×8年12月20日购置并投入使用的一项固定资产原值5 000元，预计使用年限5年，采用双倍余额递减法计提折旧，期末无残值。税法允许采用直线法。该公司适用的所得税税率为25%，所得税会计采用资产负债表债务法核算。

要求：计算与该项固定资产有关的暂时性差异及递延所得税，并编制相关的会计分录。

2. 资料：乙股份有限公司(下称乙公司)20×8年有关所得税资料如下：

(1) 乙公司所得税采用资产负债表债务法核算，所得税税率为25%；年初递延所得税资产为49.5万元，其中存货项目余额29.7万元，未弥补亏损项目余额19.8万元。

(2) 本年度实现利润总额500万元，其中取得国债利息收入20万元，因发生违法经营被罚款10万元，因违反合同支付违约金30万元(可在税前抵扣)，工资及相关附加超过计税标准60万元；上述收入或支出已全部用现金结算完毕。

(3) 年末计提固定资产减值准备50万元(年初减值准备为0)，使固定资产账面价值比其计税基础小50万元；转回存货跌价准备70万元，使存货可抵扣暂时性差异由年初余额90万元减少到年末的20万元。税法规定，计提的减值准备不得在税前抵扣。

(4) 年末计提产品保修费用40万元，计入销售费用，预计负债余额为40万元。税法规定，产品保修费在实际发生时可以在税前抵扣。

(5) 至20×7年年末止尚有60万元亏损没有弥补，其递延所得税资产余额为19.8万元。

(6) 假设除上述事项外，没有发生其他纳税调整事项。

要求：

(1) 指出上述事项中，哪些将形成暂时性差异，它属于何种暂时性差异。

(2) 计算乙公司20×8年应交所得税。

(3) 计算20×8年年末递延所得税资产余额、递延所得税负债余额。

(4) 计算20×8年所得税费用，并进行账务处理。

3. 资料：A公司20×8年度利润表中利润总额为1 500万元，该公司适用的所得税税率为25%，20×8年发生的有关交易或事项中，会计处理与税收处理存在差别的有：

(1) 20×8年1月2日开始计提折旧的一项固定资产，成本为600万元，使用年限为10年，净残值为零，会计处理按双倍余额递减法计提折旧，税法规定按直线法计提折旧。假定税法规定的使用年限及净残值与会计规定相同。

(2) 向关联企业提供现金捐赠200万元。

(3) 当年度发生研究开发支出500万元，较上年增长20%。其中研究阶段支出100万元，开发阶段符合资本化条件前发生的支出为100万元，符合资本化条件后发生的支出300万元。假定所开发无形资产于期末达到预定可使用状态。

(4) A公司在开始正常生产经营活动前发生了200万元的筹建费。

(5) 期末对持有的存货计提了30万元的存货跌价准备。

(6) 当期购入一次还本付息的国债，确认国债利息收入2万元。

(7) 持有B公司30%的股权，并能够参与该企业的生产经营决策，购入投资时支付了1 000万元，当年末应确认享有联营企业当期实现的净利润300万元，B企业的所得税税率为15%。

(8) A公司于20×8年12月自客户收到一笔合同预付款,金额为1 000万元。

(9) A企业当年12月计入成本费用的职工工资总额为200万元,到年底尚未支付。而计税工资额为160万元。

(10) A企业当期以融资租赁方式租入一项固定资产,该项固定资产在租赁日的公允价为2 000万元,最低租赁付款额现值为1 980万元。租赁合同中规定租赁期内总的付款额为2 200万元。假定不考虑在租入资产过程中发生的相关费用。

要求:

(1) 计算A企业20×8年度应交所得税。

(2) 计算A企业20×8年度递延所得税。

(3) 计算A企业20×8年度计入利润表的所得税费用,并编制相关会计分录。

第十四章 衍生金融工具会计

本 章 提 要

本章重点介绍金融远期、金融期货、金融期权和金融互换等几种典型衍生金融工具的投机和套期保值的会计处理。按照本身交易的方法及特点,衍生金融工具可以分为金融远期、金融期货、金融期权和金融互换。衍生金融工具有套期保值和投机两大基本功能。作为投机的衍生金融工具,按公允价值进行初始计量和后续计量,资产负债表日将公允价值的变动计入当期损益。作为套期保值的衍生金融工具,应采用套期会计方法,将套期工具和被套期项目公允价值变动的抵销结果计入当期损益。套期保值又分为公允价值套期、现金流量套期和境外经营净投资套期。在公允价值套期中,套期工具公允价值变动或汇率变动形成的利得或损失、被套期项目因被套期风险形成的利得或损失均应计入当期损益。在现金流量套期中,套期工具利得或损失中属于有效套期的部分,应当直接确认为所有者权益,其他部分计入当期损益;在后续计量中,企业应当根据预期交易的不同结果,将原直接确认为所有者权益的相关利得或损失转出,计入当期损益或相关资产和负债的初始确认金额。境外经营净投资套期的会计处理类似于现金流量套期。

第一节 衍生金融工具概述

我国涉及金融工具的会计准则由《企业会计准则第22号——金融工具确认和计量》《企业会计准则第23号——金融资产转移》《企业会计准则第24号——套期保值》和《企业会计准则第37号——金融工具列报》四个准则构成,各种衍生金融工具的理论、会计处理和披露要求都包含在上述四个具体会计准则之中。

一、衍生金融工具的界定及种类

据经济合作与发展组织(Organization for Economic Co-operation and Development,简称OECD)所下的定义,衍生金融工具(derivative financial instrument)是一种双边合约或交换协议,其价值是从基本的资产或基础性的利率或指数衍生而来。因此衍生金融工具在相当程度上受制于相应的原生性工具,本身并不具有价值。根据我国《企业会计准则第22号——金融工具确认和计量》定义:衍生工具是指具有下列特征的金融工具或其他合同:①其价值随特定利率、金融工具价格、商品价格、汇率、价格指数、费率指数、信用等级、信用指数或其他类似变量的变动而变动,变量为非金融变量的,该变量与合同的任一方不存在特定关系;②不要求初始净投资,或者对市场因素变化预期有类似反应的其他合同相比,要求很少的初始净投资;③在未来某一日期结算。

衍生金融工具的分类有助于正确认识衍生金融工具的特性。衍生金融工具可以按照不同的标志进行分类。

(1) 按照基础工具种类不同,衍生金融工具可以分为:①股权衍生金融工具。它们以股票或股票指数为基础工具,主要包括股票期货、股票期权、股票指数期货和股票指数期权以及上述的混合。②货币衍生金融工具。它们以各种货币为基础工具,主要包括远期外汇合约、货币期货、货币期权、货币互换以及上述的混合。③利率衍生金融工具。它们以利率或利率的载体为基础工具,主要包括远期利率协议、利率期货、利率期权、利率互换以及上述的混合。

(2) 按照基础工具的交易形式不同,衍生金融工具可以分为:①交易双方风险收益对称的衍生金融工具。这些衍生金融工具交易双方的风险与收益对称,都负有在将来某一日期按条件进行交易的义务,包括远期合约(如远期外汇合约、远期利率协议等)、期货合约(如货币期货、利率期货、股票指数期货等)、互换合约(如货币互换、利率互换等)。②交易双方风险收益不对称的衍生金融工具。这些衍生金融工具交易双方的风险收益不对称,合约购买方有权选择履行合约与否。例如,货币期权、利率期权、股票期权、股票指数期权等期权类衍生工具即属于此类。

(3) 按照衍生金融工具本身交易的方法及特点分类,衍生金融工具可以分为:①金融远期,如远期外汇交易合约、远期利率协议等。②金融期货,如货币期货、利率期货和股票指数期货等。③金融期权,如现货期权、期货期权等。④金融互换,如货币互换、利率互换等。在这四类衍生金融工具中,金融远期合约是其他三种衍生金融工具的始祖,其他衍生金融工具都可以认为是金融远期合约的延伸或变形。

第(3)种分类是最基本、最常见的分类,本节将在后面详细介绍这四类衍生工具的交易机制及会计处理。

二、衍生金融工具的功能

衍生金融工具具有两方面的基本功能:一是套期保值;二是投机。

(一) 套期保值

套期保值(hedge)是衍生金融工具的基本功能,也是衍生金融工具之所以存在的基础。其功能表现在被避险资产或负债通过与其价值变动方向相反的某类衍生金融工具的对冲,抵销了价格、利率、汇率变动的风险,从而使持有该资产或负债的个人或企业避免财务上的损失。

参与套期保值的主要是产品生产者、使用者或经营者。其进行套期保值的目的不是为了获利,而是为了减少不利事件发生时遭受损失的风险。

套期保值有如下两个特点:一是套期保值者必须具有在现货市场买进或卖出实物商品或金融商品的操作;二是套期保值者利用期货市场的相反操作转移和回避价格风险。

(二) 投机

投机(speculation)是指一种在预测价格将要上升时先买后卖,在预测价格将要下跌时先卖后买,从而从买卖价格差额中获取利润的行为。一般把投资于衍生金融工具的行为称为投机,它是投资者为了获取可能的高收益而愿意承担高风险的进攻型的投资方式。套期保值是衍生金融工具存在的基本条件,而投机则是推动衍生工具市场规模迅速扩张,保证市场的高度流动性和有效性的条件。由于套期保值者的头寸并非恰好匹配对冲,市场需要一批投机者来承担保值者转嫁出去的风险。

换句话说,套期保值带来的是确定性,而投机则是通过承担风险获取高收益。在两种情况下,持有衍生金融工具的所包含的风险和报酬的特点不同,因此会计处理方法也有所差别。

三、衍生金融工具的风险

衍生金融工具的风险主要包括以下几类:

(1) 市场风险。市场风险是指衍生金融工具的公允价值或未来现金流量因市场价格变动而发生波动的风险,包括外汇风险、利率风险和其他价格风险。

(2) 流动性风险。流动性风险是指市场交易规模减少而导致无法对冲交易的风险,以及资金不足导致合约到期无法支付款项或无法追加保证金的风险。

(3) 信用风险。信用风险是指因交易对手因各种原因无法履行合约的风险。

(4) 作业风险。作业风险是指因人为错误、缺乏了解、内控失效或系统故障而遭受损失的风险。

(5) 法律风险。法律风险是指因合约不符合法律规范而招致损失的风险。

第二节 几种典型的衍生金融工具

一、金融远期

金融远期(financial forward)是指交易双方在未来某一时日按照事先约定的条件进行交割的合同,如远期外汇交易合约、远期利率协议等。远期合同属于非标准化的合约,由交易双方直接协商后签订或通过经纪人协商签订。远期合同一经订立,买卖双方在合同有效期内都拥有金融工具交换的权利和义务。远期合同的交易对象虽然在未来交割,但交易对象的数量、规格、交割时间和交割价格都是在合同中事先确定的。远期合同签订后,双方都必须承担合同中规定的义务,即按合同条款届时办理交易对象的交割。

例如,合同的一方(买方)承诺在6个月后将支付100万元现金交换面值为100万元的固定利率国债,合同的另一方(卖方)承诺在6个月后支付面值为100万元的固定利率国债以交换100万元现金。如果债券的市场价格上涨,超过其面值(100万元),情况则有利于买方而不利于卖方;若债券市场价格低于面值,合同产生的效果则相反。合同中的权利和义务构成相应的金融资产和金融负债。由于双方的权利和义务是明确的,相应的风险和报酬也是可预测的,因此,金融资产和金融负债的价值能够可靠地加以计量。

金融远期还是其他衍生工具的基础。期货合同就是在远期合同的基础上产生的,只不过它将远期合同标准化后集中交易,从而具有了不同的功能和作用。期权交易买卖的也是标准的远期合同,也同样事先固定交易价格。互换交易双方互换的也是将来进行清算的远期合同。由此可知,上述三种衍生工具均可认为是远期合同的延伸或变形,金融远期在衍生工具中占有十分重要的地位。

二、金融期货

金融期货(financial futures)是这样一种合同,它指买卖双方在期货交易所以公开喊价方式成交后,承诺在未来某一特定日期以当前约定的价格交付某种特定标准数量的基础金融工具,如货币期货、利率期货和股票指数期货等。期货合同的买卖是参与者对某种物品价格走势进行预测的基础上进行的。例如,购买一张标准货币期货合同后,该种货币价格上升,投资者即可获利;若价格下降,投资者则会遭受损失。

金融期货和商品期货的不同之处在于投资载体不同,一个为金融资产,另一个为特定标准的商品。期货合同和远期合同主要有以下差别:

(1) 远期交易合同中的商品数量、规格、价格、交割日期等都由交易双方协商确定,没有统一的交割日期。期货交易合同除了价格以外,其他合同要素都是标准化的,交易双方都不得随意变更。

(2) 远期交易的对象是实际的商品或金融资产,期货交易的对象是期货合约。

(3) 远期交易没有固定的交易地点,而期货交易必须在指定的期货交易所内进行。

(4) 远期交易在未到期前不能随意转手,必须按远期合同规定在到期时进行实际交割。期货交易在到期前可多次转手,且大部分合约是通过对冲(相反的交易)完成交易的,只有极少数合约最终进行实物的交割。

(5) 期货交易者需支付给结算机构一定数量的保证金,作为履约的保证。远期交易一般不需交纳保证金,但可能由某一方按合约金额的一定比例支付给对方一笔定金。

三、金融期权

金融期权(financial option)是一种选择权,其持有人享有在未来一段时间内或某特定日期,以一定价格向对方购买或出售一定数量的金融资产的权利。金融期权包括外汇期权、股票期权、利率期权和股票指数期权等。当行市有利时,金融期权买方有权买进或卖出该种金融资产。如果行市不利时,它也可以不行使期权,放弃买卖该种金融资产,而金融期权卖方则有义务在买方要求履行时卖出或买进期权买方买进或卖出的该种金融资产。金融期权合同的买方为了获得这种权利必须缴纳期权费。

如果金融期权是约定买方有权购买金融资产,则该金融期权称为看涨期权(call option)或购买选择权;反之,金融期权如果是约定销售金融资产,则为看跌期权(put option)或出售选择权。

期权交易双方的权利和义务如表 14-1 所示。

表 14-1 金融期权交易双方的权利和义务

交易方	看 涨 期 权	看 跌 期 权
买方	有权在到期日或到期日前按合同中的规定价格购买某种金融资产	有权在到期日或到期日前按合同中的规定价格卖出某种金融资产
卖方	有义务在到期日或到期日前应买方要求按规定价格卖出某种金融资产	有义务在到期日或到期日前应买方要求按规定价格买入某种金融资产

例如,期权合同的买方 X 公司买入一项外汇期权合同,合同规定 X 公司有权在 20×8 年 12 月 31 日前的任何一天按 1∶7.5 的汇率买入 100 万美元,并支付了 2 万元的期权费。该协议签订后,X 公司取得了在 20×8 年 12 月 31 日前的任何一天按合同汇率购买 100 万美元的权利,但它并不承担必须履约的义务。也就是说,当市场汇率高于 1∶7.5 时,X 公司可能履约按合同汇率购入 100 万美元;当市场汇率低于 1∶7.5,X 公司则很可能放弃按合同汇率购买 100 万美元。

金融期权最常见的品种是股票期权(称为股票权证)。它分为认购权证(call warrants)和认沽权证(put warrants)。认购权证的持有人有权利在未来一定期间(或特定日期)以固定价格(称为执行价格)向发行权证的公司购买一定数量的特定股票,它属于看涨期权。而认沽权证的持有人有权利在未来一定期间(或特定日期)以固定价格(称为执行价格)向发行权证的公司出售一定数量的特定股票,它属于看跌期权。

可见,期权合同与期货合同的差别体现在以下几个方面:

(1) 从履约方来看,期权合同的购买者仅有行使买入或卖出的权利,而不负担履约的义务,履约的义务由出售者单方面承担。因此,期权购买者需支付期权费给出售者,作为他承担履约义务的代价。而期货合同不论买方或卖方,两者都负有履约的义务,买方不需要支付任何报酬给卖方。

(2) 期权合同双方的风险与收益是不对称的,期权买方的最大损失是期权费,而获利机会是无限的;期权卖方最大收益是期权费,但承担的亏损风险是无限的。而期货合同双方的风险与收益是对称的。

(3) 期货合同的买卖双方均需支付保证金,而购买期权时不需支付任何保证金。

无论是看涨期权还是看跌期权,又可以分为欧式期权和美式期权,欧式期权的买方只能在到期日行使权利,而美式期权的买方可以在到期日前的任何一天随时履约。

四、金融互换

金融互换(swaps)是交易双方按共同约定的条件,在未来某一段时间内交换特定金额的货币流量的远期合同。金融互换通常包括利率互换和货币互换。

1. 利率互换

利率互换指交易双方在债务币种一样的情况下互相交换不同形式的利率。例如,A公司和B公司都希望取得一笔美元贷款,它们在固定利率和浮动利率资金市场上借款所负担的利率如表14-2所示。

表 14-2　A公司和B公司借款利率表

公司	固定利率	浮动利率
A公司	9%	6个月 LIBOR+0.5%
B公司	10.5%	6个月 LIBOR+1.2%

注:LIBOR 为伦敦银行间同业拆借利率的缩写。

假设A公司需要浮动利率借款,B公司需要固定利率借款。由上表可知,甲公司在固定利率市场中可以得到比乙公司低1.5%的贷款,但在浮动利率市场中其相对于乙公司的优势只有0.7%。因此甲公司在固定利率市场中有比较优势,而乙公司在浮动利率市场有比较优势。如果A公司和B公司分别以固定利率和浮动利率借款,然后交换各自的利息负担,A公司承诺定期支付B公司以浮动利率LIBOR计算的利息。而B公司承诺支付A公司9%的固定利率,则双方都能达到节约利息开支的目的。这一利率互换过程如图14-1所示。

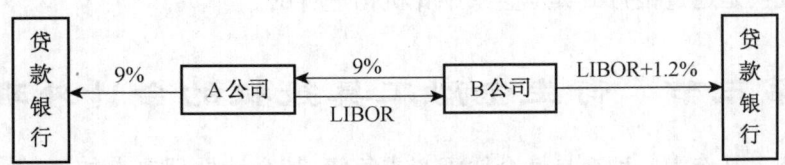

图 14-1　利率互换示意图

利率互换后两个公司实际负担的利息计算如表14-3所示。

表 14-3　A 公司和 B 公司实际负担利息

A 公司		B 公司	
向银行支付利息	9%	向银行支付利息	LIBOR＋1.2%
从 B 公司收入利息	9%	从 A 公司收入利息	LIBOR
支付给 B 公司	LIBOR	支付给 A 公司	9%
利息净支出	LIBOR	利息净支出	10.2%

从上述计算不难看出，通过利率互换，A 公司实际支付的利息比直接以浮动利率从银行借款节约利息开支 0.5%，B 公司实际支付的利息比直接以固定利率从资金市场上借款节约利息开支 0.3%。

2. 货币互换

货币互换指交易双方交换不同币种但期限相同的固定利率贷款。在货币互换中，贷款的本金和利率是一起交换的。互换交易产生的原因是互换双方分别在不同的货币市场上具有优势但需要另一种货币，而通过互换这种交易形式双方能发挥各自的优势又能取得所需币种。

例如，M 公司为美国母公司，它在日本有一子公司，需要使用日元，但该公司因新成立没有资信记录，贷款利率较高；N 公司为日本母公司，在美国有一子公司，需要使用美元，但取得美元贷款的利率也较高。因此双方协议，由 M 公司先借入利率为 9% 美元贷款，再以 10.5% 贷给 N 的美国子公司；同时，由 N 公司先借入利率为 6% 的日元贷款，再以 6.5% 贷给 M 的日本子公司；合同结束时，再互相归还本金。经过互换以后，M 公司和 N 公司在取得各自所需的借款的同时，分别节约了年利率为 0.5% 的利息开支。M 公司和 N 公司申请贷款的利率如表 14-4 所示。

表 14-4　M 公司和 N 公司申请贷款的利率

公司	美 元	日 元
M 公司	9%	7%
N 公司	11%	6%

可见，通过金融互换，可以降低筹资者的融资成本或提高投资者的资产收益，并提高利率和货币风险的管理效率，即筹资者或投资者可以通过互换交易改变其现有的负债或资产的利率基础或货币种类，以期从货币或汇率的变动中获利。

需注意的是，互换合同作为非标准化的合同，可以直接在交易双方之间签订。但是，实际上大部分互换是通过银行或其他金融中介机构进行的。

第三节　衍生金融工具投机的会计处理

衍生金融工具作为一种交易性金融资产或负债，其会计处理要点如下：第一，初始确认中按公允价值计量；第二，按照公允价值对金融资产进行后续计量，且不扣除将来处置该金融资产时可能发生的交易费用；第三，资产负债表日，衍生金融工具公允价值的变动计入当期损益。但与套期保值有关的衍生金融工具除外，套期保值会计处理将在后面介绍。

一、金融远期的会计处理

运用远期合同投机的会计核算要点包括:远期外汇合同签订时,应同时确认一项金融资产和金融负债,并按期汇汇率入账;在资产负债表日,以公允价值对远期合同进行后续计量,公允价值变动产生的利得和损失计入当期损益;在结算日,终止确认相关的金融资产和金融负债,并确认相关损益。

【例14-1】 某企业预期美元汇率将下跌,出于投机目的于20×7年12月1日与某外汇银行签订了一项次年1月30日按US＄:RMB＄＝1:7.50的汇率卖出1 000 000美元的远期外汇合同。有关汇率资料如表14-5所示。

表14-5 美元兑人民币汇率变动情况

日　期	即期汇率(US＄:RMB)	相对于1月30日的远期汇率 (US＄:RMB)
12月1日(交易日)	1:7.55	1:7.50
12月31日(资产负债表日)	1:7.50	1:7.49
次年1月30日(结算日)	1:7.48	1:7.48

该公司有关会计处理为:

(1) 12月1日,签订期汇合同时未发生成本,公允价值净额为0,不作会计分录,只需在账簿记录。

(2) 12月31日,远期汇率下降,确认外汇远期合同利得:

$$外汇远期合同利得 = 1\,000\,000 \times (7.50 - 7.49) = 10\,000(元)$$

借:衍生工具——外汇远期合同　　　　　　　　　　　　　　　　　10 000
　　贷:公允价值变动损益　　　　　　　　　　　　　　　　　　　　10 000

(3) 1月30日,按净额结算远期外汇合同:

借:银行存款——人民币　　　　　　　　　　　　　　　　　　　　20 000
　　贷:衍生工具——外汇远期合同　　　　　　　　　　　　　　　　10 000
　　　　汇兑损益　　　　　　　　　　　　　　　　　　　　　　　　10 000

同时结转公允价值变动损益:

借:公允价值变动损益　　　　　　　　　　　　　　　　　　　　　10 000
　　贷:汇兑损益　　　　　　　　　　　　　　　　　　　　　　　　10 000

二、金融期货的会计处理

由于期货合同实行每日无负债结算制度,凡未平仓的每笔期货交易均按当日市场收盘价逐日清算,逐日计算盈亏并调整保证全余额。因此,会计上应及时反映逐日追随市价而形成的期货合同的公允价值的变动以及调整的保证金数额。对于以投机为目的的期货合同,公允价值变动引起的利得或损失应作为当期损益计入损益表。

【例14-2】 某公司20×8年5月12日以120元报价购入6月期、面值为800 000元的国债期货标准合同,向期货经纪商缴纳保证金20 000元。同年7月18日该公司决定出售同等面值同类型国债,并结清其保证金账户。期间该国债期货交易价格如表14-6所示。

表 14-6 20×8 年 5~7 月国债期货价格

日 期	国债期货价格(元/张)	日 期	国债期货价格(元/张)
20×8 年 5 月 31 日	130.5	20×8 年 7 月 18 日	130.6
20×8 年 6 月 30 日	131.1		

有关交易及会计分录如下：

(1) 20×8 年 5 月 12 日，缴纳初始保证金 20 000 元。

借：其他应收款——期货保证金　　　　　　　　　　　　　　　　20 000
　　贷：银行存款　　　　　　　　　　　　　　　　　　　　　　　20 000

(2) 20×8 年 5 月 31 日，该国债期货价格为 130.5 元。

持仓合同的浮动盈亏＝(130.5－130)÷100×800 000＝4 000(元)

该收益由经纪商直接转入保证金账户：

借：衍生工具——国债期货　　　　　　　　　　　　　　　　　　4 000
　　贷：公允价值变动损益　　　　　　　　　　　　　　　　　　　4 000

借：其他应收款——期货保证金　　　　　　　　　　　　　　　　4 000
　　贷：衍生工具——国债期货　　　　　　　　　　　　　　　　　4 000

(3) 20×8 年 6 月 30 日，该国债期货价格上涨至 131.1 元。

持仓合同的浮动盈亏＝(131.1－130.5)÷100×800 000＝4 800(元)

该收益由经纪商直接转入保证金账户：

借：衍生工具——国债期货　　　　　　　　　　　　　　　　　　4 800
　　贷：公允价值变动损益　　　　　　　　　　　　　　　　　　　4 800

借：其他应收款——期货保证金　　　　　　　　　　　　　　　　4 000
　　贷：衍生工具——国债期货　　　　　　　　　　　　　　　　　4 000

(4) 20×8 年 7 月 18 日，该国债期货价格下跌至 130.6 元。该公司同时出售相同单位国债期货以结清其账户。

发生损失＝(131.1－130.6)÷100×800 000＝4 000(元)
提取所剩保证金余额＝20 000＋4 000＋4 800－4 000＝24 800(元)

借：银行存款　　　　　　　　　　　　　　　　　　　　　　　　24 800
　　投资收益　　　　　　　　　　　　　　　　　　　　　　　　　4 000
　　贷：其他应收款——期货保证金　　　　　　　　　　　　　　　28 800

同时结转公允价值变动损益：

借：公允价值变动损益　　　　　　　　　　　　　　　　　　　　8 800
　　贷：投资收益　　　　　　　　　　　　　　　　　　　　　　　8 800

三、金融期权的会计处理

利用期权合同进行投机活动存在两种情况：第一，从期权合同本身的价格变动中获得收益;第二,利用期权合同的基础金融工具进行投机。

【例14-3】 假设X公司于20×7年1月1日购入一项股票认购权证,合同规定X公司在20×7年5月31日前的任何一天有权以每股100元的价格购买Y公司股票1 000股。X公司支付期权费500元。20×7年4月30日,Y公司股票价格涨到每股120元,认购权证的市场价格为18 000元。5月1日,X公司以17 000元价格转让该认购权证。

(1) 20×7年1月1日X公司购入认购权证时,确认一项金融资产:

借:衍生工具——股票认购权证　　　　　　　　　　　　　　　　　500
　　贷:银行存款　　　　　　　　　　　　　　　　　　　　　　　　　500

(2) 20×7年4月30日,X公司按公允价值调整认购权证账面价值并确认损益:

借:衍生工具——股票认购权证　　　　　　　　　　　　　　　　18 000
　　贷:公允价值变动损益　　　　　　　　　　　　　　　　　　　18 000

(3) 20×7年5月1日,X公司以17 000元出售该认购权证,作如下会计分录:

借:银行存款　　　　　　　　　　　　　　　　　　　　　　　　17 000
　　公允价值变动损益　　　　　　　　　　　　　　　　　　　　　1 500
　　贷:衍生工具——股票认购权证　　　　　　　　　　　　　　　18 500

借:公允价值变动损益　　　　　　　　　　　　　　　　　　　　16 500
　　贷:投资收益　　　　　　　　　　　　　　　　　　　　　　　16 500

四、金融互换的会计处理

随着互换的不断发展,一些专业交易商开始利用其专业优势,对利率与汇率进行正确预测并运用互换进行投机。一旦遇到市场波幅大,且其判断正确时,就会有丰厚收益。

用于投机的金融互换的会计处理要点为:一是无论是利率互换还是货币互换,如果互换合同是按签订日的市场利率进行的,合同签订时公允价值均为零,因此无需作会计分录,只需作账簿登记。二是在合同持续期内,在资产负债表日应按公允价值计量。由于互换交易是通过分期支付固定的或可确定的金额来清算的,所以在资产负债表日用于计量的公允价值是以初始确认该金融资产或金融负债的固定利率作为折现率的未来支付金额的现值。

在利率互换中,由于交换的货币是相同的,只是利率形式不同,所以一般采用净额支付的方法来支付利息,即由利息支出较高的一方向利息支出较低的一方支付按相同本金和两种利率形式计算出的利息差额,两者差额列入当期损益。

【例14-4】 E银行为获取投机收益,于20×5年1月1日与D银行签订了一项3年期的利率互换协议。协议金额为1 000 000元,协议规定E银行每年向D银行按固定利率6%收取利息,并按期初的LIBOR利率向D银行支付利息,每年重订LIBOR一次。各期LIBOR和相关市场固定利率如表14-7所示。

表14-7　各期LIBOR和相关市场固定利率

日　期	LIBOR	市场固定利率
20×5年1月1日	5.7%	3年期:6%
20×6年1月1日	6.5%	2年期:7%
20×7年1月1日	4.8%	1年期:5%

(1) 20×5年1月1日,E银行与D银行签订利率互换协议。互换协议公允价值为零,因此只作账簿登记。

(2) 20×5年12月31日的会计处理:

① E银行与D银行交割互换合同。交割时E银行的净利息收入为:

$$1\,000\,000 \times (6\% - 5.7\%) = 3\,000(元)$$

借:银行存款　　　　　　　　　　　　　　　　　　　　　　3 000
　　贷:财务费用　　　　　　　　　　　　　　　　　　　　　　　3 000

② 由于当日2年期市场固定利率为7%,而根据互换协议E银行只能收到6%的利息,未来2年利息损失的公允价值为:

$$1\,000\,000 \times (7\% - 6\%) \times (P/A, 2, 7\%) = 10\,000 \times 1.808\,0 = 18\,080(元)$$

此即利率互换协议的公允价值,应同时确认一项负债和损失。会计分录如下:

借:公允价值变动损益　　　　　　　　　　　　　　　　　　18 080
　　贷:衍生工具——利率互换协议　　　　　　　　　　　　　　18 080

(3) 20×6年12月31日的会计处理:

① 当日E银行与D银行交割互换合同,交割时D银行的净利息支出为:

$$1\,000\,000 \times (6.5\% - 6\%) = 5\,000(元)$$

借:财务费用　　　　　　　　　　　　　　　　　　　　　　5 000
　　贷:银行存款　　　　　　　　　　　　　　　　　　　　　　　5 000

② 由于当日1年期市场固定利率降为5%,而根据互换合同D银行能收到6%的利息,未来1年利息收益的公允价值为:

$$1\,000\,000 \times (6\% - 5\%) \times (1 + 5\%)^{-1} = 10\,000 \times 0.952\,4 = 9\,524(元)$$

此即利率互换协议的新的公允价值,按该公允价值调整原账面价值并将其变动计入损益。会计分录如下:

借:衍生工具——利率互换协议　　　　　　　　　　　　　　27 604
　　贷:公允价值变动损益　　　　　　　　　　　　　　　　　　　27 604

(4) 20×7年12月31日的会计处理:

① E银行与D银行交割互换合同。交割时D银行的净利息收入为:

$$1\,000\,000 \times (6\% - 4.8\%) = 12\,000(元)$$

借:银行存款　　　　　　　　　　　　　　　　　　　　　　12 000
　　贷:财务费用　　　　　　　　　　　　　　　　　　　　　　　12 000

② 互换协议到期,应终止确认该互换协议,其公允价值变为零。会计分录如下:

借:公允价值变动损益　　　　　　　　　　　　　　　　　　9 524
　　贷:衍生工具——利率互换协议　　　　　　　　　　　　　　　9 524

本例中,通过互换协议E银行共获取投机收益(净利息收入)10 000元。当然,在这一过程中,随着市场利率的波动,它也同时承担了互换协议的风险。

第四节 套期保值会计

一、套期保值的定义及分类

(一) 套期保值的定义

套期保值(以下简称套期),是指企业为规避外汇风险、利率风险、商品价格风险、股票价格风险、信用风险等,指定一项或一项以上套期工具,使套期工具的公允价值或现金流量变动,预期抵销被套期项目全部或部分公允价值或现金流量变动。

(二) 套期保值的分类

套期分为公允价值套期、现金流量套期和境外经营净投资套期。

(1) 公允价值套期是指对已确认资产或负债、尚未确认的确定承诺,或该资产或负债、尚未确认的确定承诺中可辨认部分的公允价值变动风险进行的套期。该类价值变动源于某类特定风险,且将影响企业的损益。与已确认资产有关的公允价值套期,例如,A公司20×6年12月16日向美国B公司出口商品,货款总计100 000美元。合同约定于20×7年1月16日以美元结算。如果未来1个月内市场汇率下跌,A公司就会发生损失。为规避美元贬值的风险,A公司与银行签订了卖出金额为100 000美元、期限为31天的远期合约。

(2) 现金流量套期是指对现金流量变动风险进行的套期。该类现金流量变动源于与已确认资产或负债、很可能发生的预期交易有关的某类特定风险,且将影响企业的损益。预期交易是指没有承诺但极有可能发生的未来交易。与预期交易有关的现金流量套期,例如,粮油企业准备未来1年内大量购进玉米、石化企业准备购进原油等,粮油企业、石化企业未来需要支付的现金将随着玉米、原油的价格波动而波动。如果粮油企业、石化企业购入玉米、原油期货合同就属于现金流量套期。

由以下M、N两公司的例子可看出公允价值套期与现金流量套期的区别:M公司发行了面值为1亿美元、年利率为5%的两年期固定利率债券。由于未来支付的利息是固定的,为了规避市场利率下降所带来的风险,M公司同时签订了一项利率互换协议,互换协议规定每年收取5%固定利息的同时支付LIBOR+0.5%的利息。这一利率互换即属公允价值套期。又如,N公司发行了面值为1亿美元、年利率为LIBOR+1.5%的两年期浮动利率债券。由于未来支付的利息将随着市场利率的波动而变动,为了规避利率上升的风险,N公司同时签订了一项利率互换协议,互换协议规定每年收取LIBOR+0.5%的利息的同时支付5%的固定利息。这一操作即属于现金流量套期。

(3) 境外经营净投资套期是指对境外经营净投资外汇风险进行的套期。境外经营净投资是指企业在境外经营净资产中的权益份额。该种套期主要考虑对境外净投资可能因汇率变动而给企业带来的风险。

(三) 套期工具和被套期项目

1. 套期工具

套期工具是指企业为进行套期而指定的、其公允价值或现金流量变动预期可抵销被套期项目的公允价值或现金流量变动的衍生工具,对外汇风险进行套期还可以将非衍生金融资产或非衍生金融负债作为套期工具。

单项衍生工具通常被指定为对一种风险进行套期。比如,企业为规避库存铜品价格下跌的风险,可以通过卖出一定数量铜品的期货合同加以实现,其中卖出铜品的期货合同即是套期工具。

企业可以将两项或两项以上衍生工具的组合或该组合的一定比例指定为套期工具。对于外汇风险套期，企业可以将两项或两项以上非衍生工具的组合或该组合的一定比例，或将衍生工具和非衍生工具的组合或该组合的一定比例指定为套期工具。

附有多种风险的衍生工具也可以被指定为对一种以上风险进行套期，前提是可以清晰地辨认这些被套期风险，可以证明套期有效性，同时可以确保该衍生工具与不同风险之间存在具体指定关系。比如，某企业的记账本位币是人民币，发行了一期5年期美元浮动利率债券。为规避该金融负债的外汇风险和利率风险，该企业与某金融企业签订一项交叉货币互换合同并将其指定为套期工具，同时将该美元浮动利率债券指定为被套期项目。执行此项合同后，该企业将从金融企业定期收到浮动利率美元利息，以支付债券持有者，并按固定利率支付人民币利息给金融企业。在此例中，该企业将浮动利率美元利息转化成了固定利率人民币利息，从而规避了美元对人民币汇率变动风险及美元利率变动风险。

2. 被套期项目

被套期项目是指使企业面临公允价值或现金流量变动风险，且被指定为被套期对象的下列项目：

(1) 单项已确认资产、负债、确定承诺、很可能发生的预期交易，或境外经营净投资。

(2) 一组具有类似风险特征的已确认资产、负债、确定承诺、很可能发生的预期交易，或境外经营净投资。

(3) 分担同一被套期利率风险的金融资产或金融负债组合的一部分（仅适用于利率风险公允价值组合套期）。

确定承诺是指在未来某特定日期或期间，以约定价格交换特定数量资源、具有法律约束力的协议。预期交易，是指尚未承诺但预期会发生的交易。

库存商品、持有至到期投资、可供出售金融资产、贷款、长期借款、预期商品销售、预期商品购买、对境外经营净投资等项目使企业面临公允价值或现金流量风险变动的，均可被指定为被套期项目。

二、套期会计方法及其运用条件

(一) 套期会计方法

套期会计方法是指在相同会计期间将套期工具和被套期项目公允价值变动的抵销结果计入当期损益的方法。套期会计的主要目的是解决套期工具和被套期项目之间在确认时间和计量属性上的不匹配，适当调整常规会计程序，对称地确认套期工具和被套期项目公允价值和现金流量变动形成的损益，达到为风险管理提供信息的目的。

比如，某企业拟对6个月之后很可能发生的贵金属销售进行现金流量套期，为规避相关贵金属价格下跌的风险，该企业可于现在卖出相同数量的该种贵金属期货合同并指定为套期工具，同时指定预期的贵金属销售为被套期项目。资产负债表日（假定预期贵金属销售尚未发生），期货合同的公允价值上涨了100万元，对应的贵金属预期销售价格的现值下降了100万元。假定上述套期符合运用套期会计方法的条件，该企业应将期货合同的公允价值变动计入所有者权益（资本公积），待预期销售交易实际发生时，再转出调整销售收入。

(二) 套期会计方法运用的条件

公允价值套期、现金流量套期或境外经营净投资套期同时满足下列条件的，才能运用套期会计方法进行处理：

（1）在套期开始时，企业对套期关系（即套期工具和被套期项目之间的关系）有正式指定，并准备了关于套期关系、风险管理目标和套期策略的正式书面文件。该文件至少载明了套期工具、被套期项目、被套期风险的性质以及套期有效性评价方法等内容。

套期必须与具体可辨认并被指定的风险有关，且最终影响企业的损益。

（2）该套期预期高度有效，且符合企业最初为该套期关系所确定的风险管理策略。套期有效性是指，在套期开始时和整个期间内，企业可以预期被套期项目的公允价值或现金流量变动几乎全部可由套期工具的公允价值或现金流量变动抵销，且实际结果在80%～125%的范围内。例如，如果套期工具的利得是120，被套期项目的损失是100，则抵销可以由120/100（即120%）来计量，或由100/120（即83%）来计量。出现以上情况时，企业可以得出该套期是很有效的结论。

（3）对预期交易的现金流量套期，预期交易应当很可能发生，且必须使企业面临最终将影响损益的现金流量变动风险。

（4）套期有效性能够可靠地计量。亦即，被套期项目的公允价值或现金流量，以及套期工具的公允价值可以很可靠地计量。

（5）企业应当持续地对套期有效性进行评价，并确保该套期在套期关系被指定的会计期间内高度有效。

三、公允价值套期的确认和计量

公允价值套期满足运用套期会计方法条件的，应当按照下列规定处理。

（一）套期工具利得或损失的确认和计量

套期工具为衍生工具的，套期工具公允价值变动形成的利得或损失应当计入当期损益。套期工具为非衍生工具的，套期工具账面价值因汇率变动形成的利得或损失应当计入当期损益。

（二）被套期项目利得或损失的确认和计量

被套期项目因被套期风险形成的利得或损失应当计入当期损益，同时调整被套期项目的账面价值。被套期项目为按成本与可变现净值孰低进行后续计量的存货、按摊余成本进行后续计量的金融资产或可供出售金融资产的，也应当按此规定处理。

被套期项目是以摊余成本计量的金融工具的，按照以上规定对被套期项目账面价值所作的调整，应当按照调整日重新计算的实际利率在调整日至到期日的期间内进行摊销，计入当期损益。

对利率风险组合的公允价值套期，在资产负债表中单列的相关项目，也应当按照调整日重新计算的实际利率在调整日至相关的重新定价期间结束日的期间内摊销。采用实际利率法进行摊销不切实可行的，可以采用直线法进行摊销。上述调整金额应当于金融工具到期日前摊销完毕；对于利率风险组合的公允价值套期，应当于相关重新定价期间结束日前摊销完毕。

被套期项目为尚未确认的确定承诺的，该确定承诺因被套期风险引起的公允价值变动累计额应当确认为一项资产或负债，相关的利得或损失应当计入当期损益。

在购买资产或承担负债的确定承诺的公允价值套期中，该确定承诺因被套期风险引起的公允价值变动累计额（已确认为资产或负债），应当调整履行该确定承诺所取得的资产或承担的负债的初始确认金额。

【例 14-5】（可供出售金融资产与股票认沽权证套期）C 公司于 20×5 年 11 月 1 日按 6 元/股买入 10 000 股 Z 公司股票作为可供出售金融资产。为规避股价下跌风险，于同日买入 6 个月后到期的股票认沽权证，标的物为 Z 公司股票，执行价格为每股 7 元，期权费为 5 000 元。套期有效性评估以投资的公允价值变动及认沽权证内在价值的变动作为基础。20×5 年 12 月 31 日 Z 公司股票市价为每股 5 元，20×6 年 5 月 1 日 C 公司将 Z 公司股票以每股 4 元出售，并执行认沽权证的卖权。

(1) 20×5 年 11 月 1 日 X 公司购入股票和认沽权证时：

借：可供出售金融资产——Z 公司股票　　　　　　　　　　　　　60 000
　　贷：银行存款　　　　　　　　　　　　　　　　　　　　　　　60 000

借：被套期项目——Z 公司股票　　　　　　　　　　　　　　　　60 000
　　贷：可供出售金融资产——Z 公司股票　　　　　　　　　　　60 000

借：套期工具——股票认沽权证　　　　　　　　　　　　　　　　5 000
　　贷：银行存款　　　　　　　　　　　　　　　　　　　　　　　5 000

(2) 20×6 年 12 月 31 日，该股票投资因股票价格下跌发生损失应计入当期损益，同时认沽权证的内含价值变动形成的利得 15 000 元（2×10 000－5 000）也应计入当期损益：

借：公允价值变动损益　　　　　　　　　　　　　　　　　　　　10 000
　　贷：被套期项目——Z 公司股票　　　　　　　　　　　　　　10 000

借：套期工具——股票认沽权证　　　　　　　　　　　　　　　　15 000
　　贷：公允价值变动损益　　　　　　　　　　　　　　　　　　　15 000

(3) 20×6 年 5 月 1 日，将 Z 公司股票以每股 4 元出售，并执行认沽权证的卖权。作如下会计分录：

借：银行存款　　　　　　　　　　　　　　　　　　　　　　　　40 000
　　公允价值变动损益　　　　　　　　　　　　　　　　　　　　10 000
　　贷：被套期项目——Z 公司股票　　　　　　　　　　　　　　50 000

借：银行存款　　　　　　　　　　　　　　　　　　　　　　　　30 000
　　贷：套期工具——股票认沽权证　　　　　　　　　　　　　　20 000
　　　　公允价值变动损益　　　　　　　　　　　　　　　　　　10 000

在这一例子中，如果 C 公司不进行套期保值，对 Z 公司股票投资共发生损失为 20 000 元[(6－4)×10 000]。而认沽权证给公司带来的收益为 25 000 元[(7－4)×10 000－5 000]，因而通过套期保值 C 公司不但避免了亏损，而且盈利 5 000 元。

【例 14-6】（固定利率应付债券与利率互换套期）S 公司为筹集营运资金，20×5 年 1 月 1 日以平价发行面值为 10 000 000 元、固定利率为 7％的 5 年期公司债券，每年 12 月 31 日付息一次。为规避利率下跌风险，S 公司同日与 C 银行签订了一项利率互换协议，协议金额为 10 000 000 元，协议规定 S 公司每年向 C 银行按固定利率 7％收取利息，并按期初的 LIBOR 利率向 C 银行支付利息，每年重订 LIBOR 一次。各期 LIBOR 和相关市场固定利率如表 14-8 所示。

表 14-8　各期 LIBOR 和相关市场固定利率

日　期	LIBOR	市场固定利率
20×5 年 1 月 1 日	6.7%	5 年期:7%
20×6 年 1 月 1 日	7.5%	4 年期:8%
20×7 年 1 月 1 日	5.8%	3 年期:6%
20×8 年 1 月 1 日	6.2%	2 年期:6.5%
20×9 年 1 月 1 日	4.8%	1 年期:5%

(1) 20×5 年 1 月 1 日,S 公司发行债券并与 C 银行签订利率互换协议。应付债券按公允价值计价。互换协议公允价值为 0,因此只作账簿登记。

借:银行存款　　　　　　　　　　　　　　　　　　　　　　　10 000 000
　贷:应付债券　　　　　　　　　　　　　　　　　　　　　　　10 000 000

借:应付债券　　　　　　　　　　　　　　　　　　　　　　　　10 000 000
　贷:被套期工具　　　　　　　　　　　　　　　　　　　　　　10 000 000

(2) 20×5 年 12 月 31 日的会计处理:

① S 公司向投资者支付债券利息,并与 C 银行交割互换合同。交割时 S 公司的净利息收入为:

$$10\ 000\ 000 \times (7\% - 6.7\%) = 30\ 000(元)$$

借:财务费用　　　　　　　　　　　　　　　　　　　　　　　700 000
　贷:银行存款　　　　　　　　　　　　　　　　　　　　　　　700 000

借:银行存款　　　　　　　　　　　　　　　　　　　　　　　　30 000
　贷:财务费用　　　　　　　　　　　　　　　　　　　　　　　30 000

② 由于当日 4 年期市场固定利率为 8%,而根据互换合同 S 公司只能收到 7% 的利息,未来 4 年利息损失的公允价值为:

$$10\ 000\ 000 \times (8\% - 7\%) \times (P/A, 4, 8\%) = 100\ 000 \times 3.312\ 13 = 331\ 213(元)$$

此即利率互换协议的公允价值,应同时确认一项负债和损失。会计分录如下:

借:公允价值变动损益　　　　　　　　　　　　　　　　　　　331 213
　贷:套期工具　　　　　　　　　　　　　　　　　　　　　　　331 213

③ 同时,公司债券的公允价值为:

$$10\ 000\ 000 \times (P/F, 4, 8\%) + 10\ 000\ 000 \times 7\% \times (P/A, 4, 8\%) = 9\ 668\ 787(元)$$

应付债券作为金融负债一般应按摊余成本计量(本例中由于是平价发行,摊余成本为面值),但在套期保值中,应付债券应按公允价值计量,公允价值变动应计入当期损益:

借:被套期项目　　　　　　　　　　　　　　　　　　　　　　331 213
　贷:公允价值变动损益　　　　　　　　　　　　　　　　　　　331 213

(3) 20×6 年 12 月 31 日会计处理:

① S 公司向投资者支付债券利息,并与 C 银行交割互换合同。交割时 S 公司的净利息

支出为:

$$10\,000\,000 \times (7.5\% - 7\%) = 50\,000(元)$$

借:财务费用 700 000
　贷:银行存款 700 000

借:财务费用 50 000
　贷:银行存款 50 000

② 由于当日3年期市场固定利率降为6%,而根据互换合同S公司能收到7%的利息,未来3年利息收益的公允价值为:

$$10\,000\,000 \times (7\% - 6\%) \times (P/A, 3, 6\%) = 100\,000 \times 2.673\,01 = 267\,301(元)$$

此即利率互换协议的新的公允价值,按该公允价值调整原账面价值并将其变动计入损益。会计分录如下:

借:套期工具 598 514
　贷:公允价值变动损益 598 514

③ 同时,当日公司债券的公允价值为:

$$10\,000\,000 \times (P/F, 3, 6\%) + 10\,000\,000 \times 7\% \times (P/A, 3, 6\%) = 10\,267\,301(元)$$

按当日公允价值调整应付债券的账面价值,并将公允价值变动计入当期损益:

借:公允价值变动损益 598 514
　贷:被套期项目 598 514

以后各年依此类推。本例中,S公司通过利率互换套期,有效规避了市场利率波动所带来的固定利率债券的风险。

四、现金流量套期的确认和计量

现金流量套期满足运用套期会计方法条件的,应当按照下列规定处理。

(一) 套期工具利得或损失的确认和计量

(1) 套期工具利得或损失中属于有效套期的部分,应当直接确认为所有者权益,并单列项目反映。该有效套期部分的金额,按照下列两项的绝对额中较低者确定:

第一,套期工具自套期开始的累计利得或损失。

第二,被套期项目自套期开始的预计未来现金流量现值的累计变动额。

(2) 套期工具利得或损失中属于无效套期的部分(即扣除直接确认为所有者权益后的其他利得或损失),应当计入当期损益。

(二) 相关利得或损失的后续确认

被套期项目为预期交易,且该预期交易使企业随后确认一项金融资产或一项金融负债的,原直接确认为所有者权益的相关利得或损失,应当在该金融资产或金融负债影响企业损益的相同期间转出,计入当期损益。但是,企业预期原直接在所有者权益中确认的净损失全部或部分在未来会计期间不能弥补时,应当将不能弥补的部分转出,计入当期损益。

被套期项目为预期交易,且该预期交易使企业随后确认一项非金融资产或一项非金融负债的,企业可以选择下列方法处理:

(1) 原直接在所有者权益中确认的相关利得或损失,应当在该非金融资产或非金融负债影响企业损益的相同期间转出,计入当期损益。但是,企业预期原直接在所有者权益中确认的净损失全部或部分在未来会计期间不能弥补时,应当将不能弥补的部分转出,计入当期损益。

（2）将原直接在所有者权益中确认的相关利得或损失转出,计入该非金融资产或非金融负债的初始确认金额。

非金融资产或非金融负债的预期交易形成了一项确定承诺时,该确定承诺满足运用本准则规定的套期会计方法条件的,也应当选择上述两种方法之一处理。

企业选择了上述两种处理方法之一作为会计政策后,应当一致地运用于相关的所有预期交易套期,不得随意变更。

【例 14-7】（预期交易与期货合同套期）Y 公司为石油化工企业,20×6 年 1 月 31 日,预计在 20×6 年 4 月 31 日需要采购 10 000 桶原油,预计每桶价格为 120 美元。公司为规避原油价格上涨风险,在 20×6 年 1 月 31 日签订了原油期货合同（假定未发生成本）,指定为用于对预期采购合同的套期保值。当日三月期的原油期货的价格为每桶 120 美元。20×6 年 2 月 31 日两月期原油期货价格为每桶 125 美元,3 月 31 日一月期原油期货的价格为每桶 122 美元。20×6 年 4 月 31 日,交割期货合同,并发生原油采购,当日原油现货价格为每桶 130 美元。假定 Y 公司的会计政策是将套期工具的利得和损失计入被套期项目（非金融资产或非金融负债）的初始确认金额。

（1）20×6 年 1 月 31 日签订了原油期货合同时,由于未发生成本,期货合同公允价值为零,不必作会计分录,只需作账簿记录。

（2）20×6 年 2 月 31 日,确认原油期货合同公允价值的变动：

借：套期工具——期货合同　　　　　　　　　　　　　　　　　　50 000
　　贷：其他综合收益　　　　　　　　　　　　　　　　　　　　　　　50 000

（3）20×6 年 3 月 31 日,确认原油期货合同公允价值的变动：

借：其他综合收益　　　　　　　　　　　　　　　　　　　　　　30 000
　　贷：套期工具——期货合同　　　　　　　　　　　　　　　　　　30 000

（4）20×6 年 4 月 31 日,会计分录如下：

确认原油期货公允价值的变动：

借：套期工具——期货合同　　　　　　　　　　　　　　　　　　80 000
　　贷：其他综合收益　　　　　　　　　　　　　　　　　　　　　　80 000

结算衍生工具合同：

借：银行存款　　　　　　　　　　　　　　　　　　　　　　　　100 000
　　贷：套期工具——期货合同　　　　　　　　　　　　　　　　　100 000

采购原油：

借：原材料——原油　　　　　　　　　　　　　　　　　　　　1 300 000
　　贷：银行存款　　　　　　　　　　　　　　　　　　　　　　1 300 000

将套期工具上的利得计入资产的初始确认成本：

借：其他综合收益　　　　　　　　　　　　　　　　　　　　　100 000
　　贷：原材料——原油　　　　　　　　　　　　　　　　　　　100 000

五、境外经营净投资的会计处理

对境外经营净投资的套期,应当按照类似于现金流量套期会计的规定处理:

(1) 套期工具以即期汇率(公允价值)计量,因汇率变动形成的利得或损失中属于有效套期的部分,应确认为所有者权益,并在处置境外经营时转出计入当期损益。

(2) 套期工具形成的利得或损失中属于无效套期的部分,应当计入当期损益。

【例 14-8】 G 公司于 20×5 年 12 月 31 日取得美国的 H 公司 40% 的股权,净投资为 US$1 000 000。为了规避人民币可能升值带来的损失,G 公司提前于 20×5 年 12 月 1 日签订 30 天期卖出美元的期汇合同。相关汇率如表 14-9 所示。

表 14-9　美元对人民币汇率变动情况

日　期	即期汇率	远期汇率
20×5 年 12 月 1 日	6.20	6.10
20×5 年 12 月 31 日	6.16	

G 公司相关账务处理如下:

(1) 20×5 年 12 月 1 日,不需作会计分录,只作账簿登记。

(2) 20×5 年 12 月 31 日,作为套期工具的美元期汇合同因人民币升值而产生的损失为:

$$1\,000\,000 \times (6.16 - 6.10) = 60\,000(元)$$

应计入所有者权益,会计分录如下:

借:其他综合收益　　　　　　　　　　　　　　　　　　　　60 000
　　贷:套期工具——境外经营净投资套期　　　　　　　　　　60 000

同时结算期汇合同:

借:套期工具——境外经营净投资套期　　　　　　　　　　　60 000
　　贷:银行存款　　　　　　　　　　　　　　　　　　　　60 000

本例中,套期操作发生损失 60 000 元,待 G 公司处置对 H 公司的股权投资时,将该损失从其他综合收益中转出计入处置当期的损益。

第五节　衍生金融工具信息披露

一、衍生金融工具信息披露的演进

依据衍生金融工具信息披露的发展情况,其演进大致可以分为两个阶段。

(一) 表外披露阶段

衍生金融工具的表外披露最早起源于美国财务会计准则委员会 1990 年 3 月颁布的第 105 号财务会计准则公告:对衍生金融工具表外风险和信用风险的信息披露。该公告要求金融机构在财务会计报告附注中披露衍生金融工具的性质、条件、面值、保证金、协议价值、名义价值、信用风险、市场风险、会计政策、担保情况以及担保未能兑现时的预期损失等信息,主要强调表外披露。

(二) 表内披露阶段

1991 年 12 月,FASB 颁布了 SFAS107《关于金融工具公允价值的披露》,要求所有企业必须在会计报表或附注中披露衍生金融工具的公允价值。1994年10月又颁布了SFAS119《关于衍生金融工具及金融工具公允价值的信息披露》。SFAS119是对SFAS105的补充,把对项目金额、性质以及各种合约条款的披露推广到所有的衍生金融工具,而不再局限于那些带有表外风险和信用风险的项目。1998年6月,FASB公布了修订后的SFAS133《衍生金融工具和套期保值会计》。SFAS133规定:衍生金融工具代表了资产的权利或负债的义务,故应将其在会计报表内列示。至此,美国衍生金融工具的会计报告完成了从表外披露到表内披露的演进历程。

二、我国会计准则对衍生金融工具信息披露的具体规定

(一) 表内信息披露规定

表内信息披露的内容主要是经过会计确认和计量的项目,涉及资产负债表、利润表和权益变动表。对衍生金融工具进行确认和计量的内容都需要依照《企业会则第37号——金融工具列报》的有关规定在财务报表中反映出来。它主要包括:缴纳的保证金、支付的期权费、签约时实际发生的各项开支以及合同金额、衍生金融工具报告日的公允价值,公允价值变动形成的利得和损失等一系列相关的内容。

(二) 表外信息披露的规定

表外的信息主要是指按照《企业会计准则第23号——金融资产转移》的有关规定披露编制财务报表时对金融工具所采用的重要会计政策、计量基础等信息。例如,金融工具分类方法、确认和终止确认条件、初始计量采用的计量基础,金融资产或金融负债的利得和损失的计量基础,确定金融资产已发生减值的客观依据以及计算减值损失所使用的具体方法。另外,还应披露有关减值损失、违约借款、套期活动、金融资产及负债的公允价值、金融工具风险等信息。

三、国际财务报告准则对衍生金融工具信息披露的最新变化趋势

国际会计准则理事会(IASB)2014年7月24日发布《国际财务报告准则第9号——金融工具》(IFRS 9)终稿,结合了IASB关于分类和计量、减值和套期会计的阶段性项目以取代《国际会计准则第39号——金融工具:确认和计量》。该版本增加了一个新的预期损失减值模型,并对金融资产的分类和计量进行了有限的修订。该准则取代IFRS 9之前的所有版本,于2018年1月1日或以后日期开始期间生效。与此同时,国际财务报告准则(IFRS 7 金融工具:披露)进行了配套修订。其中引入了大量信用风险及预期信用损失准备披露要求。为了实现我国企业会计准则与国际财务报告的持续全面趋同,财政部于2017年4月对企业会计准则22号,23号和24号进行了修订。预计这将对我国银行业产生重大的影响。

参 考 文 献

[1] 储一昀.高级财务会计[M].上海:复旦大学出版社,2006.
[2] 《企业会计准则第22号——金融工具确认与计量》.
[3] 《企业会计准则第23号——金融工具转移》.
[4] 《企业会计准则第24号——套期保值》.
[5] 《企业会计准则第37号——金融工具列报》.
[6] IASB:IFRS9 Financial Instruments.

复习思考题

1. 什么是衍生金融工具？什么是金融远期、金融期货、金融期权、金融互换？
2. 以投机为目的和以套期保值为目的的衍生金融工具会计处理主要区别是什么？
3. 公允价值套期和现金流量套期的区别是什么？两者的会计处理的区别是什么？

业 务 题

1.（期权的核算）假设S公司于20×7年1月1日购入一项股票认沽权证，合同规定S公司在20×7年5月31日前的任何一天有权以每股50元的价格出售T公司股票1 000股。S公司支付期权费500元。20×7年4月31日，T公司股票价格下跌到每股45元，认沽权证的市场价格为10 000元。5月1日，S公司以9 700元价格转让认沽权证。

要求：作S公司有关会计分录。

2.（公允价值套期的核算）P公司于20×7年1月1日按面值买入L公司于当日发行的3年期债券100 000元，年利率为5%，每年1月1日付息一次。P公司将其归类为可供出售金融资产。20×7年12月31日该债券公允价值为100 500元。为规避市场风险，对债券投资进行套期保值，P公司于20×8年2月1日买入出售100 000元该债券的远期合同（假定未发生成本）。套期有效性评估以投资的公允价值变动及远期合同内在价值的变动作为基础。20×8年12月31日，债券远期合同公允价值为100元，而债券公允价值则下跌100元。

要求：作P公司相关会计分录。

3.（现金流量套期的核算）20×7年4月31日，K公司计划于1个月后采购50吨某原材料，1月期合同价格为每吨1 000元。为规避该原材料价格上涨风险，K公司在当日签订了该原材料的期货合同（未发生成本），指定为用于对预期采购合同的套期保值。20×7年5月31日，交割期货合同，并发生原材料采购，当时原材料现货价格为每吨1 200元。该批原材料所生产的产品于当年6月份出售。假定K公司的会计政策是，套期工具的利得和损失在被套期工具影响企业损益的同一期间转出，计入当期损益。

要求：作K公司有关会计分录。

第十五章 债务重组和破产清算

本 章 提 要

在市场经济条件下,竞争日趋激烈,企业为此需要不断地根据环境变化调整经营策略,防范和控制经营及财务风险。但有时由于各种因素(包括内部和外部)的影响,企业可能出现一些暂时性或严重的财务困难,致使资金周转不灵,难以按期偿还债务。在此情况下,作为债权人,一种方式是可以通过法律程序,要求债务人破产,以清偿债务;另一种方式是可以通过互相协商,重新议定偿债协议,对债权债务关系作出新的安排。从会计核算的角度,前者被称为破产清算,后者被称为债务重组。本章主要介绍企业债务重组和破产清算的会计处理。

第一节 债务重组

一、债务重组概述

《企业会计准则第12号——债务重组》(以下简称债务重组准则)指出:债务重组是指在不改变交易对手方的情况下,经债权人和债务人协定或法院裁定,就清偿债务的时间、金额或方式等重新达成协议的交易。由于债务重组涉及债权人和债务人,对债务人而言为"债务重组",而对债权人而言是"债权重组",为了便于表述统称为"债务重组"。

为理解准则中有关债务重组的定义,以下三个问题需要说明。

(一)交易对手方

债务重组是在不改变交易对手方的情况下进行的交易。在实务中,经常会出现第三方参与交易的情形,即:债权或债务转移给了第三方,由第三方与原债务人或债权人进行重组,在该种情形下,企业应当首先考虑原债权和债务根据《企业会计准则第22号——金融工具确认和计量》和《企业会计准则第23号——金融资产转移》等准则是否应该终止确认,再就债务重组交易在新的债权人和债务人之间适用《企业会计准则第12号——债务重组》。

(二)债权和债务的范围

债务重组涉及的债权和债务是指《企业会计准则第22号——金融工具确认和计量》规范的债权和债务,即金融资产和金融负债,不包括合同资产、合同负债、预计负债,但包括租赁应收款和租赁应付款。

(三)债务重组准则的适用范围

以下两种情况下的债务重组,不适用债务重组准则,而应根据情况适用其他准则。

(1)通过债务重组形成合并的,适用《企业会计准则第20号——企业合并》。债务人以对子公司的股权投资清偿债务,从而使债权人可以对债务人的子公司实施控制的,或者债务转为权益工具,使债权人拥有债务人控制权的,债权人取得资产和负债的确认与计量适用《企业会计准则第20号——企业合并》的有关规定。

(2)债务重组构成权益性交易的,应当适用权益性交易的有关会计处理规定,债权人和债务人不确认构成权益性交易的债务重组相关损益。债务重组构成权益性交易的情形包括:①债权人直接或间接对债务人持股,或者债务人直接或间接对债权人持股,且持股方以股东身份进行债务重组;②债权人与债务人在债务重组前后均受同一方或相同的多方最终控制,且该债务重组的交易实质是债权人或债务人进行了权益性分配或接受了权益性投入。此两种情况下,债权人和债务人不应确认债务重组相关损益。但债务重组中不属于权益性交易的部分仍然应当确认债务重组相关损益。

例如,甲公司是乙公司的股东,甲公司向乙公司提供了1 000万元的无息借款,并约定于6个月后收回。借款期满后,乙公司发生财务困难,无力偿还该借款。经债权人会议协商,豁免债务的一半,而甲公司作为乙公司的股东,决定额外免除乙公司300万元的债务。在该案例中,甲公司免除乙公司500万元的债务(全部债务的一半)是作为债权人免除债务人的债务,应该确认债务重组相关的损益,而额外免除的300万元,是作为股东与乙公司之间的交易(正常情况下,甲公司不会这么做),该部分应该作为权益性交易,不确认债务重组的损益。

二、债务重组的方式

债务重组的方式主要包括债务人以资产清偿债务、将债务转为权益工具、修改其他条款,以及前述一种以上方式的组合(以下简称混合重组)。

(一)债务人以资产清偿债务

债务人可以转让其资产给债权人用以清偿债务进行债务重组。用于偿债的资产通常是已经在资产负债表中确认的资产,例如,现金、存货、应收账款、长期股权投资、投资性房地产、固定资产、在建工程、生物资产、无形资产等。除在资产负债中确认的资产外,债务人也可能以不符合确认条件而未予确认的资产清偿债务,例如,债务人以未确认的内部产生品牌清偿债务,债权人在获得的商标权符合无形资产确认条件的前提下作为无形资产核算。在少数情况下,债务人还可能以处置组(即一组资产和与这些资产直接相关的负债)清偿债务。

(二)债务人将债务转为权益工具

债务人将债务转为权益工具,权益工具是指《企业会计准则第37号——金融工具列报》分类为"权益工具"的金融工具,会计处理上体现为"股本""实收资本""资本公积"等科目。如果根据《企业会计准则第37号——金融工具列报》,股权不能分类为权益工具,根据其实质应该确认为金融负债,或者债权人与债务人以一项同时包含金融负债成分和权益工具成分的复合金融工具替换原债权债务,均不属于债务人将债务转为权益工具的债务重组方式。

(三)修改其他条款

修改债权和债务的其他条款,是债务人不以资产清偿债务,也不将债务转为权益工具,而是改变债权和债务的其他条款的债务重组方式,如调整债务本金、改变债务利息、变更还款期限等。经修改其他条款形成的新的债权和债务,被称为重组债权和重组债务。

(四)组合方式

组合方式是采用债务人以资产清偿债务、债务人将债务转为权益工具、修改其他条款三种方式中一种以上方式的组合清偿债务的债务重组方式。例如，债权人和债务人约定，由债务人以现金清偿部分债务，以固定资产或无形资产清偿部分债务，部分债务转为权益工具，剩余部分延期支付。

二、债务重组的会计处理

债务重组的会计处理主要涉及三个问题：一是原有债权和债务的终止确认；二是通过债务重组取得资产的确认和计量，以及损益的确定（站在债权人角度）；三是债务人通过债务重组清偿债务，用于偿债的资产和原有债务的结转、新债务的确认和计量，以及损益的确定（站在债务人角度）。

（一）原有债权和债务的终止确认

债务重组中涉及的原债权和债务的终止确认，应当遵循《企业会计准则第 22 号——金融工具确认和计量》和《企业会计准则第 23 号——金融资产转移》有关金融资产和金融负债终止确认的规定，债权人在收取债权现金流量的合同权利终止时终止确认债权，债务人在债务的现时义务解除时终止确认债务。

对于终止确认的债权，债权人应当结转已计提的减值准备中对应该债权终止确认部分的金额，对于终止确认的分类为以公允价值计量且其变动计入其他综合收益的债权，之前计入其他综合收益的累计利润或损失应当从其他综合收益中转出，记入"投资收益"科目。

1. 以资产清偿债务或将债务转为权益工具

对于以资产清偿债务或者将债务转化为权益工具方式进行的债务重组，债权人在拥有或控制相关资产时，通常其收取债权现金流量的合同权利也同时终止，债权人一般可以终止确认该债权。由于债务人通过交付资产或权益工具解除了其清偿债务的现时义务，债务人一般可以终止确认该债务。

2. 修改其他条款

债务重组通过调整债务本金、改变债务利息、变更还款期限等修改合同条款方式进行的，合同修改前后的交易对手方没有发生改变，合同涉及的本金、利息等现金流量很难在本息之间及债务重组前后作出明确分割，即很难单独识别合同的特定可辨认现金流量。因此通常情况下，应当整体考虑是否对全部债权（债务）的合同条款作出了实质性修改。如果重组债务未来现金流量（包括支付和收取的某些费用）现值与原债务的剩余期间现金流量现值之间的差异超过 10%，则意味着新的合同条款进行了"实质性修改"或者重组债务与原债务是"实质上不同"的，有关现值的计算均采用原债务的实际利率。

对于债权人，如果重组协议作出了"实质性修改"，应当终止确认原债权，并按照修改后的条款或新协议确认新金融资产。对于债务人，如果对债务或部分债务的合同条款作出"实质性修改"，或者债权人与债务人之间签订协议，以承担"实质上不同"的重组债务方式替换债务，债务人应当终止确认原债务，同时按照修改后的条款确认一项新金融负债。

如果重组协议未作出"实质性修改"，原确认的债权和债务类别不变，但要根据未来现金流量的现值对原债权和债务进行重新计量。

3. 组合方式

对于债权人，与上述"修改其他条款"部分的分析类似，通常情况下应当整体考虑是否终止确认全部债权。由于组合方式涉及多种债务重组方式，一般可以认为对全部债权的合同条款作出了实质修改，从而终止确认全部债权，并按照修改后的条款确认新金融资产。

对于债务人，组合以资产清偿债务或将债务转为权益工具方式进行的债务重组，如果债务人清偿该部分债务的现时义务已经解除,应当终止确认该部分债务。组合中以修改其他条款方式进行的债务重组,需要根据具体情况,判断对应的部分债务是否满足终止确认条件。

(二)债权人的会计处理

1. 以资产清偿债务或将债务转为权益工具

债务重组采用以资产清偿债务或者将债务转为权益工具方式进行的,债权人应当在受让的相关资产符合其定义和确认条件时予以确认。

1)债权人受让金融资产

债权人受让包括现金在内的单项或多项金融资产的,应当按照《企业会计准则第22号——金融工具确认和计量》的规定进行确认和计量。金融资产初始确认时应当以其公允价值计量,金融资产确认金额与债权终止确认日账面价值之间的差额,记入"投资收益"账户。但是,收取的金融资产的公允价值与交易价格(即放弃债权的公允价值)存在差异的,应当按照《企业会计准则第22号——金融工具确认和计量》第三十四条的规定处理。

2)债权人受让非金融资产

债权人初始确认受让的金融资产以外的资产时,应当按照下列原则以成本计量:

(1)存货的成本,包括放弃债权的公允价值,以及使该资产达到当前位置和状态所发生的可直接归属于该资产的税金、运输费、装卸费、保险费等其他成本。

(2)对联营企业或合营企业投资的成本,包括放弃债权的公允价值,以及可直接归属于该资产的税金等其他成本。

(3)投资性房地产的成本,包括放弃债权的公允价值,以及可直接归属于该资产的税金等其他成本。

(4)固定资产的成本,包括放弃债权的公允价值,以及使该资产达到预定可使用状态前所发生的可直接归属于该资产的税金、运输费、装卸费、安装费、专业人员服务费等其他成本。确定固定资产成本时,应当考虑预计弃置费用因素。

(5)生物资产的成本,包括放弃债权的公允价值,以及可直接归属于该资产的税金、运输费、保险费等其他成本。

(6)无形资产的成本,包括放弃债权的公允价值,以及可直接归属于使该资产达到预定用途所发生的税金等其他成本。放弃债权的公允价值与账面价值之间的差额,记入"投资收益"账户。

3)债权人受让多项资产

债权人受让多项非金融资产,或者包括金融资产、非金融资产在内的多项资产的,应当按照《企业会计准则第22号——金融工具确认和计量》的规定确认和计量受让的金融资产;按照受让的金融资产以外的各项资产在债务重组合同生效日的公允价值比例,对放弃债权在合同生效日的公允价值扣除受让金融资产当日公允价值后的净额进行分配,并以此为基础分别确定各项资产的成本。放弃债权的公允价值与账面价值之间的差额,记入"投资收益"账户。

4)债权人受让处置组

债务人以处置组清偿债务的,债权人应当分别按照《企业会计准则第22号——金融工具确认和计量》和其他相关准则的规定,对处置组中的金融资产和负债进行初始计量,然后按照金融资产以外的各项资产在债务重组合同生效日的公允价值比例,对放弃债权在合同生效日的公允价值以及承担的处置组中负债的确认金额之和,扣除受让金融资产当日公允价值后的净额进行分配,并以此为基础分别确定各项资产的成本。放弃债权的公允价值与账面价值之间的差额,记入"投资收益"账户。

5) 债权人将受让的资产或处置组划分为持有待售类别

债务人以资产或处置组清偿债务,且债权人在取得日未将受让的相关资产或处置组作为非流动资产和非流动负债核算,而是将其划分为持有待售类别的,债权人应当在初始计量时,比较假定其不划分为持有待售类别情况下的初始计量金额和公允价值减去出售费用后的净额,以两者孰低计量。

2. 修改其他条款

债务重组采用以修改其他条款方式进行的,如果修改其他条款导致全部债权终止确认,债权人应当按照修改后的条款以公允价值初始计量新的金融资产,新金融资产的确认金额与债权终止确认日账面价值之间的差额,记入"投资收益"账户。

如果修改其他条款未导致债权终止确认,债权人应当根据其分类,继续以摊余成本、以公允价值计量且其变动计入其他综合收益,或者以公允价值计量且其变动计入当期损益进行后续计量。对于以摊余成本计量的债权,债权人应当根据重新议定合同的现金流量变化情况,重新计算该重组债权的账面余额,并将相关利得或损失记入"投资收益"账户。重新计算的该重组债权的账面余额,应当根据将重新议定或修改的合同现金流量按债权原实际利率折现的现值确定,购买或源生的已发生信用减值的重组债权,应按经信用调整的实际利率折现。对于修改或重新议定合同所产生的成本或费用,债权人应当调整修改后的重组债权的账面价值,并在修改后重组债权的剩余期限内摊销。

3. 组合方式

债务重组采用组合方式进行的,一般可以认为对全部债权的合同条款作出了实质性修改,债权人应当按照修改后的条款,以公允价值初始计量新的金融资产和受让的新金融资产,按照受让的金融资产以外的各项资产在债务重组合同生效日的公允价值比例,对放弃债权在合同生效日的公允价值扣除受让金融资产和重组债权当日公允价值后的净额进行分配,并以此为基础分别确定各项资产的成本。放弃债权的公允价值与账面价值之间的差额,记入"投资收益"账户。

(三) 债务人的会计处理

1. 债务人以资产清偿债务

债务重组采用以资产清偿债务方式进行的,债务人应当将所清偿债务账面价值与转让资产账面价值之间的差额计入当期损益。

1) 债务人以金融资产清偿债务

债务人以单项或多项金融资产清偿债务的,债务的账面价值与偿债金融资产账面价值的差额,记入"投资收益"账户。偿债金融资产已计提减值准备的,应结转已计提的减值准备。对于以分类为以公允价值计量且其变动计入其他综合收益的债务工具投资清偿债务的,之前计入其他综合收益的累计利得或损失应当从其他综合收益中转出,记入"投资收益"账户。对于以指定为以公允价值计量且其变动计入其他综合收益的非交易性权益工具投资清偿债务的,之前计入其他综合收益的累计利得或损失应当从其他综合收益中转出,记入"盈余公积""利润分配——未分配利润"等账户。

2) 债务人以非金融资产清偿债务

债务人以单项或多项非金融资产清偿债务,或者以包括金融资产和非金融资产在内的多项资产清偿债务的,不需要区分资产处置损益和债务重组损益,也不需要区分不同资产的处置损益,而应将所清偿债务账面价值与转让资产账面价值之间的差额,记入"其他收益——债务重组收益"账户。偿债资产已计提减值准备的,应结转已计提的减值准备。

债务人以包含非金融资产的处置组清偿债务的,应当将所清偿债务和处置组中负债的账面价值之和,与处置组中资产的账面价值之间的差额,记入"其他收益——债务重组收益"账户。处置组所属的资产组或资产组组合按照《企业会计准则第8号——资产减值》分摊了企业合并中取得的商誉的,该处置组应当包含分摊至处置组的商誉。处置组中的资产已计提减值准备的,应结转已计提的减值准备。

债务人以日常活动产出的商品或服务清偿债务的,应当将所清偿债务账面价值与存货等相关资产账面价值之间的差额,记入"其他收益——债务重组收益"账户。

2. 债务人将债务转为权益工具

债务重组采用将债务转为权益工具方式进行的,债务人初始确认权益工具时,应当按照权益工具的公允价值计量,权益工具的公允价值不能可靠计量的,应当按照所清偿债务的公允价值计量。所清偿债务账面价值与权益工具确认金额之间的差额,记入"投资收益"账户。债务人因发行权益工具而支出的相关税费等,应当依次冲减资本溢价、盈余公积、未分配利润等。

3. 修改其他条款

债务重组采用修改其他条款方式进行的,如果修改其他条款导致债务终止确认,债务人应当按照公允价值计量重组债务,终止确认的债务账面价值与重组债务确认金额之间的差额,记入"投资收益"账户。

如果修改其他条款未导致债务终止确认,或者仅导致部分债务终止确认,对于未终止确认的部分债务,债务人应当根据其分类,继续以摊余成本、以公允价值计量且其变动计入当期损益或其他适当方法进行后续计量。对于以摊余成本计量的债务,债务人应当根据重新议定合同的现金流量变化情况,重新计算该重组债务的账面价值,并将相关利得或损失记入"投资收益"账户。重新计算的该重组债务的账面价值,应当根据将重新议定或修改的合同现金流量按债务的原实际利率或按《企业会计准则第24号——套期会计》第二十三条规定的重新计算的实际利率(如适用)折现的现值确定。对于修改或重新议定合同所产生的成本或费用,债务人应当调整修改后的重组债务的账面价值,并在修改后重组债务的剩余期限内摊销。

4. 组合方式

债务重组采用以资产清偿债务、将债务转为权益工具、修改其他条款等方式的组合进行的,对于权益工具,债务人应当在初始确认时按照权益工具的公允价值计量,权益工具的公允价值不能可靠计量的,应当按照所清偿债务的公允价值计量。对于修改其他条款形成的重组债务,债务人应当参照以上"修改其他条款"部分的内容,确认和计量重组债务。所清偿债务的账面价值与转让的账面价值以及权益工具和重组债务的确认金额之和的差额,记入"其他收益——债务重组收益"或"投资收益"(仅涉及金融工具时)账户。

值得注意的是,对于企业因破产重整而进行的债务重组交易,由于涉及破产重整的债务重组协议执行过程及结果存在重大不确定性,企业通常应在破产重整协议履行完毕后确认债务重组收益,除非有确凿证据表明上述重大不确定性已经消除。

【例15-1】 甲公司销售商品产生应收乙公司货款1 200万元,甲公司将该应收账款作

第十五章 债务重组和破产清算

为以摊余成本计量的金融资产核算。因乙公司资金周转困难,逾期已超过1年尚未支付,甲公司就该债权计提了240万元坏账准备。2×15年10月20日,双方经协调达成以下协议:乙公司以其生产的100件丙产品和一项以摊余成本计量的债权投资偿还所欠甲公司货款。乙公司用以偿债的丙产品单件成本为5万元,计税价格(不含增值税)为8万元。10月25日,甲公司收到乙公司的100件丙产品及债券投资,该债券投资账面价值为110万元,甲公司将该债券作为以公允价值计量且其变动计入当期损益的金融资产核算。乙公司向甲公司开具了增值税专用发票,双方债权债务结清。甲公司该应收账款的公允价值为900万元,收到的债券投资公允价值为120万元。甲、乙公司均为增值税一般纳税人,适用增值税税率为13%。不考虑其他因素。

(1) 债权人甲公司的账务处理:

借:交易性金融资产　　　　　　　　　　　　　　　　　　1 200 000
　　库存商品　　　　　　　　　　　　　　　　　　　　　6 760 000
　　应交税费——应交增值税(进项税额)　　　　　　　　　1 040 000
　　坏账准备　　　　　　　　　　　　　　　　　　　　　2 400 000
　　投资收益　　　　　　　　　　　　　　　　　　　　　　600 000
　　贷:应收账款　　　　　　　　　　　　　　　　　　　12 000 000

甲公司取得丙产品入账成本为676万元(900−120−104),甲公司确认的债务重组损失为60万元[900−(1 200−240)]。

(2) 债务人乙公司的账务处理。

借:应付账款　　　　　　　　　　　　　　　　　　　　12 000 000
　　贷:债权投资　　　　　　　　　　　　　　　　　　　11 00 000
　　　　库存商品　　　　　　　　　　　　　　　　　　　5 000 000
　　　　应交税费——应交增值税(销项税额)　　　　　　　1 040 000
　　　　其他收益——债务重组收益　　　　　　　　　　　4 860 000

【例15-2】 2×19年11月5日,甲公司向乙公司赊购一批材料,含税价为234万元。2×20年9月10日,甲公司因发生财务困难,无法按合同约定偿还债务,双方协商进行债务重组。乙公司同意甲公司用其生产的商品、作为固定资产管理的机器设备和一项债券投资抵偿欠款。当日,该债权的公允价值为210万元,甲公司用于抵债的商品市价(不含增值税)为90万元,抵债设备的公允价值为75万元,用于抵债的债券投资市价为23.55万元。抵债资产于2×20年9月20日转让完毕,甲公司发生设备运输费用0.65万元,乙公司发生设备安装费用1.5万元。乙公司以摊余成本计量该项债权。2×20年9月20日,乙公司对该债权已计提坏账准备19万元,债券投资市价为21万元。乙公司将受让的商品、设备和债券投资分别作为低值易耗品、固定资产和以公允价值计量且其变动计入当期损益的金融资产核算。

甲公司以摊余成本计量该项债务。2×20年9月20日,甲公司用于抵债的商品成本为70万元;抵债设备的账面原价为150万元,累计折旧为40万元,已计提减值准备18万元;甲公司以摊余成本计量用于抵债的债券投资,债券票面价值总额为15万元,票面利率与实际利率一致,按年付息,假定甲公司尚未对债券确认利息收入。当日,该项债务的账面价值仍为234万元。

甲、乙公司均为增值税一般纳税人,适用增值税税率为13%,经税务机关核定,该项交易中商品和设备的计税价格分别为 90 万元和 75 万元。不考虑其他相关税费。

1) 债权人的会计处理

低值易耗品可抵扣增值税＝90×13％＝11.7(万元)

设备可抵扣增值税＝75×13％＝9.75(万元)

低值易耗品和固定资产的成本应当以其公允价值比例(90：75)对放弃债权公允价值扣除受让金融资产公允价值后的净额进行分配后的金额为基础确定。

低值易耗品的成本＝90÷(90＋75)×(210－23.55－11.7－9.75)＝90(万元)

固定资产的成本＝75÷(90＋75)×(210－23.55－11.7－9.75)＝75(万元)

2×20 年 9 月 20 日,乙公司的账务处理如下：

(1) 结转债务重组相关损益。

借：低值易耗品	900 000
在建工程——在安装设备	750 000
应交税费——应交增值税	214 500
交易性金融资产	210 000
坏账准备	190 000
投资收益	75 500
贷：应收账款——甲公司	2 340 000

(2) 支付安装费用。

借：在建工程——在安装设备	15 000
贷：银行存款	15 000

(3) 安装完毕达到可使用状态：

借：固定资产——××设备	765 000
贷：在建工程——在安装设备	765 000

2) 债务人的会计处理

甲公司 9 月 20 日的账务处理如下：

借：固定资产清理	920 000
累计折旧	400 000
固定资产减值准备	180 000
贷：固定资产	1 500 000
借：固定资产清理	6 500
贷：银行存款	6 500
借：应付账款	2 340 000
贷：固定资产清理	926 500
库存商品	700 000
应交税费——应交增值税	214 500
债权投资——面值	150 000
其他收益——债务重组收益	349 000

【例 15-3】 A 公司为上市公司,2×16 年 1 月 1 日,A 公司取得 B 银行贷款 5 000 万元,约定贷款期限为 4 年(即 2×19 年 12 月 31 日到期),年利率 6％,按年付息,A 公司已按

时支付所有利息。2×19 年 12 月 31 日,A 公司出现严重资金周转问题,多项债务违约,信用风险增加,无法偿还贷款本金。2×20 年 1 月 10 日,B 银行同意与 A 公司就该项贷款重新达成协议,新协议约定:

(1) A 公司将一项作为固定资产核算的房产转让给 B 银行,用于抵偿债务本金 1 000 万元,该房产账面原值 1 200 万元,累计折旧 400 万元,未计提减值准备。

(2) A 公司向 B 银行增发股票 500 万股,面值 1 元/股,占 A 公司股份总额的 1%,用于抵偿债务本金 2 000 万元,A 公司股票于 2×20 年 1 月 10 日的收盘价为 4 元/股。

(3) 在 A 公司履行上述偿债义务后,B 银行免除 A 公司 500 万元债务本金,并将尚未偿还的债务本金 1 500 万元展期至 2×20 年 12 月 31 日,年利率 8%;如果 A 公司未能履行 (1)(2) 所述偿债义务,B 银行有权终止债务重组协议,尚未履行的债权调整承诺随之失效。

B 银行以摊余成本计量该贷款,已计提贷款损失准备 300 万元。该贷款于 2×20 年 1 月 10 日的公允价值为 4 600 万元,予以展期的贷款的公允价值为 1 500 万元。

2×20 年 3 月 2 日,双方办理完成房产转让手续,B 银行将该房产作为投资性房地产核算。2×20 年 3 月 31 日,B 银行为该笔贷款补提了 100 万元的损失准备。

2×20 年 5 月 9 日,双方办理完成股权转让手续,B 银行将该股权投资分类为以公允价值计量且其变动计入当期损益的金融资产,A 公司股票当日收盘价为 4.02 元/股。

A 公司以摊余成本计量该贷款,截至 2×20 年 1 月 10 日,该贷款的账面价值为 5 000 万元。不考虑相关税费。

1) 债权人的会计处理

A 公司与 B 银行以组合方式进行债务重组,同时涉及以资产清偿债务、将债务转为权益工具、包括债务豁免的修改其他条款等方式,可以认为对全部债权的合同条款作出了实质性修改,债权人在收取债权现金流量的合同权利终止时应当终止确认全部债权,即在 2×20 年 5 月 9 日该债务重组协议的执行过程和结果不确定性消除时,可以确认债务重组相关损益,并按照修改后的条款确认新金融资产。债权人 B 银行的账务处理如下:

(1) 3 月 2 日:

投资性房地产成本=放弃债权公允价值-受让股权公允价值-重组债权公允价值=4 600-2 000-1 500=1 100(万元)

借:投资性房地产　　　　　　　　　　　　　　　　　　　　　　　　11 000 000
　　贷:贷款——本金　　　　　　　　　　　　　　　　　　　　　　　11 000 000

(2) 3 月 31 日:

借:信用减值损失　　　　　　　　　　　　　　　　　　　　　　　　1 000 000
　　贷:贷款损失准备　　　　　　　　　　　　　　　　　　　　　　　1 000 000

(3) 5 月 9 日:

受让股权的公允价值=4.02×500=2 010(万元)

借:交易性金融资产　　　　　　　　　　　　　　　　　　　　　　　20 100 000
　　贷款——本金　　　　　　　　　　　　　　　　　　　　　　　　15 000 000
　　贷款损失准备　　　　　　　　　　　　　　　　　　　　　　　　4 000 000
　贷:贷款——本金　　　　　　　　　　　　　　　　　　　　　　　39 000 000
　　投资收益　　　　　　　　　　　　　　　　　　　　　　　　　　100 000

2) 债务人的会计处理

该债务重组协议的执行过程和结果不确定性于 2×20 年 5 月 9 日消除时,债务人清偿该部分债务的现时义务已经解除,可以确认债务重组相关损益,并按照修改后的条款确认新金融负债。

债务人 A 公司的账务处理如下:

(1) 3 月 2 日:

  借:固定资产清理   8 000 000
    累计折旧   4 000 000
    贷:固定资产   12 000 000

  借:长期借款——本金   8 000 000
    贷:固定资产清理   8 000 000

(2) 5 月 9 日:

借款的新现金流量现值 $=1\,500\times(1+8\%)\div(1+6\%)=1\,528.5$(万元)

现金流变化 $=(1\,528.5-1\,500)\div 1\,500=1.9\%<10\%$

因此,针对 1 500 万元本金部分的合同条款的修改不构成实质性修改,不终止确认该部分负债。

  借:长期借款——本金   42 000 000
    贷:股本   5 000 000
      资本公积   15 100 000
      长期借款——本金   15 285 000
      其他收益——债务重组收益   6 615 000

本例中,即使没有"A 公司未能履行(1)(2)所述偿债义务,B 银行有权终止债务重组协议,尚未履行的债权调整承诺随之失效"的条款,债务人仍然应当谨慎处理,考虑在债务的现时义务解除时终止确认原债务。

第二节 破 产 清 算

一、破产清算概述

(一) 破产和破产清算

破产指的是由于企业经营或管理等方面原因造成的长期亏损,无力继续经营或企业不能清偿到期债务,无法继续经营而迫使企业宣告终止经营的行为。从狭义上讲,破产一般是指破产清算程序;但在谈及破产法律程序时,通常从广义上理解,不仅包括破产清算程序,而且也包括以挽救债务人,避免其破产为主要目的的重整、和解等法律程序,时间跨度为从企业申请破产之时至申请破产的企业的资产分配完毕为止的全过程。

清算是指公司解散或被依法宣告破产后,依照一定的程序结束公司事务,收回债权,偿还债务,清理资产,并分配剩余财产,终止消灭公司的过程。公司不同于自然人,终止经营后其法人资格并非随即消失,仍需要进行清算或破产清算程序,以处理其未了事务。在清算期间,公司视为未终止,其法人资格视为存续,但在此时,公司的权限仅限于清算范围内,凡以营业为前提的一切法律规定都不再适用。公司及其职能部门的原有地位由清算人取代。

破产清算是清算的一种,是企业被宣告破产后,根据《中华人民共和国企业破产法》(以下简称《破产法》)的规定进行的清算。破产清算是企业破产程序中的核心内容,但并非所有进入破产程序的企业均要进行破产清算。如果企业具有挽救的希望与价值,还可以申请重整和和解。重整或和解成功,企业即可继续保持其法人地位,反之则要正式进入破产清算。除破产清算外,企业通常在解散时也需要进行清算。

(二)破产的相关法律规定和破产程序

依据《破产法》的规定,当企业达到破产界限,当事人可以提出破产申请,法院据以启动破产程序。所谓破产界限,也称破产原因,债务人有下列情形之一的,人民法院应当认定其具备破产原因:第一,债务人不能清偿到期债务,并且资产不足以清偿全部债务;第二,债务人不能清偿到期债务,并且明显缺乏清偿能力。由此可见,破产的标志是丧失清偿能力,而不是指资金周转不灵而暂时延期支付。属于周转不灵的无偿债能力公司,可以与债权人协议以避免破产程序,这就是债务重组;属于丧失清偿能力的公司,通常在人民法院指定的管理人的监督下进入破产程序。

根据《破产法》的规定,破产程序大致可分为破产申请、重整和和解、破产清算三个阶段,破产清算是企业破产程序中的核心内容。下面简要介绍一下企业破产程序。

1. 破产申请阶段

破产申请可以由债权人,或者由债务人向债务人住所地人民法院提出申请。债务人提出申请的,还应当向人民法院提交企业财产状况说明、债务清册、债权清册、有关财务会计报告、职工安置预案以及职工工资的支付和社会保险费用的缴纳情况等有关材料。人民法院收到破产申请后,应当依法进行审查,及时作出是否受理破产案件的裁定。人民法院裁定受理破产申请的,应当将裁定自作出之日起5日内送达申请人。

债权人提出破产申请时,应当提交债务人不能清偿到期债务的有关证据,证明债权债务关系依法成立、债务履行期限已经届满、债务人未完全清偿债务。人民法院应当自收到申请之日起5日内通知债务人。通知中应告知债务人不得转移资产、逃避债务,不得进行任何有碍于公平清偿的行为,否则将追究其法律责任。债务人对债权人的申请未在法定期限内向人民法院提出异议,或者异议不成立的,人民法院应当依法裁定受理破产申请。人民法院裁定受理破产申请的,应当同时指定管理人,并在裁定受理破产申请之日起25日内通知已知债权人,并予以公告。债权人应当在人民法院发布受理破产申请公告之日起规定的时间内向管理人申报债权,债权人未在规定期限内申报债权的,可以在破产财产最后分配前补充申报,但此前已进行的分配,不再对其补充分配。人民法院受理破产案件后,应召集第一次债权人会议。债权人会议由所有依法申报债权的债权人组成,讨论决定有关破产事宜,协调债权人行为。

2. 重整和和解阶段

我国的《破产法》借鉴外国立法经验创建了重整制度。重整是指对已经或可能发生破产原因但又有挽救希望与价值的企业,通过对各方利害关系人的利益协调,借助法律强制性地调整它们的利益,对债务人进行生产经营上的整顿和债权债务关系上的清理,以避免破产,获得重生的法律制度。债务人或者债权人可以依法直接向人民法院申请对债务人进行重整,在债务人尚未发生破产原因但有明显丧失清偿能力的可能时,就可以依法申请重整。债权人申请对债务人进行破产清算的,在人民法院受理破产申请后、宣告债务人破产前,债务人或者出资额占债务人注册资本1/10以上的出资人,可以向人民法院申请重整,其他债权人也可以申请对债务人进行重整。债务人或者管理人应当自人民法院裁定债务人重整之日起6个月内,同时向人民法院和债权人会议提交重整计划草案。重整计划由债权人分组表决,经法院批准后由管理人监督执行。自人民法院裁定批准重整计划后,已接管财产和营业事务的管理人应当向债务人移交财产和营业事务。自人民法院裁定债务人重整之日起至重整程序终止,为重整期间。在重整期间,有下列情形之一的,经管理人或者利害关系人请求,人民法院应当裁定终止重整程序,并宣告债务人破产:①债务人的经营状况和财产状况继续恶化、缺乏挽救的可能性;②债务人有欺诈、恶意减少债务人财产或者其他显著不利于债权人的行为;③由于债务人的行为致使管理人无法执行职务。债务人不能执行或者不执行重整计划,人民法院经管理人或者利害关系人请求,应当裁定终止重整计划的执行,并宣告债务人破产。

此外,在人民法院受理破产申请后、宣告破产前,债务人可以依法直接向人民法院申请和解。人民法院经审查认为和解申请符合法律规定的,应当裁定和解,予以公告,并召集债权人会议讨论和解协议草案。债权人会议通过和解协议的,由人民法院裁定认可,终止和解程序,并予以公告。管理人应当向债务人移交财产和营业事务,并向人民法院提交执行职务的报告。若和解协议草案经债权人会议表决未获得通过,或者已经债权人会议通过的和解协议未获得人民法院认可的,人民法院应当裁定终止和解程序,并宣告债务人破产;因债务人的欺诈或者其他违法行为而成立的和解协议,人民法院应当裁定无效,并宣告债务人破产;债务人不能执行或者不执行和解协议的,人民法院经和解债权人请求,应当裁定终止和解协议的执行,并宣告债务人破产。

由于《破产法》及其他有关法规条例中没有对重整公司的会计处理进行规范,所以本章对重整会计不进行探讨。和解的内容主要是按照达成的和解协议清偿债务,其会计处理仅限于偿还债务方面,符合债务重组定义的,按上一节有关规定处理。

3. 破产清算阶段

1) 破产宣告

破产宣告是指法院依据当事人的申请或法定职权裁定宣布债务人破产以清偿债务的活动。债务人被宣告破产后,在破产程序中的有关称谓也发生相应变化,债务人被称为破产人,债务人财产称为破产财产,人民法院受理破产申请时对债务人享有的债权称为破产债权。

2) 指定破产管理人接管破产公司

根据《破产法》的规定,人民法院裁定受理破产申请的,应当同时指定管理人负责清算程序中的管理工作。管理人可以由有关部门、机构的人员组成的清算组或者依法设立的律师事务所、会计师事务所、破产清算事务所等社会中介机构担任。管理人依照《破产法》规定执行职务,向人民法院报告工作,并接受债权人会议和债权人委员会的监督。破产管理人需要履行的职责包括:接管债务人的财产、印章和账簿、文书等资料;调查债务人财产状况,制作财产状况报告;决定债务人的内部管理事务;决定债务人的日常开支和其他必要开支;在第一次债权人会议召开之前,决定继续或者停止债务人的营业;管理和处分债务人的财产;代表债务人参加诉讼、仲裁或者其他法律程序;提议召开债权人会议;人民法院认为管理人应当履行的其他职责。

3) 破产财产的变价与分配

在破产宣告后,管理人应当及时拟订破产财产变价方案,提交债权人会议讨论。管理人应当按照债权人会议通过的或者人民法院依法裁定的破产财产变价方案,适时变价出售破产财产。

破产财产的分配应当遵守法定的分配顺序和分配方法。《破产法》规定:对破产人的特定财产享有担保权的权利人,处于最优先的清偿顺序。除有担保的债务外,破产财产在优先清偿破产费用和共益债务后,依照下列顺序清偿:①破产人所欠职工的工资和医疗、伤残补助、抚恤费用,所欠的应当划入职工个人账户的基本养老保险、基本医疗保险费用,以及法律、行政法规规定应当支付给职工的补偿金;②破产人欠缴的除前项规定以外的社会保险费用和破产人所欠税款;③普通破产债权。破产财产不足以清偿同一顺序的清偿要求的,按照比例分配。对于破产财产可以进行一次性分配,也可以进行多次分配,需视破产财产的多少、变价难易等情况而定。

4)清算终结

破产人无财产可供分配的,管理人应当请求人民法院裁定终结破产程序。在破产人有财产可供分配的情况下,管理人在最后分配完结后,应当及时向人民法院提交破产财产分配报告,并提请人民法院终结破产程序。人民法院应当自收到管理人终结破产程序的请求之日起 15 日内作出是否终结破产程序的裁定。裁定终结的,应当予以公告。管理人应当自破产程序终结之日起 10 日内,持人民法院终结破产程序的裁定,向破产人的原登记机关办理注销登记。

二、破产清算会计的特点

破产清算会计是财务会计的一个分支,它是以宣告破产的企业为会计主体,依据破产法律制度,对破产企业在清算期间的各项经济事项进行确认、计量、记录和报告的一种程序和方法。由于破产清算会计服务于即将终止经营的企业,相对于持续经营企业的财务会计而言,在以下方面有其自身的特点。

(一)会计的目标

在持续经营的情况下,企业财务会计的目标是向企业的投资者、债权人及相关利益集团提供与企业财务状况、经营成果和现金流量等有关的会计信息,反映企业管理层受托责任履行情况,有助于财务会计报告使用者作出经济决策。破产清算会计主要关注破产企业财产的处理情况和债务的偿还情况,其目标是及时地向各类债务人及其他利益相关集团提供破产企业资产变现、债务清偿、资金流转和清算损益等方面的会计信息。

(二)会计基本假设

企业在正常经营的情况下,会计主体是企业自身,而进入破产清算以后,破产管理人的进入和接管使会计主体发生了变化。会计核算将站在破产管理人的角度对企业清算业务进行计量、记录和报告。

破产清算的企业,已经停止了正常生产经营,持续经营假设已经不再成立。在该假设下的历史成本计量基础也不再适用,对资产、债权和债务的计量大多采用清算价值或变现价值。破产会计核算是一次性的,不存在持续性和周期性的核算,划分会计期间已无必要,在会计分期假设基础上的权责发生制也应该被收付实现制所代替。自企业被宣告破产日至破产程序完成日,为破产清算期间。该期间是不固定的,其长度取决于破产宣告的时日、破产清算程序实施期间的长短以及破产管理人对破产企业的清算进度。

(三)财务报表

企业经法院宣告破产的,应当按照法院或债权人会议要求的时点(包括破产宣告日、债权人会议确定的编报日、破产终结申请日等,以下简称破产报表日)编制清算财务报表,向法院、债务权人会议等报表使用者反映破产企业在破产清算过程中的财务状况、清算损益、现金流量变动和债务偿付状况。破产宣告日,破产企业应当编制清算资产负债表及相关附注;债权人会议确定的编报日,破产企业应当编制清算资产负债表、清算损益表、清算现金流量表、债务清偿表及相关附注;破产终结申请日,破产企业应当编制清算损益表、债务清偿表及相关附注。以上报表均应由破产管理人签章。

清算资产负债表反映破产企业在破产报表日资产的破产资产清算净值,以及负债的破产债务清偿价值。资产项目和负债项目的差额在清算资产负债表中作为清算净值列示。

清算损益表反映破产企业在破产清算期间发生的各项收益、费用。清算损益表至少应当单独列示反映下列信息的项目:资产处置净收益(损失)、债务清偿净收益(损失)、破产资产和负债净值变动净收益(损失)、破产费用、共益债务支出、所得税费用等。

清算现金流量表反映破产企业在破产清算期间货币资金余额的变动情况。清算现金流量表应当采用直接法编制,至少应当单独列示反映下列信息的项目:处置资产收到的现金净额、清偿债务支付的现金、支付破产费用的现金、支付共益债务支出的现金、支付所得税的现金等。

债务清偿表反映破产企业在破产清算期间发生的债务清偿情况。债务清偿表应当根据《破产法》规定的债务清偿顺序,按照各项债务的明细单独列示。债务清偿表中列示的各项债务至少应当反映其确认金额、清偿比例、实际需清偿金额、已清偿金额、尚未清偿金额等信息。

破产企业应当在清算财务报表附注中披露以下信息:破产资产明细信息(按是否用作担保,分别披露);破产管理人依法追回的账外资产明细信息;破产管理人依法取回的质物和留置物的明细信息;未经法院确认的债务的明细信息;应付职工薪酬的明细信息;期末货币资金余额中已经提存用于向特定债权人分配或向国家缴纳税款的金额;资产处置损益的明细信息,包括资产性质、处置收入、处置费用及处置净收益;破产费用的明细信息,包括费用性质、金额等;共益债务支出的明细信息,包括具体项目、金额等。

三、破产清算会计的内容与程序

(一)破产宣告日的会计处理

破产管理人应清理、接管属于破产企业的各项财产,并清理和接管破产企业的各种账册、文件和印章,并于清算开始日设立新账,以便区分与破产企业的责任。新账可以比照原有资产类、负债类会计科目,根据实际情况设置相关科目,并增设相关负债类、清算净值类和清算损益类等会计科目。破产企业还可以根据实际需要,在一级科目下自行设置明细科目。

法院宣告企业破产时,应当根据破产企业移交的科目余额表,将有关账户余额转入新账。原"应付账款""其他应付款"等账户中属于破产法所规定的破产费用的余额,转入"应付破产费用"账户;原"应付账款""其他应付款"等账户中属于破产法所规定的共益债务的余额,转入"应付共益债务"账户;"应付破产费用"和"应付共益债务"是新增设的负债类账户,分别用于核算破产企业在破产清算期间发生的破产法规定的各类破产费用和各类共益债务。

破产企业被法院宣告破产的,应当按照破产资产清算净值对破产宣告日的资产进行初始确认计量。破产企业应当对拥有的各类资产(包括原账面价值为零的已提足折旧的固定资产、已摊销完毕的无形资产等）登记造册，估计其破产资产清算净值，按照其破产资产清算净值对各资产科目余额进行调整，并相应调整"清算净值"账户。破产资产清算净值，是指在破产清算的特定环境下和规定时限内，最可能的变现价值扣除相关的处置税费后的净额。最可能的变现价值应当为公开拍卖的变现价值，但是债权人会议另有决议或国家规定不能拍卖或限制转让的资产除外；债权人会议另有决议的，最可能的变现价值应当为其决议的处置方式下的变现价值；按照国家规定不能拍卖或限制转让的，应当将按照国家规定的方式处理后的所得作为变现价值。

破产企业应当按照破产债务清偿价值对破产宣告日的负债进行初始确认计量。破产企业应当对各类负债进行核查，按照其破产债务清偿价值对各负债科目余额进行调整，并相应调整"清算净值"账户。破产债务清偿价值，是指在不考虑破产企业的实际清偿能力和折现等因素的情况下，破产企业按照相关法律规定或合同约定应当偿付的金额。

"清算净值"账户核算破产企业在破产报表日结转的清算净损益账户余额。破产企业资产与负债的差额，也在本账户核算。破产企业原"商誉""长期待摊费用""递延所得税资产""递延所得税负债""递延收益""股本""资本公积""盈余公积""其他综合收益""未分配利润"等账户的余额，在破产宣告日直接转入"清算净值"账户。

破产企业应当以破产宣告日为破产报表日编制清算资产负债表及相关附注。

(二) 破产清算期间的会计处理

破产清算期间发生资产处置的，破产企业应当终止确认相关被处置资产，并将处置所得金额与被处置资产的账面价值的差额扣除直接相关的处置费用后，记入"资产处置净损益"账户。

破产清算期间发生债务清偿的，破产企业实际偿付金额与终止确认的负债之间的差额，记入"债务清偿净损益"账户。

破产企业破产清算期间发生的破产法规定的各项破产费用，主要包括破产案件的诉讼费用，管理、变价和分配债务人资产的费用，管理人执行职务的费用、报酬和聘用工作人员的费用，在实际发生时记入"破产费用"账户。清偿已确认的破产费用，则冲减"应付破产费用"账户。

破产企业清算期间发生的破产法规定的共益债务相关的各项支出，实际发生时记入"共益债务支出"账户。清偿已确认的共益债务，则冲减"应付共益债务"账户。

破产企业在破产清算期间的资产，应当按照破产资产清算净值进行后续计量，负债按照破产债务清偿价值进行后续计量。破产企业应当按照破产报表日的破产资产清算净值和破产债务清偿价值，对资产和负债的账面价值分别进行调整，差额记入"破产资产和负债净值变动净损益"账户。

在破产清算期间，破产企业按照税法规定需缴纳企业所得税的，应当计算所得税费用，并将其记入"所得税费用"账户。所得税费用应当仅反映破产企业当期应交的所得税。

除资产处置、债务清偿以外，在破产清算期间发生的其他收益，记入"其他收益"账户；除破产费用和共益债务以外，在破产清算期间发生的其他费用，记入"其他费用"账户。

"资产处置净损益""债务清偿净损益""破产资产和负债净值变动净损益""其他收益""破产费用""共益债务支出""其他费用""所得税费用"等账户均属于清算损益类账户，在编制破产清算期间的财务报表时，均应结转至"清算净损益"账户，并将"清算净损益"账户余额最终转入"清算净值"账户。

破产企业应当将法院或债权人会议等要求其提供清算财务报表的时点确定为破产报表日,并按要求编制清算资产负债表、清算损益表、清算现金流量表、债务清偿表及相关附注。

（三）破产清算终结日

破产企业在破产清算终结日,剩余破产债务不再清偿的,按照其账面价值,借记相关负债账户,贷记"其他收益"账户。

向法院申请裁定破产终结的,破产企业应当编制清算损益表、债务清偿表及相关附注。

四、破产清算会计举例

【例15-4】某公司20×7年6月30日（破产清算前）的资产负债表如表15-1所示。

表15-1　某公司资产负债表

20×7年6月30日　　　　　　　　　　单位：元

资　产	金额	负债和所有者权益	金额
货币资金	10 000	短期借款	18 000
应收票据	35 000	应付票据	70 000
应收账款	140 000	应付账款	150 000
存货	200 000	应付职工薪酬	154 000
其他应收款	5 000	应交税费	190 000
固定资产	530 000	其他应付款	6 500
无形资产	9 000	长期借款	300 000
		普通股本	450 000
		留存收益	(409 500)
资产总计	929 000	负债和所有者权益总计	929 000

该公司因无力偿还到期债务,法院宣告破产。清算组经过调查分析,并对有关资产进行评估,具体情况如下：

(1) 应收票据35 000元,预计只能收回30 000元,其中20 000元为应付票据的担保物。

(2) 应收账款净额140 000元,预计只可收回120 000元。

(3) 存货200 000元,预计可变现125 000元。

(4) 其他应收款5 000元,预计可全部收回。

(5) 固定资产包括房屋和机器设备。房屋账面净值250 000元,预计可变现290 000元,其中200 000元为长期抵押借款购置；机器设备账面净值280 000元,预计可变现250 000元,其中100 000元为长期抵押借款购置。

(6) 无形资产为一项非专利技术,预计全部不可变现。

(7) 应付职工薪酬和应交税费的债权人具有优先偿还权。

(8) 其他应付款为破产案件的诉讼费。

管理人应当将该公司的科目余额转入有关新账,并根据该公司破产宣告日的破产资产清算净值和破产债务清偿价值对资产和负债的账面价值进行调整。

6月30日,对"应收账款"账户的调整分录如下：

借：清算净值 20 000
　　贷：应收账款 20 000

其他调整分录略。编制清算资产负债表，如表15-2所示。

表 15-2　某公司清算资产负债表

20×7年6月30日　　　　　　　　　　　　　　　　　　　单位：元

资产	金额	负债和所有者权益	金额
货币资金	10 000	借款	318 000
应收票据	30 000	应付票据	70 000
应收账款	120 000	应付账款	150 000
其他应收款	5 000	其他应付款	0
存货	125 000	应付破产费用	6 500
固定资产	540 000	应付职工薪酬	154 000
无形资产	0	应交税费	190 000
		负债合计	888 500
		清算净值：	(58 500)
资产总计	830 000	负债及清算净值总计	830 000

注：①本表列示的项目不区分流动性项目和非流动性项目，其中，"应收账款"或"其他应收款"项目，应分别根据"应收账款"或"其他应收款"的账户余额填列，同时，"长期应收款"账户余额也在上述两项目中分析填列。
②"借款"项目，应根据"短期借款"和"长期借款"账户余额合计数填列；"应付账款"或"其他应付款"项目，应分别根据"应付账款""其他应付款"的账户余额填列，同时，"长期应付款"账户余额也在该项目中分析填列。
③破产企业应当在破产资产负债表附注中，区分是否用作担保，分别披露破产资产明细信息。

该公司在20×7年7月破产清算中发生的有关业务及会计处理如下：

(1) 收回应收账款100 000元。

借：银行存款 100 000
　　资产处置净损益 20 000
　　贷：应收账款 120 000

(2) 应收票据收回25 000元，其中20 000元立即支付给企业有担保的应付票据债权人。

借：银行存款 25 000
　　资产处置净损益 5 000
　　贷：应收票据 30 000

借：应付票据 20 000
　　贷：银行存款 20 000

(3) 出售全部存货，收到价款140 000元。

借：银行存款 140 000
　　贷：存货 125 000
　　　　资产处置净损益 15 000

(4) 其他应收款 5 000 元,全部收回。

  借:银行存款   5 000
    贷:其他应收款   5 000

(5) 出售机器设备,取得价款 240 000 元,其中 100 000 元支付长期抵押借款。

  借:银行存款   240 000
    资产处置净损益   10 000
    贷:固定资产——机器设备   250 000
  借:长期借款   100 000
    贷:银行存款   100 000

(6) 出售房屋,取得价款 300 000 元,其中 200 000 元支付长期抵押借款。

  借:银行存款   300 000
    贷:资产处置净损益   10 000
      固定资产——房屋   290 000
  借:长期借款   200 000
    贷:银行存款   200 000

(7) 发生设备维护费 1 500 元,财产保管费 1 000 元,诉讼费 1 000 元,并支付此前的诉讼费 6 500 元。

  借:破产费用   3 500
    应付破产费用   6 500
    贷:银行存款   10 000

(9) 支付破产企业所欠职工工资 154 000 元。

  借:应付职工薪酬   154 000
    贷:银行存款   154 000

(10) 支付破产企业所欠国家税款 190 000 元。

  借:应交税费   190 000
    贷:银行存款   190 000

该公司 20×7 年 7 月 31 日剩余货币资金为 146 000 元,还需要清偿无担保无优先权的债权为 218 000 元,不足清偿 72 000 元。因此,应按 66.97%(146 000÷218 000×100%)的分配率进行清偿,作会计分录如下:

  借:短期借款   12 055
    应付票据   33 485
    应付账款   100 460
    贷:银行存款   146 000

尚未清偿的债务可以不再偿还,将相关账户余额全部计入清算损益:

  借:短期借款   5 945
    应付票据   16 515
    应付账款   49 540
    贷:其他收益   72 000

将清算过程中产生的损益项目转入"清算净损益"账户：

借：其他收益　　　　　　　　　　　　　　　　　　　　　　　　　　72 000
　　贷：资产处置净损益　　　　　　　　　　　　　　　　　　　　　　10 000
　　　　破产费用　　　　　　　　　　　　　　　　　　　　　　　　　3 500
　　　　清算净损益　　　　　　　　　　　　　　　　　　　　　　　　58 500

将清算净损益转入"清算净值"账户：

借：其他收益　　　　　　　　　　　　　　　　　　　　　　　　　　58 500
　　贷：清算净值　　　　　　　　　　　　　　　　　　　　　　　　　58 500

该公司编制清算损益表、债务清偿表如表15-3、表15-4所示。

表15-3　某公司破产清算损益表

编制单位：　　　　　20×7年7月1日至7月31日　　　　　　　　　　　单位：元

项　　目	本期数	累计数
一、清算收益（清算损失以"－"号表示）		
（一）资产处置净收益（净损失以"－"号表示）	－10 000	
（二）债务清偿净收益（净损失以"－"号表示）	0	
（三）破产资产和负债净值变动净收益（净损失以"－"号表示）	0	
（四）其他收益	72 000	
小　计	62 000	
二、清算费用		
（一）破产费用（以"－"号表示）	－3 500	
（二）共益债务支出（以"－"号表示）	0	
（三）其他费用（以"－"号表示）	0	
（四）所得税费用（以"－"号表示）	0	
小　计	－3 500	
三、清算净收益（清算净损失以"－"号表示）	58 500	

表15-4　某公司债务清偿表

20×7年7月　　　　　　　　　　　　　　　　　　　　　　　　　　单位：元

债务项目	期末数	经法院确认的债务金额	清偿比例	实际需清偿金额	已清偿金额	尚未偿还金额
	①	②	③	④=②×③	⑤	⑥=④－⑤
有担保的债务						
A银行	100 000	100 000	100%	100 000	100 000	
B银行	200 000	200 000	100%	200 000	200 000	
X企业	20 000	20 000	100%	20 000	20 000	
小　计	320 000	320 000		320 000	320 000	

(续表)

债务项目	期末数	经法院确认的债务金额	清偿比例	实际需清偿金额	已清偿金额	尚未偿还金额
	④	②	③	④=②×③	⑤	⑥=④-⑤
普通债务						
第一顺序:劳动债务						
其中:应付职工薪酬	154 000	154 000	100%	154 000	154 000	
第二顺序:国家税款债务						
其中:应交税费	190 000	190 000	100%	190 000	190 000	
第三顺序:普通债务						
其中:借款——C银行	18 000	18 000	66.97%	12 055	12 055	
应付票据	50 000	50 000	66.97%	33 485	33 485	
应付款项——Z企业	150 000	150 000	66.97%	100 460	100 460	
小 计	562 000					
合 计	882 000	882 000	91.84%	810 000	810 000	

参 考 文 献

[1] 耿建新、戴德明.高级会计学[M].6版.北京:中国人民大学出版社,2014.

[2] 陈信元.高级财务会计[M].2版.上海:上海财经大学出版社,2011.

[3] 石本仁.高级财务会计[M].3版.北京:中国人民大学出版社,2015.

[4] 中国注册会计师协会.经济法[M].北京:中国财政经济出版社,2021.

[5] 中国注册会计师协会.会计[M].北京:中国财政经济出版社,2021.

[6] 财政部会计司编写组.《企业会计准则第12号——债务重组》应用指南2019[M].北京:中国财政经济出版社,2020.

复习思考题

1. 何谓债务重组?债务重组的方式有哪几种?
2. 债务重组对债务人和债权人的损益有何影响?
3. 修改债务条件进行债务重组,如涉及或有对价,债务人和债权人应如何处理?
4. 与持续经营会计相比,破产清算会计有何特点?
5. 破产清算资产负债表与正常的资产负债表有何区别?

业 务 题

1. 甲公司于20×7年1月1日销售给乙公司一批产品,含税价格600 000元。按合同约定,乙公司应于20×7年3月31日前支付货款。由于乙公司财务发生困难,短期内不能支付货款。经双方协商,同意乙公司支付现金100 000元,另以一批产品偿还一部分债务,剩下的债务转为乙公司对甲公司的投资(投资不具有重大影响)。

乙公司转让的该批产品的成本为280 000元,市价为300 000元;用于抵债的普通股为20 000股,每股面值1元,市价每股5.5元。乙公司没有对转让的产品计提减值准备,甲公司也未对债权计提坏账准备。甲、乙公司均为增值税一般纳税人,适用的增值税税率为13%。假定不考虑其他相关税费。

要求:请分别编制甲、乙公司进行债务重组的会计分录。

2.甲公司和乙公司均系增值税一般纳税人,2×19年6月10日,甲公司按合同规定向乙公司赊销一批产品,价税合计4 000万元,信用期为6个月,2×19年12月10日,乙公司因发生严重财务困难无法按约付款。2×19年12月31日,甲公司对该笔应收账款计提了500万元的坏账准备。2×20年1月31日,甲公司经与乙公司协商,通过以下方式进行债务重组,并办妥相关手续。

(1) 1 800万元债务延期至2×20年12月31日偿还。

(2)乙公司向甲公司定向发行200万股普通股股票(每股面值为1元,每股公允价值为3元)抵偿部分债务,甲公司将收到的乙公司股票作为以公允价值计量且其变动计入当期损益的金融资产核算。

(3)其余债务乙公司以下列资产偿还:

① 乙公司以一项无形资产(符合免征增值税条件)抵偿部分债务,2×20年1月31日,该无形资产的公允价值为800万元,原价为2 000万元,已累计摊销1 300万元,未计提减值准备,甲公司取得后仍作为无形资产核算。

② 乙公司以一台设备抵偿部分债务。该设备的公允价值为200万元,原价为500万元,累计折旧280万元,未计提减值准备,甲公司取得后仍作为固定资产核算。乙公司向甲公司开具的增值税专用发票上注明的价款为200万元,增值税额为26万元。

(4) 2×20年1月1日甲公司上述应收账款的公允价值为3 526万元。

假定不考虑货币时间价值和其他因素。

要求:

(1)编制甲公司2×20年1月31日债务重组的会计分录。

(2)编制乙公司2×20年1月31日债务重组的会计分录。

教学课件索取单

敬爱的老师：

  感谢您使用我们出版社的教材。为了方便您的教学，本书配有相关的教学课件。如果您需要，请您填写下面表格中的相关信息，并以电子邮件的形式发到我社，我们在核对您的信息后，会免费向您提供教学课件。

  我社网站上提供电子版的课件索取单以及所有课件清单。

我们的联系方式：

地　址：上海市中山西路2230号1号楼1505室 　　邮编：200235
　　　　立信会计出版社 　　　　　　　　　　　　电话：(021)64411217
电子邮件：zql1307@163.com 　　　　　　　　　　网站：www.lixinaph.com

教材名称				作者姓名	
教师姓名		性别	身份证号		
学　　校		院系		教研室	
学校地址				邮　编	
职　　务		职称		办公电话	
E-mail		手机		宅　电	
通信地址				邮　编	
教材用量		册	委托订购单位		

  您对本教材的意见和建议是：